新能源汽车专业系列教材

电动汽车结构原理与维修

朱升高　冯　健　张德军　**编著**

机械工业出版社

《电动汽车结构原理与维修》主要讲述电动汽车的发展趋势、电动汽车维修必备的技术理论基础、典型电动汽车的结构原理与维修技术。本书还重点介绍了电动汽车的轻量化和网联化、电动汽车高压系统及维护作业、动力电池充电技术及能源管理、驱动电机及控制技术等。本书从实际应用出发，根据项目教学的要求编写，内容新颖，结构合理，知识面广，实用性强，适合高职高专院校、技工学校作为教材使用，也适合作为汽车维修人员学习电动汽车维修新技术的参考书。

图书在版编目（CIP）数据

电动汽车结构原理与维修 / 朱升高，冯健，张德军编著. —北京：机械工业出版社，2019.5（2024.1 重印）
新能源汽车专业系列教材
ISBN 978 -7 -111 -62362 -5

Ⅰ.①电… Ⅱ.①朱… ②冯… ③张… Ⅲ.①电动汽车-结构-职业教育-教材 ②电动汽车-车辆修理-职业教育-教材 Ⅳ.①U469.72

中国版本图书馆 CIP 数据核字（2019）第 056310 号

机械工业出版社（北京市百万庄大街 22 号　邮政编码 100037）
策划编辑：赵海青　　责任编辑：赵海青
责任校对：刘雅娜　　封面设计：马精明
责任印制：孙　炜
北京中科印刷有限公司印刷

2024 年 1 月第 1 版第 3 次印刷
184mm×260mm · 17.25 印张 · 371 千字
标准书号：ISBN 978 -7 -111 -62362 -5
定价：49.00 元

电话服务
客服电话：010 -88361066
010 -88379833
010 -68326294

网络服务
机　工　官　网：www.cmpbook.com
机　工　官　博：weibo.com/cmp1952
金　书　网：www.golden-book.com
机工教育服务网：www.cmpedu.com

前 言

目前，全球汽车保有量是10亿多辆，并以每年3000万辆的速度递增。2020年全球汽车保有量或将突破11亿辆，主要增幅来自发展中国家。我国汽车产销量保持快速增长，作为能源消费大国，我国的石油资源十分短缺，目前石油进口量以每年两位数字的百分比增长，这使我国能源形势更为严峻。因此在我国研究发展电动汽车不是一项临时的短期措施，而是意义重大的长远战略考虑。

关于我国新能源汽车的发展与专业化人才培养的要求，国务院在《节能与新能源汽车产业发展规划（2012—2020年）》中明确指出，以纯电驱动为新能源汽车发展和汽车工业转型的主要战略取向，当前重点推进纯电动汽车和插电式混合动力汽车产业化，普及电动汽车、节能内燃机汽车，提升我国汽车产业整体技术水平。主要目标是，到2020年纯电动汽车和插电式混合动力汽车生产能力达到200万辆，保有量超过500万辆。

“十三五”规划明确了国家发展新能源汽车的技术路线，指出了职业院校汽车专业发展的新方向。电动汽车产业正呈现出蓬勃的生机，而电动汽车检修行业从业人员明显存在数量严重不足和素质普遍不高等问题。作为培养高技能人才的高等职业院校应顺应企业和市场的需求，尽快培养电动汽车检测与维修技术人才。新能源汽车的新技术、新材料、新工艺、新车型的推出改善了我们的生活，也给汽车从业人员和汽车专业的教学提出了新的挑战。

本教材适合用于高职高专、普通高等院校及中职技校学生学习电动汽车技术理论基础与技术运用。本教材在德国双元制教学模式的框架下，结合中国国情，从实际应用出发，根据项目教学的要求编写，内容新颖、知识面广、实用性强、结构合理。

冯健老师编写了本教材的电动汽车控制系统，张德军老师编写了混合动力汽车维修。由于水平有限，在编写过程中难免出现疏漏和不足，恳请广大读者批评和指正，谢谢。

编 者

目 录

项目一 电动汽车行业发展

学习目标

1. 掌握新能源汽车的发展现状。
2. 掌握节能技术在电动汽车中的运用现状与发展。
3. 掌握车联网的定义与作用。
4. 掌握车联网系统的组成与工作原理。
5. 掌握自动驾驶的技术路线。
6. 掌握自动驾驶关键零部件工作原理。
7. 掌握车联网通信技术类型。
8. 掌握车联网大数据采集方法。

1.1 新能源汽车的发展

1.1.1 纯电动汽车发展史

纯电动汽车的出现比内燃机驱动的汽车要早。直流电机之父——匈牙利发明家、工程师阿纽什·耶德利克最早于1828年在实验室试验了电磁转动的行动装置。美国人托马斯·达文波特于1834年制造出第一辆直流电机驱动并搭载（不可再充电）电池的纯电动三轮汽车（图1-1）。1837年，托马斯获得美国电机行业的第一项专利。

1832—1838年，苏格兰人罗伯特·安德森发明了电驱动的马车，这也是一辆使用不能充电的初级电池驱动的车辆。1838年苏格兰人罗伯特·戴维森发明了电驱动火车。1859年普莱德研制成功铅酸蓄电池。

图1-1 第一辆纯电动三轮汽车

1899年，德国人费迪南德·波尔舍发明了轮毂电动机，以替代当时在汽车上普遍使用的链条传动。随后他开发了Lohner保时捷电动汽车，该车采用铅酸蓄电池作为车载动力源，由前轮内的轮毂电动机直接驱动，这也是第一辆以保时捷命名的汽车。此后三四十年间，纯电动汽车在当时的汽车发展中占据着重要位置。据统计，到1890年在全世界4200辆汽车中，有38%为纯电动汽车，40%为蒸汽汽车，22%为内燃机汽车。1900年，纯电动汽车生产量占美国汽车总产量的28%，售出的纯电动汽车总价值超过了当年内燃机汽车和蒸汽汽车的总和。

电池技术的局限性导致纯电动汽车成本难以下降，1912年美国一款电动敞篷汽车的售价高达1750美元，而一款内燃机汽车售价仅为650美元；同时交通路网已经建成，要求车辆行驶速度更快、续驶里程更长，这恰好是纯电动汽车的缺陷。例如，由于当时没有晶体管技术，电动汽车的极限速度大约只有32km/h，内燃机汽车的速度已经超过100km/h，所以电动汽车逐步退出市场，只是在少数城市保留着很少的有轨电车和无轨电车。随着工业的发展，石油资源逐渐减少、环境污染严重并威胁到人类居住与生存，纯电动汽车造车技术重新被人们重视和关注，开始投入资金和技术在电动汽车领域进行研发和试制。在20世纪60年代，通用汽车公司投资1500万美元开发出了Electrovair和Electrovan两款纯电动汽车。1990年1月，在洛杉矶汽车展上，通用汽车公司向全球推介Impact纯电动汽车，1993年，Impact3开始进行批量生产试验，1995年通用EV1开始商业化生产，EV1最高时速可达128km/h，从静止加速到100km/h只需8s，一次充电可行驶144km；之后通用电气公司和福特汽车公司联合开发EXE-Ⅰ、EXE-Ⅱ纯电动汽车，还有福特生产的Think City；丰田的RAV4－EV由于使用了镍氢电池，一次充电可行驶200km，其中电池成本占整车成本的40%；1997年雷诺公司推出装备锂电池的标致106纯电动汽车；1998年在日本和美国销售的ALTRA电动汽车采用锂电池，循环寿命长，可反复使用1200次，续驶里程达到124km；大众汽车公司在第18届国际纯电动汽车展会上推出装配了300kg充电电池的纯电动汽车，最高车速为140 km/h；这些批量化生产的汽车均采用了除铅酸蓄电池组以外的电池技术，安装的是交流感应电机或永磁同步电机。

电动汽车制造技术突破的真正转折点是美国特斯拉汽车公司于2006推出的Roadster，车速从静止加速到100km/h只要3.9s，每次充电可行驶321km，2011年Roadster续驶里程超过了400km，但售价超过10万美元。而真正让纯电动汽车走入大众家庭的是2010年在美国开始销售的日产纯电动汽车聆风（图1－2b），其续驶里程为150km。

a)

b)

图1－2　特斯拉Roadster和日产纯电动汽车聆风

1.1.2　新能源汽车的分类

新能源汽车是指具有节能或改善废气排放技术的环保型汽车。新能源汽车分为混合动力汽车（HEV）、纯电动汽车（BEV）、燃料电池电动汽车（FCEV）、其他新能源汽车等，如图1－3所示。

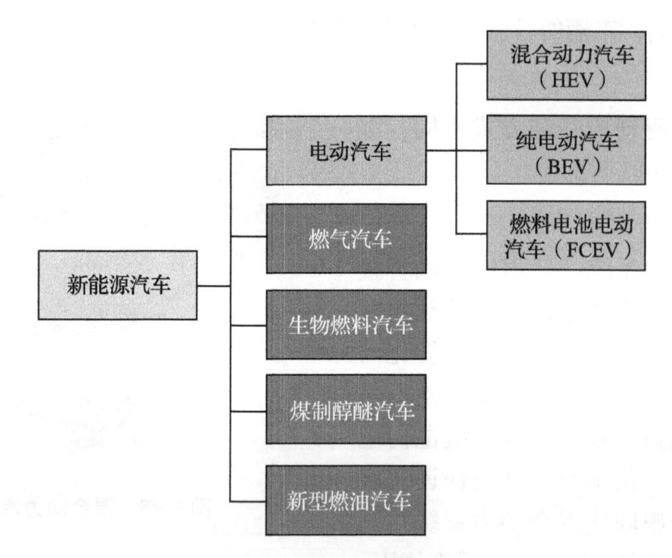

图 1-3　新能源汽车分类

2012 年 7 月 9 日，由工信部牵头制定的《节能与新能源汽车发展规划（2012—2020年）》正式发布，明确指出新能源汽车是指采用新型动力系统，完全或主要依靠新型能源（如电能）驱动的汽车（图 1-4），并将新能源汽车的范围定为插电式混合动力汽车、纯电动汽车和燃料电池电动汽车。本教材的学习重点主要以纯电动汽车与混合动力汽车为主。

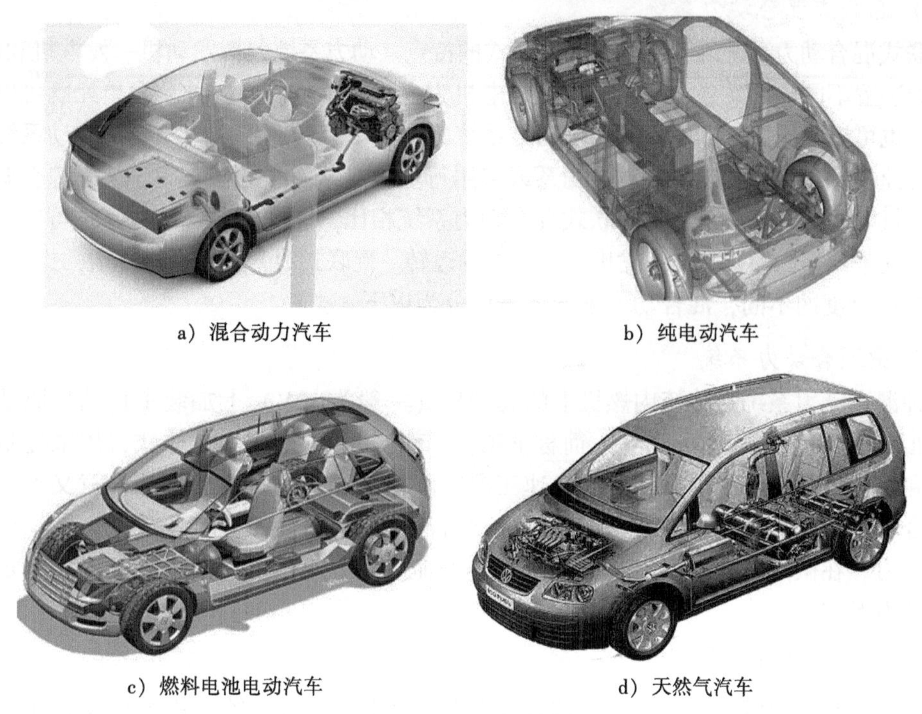

a）混合动力汽车　b）纯电动汽车

c）燃料电池电动汽车　d）天然气汽车

图 1-4　新能源汽车

1. 混合动力汽车

混合动力汽车（Hybrid Electric Vehicle，HEV）是指由两个或多个能同时运转的单个驱动系统联合组成的车辆，车辆的行驶功率依据实际的车辆行驶状态由单个驱动系统单独或共同提供，如图1-5所示。

图1-5　混合动力汽车结构

根据混合动力驱动的联结方式不同，混合动力系统主要分为以下3类。

(1) 串联式混合动力系统

串联式混合动力系统一般由内燃机直接带动发电机发电，产生的电能通过控制单元传输到电池，再由电池传输给电动机转化为动能，最后通过变速机构驱动汽车。发电机产生的能量对电池进行能量补充，电池向电动机提供驱动时所需的能量，从而保证车辆正常工作与行驶。串联式混合动力系统在城市公交车上应用比较多，乘用车上很少使用。

(2) 并联式混合动力系统

并联式混合动力系统有两套驱动系统：传统的内燃机系统和电机驱动系统。两个系统既可以同时协调工作，也可以各自单独工作驱动汽车。这种系统适用于多种不同的行驶工况，尤其适用于复杂路况。并联式混合动力系统联结方式结构简单，成本低。

(3) 混联式混合动力系统

混联式混合动力系统兼有串联式和并联式的特点。动力系统包括发动机、发电机和电动机，根据助力装置不同，它又分为发动机为主和电机为主两种形式。这两种动力单元既可以单独驱动车辆，也可以共同协作。混联式混合动力系统的特点在于内燃机系统和电机驱动系统各有一套机械变速机构，两套机构或通过齿轮系或采用行星轮式结构结合在一起，从而综合调节内燃机与电动机之间的转速关系。与并联式混合动力系统相比，混联式混合动力系统可以更加灵活地根据工况来调节内燃机的功率输出和电动机的运转。混联式混合动力系统复杂，成本高。

根据混合度的不同，混合动力系统还可以分为以下4类。

(1) 微混合动力系统

这种混合动力系统在传统内燃机上的起动机（一般为12V）上加装了传动带驱动起动电机（Belt-alternator Starter Generator，简称BSG）。该电机为发电起动一体式，用来控制发动机的起动和停止，从而取消了发动机的怠速工况，降低了油耗和排放。从严格意义上来讲，这种微混合动力系统的汽车不属于真正的混合动力汽车，因为它的电机并没有为汽车行驶提供持续的动力。在微混合动力系统中，电机的电压通常有两种：12V和42V。42V主要用于柴油混合动力系统。

(2) 轻混合动力系统

代表车型有通用汽车公司的混合动力皮卡车，该混合动力系统采用了集成起动电机（也就是常说的Integrated Starter Generator，简称ISG）。与微混合动力系统相比，轻混合动力系统除了能够实现用发电机控制发动机的起动和停止，还能够实现：

1）在减速和制动工况下，对部分能量进行吸收。

2）在行驶过程中，发动机等速运转，发动机产生的能量可以在车轮的驱动需求和发电机的充电需求之间进行调节。

轻混合动力系统的混合度一般在20%以下。

(3) 中混合动力系统

该混合动力系统同样采用了ISG。与轻混合动力系统不同，中混合动力系统采用的是高压电机。另外，中混合动力系统还增加了一个功能：在汽车处于加速或大负荷工况时，电动机能够辅助驱动车轮，从而弥补发动机本身动力输出的不足，提高整车动力性能。这种系统的混合程度较高，可以达到30%，技术已经成熟，应用广泛。

(4) 完全混合动力系统

该系统采用了272～650V的高压起动电机，混合程度更高。与中混合动力系统相比，完全混合动力系统的混合度可以达到50%。完全混合动力系统将逐渐成为混合动力技术的主要发展方向。雷克萨斯完全混合动力系统如图1－6所示。

目前混合动力汽车大多采用传统燃料的燃油发动机与电力混合方式，其关键技术为混合动力系统，它直接影响混合动力汽车的整车性能。

混合动力汽车可通过平均需用功率确定内燃机的最大功率，使内燃机处于油耗低、污染小的最优工况下工作，通常可以降低排放；混合动力汽车所使用的电池可回收来自制动等工况下产生的再生能量。

图1－6　雷克萨斯完全混合动力系统

混合动力汽车也存在价格高、续驶里程短、动力性不足等问题。目前国内外应用较成熟的车型是在传统内燃机汽车基础上耦合增加一套由驱动电机和动力蓄电池组成的辅助动力系统（图1－7）。

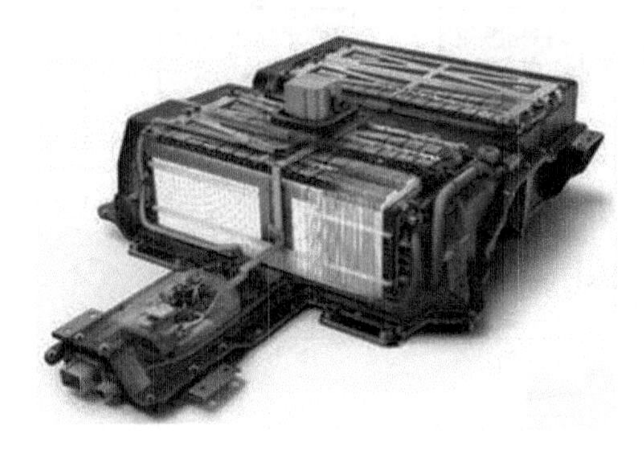

图1－7　辅助动力系统

日本最早开始混合动力汽车的开发工作，并成功实现产业化。1997年10月，丰田汽车公司第一代普锐斯（Prius）问世。丰田普锐斯混合动力汽车如图1－8所示。

欧洲混合动力汽车技术起步较晚，主要采取与美国合作方式，共同应用混合动力总成技术，将其应用于传统动力油耗较高的车型上以改善动力性与排放。

a）第一代 NHW10　　b）第一代 NHW11

c）第二代 NHW20　　d）第三代 NHW30

图 1－8　丰田普锐斯混合动力汽车

混合动力汽车根据车用能源的使用情况不同，混合动力汽车的发展有发动机与电机集成、传动系统与电机集成两种趋势。

2. 纯电动汽车

纯电动汽车是以车载电源为动力，用电机驱动车轮行驶的车辆。电动汽车时速和起动速度取决于驱动电机的功率与性能，其续驶里程的长短取决于车载动力电池容量的大小。车载动力电池的容量取决于选用何种动力电池，如铅酸、锌碳、锂电池等，它们体积、密度、比功率、比能量、循环寿命各不相同。

纯电动汽车的结构简图如图 1－9 所示。

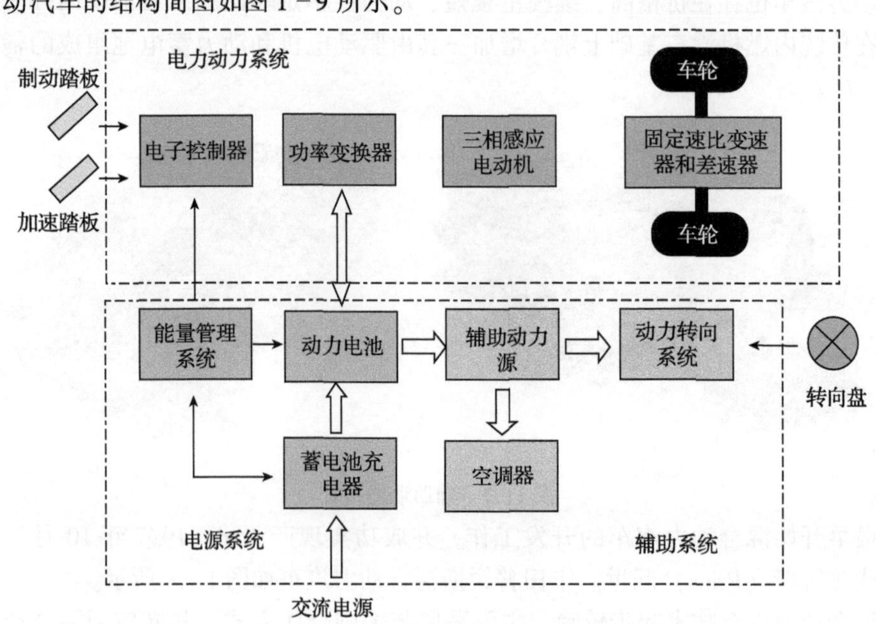

图 1－9　纯电动汽车的结构简图

优点：技术相对简单成熟，在有电力供应的地方就能充电。

缺点：蓄电池单位重量储存的能量太少，还因电动汽车的电池较贵，又没形成经济规模，故购买价格较贵，使用成本主要取决于电池寿命及当地的电价。

纯电动汽车完全采用可充电式电池驱动，关键部件在于驱动电机与蓄电池，应用受限的难点在于电力储存技术。

纯电动汽车应用前景广泛，具有无污染、低噪声、高能效等优点。但蓄电池单位重量储存的能量太少，充电后续驶里程不理想。常见的纯电动汽车如图 1－10 所示。

目前电动汽车产业发展，必须重新构建配套基础设施网络（充电站），需要大量的投入。

a）日产聆风

b）大众 E-UP

c）雪铁龙 C-ZERO

d）大众高尔夫

图 1－10　常见的纯电动汽车

3. 燃料电池电动汽车

燃料电池电动汽车是指动力系统主要由燃料电池发动机、燃料箱（储氢罐）、电机和动力蓄电池等组成，采用燃料电池发电作为主要能量源，利用燃料电池将燃料中的化学能直接转化为电能实现动力驱动的新型汽车。

燃料电池是一种将存在于燃料与氧化剂中的化学能直接转化为电能的发电装置，燃料电池电堆的工作原理如图 1－11 所示。燃料和空气分别送进燃料电池，电就被生产出来。它从外表上看像一个蓄电池，但实质上它不能“储电”，而是一个发电装置，但是需要电极和电解质以及氧化还原反应才能发电。

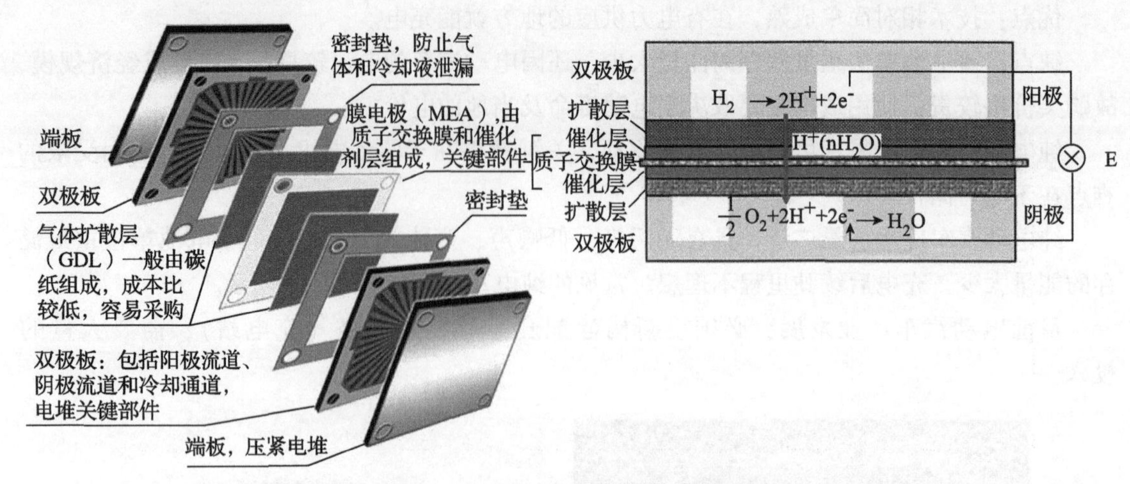

图 1-11　燃料电池电堆的工作原理

燃料电池是一种电化学装置，其组成与一般电池相同。其单体电池由正极、负极两个电极（负极为燃料电极，正极为氧化剂电极）以及电解质组成。

氢氧燃料电池反应原理是电解水的逆过程。与一般电池不同的是，一般电池的活性物质贮存在电池内部，因此会限制电池容量。而燃料电池的正极、负极本身不包含活性物质，只是个催化转换元件。燃料电池是把化学能转化为电能的能量转换器。电池工作时，燃料和氧化剂由外部供给进行反应。原则上，只要反应物不断输入，反应产物不断排出，燃料电池就能连续发电。

燃料电池动力系统如图 1-12 所示。

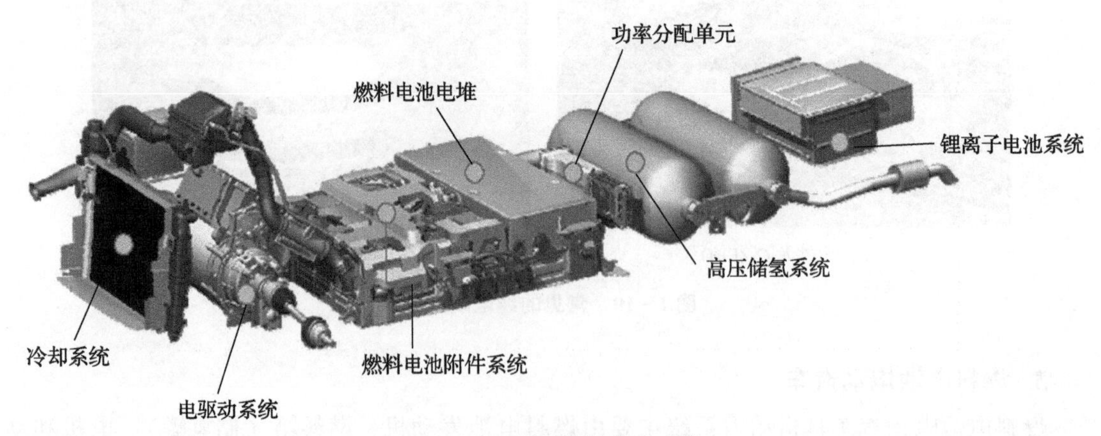

图 1-12　燃料电池动力系统

燃料电池汽车具有效率高、节能环保（以氢气为能源、排放物为水、运行平稳、噪声小）等优点。燃料电池混合动力汽车有燃料电池和动力电池两个动力源，需要考虑整车需求功率在各个动力源之间的分配问题，即能量管理问题。

1.1.3　我国电动汽车技术的发展状况

随着当前全世界的环境污染问题日益加重，同时能源危机愈来愈显著，汽车工业的发展面临着前所未有的挑战，自20世纪以来，我国和国外很多汽车公司以及科研机构，在环境和能源压力下开始积极研发清洁能源汽车，使新能源汽车的发展有了长足的进步。我国新能源汽车技术发展路线图如图1－13所示。

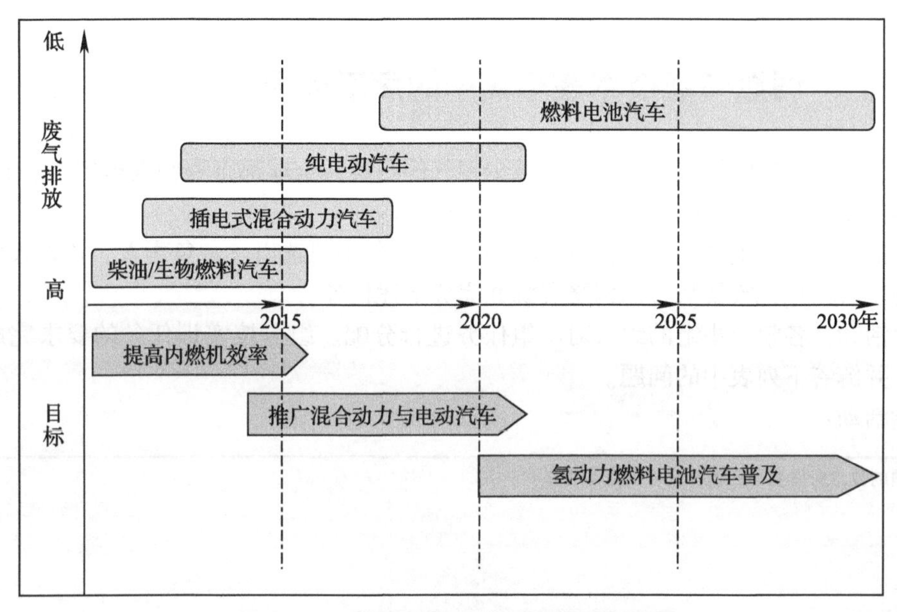

图1－13　我国新能源汽车技术发展路线图

“十五”期间，我国设立了电动汽车重大科技专项，确定了“三纵三横”的研发布局，以燃料电池汽车、混合动力汽车、纯电动汽车三种车型为“三纵”，多能源动力总成控制系统、驱动电机及其控制系统、动力蓄电池及其管理系统三种共性技术为“三横”。同时，根据汽车研发和产业化规律，整车研发以整车牵头，关键零部件紧密配合，政策、法规、技术标准同步研究，基础设施协调发展。到2005年底，我国完成了电动汽车26项新标准的起草，其中16项主要针对纯电动汽车国家标准，6项针对混合动力汽车国家标准，提出了2项标准的研究报告，制定了6项关键零部件产品测试规范，我国电动汽车标准体系得到了进一步充实。

国务院于2012年6月28日颁发《节能与新能源汽车产业发展规划（2012—2020年）》（以下简称《规划》），是我国新能源汽车发展的重要文件。《规划》明确指出，新能源汽车是指采用新型动力系统，完全或主要依靠新型能源驱动的汽车，新能源汽车主要包括纯电动汽车、插电式混合动力汽车及燃料电池汽车，新能源汽车技术路线以纯电驱动为新能源汽车发展和汽车工业转型的主要战略取向。

从“十三五”规划开始，我国新能源汽车产业将由起步阶段进入加速阶段。

“十三五”规划中，我国提出了市场主导、创新驱动、重点突破、协调发展的工作方针。由政府主导变成市场主导，新能源汽车的发展要在市场主导下实施创新驱动、重点突破，达到协调发展的目标。

在《中国制造2025重点领域技术路线图》中，提出到2020年，初步建成以市场为导向、企业为主体、产学研用紧密结合的新能源汽车产业体系，自主新能源汽车年销量突破100万辆，市场份额达到70%；打造明星车型，进入全球销量排名前十；动力电池、驱动电机等关键系统达到国际先进水平，在国内市场占有率达到 80%。到 2025 年，形成自主可控完整的产业链，与国际先进水平同步的新能源汽车年销量达到 300 万辆，自主新能源汽车市场份额达到 80%。

实训任务　调查节能技术在车辆中的使用情况

课堂任务：通过网络查找列出为了减少废气的污染，全球都有哪些汽车使用了节能技术。请将车辆出现的时间、品牌、型号、产地一一列明。

老师活动：对学生进行分组，每 4 ~6 人一组，各小组选出一名负责人，负责人确定每一位学生的学习角色，收集与查询网络资源并完成上述任务。

学生活动：各学习小组的组长对小组任务进行分配。组员按实训任务的要求完成相关任务内容，并解答下列表中的问题。

课堂活动：

1）德国的波尔舍发明了一辆什么样的电动汽车？
2）根据研究表明，汽车尾气的污染占比为 20% ~50%，说一说你们的看法。

通过网络查找列出为了减少废气的污染，全球都有哪些汽车使用了节能技术。请将车辆出现的时间、品牌、型号、产地一一列明。

序号	品牌与车型	生产年代与技术特征

1.2　电动汽车的轻量化

汽车节能技术不仅仅是在燃料方面的改进与使用，如何减轻车辆的重量，怎么提升汽车的经济效率也是一个前瞻性的问题。全球各个厂家也越来越重视汽车轻量化，投入大量的人力、物力和财力进行研究并取得一定成果，电动汽车轻量化技术的运用对电池的续驶里程、节能以及驱动力的增大具有更积极的意义，轻型材料在新能源汽车（特别是电动汽车）上的大量使用是未来的趋势。欧洲铝协材料表明，汽车重量每降低 100kg，每百公里可节约 0. 6L 燃油。大量使用铝合金，平均每辆汽车可减轻重量 300kg，在寿命期内排放可降低 20%。车身约占汽车总重量的 30%，在空载情况下，约有 70% 的油耗用在车身重量上，必须减轻自重以提高整车燃料经济性为目的。另外汽车对 CO_2、有害气体的排放以及燃料资源、矿产资源的消费等影响很大。为了降低油耗，减少 CO_2 排放，必须提高发动机的燃烧效率，在车身设计上应减小车辆行驶阻力，减轻汽车质量。

1.2.1　车身轻量化方法

车身轻量化即采用现代设计方法和有效的手段对车身产品进行优化设计，或使用新型材料在确保车身综合性能指标的前提下，尽可能降低车身产品自身重量，以达到减重、降耗、环保和安全等综合目标。和小型化不同，轻量化是指同一台车在同样尺寸或同一种车型，在同样的气缸容量的前提下减轻汽车重量。

在减轻车身重量的情况下，既要保持车身原有的性能不受影响，又要保证车身行驶的安全性、耐撞性、抗振性和舒适性。一方面，车身轻量化与所用材料密切相关。另一方面，优化结构设计也是实现车身轻量化的有效途径。两个人可以轻松抬起宝马碳纤维车身，如图 1 - 14 所示。

对车身结构进行优化是目前汽车轻量化的主要实现方式：一是结构及制造工艺的优化，对车体的主要受力部件进行加强、非主要受力部件进行合理弱化，从而降低耗材用量；二是车身及零部件运用轻量化新型材料，例如铝合金、镁合金、碳纤维等复合材料的运用。

改进结构、减少零部件数量，使部件薄壁化、中空化、小型化、复合化，对内饰、发动机及底盘等所有车身零部件结构进行改进，在满足设计性能要求的前提下，以获得最轻结构设计。车身结构优化的主要优点是成本低且容易实现，尤其对于自重大、结构比较复杂的零件，这种方法有很大的应用空间。

图 1 - 14　宝马碳纤维车身

在具体的优化过程中，首先使用有限元方法对需要轻量化的零件进行有限元离散化，在此基础上运用拓扑优化软件来实现结构轻量化，同时对轻量化后的结果进行有限元刚度和强度分析，以确定拓扑优化的合理性和可行性。可以将以上两种方法相结合，以获得最优效果。但无论应用何种方法，必须要解决下面 3 个问题。

1）降低车身重量，不能影响汽车构架的强度和刚度。车身必须要有足够的强度，在不同的部位要有不同的刚度，比如，前梁刚度小，驾驶舱刚度大。常见的方法主要是充分利用材料的不同强度，将车身按照需要的不同强度要求进行分级，优化设计与改进车身的整体机构，提高材料的强度，减少材料厚度，不能牺牲车身整体的结构刚性与强度。

2）应用新材料，不能增加汽车的成本。汽车生产是典型的规模化生产，由于产品批量巨大，任何一点成本上的浮动都会给厂商和客户带来压力。因此，像碳纤维这样的材料只能应用于 F1 或一些超级跑车。另外，由于加工工艺的特殊性与材料的成型特性，碳纤维复合材料虽然是理想的造车材料，但是在成型时不能像金属薄板那样可以冲压成形，所以也很难形成量产。

3）应用新材料后的汽车在使用过程中如果发生损坏，修复成本不能太高。

1.2.2 电动汽车车身轻量化材料的应用

目前汽车轻量化主要运用铝合金、镁合金、碳纤维复合材料、工程塑料等密度较小的材料。碳纤维复合材料被认为是最轻质的材料，减重效果远优于高强度钢、铝合金等。

1. 轻质金属材料

轻质金属材料主要是指铝合金、镁合金、钛合金等。目前，在车身上使用越来越多的有色合金包括铝合金、镁合金、铜合金、钛合金等，使用最广泛的是铝合金、镁合金。

2. 非金属材料

用于车身的非金属材料有数十种，用量最大的是塑料和复合材料。

（1）塑料

与金属相比，塑料具有密度小、比强度高、耐腐蚀、隔声、隔热、吸收碰撞能量、易加工、成本低、外观装饰性好等优点，且制作能耗低，可有效地节能降耗、提高车速、改进外观和舒适性、降低成本。

（2）复合材料

复合材料主要有碳纤维增强树脂基复合材料、有机纤维复合材料等，具有密度小、比强度和比刚度较高、耐腐蚀、耐疲劳、易成型、易修复、节能、抗振、材料稠密性好等优点。兰博基尼的碳纤维车身如图 1－15 所示。

图 1－15　兰博基尼的碳纤维车身

有机纤维复合材料如玻璃增强材料，这种材料与金属相比具有密度小、比强度高、耐腐蚀和隔声、隔热等优点，成型零件形状复杂且制作成本低。玻璃增强材料主要有 SMC 和 GMT，这两种材料主要应用在保险杠防撞杆、前翼子板、备胎罩和行李舱门上。

(3) 结构发泡材料

结构发泡材料是另一种有机纤维复合材料。车身接头对整车的安全、刚度、强度有着至关重要的影响，如何加强接头是汽车研发重点问题。应用预埋在接头处的高强度的结构发泡材料来提高整车刚度是一种有效途径。高强度结构发泡材料具有重量轻、可以制作复杂形状、加强效果明显等优点，已逐渐被汽车厂商接受并使用，如雪铁龙 Picasso1-C4 和欧宝 Astra 等，如图 1-16、图 1-17 所示。

图 1-16 雪铁龙 Picasso1-C4

图 1-17 欧宝 Astra

3. 高强度钢

与铝合金、塑料相比，高强度钢具有价格低、弹性模量高、刚性好、耐冲击性好、抗疲劳强度高等优点，缺点是耐腐蚀性差。传统的设计理念是通过提高零件的材料厚度来获得整车的碰撞性能和耐久性能，而现在可以通过选用高强度钢板、减少料厚的办法来获得更好的碰撞性能和耐久性能，同时又减少车身重量。现在钢材可分为普通钢、高强度钢和超高强度钢板，例如，上汽迈锐宝在车身轻量化设计时进行了结构轻质优化（图 1-18）。

图 1-18 上汽迈锐宝车身结构轻质优化

上汽迈锐宝车身使用的普通钢屈服强度在110～180MPa，烘烤硬化钢屈服强度在130～300MPa，这两种材料一般用在车身的外覆盖件和地板零件上。高强度钢屈服强度在340～550MPa，一般用作结构加强件。超高强度钢板一般指抗拉强度超过550MPa，主要有DP钢和MS钢（马氏体钢）。DP钢的抗拉强度在500～1000MPa，一般用于需要高抗拉强度、高碰撞吸能且成形较复杂的车身零件，如前舱大梁、B柱内外板等。MS钢抗撞强度有900～1300MPa，由于MS钢强度极高，所以一般用滚压成形工艺生产，主要应用在B柱、门槛边梁上。

例如，本田Civic由于提高了高强钢的比例，其安全性从Euro NCAP的4星提高到5星，车身的动态刚度和NVH性能得到了进一步提高，车身重量却减少了2kg。

4. 采用先进的制造工艺

现代轻量化汽车车身制造中使用多种基于新材料加工技术而成的轻量化结构用材，为减轻车身的重量，采用了许多先进的制造技术，主要包括结构设计技术、材料科学技术及制造工艺技术等，如采用激光切割、激光焊接、液压成型、模压成型等新技术，连续挤压、内高压成形（液压胀形）、半固态成形、金属基复合材料板和激光拼焊板成形等技术以达到轻量化目的。

实训任务　分析实训车辆节能优化措施

1. 思考在现有的传统燃油动力技术基础上可以改进的措施主要有哪些方面，如何保证在减轻车身的质量之后的行驶稳定性能。

2. 查看车间的实训车辆，指出车辆都在哪些地方采取了节能优化措施，并总结论证。

请学生通过小组讨论，并完成下列问题。
1）在现有的传统燃油动力技术基础上可以改进的措施主要有哪些方面？
2）如何保证在减轻车身的质量之后的行驶稳定性能？
3）检查与分析：
论证汇总：

1.3 电动汽车的网联化、智能化

1.3.1 车联网定义

车联网是物联网在汽车领域的一个细分应用，是移动互联网、物联网向业务实质和纵深发展的必经之路，是未来信息通信、环保、节能、安全等发展的融合性技术。

车联网是指车与车、车与路、车与人、车与传感设备等交互，实现车辆与公众网络通信的动态移动通信系统。它可以通过车与车、车与人、车与路互联互通实现信息共享，收集车辆、道路和环境信息，并在信息网络平台上对多源采集的信息进行加工、计算、共享和安全发布，根据不同的功能需求对车辆进行有效的引导与监管，以及提供专业的多媒体与移动互联网应用服务。

智能驾驶是一项主动安全技术，除了装配在电动车辆之外，还可以配置在包括传统燃油车辆在内的其他车辆上。车联网是利用车载电子传感装置，通过移动通信技术、汽车导航系统、智能终端设备与信息网络平台，使车与路、车与车、车与人、车与互联网之间实时联网，实现信息互联互通，从而对车、人、物、路、位置等进行智能监控、调度、管理的网络系统，是未来智能汽车、自动驾驶、智能交通运输系统的基础和关键技术，主要包括网络导航、自主驾驶和人工干预三个环节。智能驾驶车辆应能满足行车的动力学要求，车上的传感器能获得相关视觉、听觉、感觉信号和信息，并通过算法计算控制相应的随动系统。自主驾驶在智能系统控制下，完成车道保持、超车并道、红灯停、绿灯行、灯语、鸣笛交互等驾驶行为，通过智能驾驶可以将事故发生的概率降到最低。人工干预，就是说驾驶人在智能驾驶辅助功能的提示下，对实际的道路情况作出相应的反应，通过车外传感器可以分析更复杂的路况，更有效地辨别道路交通中的危险。

常见的功能例如：当驾驶人感到疲劳或注意力分散，车辆很容易偏离行驶路线并发生危险，在这种情况下主动车道保持系统能够识别出车辆意外驶出车道的情况，通过转向盘的脉冲式振动及时向驾驶人发出警告。当遇到盲点环境时，车辆还能通过发出警示音来再次提醒驾驶人注意安全，驾驶人疲倦时，安全辅助驾驶系统开始进入自动驾驶模式，并发出视觉及声音提醒以建议驾驶人稍作休息。系统探测到与前车距离不足时会在仪表板内向驾驶人发出视觉警告，当探测到有碰撞危险时，系统会再次发出声音警告同时会帮助驾驶人进行制动，如果驾驶人没能作出反应，车辆也会自行降低车速等。

车联网就是高速移动的信息系统，其实质就是把智能汽车通过互联网技术对路面信息进行感知、互通以及协同，并挖掘大数据，从而提供智能决策的一套复杂的信息系统。根据中国物联网校企联盟的定义，车联网是由车辆位置、速度和路线等信息构成的巨大交互网络。通过 GPS、RFID、传感器、摄像头图像处理等装置，车辆可以完成自身环境和状态信息的采集；通过互联网技术，所有车辆可以将自身的各种信息传输汇聚到中央处理器；通过计算机技术，大量车辆的信息可以被分析和处理，从而计算出不同车辆的最佳路线、及时汇报路况和安排信号灯周期。

智能驾驶基本要求如图 1－19 所示。

驾驶安全

- 超速提醒
- 缺油提醒
- 液压报警
- 4门5窗2盖未关提醒
- 灯缺损提醒

车辆安全

- 移动警告
- 围栏警告
- 被盗追踪
- TBOX防拆报价
- TBOX被盗时锁死

信息安全

- 加密机制：非对称加密+对称加密+令牌
- 硬件匹配：手机号码+TBOX编码+VIN
- 用户登录：PIN 、短信验证

图 1－19　智能驾驶基本要求

物联网的应用非常广泛，归纳起来目前主要有四个领域值得特别关注：环境监控、物品溯源、智能电网、智能交通。图 1－20 所示为现代无线技术在智能驾驶中的应用。

智能驾驶是通过在车上搭载传感器，感知周围环境，通过算法的模型识别和计算，辅助汽车由子控制单元直接或辅助驾驶人作出决策，从而让汽车行驶更加智能化，提升汽车行驶的安全性和舒适性，最终实现无人驾驶。

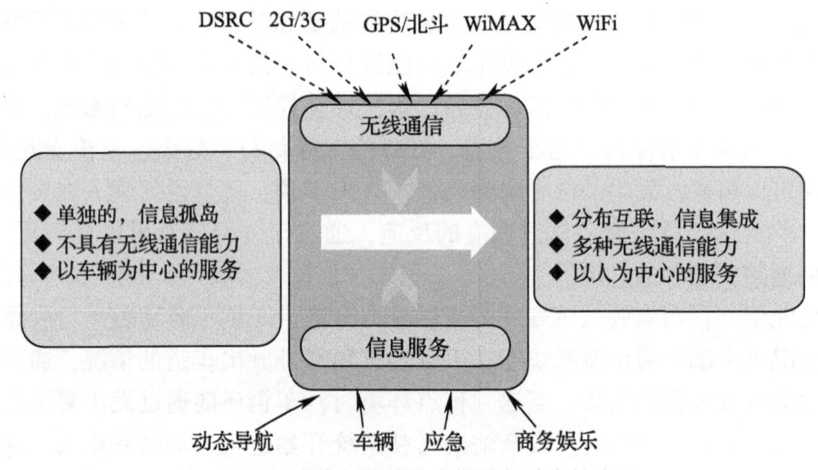

图 1－20　现代无线技术在智能驾驶中的应用

通过车联网技术搭建的智能驾驶车辆可以实现的功能如图 1－21 所示。

智能交通技术能够有效减少交通事故的发生，我国每年仅交通事故一项造成的伤亡人数就达 50 万，死亡人数 10 多万。使用智能交通技术可使每年由交通事故造成的死亡人数下降 30%～70%。车联网技术在应用层面上实现了安全、能耗、运营、生产、销售、售后服务等多种信息资源的智能管理，为车辆安全、节能、运营带来了非常高效的管理与业务运营途径，并且通过人工智能技术实现了人机友好交互。例如：百度以地图服务为核心、以车载智能终端为基础，集数据、软件、硬件、服务为一体的车联网服务以及阿波罗计划，借助地图服务实现 B2B 与 B2C 相结合，研发了符合我国车主需求的车联网模式等。

图 1－22 所示为车联网应用架构案例。

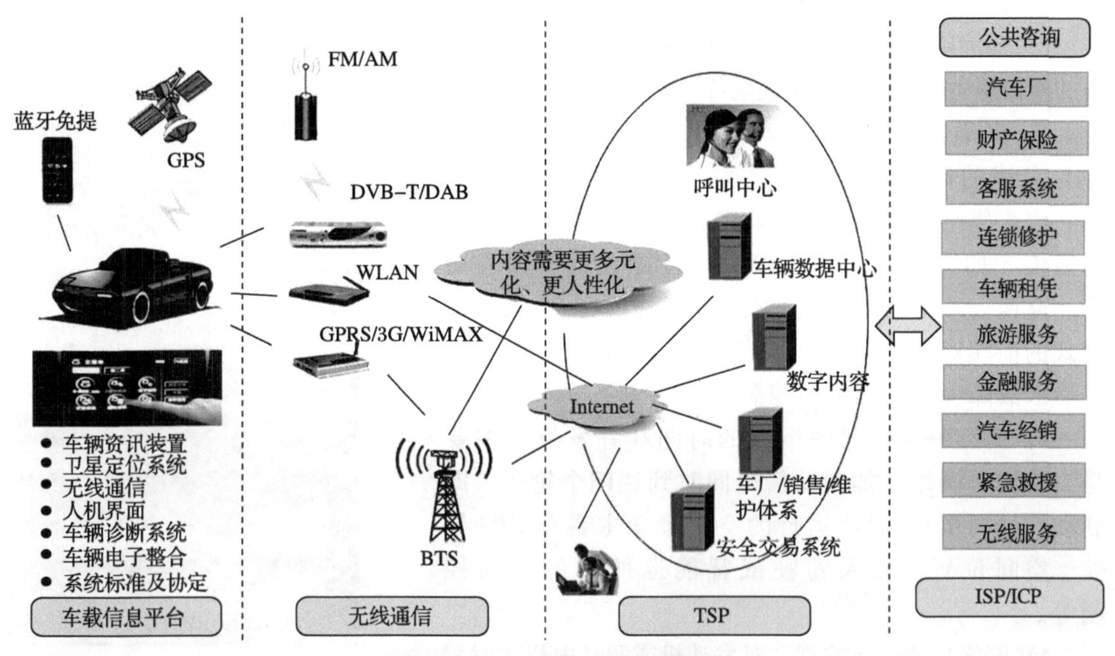

图 1－21　车联网技术与功能概览

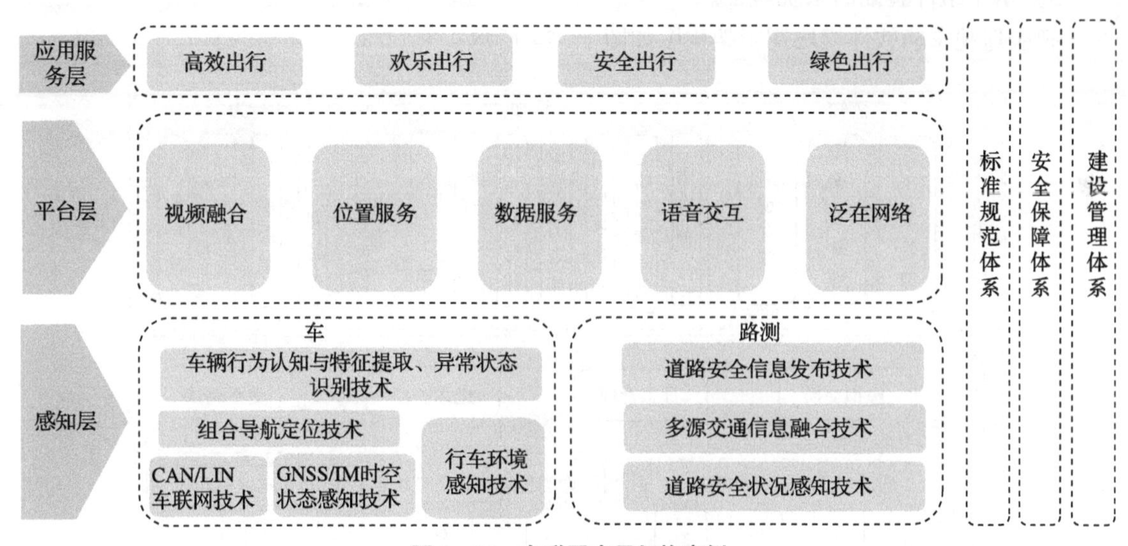

图 1－22　车联网应用架构案例

从 1989 年到现在，平均每辆车上安装的电子装置在整个汽车制造成本中所占的比例由 16% 增至 30% 以上。在一些豪华乘用车上，电子产品成本占整车成本的 50%～60%。传统技术升级很慢，而电子产品大约使用 5 年就要升级，汽车技术升级中约有 70% 的电子技术创新。

车联网是综合现有的电子信息技术，将每一辆汽车作为一个信息源，通过无线通信手段连接到网络中，进而实现对全国范围内车辆的统一管理。

车联网的电子信息技术特征主要有：

1）环境感知（图1－23）。环境信息包括车外的温度、气压、路况、车距、人流以及车内的座椅压力、烟雾、空调温度等。

2）多级通信网络与信息服务。包括车内基于CAN总线的局部网（如车况实时监测、运行状态控制、汽车黑匣子等）、车与车之间点对点或点对多点的通信（如紧急制动时通知50m车距内的车紧急避让、高速公路上的车距警示等）、车外的客户/服务器模式的前端对后台系统的通信（如C/S信息服务、在线诊断故障、远程维护与控制）。

图1－23　环境感知

3）时空特性。程序运行的时间和并发概念主要是支持实时操作（如制动信号同时到达四个轮子，即制动信号同步）。程序运行的空间概念主要有GPS导航、空间位置、无人驾驶或智能巡航时的方向控制等。

4）网络化的开环控制，对发动机或驱动电机实时控制（根据环境动态变化情况）。

5）基于组件验证的系统验证。

智能驾驶车辆软件模块逻辑架构图如图1－24所示。

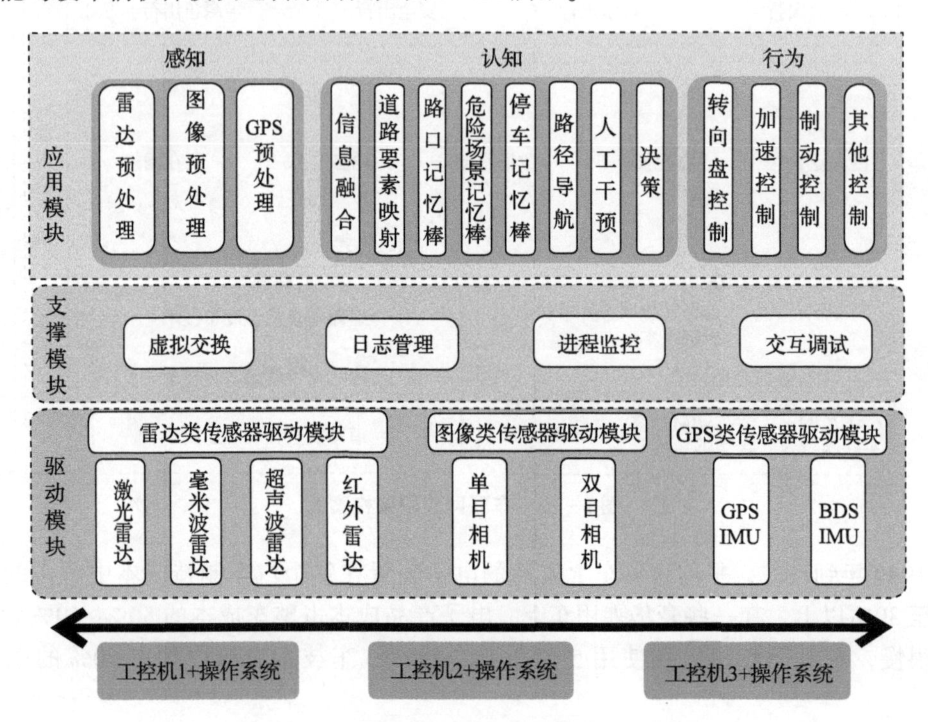

图1－24　智能驾驶车辆软件模块逻辑架构图

知识拓展

在车辆维修与服务运营中，车网互联可以实现车辆的便捷、高效、低成本管理：

主动提醒车主进行维护，通过维护历史记录，比客户更了解车辆的使用状况；设定车辆维护参数值，系统自动显示维护提醒信息，在线直接通知车主；4S店人员可在预约管理中查看所有的预约信息，及时反馈确认信息至车主。

主动获取故障码、故障时间、故障描述等相关信息，及时开展救援工作，增进客户好感。

通过后台系统向车主主动发送商品优惠信息、二手车信息、新车到店信息等，吸引车主到店；车主通过行车管家App提交二手车信息，4S店人员可致电客户约定二手车来店估价等事宜；车主订购商品后，系统自动提醒4S店人员处理订单信息，及时进行送货服务；车友活动、促销信息、二手车信息、正品商城商品信息等。

定期组织，发布车友活动信息，有效达到集客效果。

在车主购买车辆后，主动为车主提供救援、防盗追踪、诊断等个性化服务。

为车主提供丰富高效便捷的车联网服务功能。

定期统计用户的售后服务满意度，掌握4S店的服务质量，加强考核。

车载智能终端能够精确感知自身状态和行车环境信息，一方面通过网络将这些感知的信息上传，为云处理平台提供实际数据，保证云端处理平台服务的正确性，另一方面通过外部感应与网络通信获取其他车辆信息、路况信息和天气信息等。系统功能具体如下。

1）单目测距及预警：终端能够根据获取的车辆前方图像实时计算出当前车辆与前方目标的距离，若此距离小于设定的安全距离就会发出语音警告，提醒驾驶人注意安全。

2）数据预处理：车载终端计算单元能够对GPS信息、图像信息进行预处理，包括图像压缩编码和GPS信息校正。

3）数据上传：车载终端能够将数据流安全上传至管理中心服务器，数据流包括媒体流和信息流，媒体流包括图像流和音频流，信息流包括终端登录信息、终端心跳信息、车辆自身状态等所有非媒体信息流。

4）语音呼叫：当驾驶人遇到紧急情况时，通过按下报警开关，车载终端能立即发送当前车辆的位置信息和现场图片到控制中心，并可立即建立与控制中心的语音连接。

5）行车环境信息获取：终端能够接收周围路况信息、实时天气预报信息、周围车辆状态信息。

6）车辆定位及轨迹回放：监控终端能够查看某一具体车辆的实时位置，并能够回放该车的历史运行轨迹。

7）现场图像的动态显示：监控终端能够查看某一具体车辆的现场图片。

1.3.2 智联终端系统的组成

整个系统由智能终端、处理中心、监控中心和其他数据提供中心组成。智能终端安装于每辆车中，属于后装式设备，由感知模块（GPS接收器、摄像头、陀螺仪、加速度传感器）、信息处理模块、通信模块（无线射频模块）、报警模块组成。其中，GPS 接收器通过无线电方式接收卫星定位数据，通信网络经移动基站接入 Internet，智能终端数据处理如图 1－25 所示。

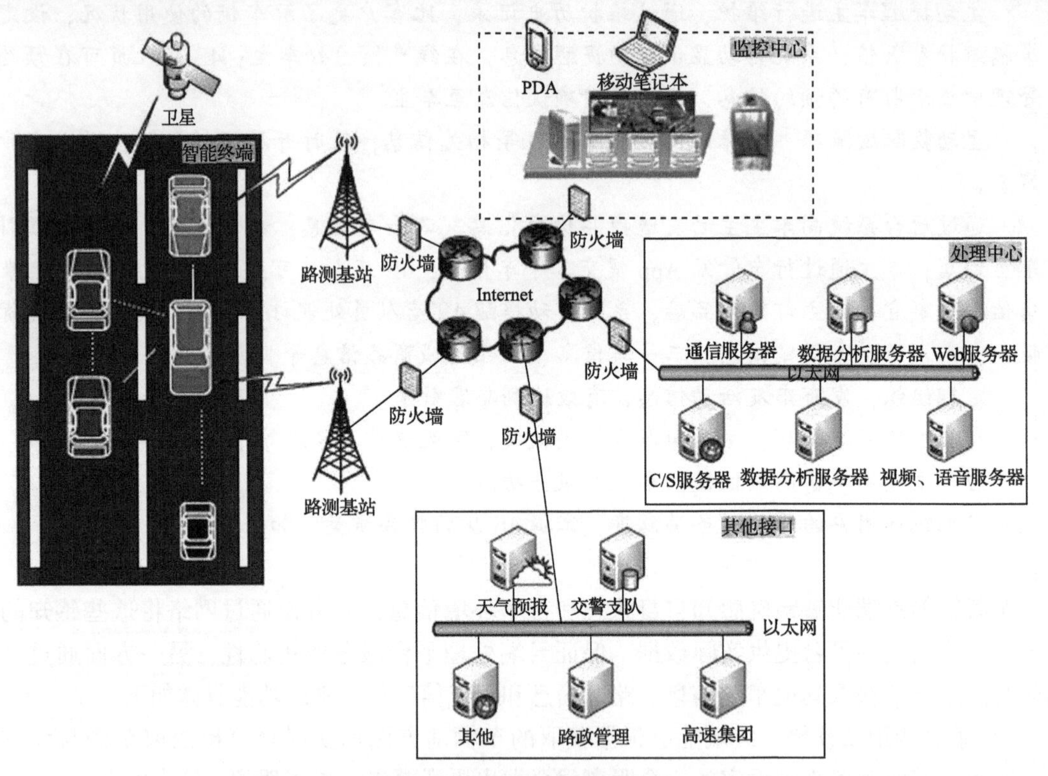

图 1－25　智能终端数据处理

系统整体逻辑层次结构可以分为 4 个层次：

1）感知层：通过摄像机、GPS 接收器、陀螺仪、加速度传感器等设备实时感知自身状态和行车环境信息。

2）通信层：实现感知层感知数据的发送及监控中心或路测基站信息的接收。

3）业务处理层：实现数据压缩、加密、挖掘、分析等功能。

4）应用层：通过 PDA、计算机、电视墙等显示设备，展现丰富的监控业务。

自主驾驶就是由机器代替驾驶人驾驶汽车，与自动驾驶的区别在于：自动驾驶侧重于强调驾驶动作是由机器来完成的，因此所有由机器来产生驾驶动作的系统都可以称为自动驾驶，其包括遥控驾驶、半自主驾驶和自主驾驶等。自主驾驶特指综合利用自身所具有的感知、决策和操纵能力，独立地进行汽车驾驶工作，而不需要人类帮助。理想的自主驾驶系统应该像驾驶人一样，能对车辆运动及环境变化作出实时判断，实时地修正车辆行驶方向，完成车辆驾驶任务。

就目前来看，自主驾驶系统要完全替代驾驶人还面临着很多困难。科学还无法使机器具有人类智慧，决策以及对错综复杂的行驶环境的感知和理解能力是制约自主驾驶技术的两个瓶颈。然而，这些并没影响人类研究自主驾驶的热情，这是由于自主驾驶的汽车相对于由驾驶人驾驶的汽车而言，具有以下 4 个方面的显著优点。

（1）使车辆行为变得可预测

驾驶行为受到驾驶人驾驶技能、理解能力、个人习惯和心理状态等多方面因素影响，具有很强的随机性。自主驾驶系统由于排除了这些因素的影响，显然其行为更具有可预测性。而这一点在安全性方面所带来的好处无疑将是非常大的。

（2）提高了系统对环境的反应速度

大量试验表明，驾驶人对于外界刺激的反应速度是缓慢的，驾驶人制动反应时间一般在0.4～1.5s，转向反应时间则更长。而采用自主驾驶后则有可能将制动反应时间控制在0.3s以内，甚至更小，从而使行车间距大大减小。显然，这对提高公路运输能力具有重要意义，同时也将增强车辆行驶时的安全性。

（3）改善了环境测量精度

驾驶人对于环境的感知精度是很有限的，而自主驾驶系统通过配置合适的环境传感器，将会大大提高环境的感知精度，从而提高车辆稳定性。

（4）杜绝了因驾驶人精神和体力因素引起的交通事故

统计表明，大量交通事故都是由于驾驶人疲劳、醉酒、思想走神等个人精神状态问题而造成的。自动驾驶将杜绝这类事故发生。

当前，各国政府逐渐认同智能驾驶能够提高交通安全水平的观点，并通过鼓励安装、强制要求的方式提高智能驾驶尤其是主动安全领域的配置渗透率。欧美安全法规纳入主动式安全，国内法规也将跟进，进一步推动 ADAS（Advanced Driving Assistant System，高级驾驶辅助系统）普及。

中国 C-NCAP 研究方向已经开始向主动安全倾斜，国内安全法规如纳入主动安全，将推动 AEB/ACC 等辅助驾驶系统快速普及。

世界各国/地区智能驾驶技术发展近况见表1－1。

表1－1　世界各国/地区智能驾驶技术发展近况

国家/地区	具体规定
美国	2006年起强制安装 TPMS
加拿大	2011年起新增乘用车强制安装 ESC
美国	2012年起要求10000磅（1磅＝0.454kg）以下所有乘用车配备 ESC
澳大利亚	2012年起强制要求新车安装 AEB
澳大利亚	2013年11月后所有新车强制安装 ESC
欧洲	2013年11月起商用车强制安装 AEB
韩国	2013年起强制安装 TPMS
欧洲	2014年11月后新登记车辆强制安装 ESC
欧洲	2014年起只有安装 AEB 才能获得五星认证
欧洲	2014年11月起强制安装 TPMS
欧洲	2014年将 ADAS 评分权重由10%调整为20%，2017年四星以上新车必须配备 ADAS
中国	2015年首次在碰撞新规加分中列入 ESC
美国	2015年1月起 AEB 加入推荐高级安全列表

（续）

国家/地区	具体规定
中国	2017 年起 11m 以上客车强制安装 LDW、FCW
日本	2016 年起强制要求新车安装 AEB
美国	2018 年 5 月 1 日起强制安装倒车影像
美国	2018 年起只有安装 AEB 才能获得五星认证
中国	2018 年加入行人检测功能

注：**ESC** 为电子车身稳定系统，**AEB** 为自动紧急制动系统，**TPMS** 为胎压监测系统、**FCW** 为前向碰撞预警，**LDW** 为车道偏离报警。

目前有关自动驾驶的技术路线主要有两条。

一条技术路线以谷歌为代表，以高精度地图为核心研发无人驾驶，然后再辅以激光雷达 3D 扫描技术。谷歌凭借其在地图定位服务深厚的积累，早在 2009 年就启动了无人驾驶计划。其中地图是谷歌汽车的工程基础之一，谷歌公司耗费大量资源去开发巧妙而极为昂贵的地图系统，这些地图可以显示街灯、停车标志、人行道、车道标线以及所有与道路行驶有关的东西的三维图像。这些完整的地图在汽车到达目标前就被上传到汽车内存中，汽车就可以从地图上知道静止物体的位置，车载计算机则可以集中更多精力用于追踪移动物体，如其他车辆等。

另一条技术路线是以机器人识别系统为核心，从代替人的角度以智能感知与智能决策为核心开发自动驾驶，苹果、特斯拉以及包括沃尔沃在内的很多传统汽车制造商都采用这条技术路线。

在自动驾驶领域发展中最大的一个瓶颈不是硬件，而是软件技术，即感应器探测到一个物体，要靠相应的软件加以识别后才有意义，就像眼睛看到物体后，要通过神经传递给大脑处理一样。智能驾驶重要零部件的组成与位置如图 1－26 所示。

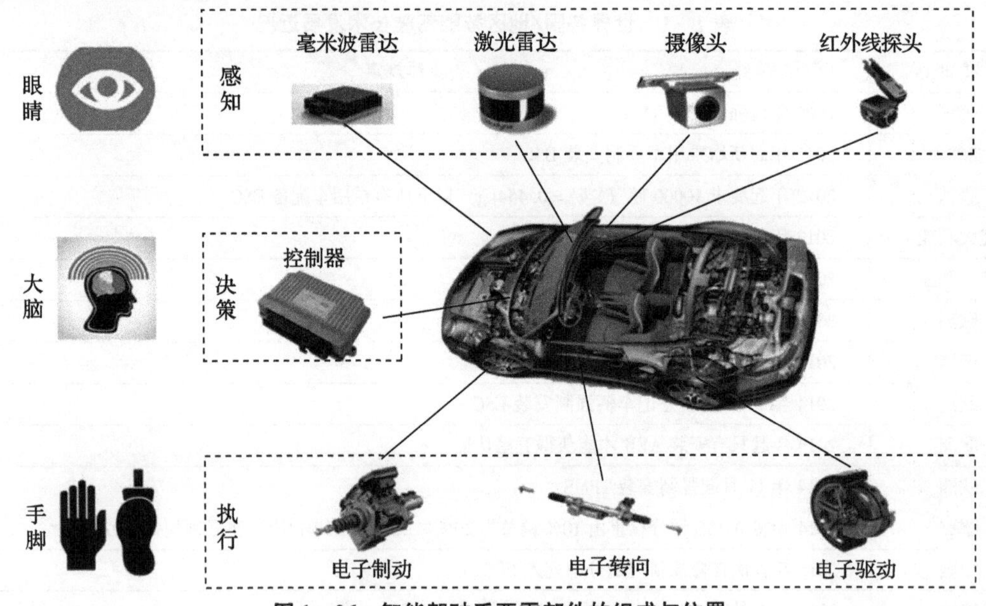

图 1－26　智能驾驶重要零部件的组成与位置

智能驾驶产业化发展有了充分的技术储备，如丰田的公路自动驾驶辅助 AHAC、特斯拉的 Autopilot 等。各大主流厂商计划在 2020 年左右实现无人驾驶商业化。

世界各大公司智能驾驶技术路线见表 1－2。

表 1－2　世界各大公司智能驾驶技术路线

公司	具体业务	
丰田	2020 年	力争在 2020 年左右实现自动驾驶汽车的商品化，投入市场销售
日产	2020 年	到 2020 年，将推出多款基于商业化自动驾驶技术的量产车型
大众	2020 年	将推出辉腾电动版，采用最新的自动驾驶技术
宝马、百度	2017～2020 年	2014 年 9 月，宝马和百度正式签署协议，双方将共同致力于在中国推进高度自动化驾驶科技的研究，双方均有信心在为期 3 年的合作项目结束后，展示可在中国市政道路行驶的高度自动化驾驶车型
奔驰	2020 年	奔驰 S500 已开始自动驾驶路试，并推出 Highway Pilot 系统，用于货车。商用时间预计在 2020 年左右
通用	2020 年	计划于 2020 年前推出首款无人驾驶汽车凯迪拉克 SRX
现代	2020 年	预计到 2020 年，具备无人驾驶功能的现代汽车将率先投入商用
起亚	2025 年	CES 上推出全新 Drive Wise 子品牌，包含驾驶辅助和半自动驾驶。2016 年集中在 ADAS 领域，关注安全和便利度；2020 年实现部分自动驾驶功能，安心和无事故；2025 年实现高度自动驾驶功能；2030 年实现完全自动化，提升生活品质
谷歌	2020 年	希望在 2020 年推出全自动无人驾驶汽车
博世	2020 年	在 2016 年 CES 上发布逆行预警、Highway Pilot 系统；预计在 2020 年高速公路将实现自动驾驶技术
沃尔沃	2020 年	发布 Intellisafe 自动驾驶计划，到 2020 年实现高度自动驾驶
福特	2019 年	搭载预碰撞和行人检测技术蒙迪欧车型已经在欧洲上市，于 2018 年在美国上市，而包括预碰撞技术在内的多项无人驾驶技术将于 2019 年在全球范围内普及

根据 2017 年 12 月新规，自动驾驶车辆须具备自动、人工两种驾驶模式，并可在两种模式间随时切换。上路测试期间，车辆属于“有人驾驶”状态，特殊或紧急情况下，由测试驾驶人接管测试车辆进行驾驶操作。按照国际通用标准 SAE 的划分，智能驾驶分为 0～5 级（表 1－3）。

表 1－3　SAE 智能驾驶阶段

SAE 自动驾驶级别	转向和加减速操控	驾驶环境监督	复杂程度驾驶	技术说明
0 级，无自动化	人工	人工	人工	由驾驶人时刻完全地控制汽车的原始底层结构，包括制动器、转向器、加速踏板和起动机
1 级，辅助驾驶	人工/系统	人工	人工	该层次汽车具有一个或多个特殊自动控制功能，通过警告防范车祸于未然，可称之为“辅助驾驶阶段”，具备 ABS、电子稳定系统、定速巡航、自适应巡航系统

（续）

SAE 自动驾驶级别	转向和加减速操控	驾驶环境监督	复杂程度驾驶	技术说明
2 级，部分自动化	系统	人工	人工	系统能够根据环境自动完成转向与加减速。比如车道偏离警告（LDW）系统、正面碰撞警告（FCW）系统、盲点信息系统（BLIS）
3 级，有条件的自动驾驶	系统	系统	人工	在特定的驾驶模式下，系统可以完成所有的动态驾驶，但是在必要的时候必须需要人工来接管驾驶。该层次汽车具有将至少两个原始控制功能融合在一起实现的系统，完全不需要驾驶人对这些功能进行控制，可称之为“半自动驾驶阶段”。这个阶段的汽车会智能地判断驾驶人是否对警告的危险状况作出响应，如果没有，则替驾驶人采取行动，比如紧急自动制动（AEB）系统、紧急车道辅助（ELA）系统
4 级，高度自动驾驶	系统	系统	系统	该层次汽车能够在某个特定的驾驶交通环境下让驾驶人完全不用控制汽车，而且汽车可以自动检测环境的变化以判断是否返回驾驶人驾驶模式，可称之为“高度自动驾驶阶段”。谷歌无人驾驶汽车基本处于这个层次
5 级，完全自动化驾驶	系统	系统	系统	该层次汽车完全自动控制车辆，全程检测交通环境，能够实现所有的驾驶目标，驾驶人只需提供目的地或输入导航信息，在任何时候都不需要对车辆进行操控，可称之为“完全自动驾驶阶段”或“无人驾驶阶段”

ADAS 功能通过传感层、决策层和执行层三个模块实现。传感层如同人类的视听感觉，通过摄像头、雷达、夜视系统等对环境进行数据采集；决策层通过芯片和算法对采集到的数据进行认知判断并作出决策，类似人的大脑；执行层类似于人的手脚，通过电子制动、加速、转向等对车辆实现智能驾驶。

ADAS 技术说明见表 1－4。

表 1－4　ADAS 技术说明

名称	主要功能	传感	执行
ACC，自适应巡航（Adaptive Cruise Control）	前方有车时实现车距控制，前方无车时实现车速控制	车距传感器（毫米波雷达、激光雷达、摄像头等）	加速、档位、制动
LDW，车道偏离预警（Lane Departure Warning）	在驾驶人无意识偏出车道时发出预警	车道线传感器（摄像头、立体相机、红外线、激光雷达等）	显示系统（中控台、导航显示器、抬头显示器等）
LKA，车道保持辅助（Lane Keeping Aid）	在车辆非受控偏离车道时主动干预转向，实现车道保持	车道线传感器（摄像头、立体相机、红外线、激光雷达等）	转向

（续）

名称	主要功能	传感	执行
FCW，前撞预警（Forward Collision Warning）	在与前车距离过小时发出预警	车距传感器（毫米波雷达、激光雷达、摄像头等）	显示系统（中控台、导航显示器、抬头显示器等）
AEB，自动紧急制动（Autonomous Emergency Braking）	在与前车距离过小时主动干预制动	车距传感器（毫米波雷达、激光雷达、摄像头等）	制动
TSR，交通标志识别（Traffic Sign Recognition）	识别交通标志并作出相应提示	摄像头	显示系统（中控台、导航显示器、抬头显示器等）
IHC，智能灯光控制（Intelligent High-beam Control）	根据道路和车辆的灯光情况自动切换前照灯，光线足够暗且附近没有其他车辆的灯光时切换至远光，有对面或前方车辆的灯光时切换至近光	摄像头	前照灯
AP，自动停车（Automatic Parking）	自动探测周围环境，实现自动停车入位	距离传感器（超声波雷达、毫米波雷达、激光雷达、摄像头等）	加速、制动、转向
PDS，行人检测系统（Pedestrian Detection System）	探测车辆前方行人状况，必要时给予警告或干预制动	摄像头	制动、显示系统（中控台、导航显示器、抬头显示器等）
BSD，盲点探测（Blind Spot Detection）	监视驾驶人侧方和后方盲区，必要时给予警告	距离传感器（超声波雷达、毫米波雷达、激光雷达、摄像头等）	显示系统（中控台、导航显示器、抬头显示器等）
NVS，夜视系统（Night Vision System）	利用主动或被动的红外线成像，为驾驶人提供弱光线环境下的视觉辅助	红外线传感器	显示系统（中控台、导航显示器、抬头显示器等）
DSM，驾驶人疲劳检测（Driving Safety Management）	通过驾驶行为或驾驶人脸部和眼睛的特征评估，判断驾驶人疲劳度，必要时给予警告	红外线传感器、摄像头	显示系统（中控台、导航显示器、抬头显示器等）
SVC，全景停车系统（Surround View Cameras）	利用多个摄像头拼接全景图像，为驾驶人停车提供视觉辅助	摄像头	显示系统（中控台、导航显示器、抬头显示器等）

1.3.3 智能驾驶关键零部件技术

智能驾驶利用安装于车上的各种传感器收集车内外的环境数据，进行静态、动态物体的辨识、侦测与追踪，从而能够让驾驶人在最快的时间察觉可能发生的危险，提高安全性。这些传感器包括摄像头、毫米波雷达、激光雷达红外夜视系统、算法决策系统和电控执行系统等。

1. 毫米波雷达

如图 1－27 所示，毫米波雷达发射毫米波波段的电磁波，利用障碍物反射波的时间差确定障碍物距离，利用反射波的频率偏移确定相对速度。与红外、激光、摄像头等传感器相比，毫米波雷达的优势在于穿透雾、烟、灰尘的能力强，具有全天候（大雨天除外）、全天时的特点。其局限性在于：

1）无法识别物体颜色。

2）视场角度小，一般需要多个雷达组合使用。

3）行人的反射波较弱，难以识别。毫米波雷达广泛应用于车载距离探测，如自适应巡航、前撞预警、盲点探测等。

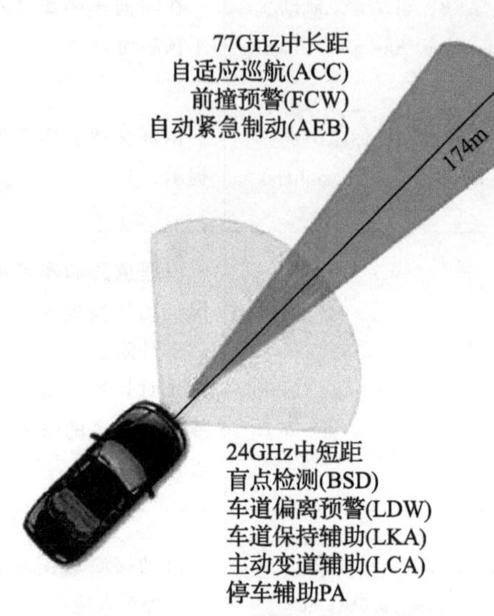

图 1－27 毫米波雷达工作示意图

毫米波雷达对比见表 1－5。

表 1－5 毫米波雷达对比

频段/GHz	测距范围/m	应用
24	5～70	BSD、LDW、LKA、LCA、PA
77	100～250	ACC、FCW、AEB

全球汽车毫米波雷达主要供应商为传统汽车电子优势企业，如博世、大陆等。2015 年，博世、大陆的全球市场份额均为22%，跟随其后的有海拉、富士通天、电装、天合、德尔福、奥托立夫、法雷奥等。

图 1－28 所示为博世远距离毫米波雷达。

目前国内厂商已经突破毫米波雷达核心技术，国产化指日可待。

图 1－28 博世远距离毫米波雷达

2. 激光雷达

激光雷达发射激光束以探测目标的位置、速度等特征量，工作原理如图 1－29 所示。车载激光雷达采用多个激光发射器和接收器，建立三维点云图，从而达到实时环境感知的目的。激光雷达的优势在于三维建模，探测范围广，探测精度高。激光雷达的局限性如下：

1）雨、雪、雾天气下性能较差。

2）价格昂贵。

3）数据量过大。激光雷达使用的技术是飞行时间（TOF，Time Of Flight），根据激光遇到障碍物后的折返时间，计算目标与自己的相对距离（图1－29）。激光束可以准确测量视场中物体轮廓边沿与设备间的相对距离，这些轮廓信息组成所谓的点云并绘制出三维点云图（图1－30），精度可达到厘米级别。

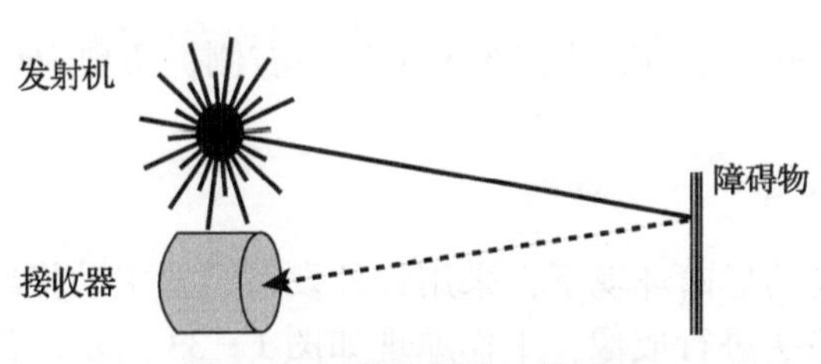

图1－29 激光雷达工作原理

图1－30 激光雷达三维点云示意图

目前，有旋转部件的激光雷达技术较为成熟，采用激光发射机、接收器一起旋转的方式，或采用固定激光光源，通过内部玻璃片旋转的方式改变激光束的方向，实现多角度测量。图1－31所示为相控阵技术原理。

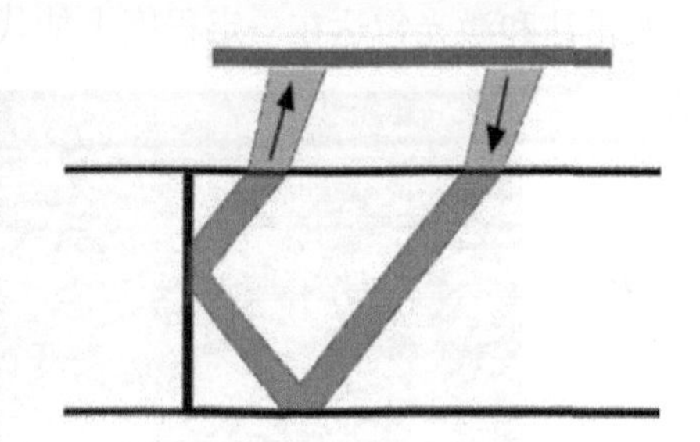

图1－31 相控阵技术原理

为了兼顾美观和小的风阻系数，自动驾驶汽车不应该外置一个笨重的机械旋转部件，因此激光雷达固态化是未来趋势，存在小型化、低成本优势。固态激光雷达无需旋转部件，因而体积更小，方便集成在车身内部，并且系统可靠性提升，成本也可大幅降低。

3. 摄像头（图1－32）

（1）工作原理

1）图像处理，将图片转换为二维数据。

2）模式识别，通过图像匹配进行识别，如车辆、行人、车道线等。

3）利用物体的运动模式或双目定位，估算目标与本车的相对距离、相对速度。

图1－32 摄像头

（2）摄像头优势

1）摄像头技术成熟，硬件成本较低。

2）可以通过较小的数据量获取到最全面的信息。

(3) 摄像头局限性

1）受光线、天气影响大，在逆光或光影复杂的地方难以使用。

2）物体识别基于机器学习数据库，需要的训练样本大，训练时间长，难以识别非标准障碍物。

3）对于行人的识别不稳定，因为行人的动作、服装等变化要素多。

4）由于广角摄像头的边缘畸变，得到的距离准确度较低。

目前摄像头的应用主要有：

1）单目摄像头，一般安装在前风窗玻璃上部，用于探测车辆前方环境，识别道路、车辆、行人等，广泛应用于自适应巡航、车道偏离预警、前撞预警、行人检测等功能中。

2）后视摄像头，一般安装在车后，用于探测车辆后方环境，应用于倒车可视系统。

3）双目摄像头，利用两个经过精确标定的摄像头同时探测车辆前方环境，实现更高的识别精度和更远的探测范围。

4）环视摄像头，一般至少包括四个摄像头，分别安装在车辆前后左右侧，实现 360°环境感知，应用于自动停车和全景停车系统。

4. 红外夜视系统

红外夜视系统主要用于在无可见光或微光的黑暗环境下，采用红外发射装置主动将红外光投射到物体上，红外光经物体反射后进入镜头进行成像，工作原理如图 1－33 所示。夜间行车视线较差，随着对汽车安全和 ADAS 关注度的提升，红外夜视或将得到快速推广。毫米波雷达和激光雷达在一定程度上能代替红外夜视，可以实现对夜间障碍物或其他车辆的探测。

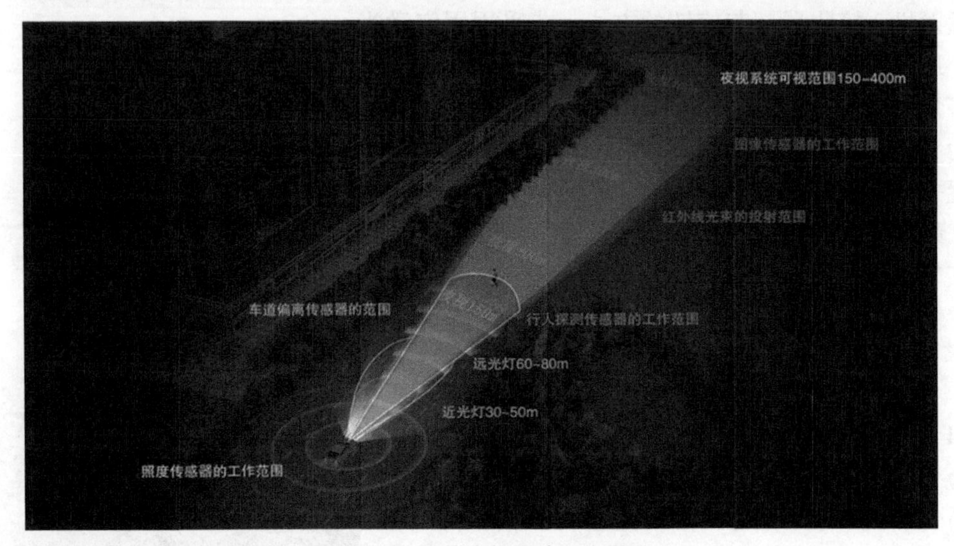

图 1－33　红外夜视系统工作原理

车载传感器对比见表 1－6。

表 1－6　车载传感器对比

传感器	优点	缺点
激光雷达	测量精度高，不依赖环境光线，0～200m 测量范围，可以测距和测速	成本高，容易受雨、雪、雾等影响

（续）

传感器	优点	缺点
毫米波雷达	环境适应性好，对烟、尘、雨、雾等具备良好穿透能力，0～200m 测量范围，可以测距和测速	视野角度较小，分辨率不高，无法辨别形状
摄像头	硬件成本低，可获取目标颜色	容易受光照、阴影的影响
红外夜视系统	环境适应性好，不受光线、风、沙、雨、雪、雾的影响，测距远	成本高，对场景亮度变化不敏感
超声波雷达	成本低，数据处理简单	检测距离短，难以得到准确的距离信息

5. 算法决策系统

算法决策系统主要是对传感器采集的信息进行认知判断，并对汽车下一步动作作出预判，核心是算法。不同类型的传感器收集到的信息类型差异比较大，所以对信息的处理和认知方式有所不同，激光雷达、毫米波雷达等主动式传感器对算法依赖程度较低，算法较为简单，摄像头等被动式传感器对算法依赖程度较高。

视觉算法拥有识别行人、辨别颜色、识别图案等优点，在 ADAS 技术路线中必不可少。视觉算法分为三个阶段，依次对应智能驾驶的辅助驾驶、高度自动驾驶、完全自动驾驶。

第一阶段是简单识别，包括车道线识别、车尾识别。

第二阶段是边界识别，加入各角度、被遮挡行人检测、被遮挡车辆检测、自行车检测等。

第三阶段是街景识别，能够全部识别建筑物、街道、马路边缘。

国内视觉算法公司多数为初创企业，成立时间大多在 2013 年前后，产品多定位于后装市场，只有两家企业进入车企前装。国内算法企业的 ADAS 功能基本是车道偏离预警和前撞预警，大多数停留在第一阶段，对行人的识别算法比较欠缺。

6. 电控执行系统

智能驾驶执行机构的电子化、线控化是实现汽车行驶主动安全的重要保证。智能驾驶的落地需要精准的控制系统参与，与汽车底盘控制密切相关，涉及驱动控制系统、转向控制系统、制动控制系统等。

传统的转向系统和制动系统原理是驾驶人踩下加速踏板或转动转向盘，通过机械连接件和助力件操纵汽车转向或制动，但是在智能驾驶条件下行车大脑接管车辆的控制权，无法通过传统的机械操纵系统控制车辆，需要在系统上加装 ECU（电子控制单元）并且让部分零部件电气化，也就是实现线控，通过这种方式可以实现车辆横向和纵向的智能驾驶。智能驾驶车辆网络控制如图 1－34 所示。

汽车自主驾驶已经成为未来汽车的一个重要发展方向。汽车自主驾驶本质上是希望机器能够像人一样来驾驶汽车，人工智能、计算机科学、模式识别、控制理论、汽车操纵理论、驾驶人驾驶的有关理论都是汽车自主驾驶必不可少的理论基础。通常自主驾驶系统分为两大功能模块：环境感知和驾驶控制。

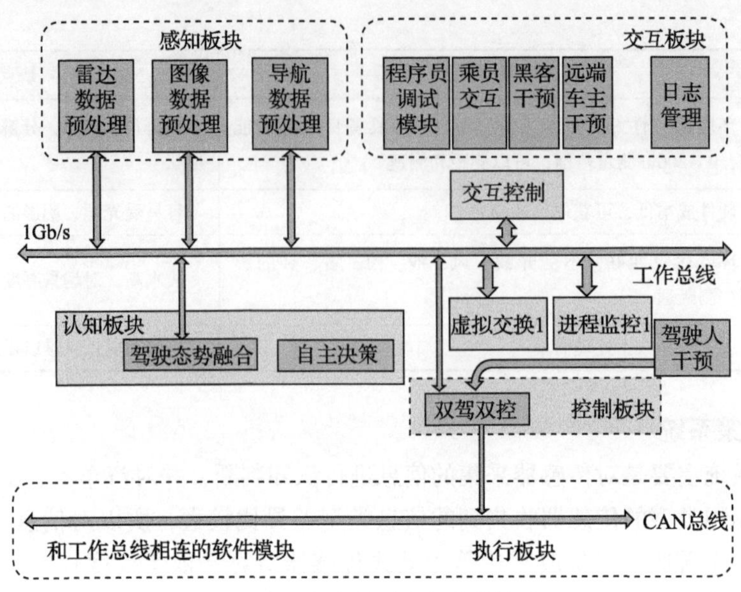

图1-34 智能驾驶车辆网络控制

(1) 环境感知

环境感知就是利用有关的环境传感器和定位定向传感器来确定车辆与道路、障碍的相互关系，以及车辆相对于全局导航坐标系的位置、速度、方向等信息。这些信息是驾驶控制系统进行决策控制的基础。一般常用的环境传感器包括：磁轨、可见光摄像机、激光雷达、毫米波雷达、全球定位系统、惯性导航系统、里程仪等。选用合适的传感器，并对感知信号进行处理，可以获得用来对自主驾驶车辆进行导航的环境信息。用机器视觉的方法对摄像机采集的图像进行分析处理以获得车辆导航信息是目前比较常用的一种环境感知方法。

(2) 驾驶控制

驾驶控制作为自主驾驶系统两大功能模块之一，驾驶控制模块应能完成自主驾驶任务中除环境感知之外的所有功能，包括任务规划、行为决策、车辆操作等。这些任务从时间跨度、空间广度，以及所要利用信息的种类和范围等方面往往是不同的。例如，每次产生的车辆操纵命令只会在产生一个新操纵命令之前的几十毫秒内影响车辆运动，而一个换道机动的决策则会影响车在未来几秒甚至几十秒内的运动，并使车辆产生一个明显的侧向位移。在地面上运动的汽车可以看作一个刚体，用其质心的空间坐标及其空间姿态等六个坐标就可以近似地描述其运动过程，然而其动力学过程是非常复杂的。

1.3.4 车联网通信技术

1. 车联网基本概念

车联网是由车辆位置、速度和路线等信息构成的生态型交互网络。行驶的车辆通过GPS、RFID、传感器、摄像头等装置，可以完成自身环境和状态信息的采集；再通过车载网络信息技术将采集的数据传输汇聚到数据管理中心；通过分析、处理车辆的信息，计算出车辆的最佳路线、路况等相关信息。智能交通系统是将先进的传感器技术、通信技术、数据处理技术、网络技术、自动控制技术、信息发布技术等有机地运用于整个交通运输管理体系而建立起的一种实时、准确、高效的交通运输综合管理和控制系统。

2. 车联网无线通信技术应用

车联网无线通信技术在应用中，可以通过碰撞预警、电子路牌、红绿灯警告、网上车辆诊断、道路湿滑检测为驾驶人提供即时警告；通过城市交通管理、交通拥堵检测、路径规划、公路收费、公共交通管理，提高人们的出行效率；为人们提供餐厅、拼车、社交网络等娱乐与生活信息等。车联网无线通信技术主要依赖两种技术：短距离无线通信和远距离移动通信。短距离无线通信主要是 RFID 和 WiFi 等短距离通信技术，专门针对车辆运动特性和时延敏感特性，在车辆密度适当的环境下可以提供可靠的安全信息传输服务，可以通过无线射频设备感知识别对象目标，并获取数据。远距离移动通信主要是 GPRS、3G、LTE、4G、5G 等移动通信技术。

车联网系统主要通过无线通信技术、GPS 技术及传感技术的相互配合实现。车联网系统功能集成化、数据海量化、高传输速率是必然趋势。

大数据、云计算、无线通信技术的快速发展为车联网的具体服务应用提供了网络支持。WiFi、RFID 等无线技术在交通运输领域智能化管理中得到了应用，例如，智能公交定位管理和信号优先、智能停车场管理、车辆类型及流量信息采集、路桥电子不停车收费及车辆速度计算分析等。

车联网系统的架构具有应用终端系统、管理应用系统、云端应用系统三层体系：

1）应用终端系统是汽车的智能传感器，负责采集与获取车辆的智能信息，感知行车状态与环境，是具有车内通信、车间通信、车网通信的泛在通信终端，同时还是让汽车具备车联网寻址和网络可信标识等能力的设备。

2）管理应用系统主要解决车与车（V2V）、车与路（V2R）、车与网（V2I）、车与人（V2H）的互联互通，实现车辆自组网及多种异构网络之间的通信与漫游，在功能和性能上保障实时性、可服务性与网络泛在性，同时它是公网与专网的统一体。

3）云端应用系统包含了 ITS（智能交通系统）、物流、客货运、危险特种车辆、汽修汽配、汽车租赁、企事业车辆管理、汽车制造商、4S 店、车管所、保险公司、紧急救援、移动互联网等，是多源海量信息的汇聚，因此需要虚拟化、安全认证、实时交互、海量存储等云计算功能，其应用系统也是围绕车辆的数据汇聚、计算、调度、监控、管理与应用的复合体系。

3. 车联网通信协议

车联网可以分为三个部分：车内网、车际网和车载移动互联网。

车内网，就是位于汽车内部的网络通信，包括车载显示器、车载传感器与控制器以及车载资讯中心等。

车际网，主要是为了监测街上行驶的其他车辆的速度、位置等对其他驾驶人无法开放的隐私数据，同时自动预测出在该车行车道路前方是否有发生碰撞的可能性。

车载移动互联网，主要是指利用车载网关同外部移动互联网和互联网实现互联互通。

目前支持车联网通信的主要通信协议是 IEEE WAVE/802.11p，从技术上来看，IEEE 802.11p 标准对 IEEE 802.11 进行了多项针对车辆特殊环境的改进，如增强了热点间切换、更好地支持移动环境、增强了安全性、加强了身份认证等。但在车辆密度较大的场景中，该协议族不能保证安全信息及时可靠送达。

DSRC 专用短程通信技术是针对于智能交通系统领域中，车辆和道路基础设施间的信息交换而开发的一种适用于短距离的快速移动的目标识别技术，是基于 IEEE 制定和完善的 WAVE/802.11p 协议族。它可以提供高速无线通信服务，并且能保证传输延时短和系统可靠性。其在抗延迟、移动性、通信距离方面有着无可替代的优势，特别适用于车辆安全应用。目前全球范围内的大多车路协同项目的研究，均采用 DSRC 技术建立车联网。

WiFi 无线局域网（WLAN）实时定位系统（WiFi RTLS）结合无线局域网络、射频识别和实时定位等多种技术，广泛地应用在有无线局域网覆盖的区域，实现复杂的人员和物品定位、监测和追踪任务，并准确搜寻到目标对象，实现对人员和物品的实时定位与监控管理。在覆盖无线局域网的地方，佩戴在人员身上或安装在物品上的定位标签周期性地发出信号，无线局域网访问点（AP）接收到信号后，将信号传送给定位服务器。定位服务器根据信号的强弱或信号到达时差判断出人员或物品的位置，并通过电子地图显示具体位置。

V2V 主要是指汽车与汽车之间通过 5.9GHz 频段进行通信，也是 802.11 技术的一种网状网变体技术。相比于 802.11 协议，V2V 的单节点覆盖范围最高 300m，并且使用专用短程通信（DSRC）协议。V2V 系统每秒发送 10 次信息，每次发送 11 项数据，包括汽车的 GPS 定位信息、加速度、制动状态、转向盘转角和车速等。

网状网络是一种在网络节点间透过动态路由的方式来进行资料与控制指令的传送，可使用“跳跃”的方式形成新的路由后将信息送达远方传输目的地。在网状网络的支持下，V2V 系统通过 5～10 个节点的跳跃就能收集 1.6km 范围内的车辆交通状况。

4. 车联网技术应用发展

每一种技术的成熟都有一个发展的过程，车联网技术发展到现在大约经历了四代。第一代是 1998 年以前的产品，那时几乎还没有联网的说法。第二代是 1998～2006 年，车联网技术硬件处理能力较弱，需要不同的硬件保证不同的功能。2007～2009 年是第三代，车联网技术的计算能力得到提升。第四代是 2010 年至今，除了车机系统，增加了联网功能，具体为基于本地和手机 App 的混合解决方案，通过连接性电子控制单元或车联网解决方案，运用 3G 和 4G 网络使车连接到云端，实现对车辆的控制。

值得一提的是，在 2015 年 1 月，百度推出 CarLife 车联网解决方案，百度 CarLife 是一款跨平台车联网解决方案，在车机端，无论是 Linux、QNX 还是 Android，CarLife 都可以适配；在用户端，CarLife 可以支持 Android 和 iOS 智能操作系统，能够覆盖 95% 以上的智能手机用户。CarLife 用户只需通过数据线或者 WiFi 将手机连接到车载系统上，就可以在驾驶过程中使用各种应用。目前车联网技术主要有 Apple CarPlay、Andriod Auto、Baidu CarLife 等，Baidu CarLife 可同时支持 iOS 和安卓智能手机。在我国，Apple CarPlay 和 Baidu CarLife 技术已经得到应用。

作为智能驾驶的最终形式，自动驾驶汽车技术依靠通信、人工智能、视觉计算、雷达、监控装置和全球定位系统协同合作，让计算机可以在没有任何人为主动的操作下，自动安全地操作车辆。自动驾驶汽车和车联网通信的实现还需要网络实时传输汽车导航信息、位置信息以及汽车各个传感器的数据到云端或其他车辆终端，需要更高的网络带宽和更低的网络延时。相对于目前的车联网通信技术，5G 系统理论下行速度为 10Gbit/s，峰值速率可达 20Gbit/s，传输时延可达毫秒级，连接数密度可达 100 万个/km^2，未来车辆在进行自动驾驶与车联网通信的过程中，需要进行海量、实时的数据交换。5G 网络可满足未来车联网环境的车辆与人、交通基础设施之间的通信需求，可以解决车联网的严苛要求，保证高速行驶时的安全。

车联网技术给人类与汽车带来的好处：汽车可以实现高度智能的车载信息系统、城市交通信息网络、智能电网以及社区信息网络全部连接，随时随地获得即时资讯，协助驾驶人作出与交通出行有关的明智决定；可以实现智能停车、自动寻车、车辆出行的自动准备，被植入了人工智能技术的自动驾驶模式，可以通过语音对话，盲人也可以开车穿行于城市中，并可以实现人类与车辆自由交互式交流、聊天等；车联网可以接通呼叫中心的形式帮助驾驶人获取周边信息、寻找停车场，以及自己找到充电站完成充电、找到最近的银行、饭店等，在未来，借助人工智能技术的自我学习系统还可以实现信息安全的自动保护与黑客入侵的自动保护功能。

1.3.5　车联网大数据应用

1. 车联网技术介绍

车联网系统分为三大部分：车载终端、云计算处理平台、数据分析平台。车载终端采集车辆实时运行数据，实现对车辆所有工作信息和静态、动态信息的采集、存储和发送。车载终端由传感器、数据采集器、无线发送模块组成，车辆实时运行工况包括驾驶人的操作行为、动力系统工作参数等；由云计算处理平台处理海量车辆信息，对数据进行筛选；数据分析平台则负责对数据进行报表式处理，供管理人员查看。

车联网技术除了协助安全与智能驾驶，还聚合了无线通信、移动互联网、云计算、数据采集融合等技术优势，形成开放、共享的车辆信息服务平台，支持个人服务、商业服务与公众服务。车联网技术在服务领域的作用如图 1－35 所示，车联网平台对售后服务业务支持如图 1－36 所示。

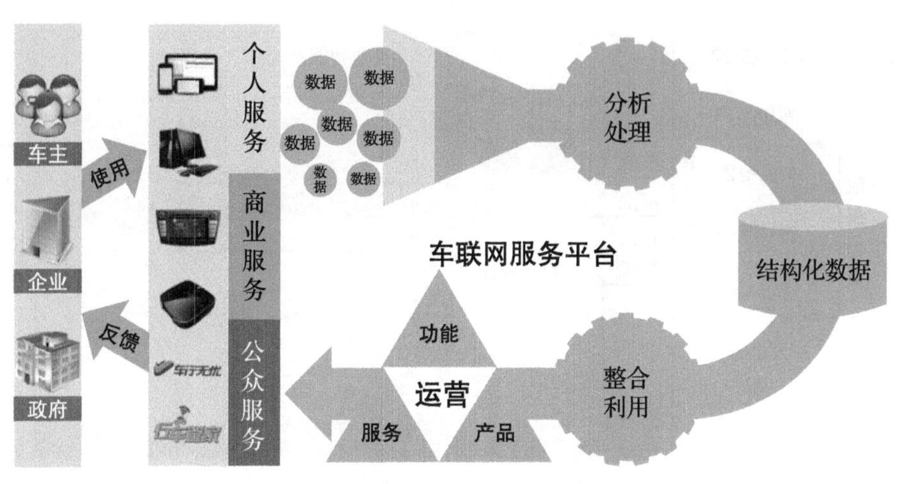

图 1－35　车联网技术在服务领域的作用

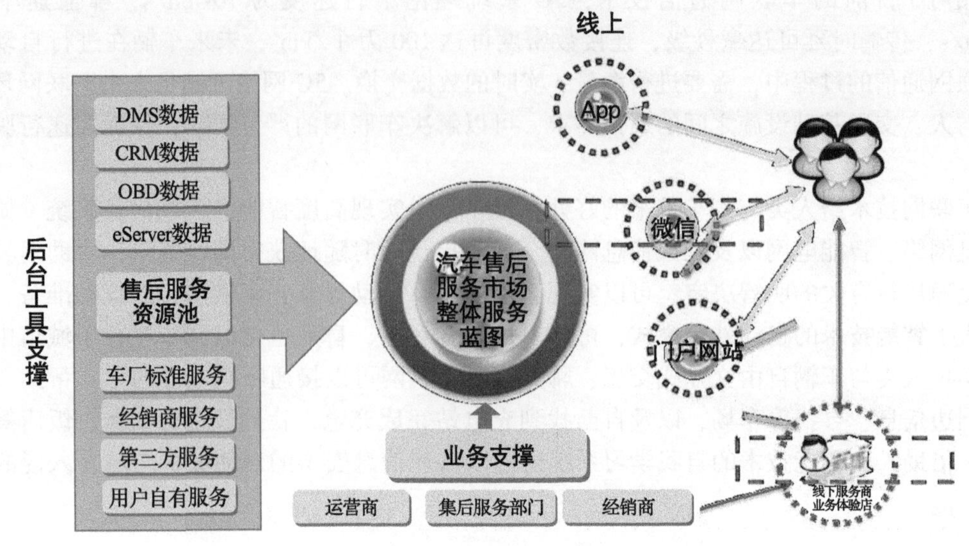

图 1－36　车联网平台对售后服务业务支持

利用设备采集车主在用车过程中关于车辆的各类实时数据，在平台进行车辆状态的统计和分析，如车辆故障统计、行驶里程统计、油耗统计等，辅助车主进行车辆的改进，并为未来的延伸服务提供可靠的业务基础。

未来的车联网系统可以使感知更加透彻，除了道路状况，还可以感知各种各样的要素，如污染指数、紫外线强度、天气状况、附近加油站等，同时还可以感知驾驶人的身体状况、驾驶水平、出行目的等，路线不再是“快速到达目的地”，而是“最适合驾驶人，最适合这次出行”，汽车导航将由“以路为本”变为“以人为本”。

数据管理平台逻辑架构如图 1－37 所示，数据采集方法如图 1－38 所示。

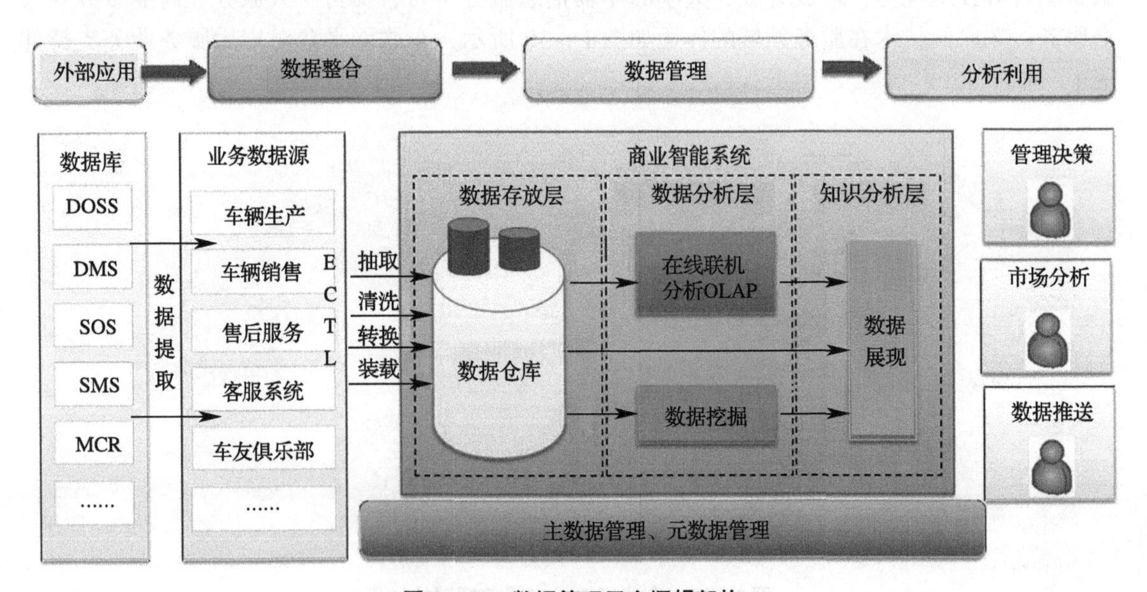

图 1－37　数据管理平台逻辑架构

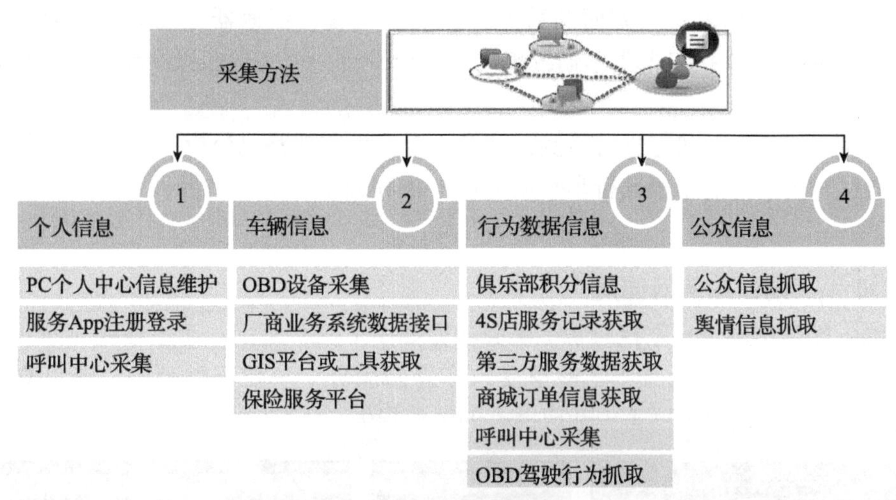

图 1－38 数据采集方法

根据国家监管要求，新能源汽车必须能够满足基本的电机数据、车辆位置数据、整车数据等数据提取要求，与此同时，主机厂也会自定义采集许多关键数据，以有效掌握车辆的情况、车主的特征、驾驶行为的评估，甚至能够回溯行车事件、了解车辆的尾气排放、行车环境等情况，而这些都是能够通过车联网大数据而得到的结果。车主行为特征的相关数据收集，如车辆位置、App 使用习惯、车辆驾驶过程中的行车数据（高峰时段驾驶统计、超速驾驶统计、停车不熄火统计、疲劳驾驶统计、转速过高统计、夜间驾驶统计等）。

车联网智能平台根据各个特约店的设置和上传数据，对特约店人员进行信息提示，以便特约店人员及时为车主服务。

1）维修保养信息：当车辆行驶里程或使用天数达到保养要求时，对车主和特约店人员进行提醒。

2）故障信息：当车辆自检系统检测到车辆有故障时，及时将故障信息推送给车主和特约店人员。

3）预约信息：车主通过行车管家发起预约后，特约店人员可登录系统查看。

4）终端信息：终端出现异常时，特约店人员及时感知。

5）系统信息：系统更新信息或系统管理员发送的管理信息及时传送给特约店人员。

6）预约管理：接收车主发出的预约申请，特约店人员实时接收和处理预约申请。

7）维修保养管理：车辆维修保养信息主动提醒，车辆维修保养历史以及待维修保养信息查看。

8）故障管理：车辆故障提醒，查看车辆详细故障信息。

9）获取车辆行驶数据，通过汽车 OBD 接口对车辆数据进行实时监控，分析各传感器记录的数据，并基于车辆数据实现数据监控、故障报警、车辆评估等。

10）利用 GPS 定位和基站定位技术，结合平台可实现多种位置服务，如导航、行车轨迹、远程定位、防盗报警等。

11）可通过 OBD 接口实现油量、电量、里程、车速、发动机转速等车辆实时数据，结合平台可实现驾驶行为分析等多种应用。

12）可实时检测车辆安全方面的数据，如安全气囊、变速器、发动机、ABS 的实时状态；同时还可通过 OBD 接口采集车辆故障码，结合平台，可实现远程诊断、车检报告等应用服务。

13）可对车辆的振动状态进行检测，结合平台，可实现路况分析、碰撞分析等功能。

14）通过对采集到的车辆及行车数据进行上报和分析，结合平台，可定义不同项目的提醒和警告。

2．手机 App 端的车辆网使用

手机 App 端对车辆信息掌控与掌上服务功能如图 1－39 所示。车主在用车过程中，除了能通过 App 获取各种增值服务，还能享受汽车保险服务，一旦车辆被盗，还可立即定位追踪，协助追回车辆，避免车辆丢失造成巨大的经济损失。

图 1－39　手机 App 端对车辆信息掌控与掌上服务功能

一旦车辆丢失，认清责任后，车主可通过汽车保险服务获得理赔服务。其他可扩展的业务有汽车销售、保险、金融、二手车和其他业务。随着计算机分析能力不断提升，我们可以获得更多的服务。主机厂从决策层到研发、销售、售后都依赖于这样的平台，而对应的车联网应用端，则包含了分时租赁、新能源服务（如充电桩）、保险、4S 店、生活服务等，应用商可以基于平台的数据和服务来实现管理、服务和行业等数据应用与服务，并从中获得收益。车联网平台对经销商服务的范围如图 1－40 所示。

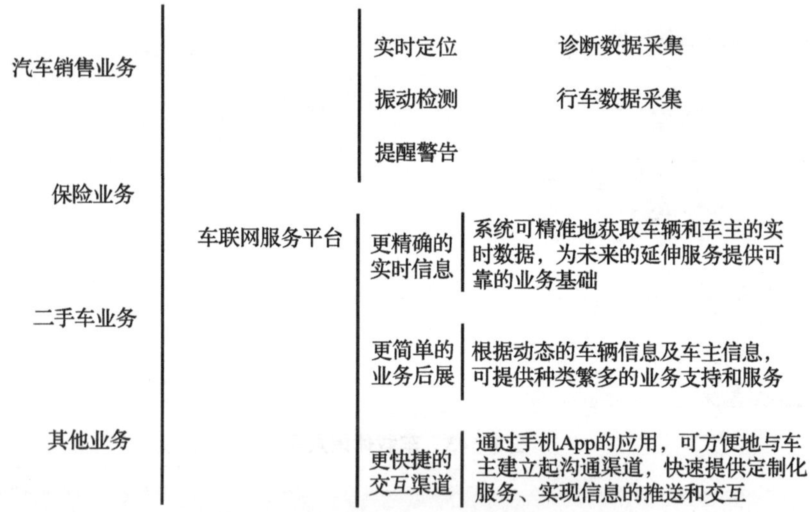

业务	平台	功能	说明
汽车销售业务	车联网服务平台	实时定位	诊断数据采集
保险业务		振动检测	行车数据采集
二手车业务		提醒警告	
其他业务		更精确的实时信息	系统可精准地获取车辆和车主的实时数据，为未来的延伸服务提供可靠的业务基础
		更简单的业务后展	根据动态的车辆信息及车主信息，可提供种类繁多的业务支持和服务
		更快捷的交互渠道	通过手机App的应用，可方便地与车主建立起沟通渠道，快速提供定制化服务、实现信息的推送和交互

图 1－40　车联网平台对经销商服务的范围

由于互联网信息系统的接入，车联网的功能得到更多的扩展与便捷应用，例如，车载导航（图 1－41）、App 远程控制（图 1－42）、信息漫游、车载休闲娱乐（图 1－43）、维修服务、电子商务等功能。随着人的个性化需求的增多，各种增值性在车联网的平台上正在被开发与实现，当然，最重要还是安全驾驶，人的生命安全永远是第一位的。

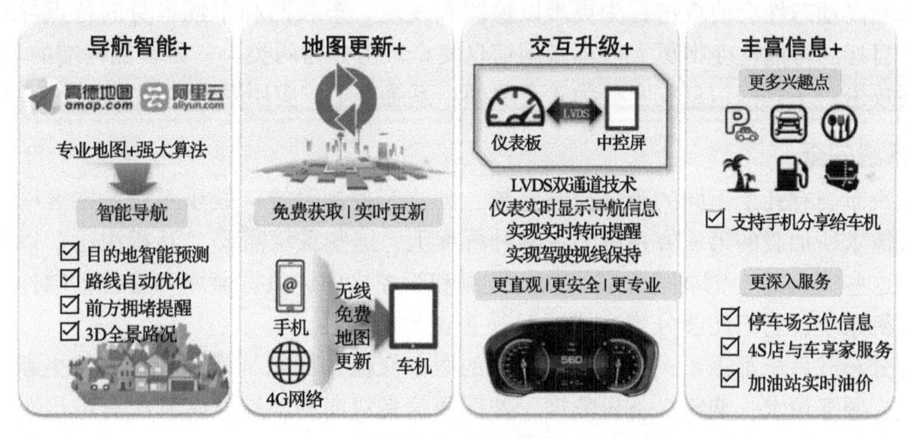

图 1－41　车载导航

图 1－42　App 远程控制

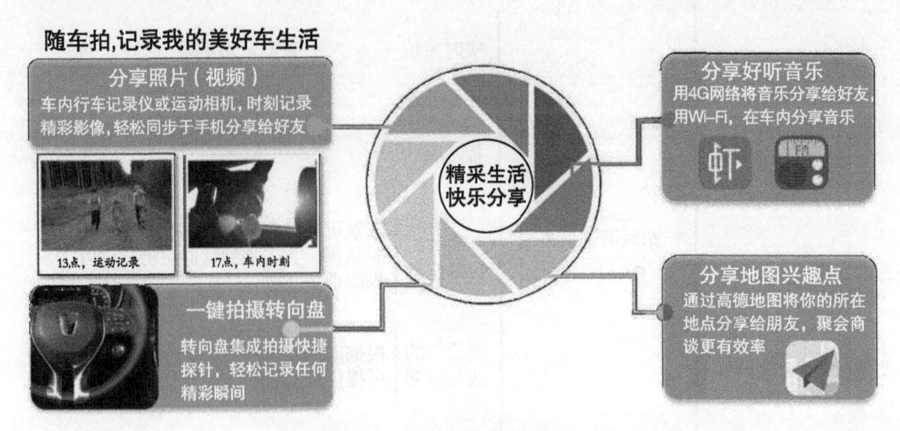

图 1-43　车载休闲娱乐

1.3.6　车联网信息安全问题

车联网系统信息安全问题可从以下 3 个方面进行分析：

1）车载智能计算机代码安全。

2）车载网络。

3）大数据采集和人工智能计算。

车联网高动态性会使攻击行为更难以检测和发现。车联网和车辆本身的特点导致它成为各种攻击目标的可能性变得更大。车联网信息安全攻击分为两类：一是智能终端的攻击模式；二是网络攻击。车联网信息安全分为 4 个层面：系统安全、应用安全、网络安全、数据安全。

1. 系统安全

智能汽车会有几个不同的车载控制系统，如汽车控制系统、娱乐系统、乘客网络以及由车主个人需求所加载的第三方系统。在某种程度上，这些系统需要“互相沟通”以提供新的服务，但这些“沟通”需要建立在密切的监测和管控之中，负责监测和管控的软件有防火墙和入侵防御系统，它们能够分辨“沟通”是否正常、合法。

大部分车载系统都需要进行基于互联网的服务交流，例如维修保养、软件更新、乘客联网、导航、服务请求、购物、备份数据。外部通信是双向的，这意味着所有进出车辆的数据都需要检查并进行安全管理，对非法活动要有拦截能力。

2. 应用安全

车主通过移动智能终端可以发送远程控制指令到云端服务器，云端服务器再将车主的控制指令发送给智能网联汽车，实现对汽车的远程控制等功能，例如远程开启空调、车辆预热等。车联网移动智能终端安全应重点关注终端系统安全和 App 安全。车联网感知点的安放、信息收集、与互联网的接入、信息的共享会带来信息安全问题。由于感知点和一些应用终端分散在不同车辆、不同环境中，需要制定信息安全需求。如果黑客入侵车联网，通过交通控制系统扰乱交通信号，将会产生严重的后果。

3. 网络安全

智能网联汽车安全系统包括芯片安全、外围接口安全、传感器安全、车钥匙安全、车载操作系统安全、车载中间件安全和车载应用软件安全。车联网的网络安全应重点关注智能网联汽车安全、移动智能终端安全、车联网服务平台安全、通信安全，同时数据安全和隐私保护贯穿于车联网的各个环节，也是车联网网络安全的重要内容。车联网的目的是实现车内、车与人、车与车、车与路、车与服务平台之间的信息通信，主要涉及车内网络、车际网络和车载移动互联网络。其中，车内网络包括 CAN 总线、LIN 总线等总线通信，以及 WiFi、RFID、蓝牙、红外线、NFC 等无线通信方式，应重点关注车内网络、车际网络和车载移动互联网络等安全。

4. 数据安全

车联网数据安全涵盖从数据采集、数据传输、开发利用、数据存储、数据备份与恢复、数据删除等环节，包括但不仅限于用户信息、用户关注内容、汽车基本控制功能运行数据、汽车固有信息、汽车状态信息、软件信息和功能设置信息等安全。用户隐私信息包括车主信息（如姓名、身份证、电话）、车辆静态信息（如车牌号、VIN）、车辆动态信息（如位置信息、行驶轨迹），以及用户使用习惯等。车联网的硬件单元与软件系统可能存在设计漏洞，硬件单元的漏洞可能存在认证、鉴权风险。硬件漏洞，可用于提权和可能导致代码执行或拒绝服务等风险。软件系统漏洞的存在会导致攻击者安装恶意应用软件，可能影响系统功能，用户数据被窃取。如果存在代码执行漏洞，会导致车载操作系统遭到连带攻击的风险。

如何保证数据的安全是整个车联网信息安全中最重大的挑战。

车联网是利用物联网技术来获取车辆的运行状态信息、驾驶人的行为信息和周边的道路信息，所以第一个层面是车联网信息采集。第二个层面是采用移动互联网来实现车与车、车与人、车与路之间的信息互通和协同。第三个层面是采用大数据智能分析技术来实现数据处理和智能决策。

通过大数据对信息的分析来进行决策，这是车联网基本的定义。车联网的根本目标是实现车、路、人之间数据的高效感知、智能分析和安全共享。车联网系统登录与功能接入拓扑关系如图 1－44 所示。

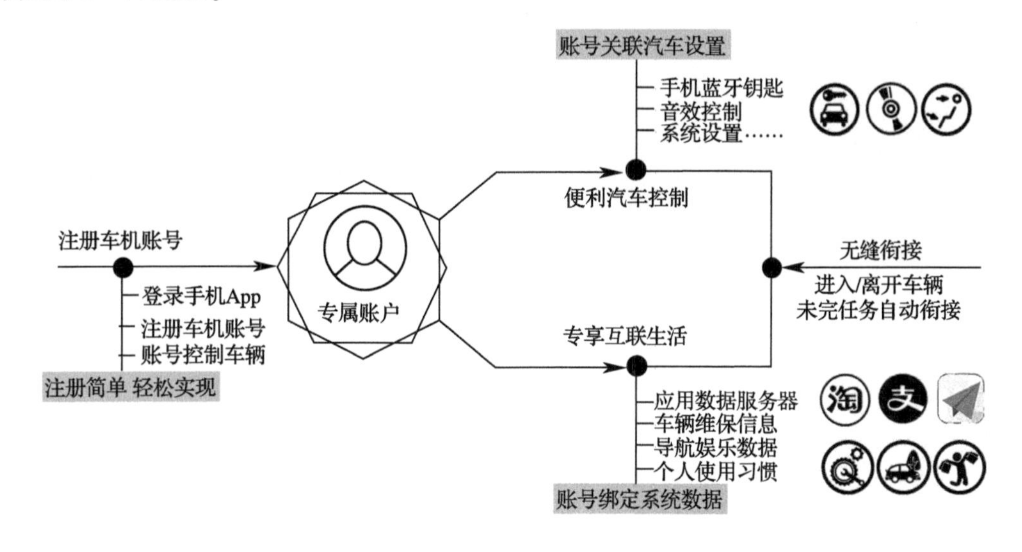

图 1－44 车联网系统登录与功能接入拓扑关系

车联网是高速移动的信息系统。车联网是把智能汽车通过互联网技术来对路面信息进行感知互通以及协同，并挖掘大数据，从而来提供智能决策的一套复杂的信息系统，而且这一套信息系统是在高速运转的道路上运行的。

整个车联网除了有车辆、机械等各个学科的一些关键技术，还有与信息学科密切相关的信息安全、大数据、人工智能、物联网、移动互联网和区块链等技术。

车联网是高速移动复杂的信息系统，首先它是一辆智能汽车，智能汽车里有车载计算机，有车内网络，通过各种无线的方式接入到其他相关的互联网中。一旦接入到互联网中，互联网原有的安全问题可以派生到车联网系统。对大数据的采集，采用人工智能和大数据的挖掘数据，通过决策代理人对机械控制的一部分功能，靠软件、靠计算机来代替人对机械的控制，本身风险就会增大。

项目二

电动汽车高压系统维护安全

学习目标

1. 掌握高压电维修相关安全知识与规定。
2. 掌握电对人体的危害性。
3. 掌握电动汽车维修常用工具使用安全。
4. 掌握电动汽车控制系统维修注意事项。
5. 掌握工作安全救护与车辆救援常识。

2.1 电动汽车高压系统维护安全

2.1.1 电动汽车安全简述

电动汽车可以分为纯电动汽车（BEV)、混合动力汽车（HEV)、燃料电池汽车(FCEV)。动力电池将逐步向高能量密度、高功率密度、高充电效率、长寿命、高安全性、低成本等方向发展。电动汽车将逐渐向智能化、低成本化、高可靠性、低能耗、长寿命等方向发展。

传统汽车的动力来自发动机，通过车辆燃料箱上的配置，发动机将燃料的内能转化为机械能。纯电动汽车由电动机驱动。为了驱动电机，电源设备配置在车载电池上，电池通过电机将电能转换为机械能来驱动车辆。纯电动汽车，相对传统汽车而言，主要差别在于四大部件，即驱动电机、调速控制器、动力电池、车载充电机。纯电动汽车的品质差异取决于这四大部件，其价值取决于这四大部件的品质。纯电动汽车的用途也与四大部件的选用配置直接相关。

纯电动汽车驱动电机后安装有齿轮式减速单元，档位传动比可以直接通过加载在驱动电机上的电流控制，真正实现车辆无级变速行驶；纯电动汽车可以直接通过改变驱动电机电流的方向实现倒档。同时，在原机械转向系统基础上安装一台电机来作为转向时的辅助动力。

纯电动汽车的液压制动系统与传动汽车基本组成结构区别不大，但是在液压制动系统的真空辅助助力系统和制动主缸两个部件上存在较大的差异。纯电动汽车液压制动助力不再有来自内燃机的真空源，通常需要单独设计一个电动真空泵来为真空助力器提供真空源。由于纯电动汽车设计有制动能量回收系统，此系统的关键在驾驶人踩下制动踏板后，迫使车辆减速的方式不一定来自于制动盘和摩擦片之间的摩擦，而有可能来自电控系统对驱动电机增加负载，所以纯电动汽车制动时在踩下制动踏板后并不会直接将液压力增加到制动轮缸上。

纯电动汽车空调采用电动方式来驱动压缩机，这又区别于传动汽车通过内燃机曲轴传动带驱动形式。在暖风实现的形式上，纯电动汽车通常利用电加热的方式来产生暖风。其中，电加热的方式可能是通过加热冷却液，再经过循环为暖风水箱提供热量，也有可能是直接加热经过蒸发箱的空气实现暖风。纯电动汽车不再设计有发电机，车辆上用电设备的供电和12V动力电池的充电都是由纯电动汽车配置的动力电池来提供的。

由于电动汽车工作在高压电力的情况下，所以每一位从事电动汽车维修的工作人员更要注意工作时的安全性与操作的规范性。纯电动汽车的电压和电流等级都较高，纯电动乘用车可以达到300V，纯电动大型客车的电池组电压一般在300～700V，电流可达几百A。

对电流危害和电击进行防范，对于操作电流的人员而言是一个重要事项。关键的职业要求是，在维护及检修过程中，在不对自身及他人造成危险的情况下，将处于安全状态的汽车交给顾客。

2.1.2 电的危险性

人体所有的动作都可归因于电力控制机制。所有的肌肉响应，例如心跳，都由通过神经脉络在体内传导的电刺激而触发，类似于电路中的电流传导。人体电刺激的电压范围是70～100mV。

人体能承受的安全电压的大小取决于人体允许通过的电流和人体电阻。人体电阻主要由体内电阻、体表电阻、体表电容组成。人体电阻随着条件的不同在很大范围内变化，但是人体电阻一般不低于1kΩ。我国安全电压多采用36V，大体相当于人体允许电流30mA、人体电阻1200Ω的情况，这就要求人体可接触的电动汽车任意两个带电部位的电压要小于36V。人体没有任何感觉的阈值是2mA。这就要求如果人或其他物体构成动力蓄电池系统（或“高”电压电路）与地之间的外部电路，在最坏的情况下泄漏电流不能超过2mA，即人直接接触电气系统任一点的时候，流过人体的电流应当小于2mA，才认为车辆绝缘合格。

整体而言，人体就像是一个几乎完全没有对外部影响做防护的电阻。如果外部电压作用于人体，通常在两个触点之间形成的电流会产生比人体自身的内部控制脉冲强得多的人体效应。在受到外部电压作用时，电流所流经的四肢会以一种自发、杂乱的方式动作。这是由于肌肉痉挛所致。如果这种痉挛不能致使脱离该电压源，就会产生严重问题，长时间处于这种触电状态会导致严重伤害甚至死亡。

电流流经人体产生的生理和物理效应见表2－1。

表2－1 电流流经人体产生的生理和物理效应

电流 时间	0.1～0.5mA	0.5～2mA	2～8mA	8～15mA	15～200mA	200～500mA	500mA以上
10～100ms	无反应	略微感觉	可以忍受的痛感			肌肉收缩、呼吸困难	有可能引发心室颤动

（续）

<table>
<tr><th>电流
时间</th><th>0.1～0.5mA</th><th>0.5～2mA</th><th>2～8mA</th><th>8～15mA</th><th>15～200mA</th><th>200～500mA</th><th>500mA 以上</th></tr>
<tr><td>100～500ms</td><td rowspan="3">无反应</td><td rowspan="3">略微感觉</td><td rowspan="3">可以忍受的痛感</td><td>可以忍受的痛感</td><td colspan="2" rowspan="2">肌肉收缩、呼吸困难</td><td>有可能引发心室颤动</td></tr>
<tr><td>500～2000ms</td><td rowspan="2">肌肉收缩、呼吸困难</td><td rowspan="2">可能引发心室颤动</td></tr>
<tr><td>2000ms 以上</td><td>有可能引发心室颤动</td><td>有可能引发心室颤动</td></tr>
</table>

流经人体的电流取决于所施加的电压和人体电阻。这种电阻值则取决于电流流经人体的路径。表 2－2 中列出了电流经过人体不同路径的平均电阻值。

表 2－2　电流经过人体不同路径的平均电阻值

电流路径	图示	人体电阻/Ω	电流强度/mA（电压 200V）
手—手		1000	200
手—单足		1000	200
手—双足		750	267
手—胸		450	444
手—臀		550	364

人体的电阻大小取决于人体结构（胖，瘦，高，矮，关节强弱）和皮肤性质（厚，薄，干，湿）。

对人体的伤害程度取决于电流强度和持续时间。例如，若在电流从一只手向另一只手流动的触电情况下，接触时间哪怕只有 0.3s，就会引起心肺灼伤和心室颤动。

触电引起的肾衰竭可在数小时后导致人体中毒。

应特别注意电压、人体电阻和电流强度之间的关系。一些标记值：100μs、200μs、400μs 和 5s，代表电力安全装置所允许的最大失活时间。

混合动力汽车结构复杂，故障率相对较高，如果混合动力出现故障，该如何进行检修呢？

在对任何高电压系统进行作业时，必须遵守一些安全规则。

2.2 电动汽车维修常用工具使用

电气安全用具，是指在电气作业中，为了保护电气作业人员所必不可少的专用工具或用具。电气安全用具可以避免触电事故，它们在各种不同的条件下具有一定的安全防护作用。电气安全用具可分为绝缘安全用具和非绝缘安全用具两大类。绝缘安全用具可防止作业人员在使用工具操作时直接接触带电物体，或误接触带电设备受到伤害。

基本安全用具是指可以直接接触带电部分，能够长时间可靠地承受设备工作电压的绝缘安全用具。使用基本安全用具时，其电压等级必须与所接触的电气设备的电压等级相符合，因此这些用具都必须经过耐压试验。

辅助安全用具是用来进一步加强基本安全用具强度而不直接接触带电设备的工具。其绝缘强度不足以抵抗电气设备运行电压。辅助安全用具一般需要与基本安全用具配合使用。如果仅仅使用辅助安全用具直接在高压带电设备上进行工作或操作，由于其绝缘强度较低，不能保证安全。但配合基本安全用具使用，就能防止工作人员遭受接触电压或跨步电压的危险。辅助安全用具应用于低压设备，一般可以保证安全。因此，有些辅助安全用具，如绝缘手套，在低压设备上可以作为基本安全用具使用；绝缘鞋可作为防护跨步电压的基本安全用具。

为了保证人身及设备的安全，防止安全责任事故的发生，正确使用安全用具至关重要。在使用安全用具之前，必须对安全用具进行详细的检查，用具的外观检查仅仅是若干检查项目中的一部分。另外还有用具是否经试验合格、试验期是否在有效期和符合安全用具的检查要求。

1. 安全用具使用注意事项

1）安全用具的使用者应熟悉安全用具的使用方法，否则不准使用。

2）使用安全用具之前，需做外观检查，应无裂纹、露金、划痕、毛刺、孔洞、断裂、损伤、老化、松动、油污、潮湿、进水，且检验合格证应在有效期内，并由监护人复查。

3）安全用具的绝缘强度足以抵抗电气设备运行电压。

4）使用验电器时，应先在已知带电设备上确认验电器良好。

5）专物专用，严禁将安全用具当作其他工具使用（非电气作业）、严禁超负荷使用工器具、严禁错用工器具、严禁野蛮使用工器具。

6）安全用具应定期检测。

7）安全用具使用完毕，应按规定妥善保管和摆放。

2. 安全用具使用有效期限和试验

（1）VDE（1000V）绝缘工具无有效期限

出厂前试验：剥离试验、耐压试验、燃烧试验。使用前的外观检查：应无油污、潮湿、松动、裂纹、露金、断裂、损伤。

（2）低压验电器无有效期限

出厂前试验：机械强度试验、耐久性试验、硬度试验、扭矩试验、防锈试验、电气强度试验、启辉电压试验、常态及潮态工作电流测试。使用前的外观检查：应无油污、潮湿、松动、裂纹、露金、断裂、损伤。经外观检查合格后，必须在已知、与其电压等级相符的带电体上进行试验后，方可使用每半年一次工频耐压试验，不合格即报废。

(3) 绝缘手套有效期两年

出厂前试验：交、直流验证电压试验，交、直流耐受电压试验，泄漏电流试验、热性能试验、耐低温试验、机械试验。使用前的外观检查：应无油污、潮湿、进水、粘连、裂纹、漏气。每半年进行一次工频耐压试验，不合格即报废。

(4) 绝缘鞋有效期两年

出厂前试验：电性能试验，耐折性、耐磨性、耐撕裂性试验。使用前的外观检查：应无油污、潮湿、进水、外伤、裂纹、孔洞、毛刺、断底、断帮等。每半年进行一次工频耐压试验，不合格即报废。

(5) 绝缘垫有效期两年

出厂前试验：机械试验、电气试验、老化试验、防滑试验、耐燃试验、低温试验、穿刺试验等。使用前的外观检查：应无油污、潮湿、孔洞、割裂、破损、金属粉末附着、厚度减薄等。每一年进行一次工频耐压试验，不合格即报废。

(6) 安全帽（D类）有效期两年半（GB 2811—2007《安全帽》中未作要求）

出厂前试验：冲击试验、穿刺试验、电绝缘试验、阻燃试验、耐低温试验等。使用前的外观检查：帽壳无龟裂、凹陷、裂痕或严重磨损。帽箍、顶衬、下颚带、后扣（或帽箍扣）等组件应完好无损，帽壳与顶衬缓冲空间在25~50mm。每年进行一次工频耐压试验，不合格即报废。此外，安全帽只要受过一次强力撞击，就无法再次有效吸收外力，即不能继续使用。

(7) 护目镜无有效期

出厂前试验：冲击试验、耐腐蚀试验、耐高温试验、耐低温试验、耐磨试验、落砂试验。使用前的外观检查：镜片无裂痕或严重磨损，张紧带无老化。镜架、镜腿连接可靠。外观检查不合格即报废。

(8) 高压防护罩无有效期

出厂前试验：机械试验、电气试验、老化试验、防滑试验、耐燃试验、低温试验等。使用前的外观检查：应无油污、潮湿、进水、粘连、裂纹、金属粉末附着物、锁具与钥匙功能完好。每半年进行一次工频耐压试验，不合格即报废。

(9) 安全隔离栏杆无有效期

适用于设置安全作业区域，隔离危险区域，防止作业人员超越安全作业区、误入危险区域的工器具。外观检查：无开焊、无断裂，隔离栏杆机械锁止装置完好。

(10) 标示牌无有效期

张贴、悬挂的标示牌外观清洁、平整牢固。移动式置于电气部件壳体周边的标示牌不得使用金属导电材料。

3. 安全用具存放

1) 绝缘安全工器具与个人防护用品应存放在−5~35℃，相对湿度50%~80%的干燥通风的绝缘安全工具室（柜）内。

2）VDE 绝缘工具必须独立存放，不得与其他物品混放，避免与金属锐利物接触，以防破坏绝缘。

3）绝缘手套应单独存放在密闭的橱内。

4）绝缘鞋应放在橱内，不准代替雨鞋使用，只限于在操作现场使用。

5）所有安全用具不准代替其他工具使用。

4. 安全用具的报废

符合下列条件之一的安全用具即予以报废：

1）经试验或检验不符合国家或行业标准的安全用具。

2）超过有效使用期限，不能达到有效防护功能指标的安全用具。

报废的安全用具应及时清理，不得与合格的安全用具存放在一起，更不得使用报废的安全用具。

2.2.1 电动汽车控制系统维修注意事项

1. 对维修工位和车辆的要求

设置安全作业区域，隔离危险区域，防止作业人员超越安全作业区、误入危险区域（图2-1）。绝缘工具必须独立存放，不得与其他物品混放。避免与金属锐利物接触，以防破坏绝缘。地面绝缘垫的厚度不得少于3mm，按照维修标准工位进行铺设，四周使用警示粘接胶带贴牢，表面不得有破损和扎伤，如有损伤，应当及时更换，不能再使用，正常使用情况下建议半年更换一次。

图2-1 电动汽车维修工位

2. 对维修车辆的安全操作要求

（1）对高压系统进行操作时断开电源

1）确保电源开关处于关闭状态。

2）从辅助蓄电池上断开负极端子电缆。

3）必须做好防止意外激活的安全保障，一定要戴绝缘手套。

4）必须经过不带电（无电压）状态验证。

注意：断开电源之后，存储的故障码也会被清除，因此在断开电源之前必须检查记忆保存的故障码。

当检验是否存在电压时，应始终遵守车辆制造商的相关准则。必要时，应使用由车辆制造商特别提供的工具。

图 2－2 所示为在高电压系统上作业而设计的专用绝缘手套与检查方法。

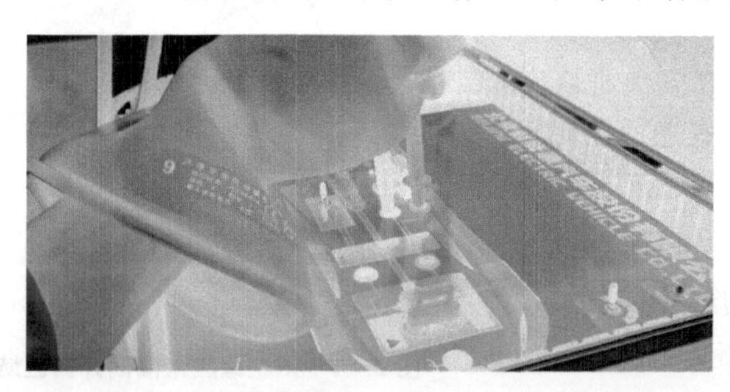

图 2－2　专用绝缘手套与检查方法

对车上高压电的维护作业时要严格遵守劳动纪律与检查必备的穿戴防护用具，如防护眼镜、防高压电手套、劳保工作鞋、绝缘安全帽等用品（图 2－3）。

a）防护眼镜

b）防高压电手套

c）劳保工作鞋

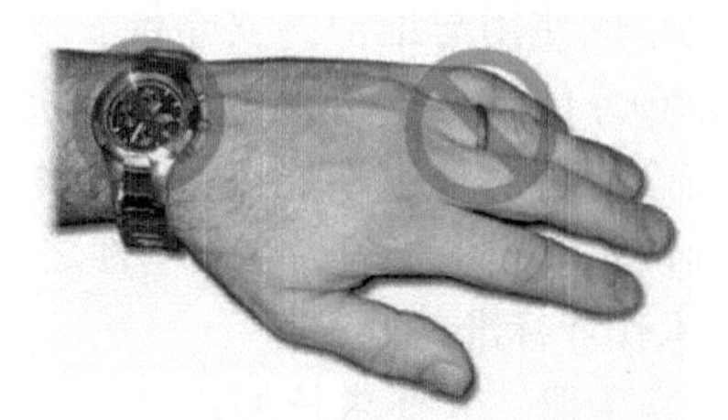

d）禁止佩戴手表、戒指、金属手链等金属器械与饰品

e）绝缘安全帽

图 2－3　劳动注意事项图例

（2）线束和连接器的注意事项

高压电路线束和连接器都是橙色的；动力蓄电池等的高压零件都贴有“高压”警示，千万不要触碰这些配线。

（3）维修或检查时的注意事项

1）开始工作前，一定要断开电源。

2）检查、维修任何高压配线和零件时，必须戴绝缘手套。

3）在对高压系统进行操作时，用类似“高压工作，请勿靠近!”的警告牌警示其他人员。

4）不要携带任何类似卡尺或测量卷尺等的金属物体，因为这些物体可能掉落而引起短路；拆下任何高压配线后立刻用绝缘胶带将其绝缘，如图2－4所示。

5）一定要按规定力矩将高压螺钉端子拧紧，力矩不足或过量都可能导致故障。

6）完成对高压系统的操作后和重新安装维修安全开关前，应再次确认在工作平台周围没有遗留任何零件或工具，并确认高压端子已拧紧、连接器已连接。

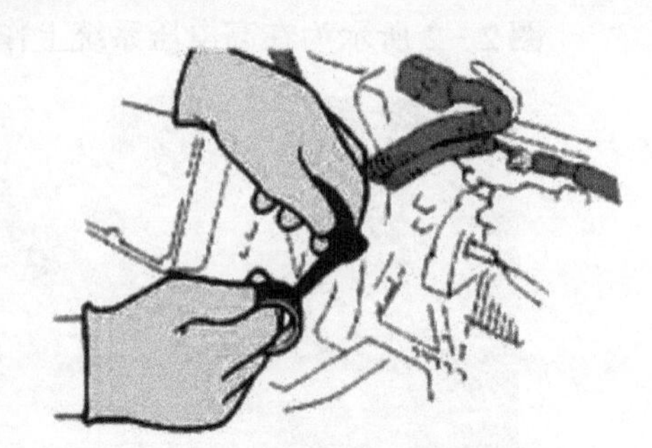

图2－4　用绝缘胶带隔离外露区域

（4）放电操作流程

1）在放电结束前，应佩戴所有的绝缘装备，并将场地隔离开来，否则将有可能遭遇电击、触电电击及电伤并危及生命!

2）佩戴好绝缘安全帽、绝缘鞋、绝缘手套、防护眼镜等个人绝缘防护用品。

3）在醒目处放置警示牌，并将作业场地用安全警示带隔离开来，防止无关人员进入。

4）对高压部件进行作业前，必须确认车辆钥匙处于LOCK档位，12V蓄电池负极已经断开，PDU/PEU端的低压插接件需要断开（目的是防止DC/DC变换器处于定时开启状态而造成高压系统未能有效断开）。

5）使用绝缘工具断开空调压缩机PDU/PEU端的高压插接件，使用放电工装对其进行放电，直至放电工装指示灯熄灭，然后使用万用表测量其电压，确保直流电压在36V以下，方可确认放电结束。

3．电动汽车维修注意事项

1）首先应将高电压系统断电，确保各高电压元件在不带电的情况下更换。

2）没有经过系统学习与没有通过电工职业资格证书考试者不能在高电压汽车及其电气系统上从事维修工作。汽车生产厂家为了确保车辆使用与维护的安全性，明确指出维修现场必须要有具有电工职业资格的监护人员同时在场才能维修，个人不能独立进行电动车辆的维护操作，不能明确车辆是否具有内在高电压安全威胁时，也不能进行此类作业，对高电压车辆及其电气系统进行维护作业前，应该在已确认车辆或系统的内在安全性之后才能展开。

3）在维修或操作时，需要遵守原厂的技术作业标准与要求。

4）在维修前，应仔细阅读厂家提供的维修手册，并要求按照维修手册中的规范与流程进行车辆的维修操作。

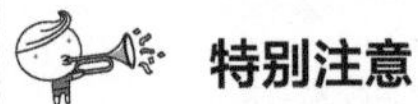

特别注意

一辆搭载高压系统的电动汽车，技术人员在进行高压系统维修时应当做好接触式与电弧式触电防护的安全措施。在所有的工作开始之前，必须了解相关的危害、知道如何接触高电压元件和电缆线束。在没有获得电工职业资格的情况下，任何人均不得对高电压系统或其任何组件展开作业。

电动汽车在充电及运行过程中，可能出现意外事故，造成动力系统的窜动、挤压、短路、开裂、漏电、热冲击、爆炸、燃烧等，由此对乘员产生机械伤害、电伤害、化学伤害、电池爆炸伤害以及燃烧伤害等，并可能引发更大的连发性事故以及二次伤害。国内几家主要的电动汽车研究院所曾先后出现过整车乃至整个实验室瞬间烧为灰烬的事故。实训场所与工作车间的危害包括电动汽车的电伤害、电动汽车电池的燃烧爆炸伤害、电池电解液的泄漏和电池有害气体释放引发的伤害等方面的危险，所以应当引起足够的重视。

2.2.2 高电压车辆的安全概念

每个生产厂家在车辆技术的开发与设计上手段各不相同，出厂的每一辆电动汽车都经过了严格的高压安全性测试。但是在使用与研究中出现的安全风险与故障都雷同，在技术条件下应当能满足如下要求：

1）高电压网络必须完全从12V车载网络上断开，并与车身绝缘。

2）只有DC/DC变换器仍然保持高电压网络和12V车载网络之间的电力连接。

3）如果在高电压网络或电缆束以及12V车载网络（车辆地线）之间的指定绝缘电阻达不到标准，高电压电路则应直接在高电压电池处断开。

4）高压系统可以断开，例如，通过高电压系统的断路器可断开处于关闭（OFF）位置。

5）安全开关开启，高电压系统连接至车载网络。

6）安全开关关闭，高电压系统从车载网络上断开。

7）高电压电缆和电缆线束的颜色标记：关联高电压组件的高电压电缆和电缆束应采用橘红色（图2－5），可以很容易地与低电压电缆区分开来，在应急处理与维修时，一定要避免接触橙色线，否则会有致命的危险。

图2－5 高电压电缆和电缆束

8）高电压组件的识别：所有的高电压组件都带有危险电压警告标贴。此类组件必须按照制造商的规范来开启，否则不得打开。此外，对此类组件进行作业必须仅在高电压系统已经断电的情况下才能进行，该断电状态须经有资格从事高电压汽车应用作业的电力技术人员验证，且对该高电压系统须采取措施防止意外激活。

9）危险电压警告示例（2－6）：汽车制造商采用的各种安全概念安装在电池单元内或电池单元上面的组件：ECU电池控制单元、SMR主电池继电器（接触器）、维护/检修插头（电池断路器）或电池主开关等。

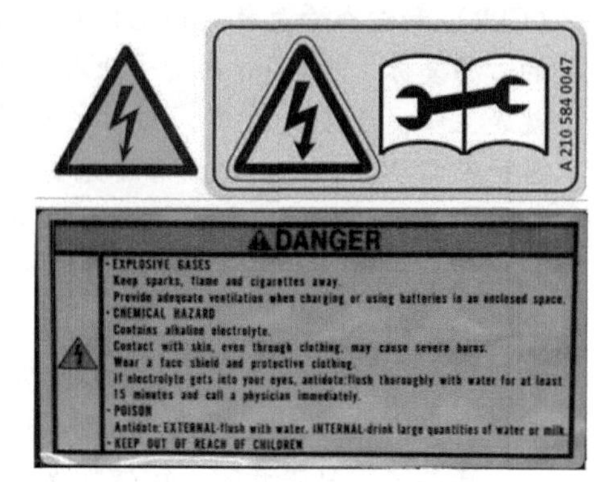

图2－6 危险电压警告示例

2.2.3 发生意外的急救措施

1. 人员意外的急救

遵循高压电安全操作规定，正确使用有效的防护用品可以防止人体触电的危险情况发生，如果在维修时发生触电，应根据现场情况，灵活掌握人工呼吸、心脏按压、AED 的急救顺序。

发生触电事故时，应当采取以下急救措施：

1）切断电源。

2）呼叫紧急服务（医生、救护车）进行急救。

3）健康检查诊断。

现场急救的方法如下：

1）迅速切断电源，立即拉下闸门或关闭电源开关，拔掉插头，或用干木棍、竹竿、塑料制品、橡胶制品等不导电物体将电线挑开（图2-7）。

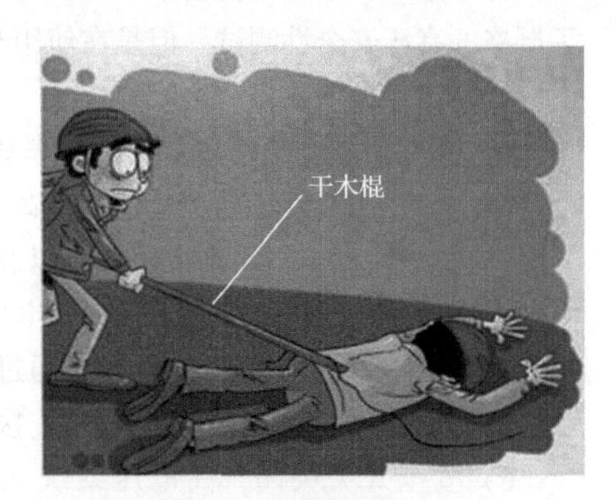

图2-7 现场断电方法

2）如触电者仍在漏电的机器上时，赶快用干燥的绝缘棉衣、棉被将患者推拉开。

3）电源不明时，切忌不要直接用手接触触电者，这样自己也会触电。

4）在潮湿的地方，救护人要穿绝缘鞋、戴绝缘手套或站在干燥木板上以保护自身安全。

5）当触电者脱离电源后，应立即在现场抢救。

6）轻型触电者，应就地休息1~2h，以减轻心脏负担，加快恢复正常。如立即走动，会加重心脏负担，甚至导致触电者死亡。

7）重型触电者，如呼吸心跳停止，立即进行心脏除颤、心肺复苏。不要轻易放弃，一般应进行半小时以上。如果有同事帮忙，在急救的同时应拨打“120”急救电话。

延伸阅读

在美国，成年人中约有85%的人参加过心肺复苏的训练，结果使40%的心脏骤停者复苏成功，每年抢救约20万人的生命。美国心脏学会（AHA）2010国际心肺复苏（CPR）和心血管急救（ECC）指南标准指出，心脏停止跳动者，如在4min内实施初步的心肺复苏，在8min内由专业人员进一步心脏救生，死而复生的可能性最大，因此时间就是生命，速度是关键，初步的心肺复苏按DRABC方法进行（D是Danger，即危险，当他人需要救助时，施救者首先要判断救助行为是否会给自己带来危险。R是Response，即反应，看到确实有人需要救助，应首先拨打120或其他电话呼叫专业人员，同时观察救助者的反应。A是Airway，即去除口鼻异物、压前额、抬下颌，保证气道畅通。B是Breath，即人工呼吸。C是Dirculation，即胸外按压，恢复血液循环。其中，“ABC”急救步骤应尽可能一气呵成）。先判断触电者有无意识。拍摇触电者并大声询问，用指甲掐压人中穴位约5s，如无反应表示意识丧失。这时应使触电者水平仰卧，解开颈部钮扣，注意清除口腔异物，保持呼吸顺畅，使触电者仰头抬颏，用耳贴近口鼻，如未感到有气流或胸部无起伏，则表示已无呼吸。

按压频率与吹气比例：以 100 ~ 120 次/min 的频率按压，节律要均匀，每按压 30 次后吹气 2 次为一个循环。按压时要观察触电者的反应及面色，约 2min 完成 5 个循环的按压与吹气，然后用 5 ~ 10s 检查脉搏及观察循环征象，每 2min 检查 1 次。若触电者仅有脉搏而无呼吸，应以 12 次/min 的频率进行人工呼吸。

注意事项

1）口对口吹气量不宜过大，一般不超过 1200mL，胸廓稍起伏即可。吹气时间不宜过长，过长会引起急性胃扩张、胃胀气和呕吐。吹气时要注意观察触电者气道是否通畅，胸廓是否被吹起。
2）胸外心脏按压只能在触电者心脏停止跳动下才能施行。
3）口对口吹气和胸外心脏按压应同时进行，严格按吹气和按压的比例操作，吹气和按压的次数过多或过少均会影响复苏的成败。
4）胸外心脏按压的位置必须准确。位置不准确容易损伤其他脏器。按压的力度要适宜，过大、过猛容易使胸骨骨折，引起气胸、血胸；按压的力度过轻，胸腔压力小，不足以推动血液循环。
5）施行心肺复苏术时，应将触电者的衣扣及裤带解松，以免引起内脏损伤。

2. 行驶车辆意外的救援

电动汽车在行驶中出现交通意外，在救援时应当区别对待，下面以混合动力汽车为例说说事故车辆救援的解决方法以供参考。在碰撞或其他事故中，混合动力汽车救援的步骤如图 2 - 8 所示。

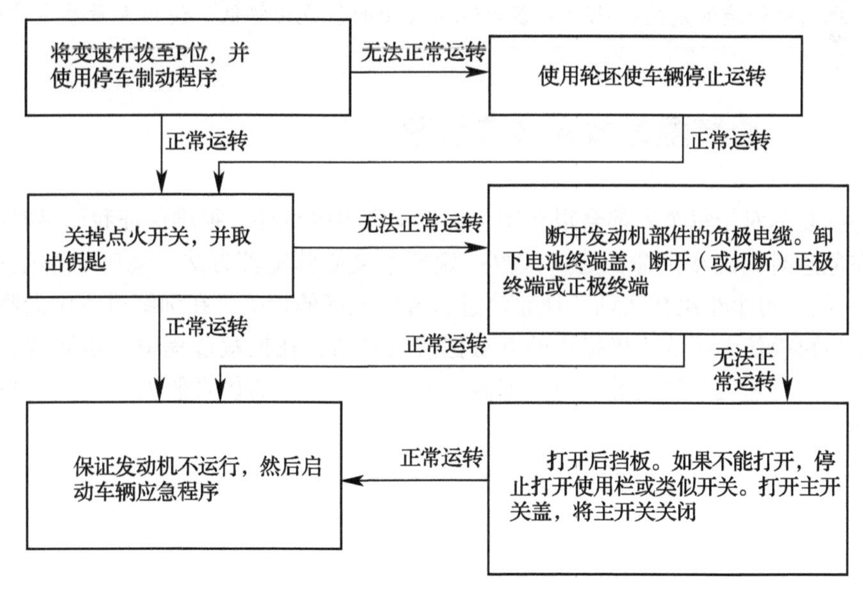

图 2 - 8　混合动力汽车救援的步骤

救援工作前的准备见表 2 - 3。

表 2-3　救援工作前的准备

救援作业	准备物品	备注说明
绝缘	保护器具	进行救援作业时用于防止电击
	绝缘胶带	卸下电机连接电缆时绝缘用
	万用表	用于确认动力蓄电池的电压
电解液的中和	饱和硼酸液 20L	向容器中加入 800g 粉末状硼酸，溶解于 20L 水之后使用。如果没有粉末状硼酸时，可以使用大量的水进行冲洗
	红色石蕊试纸	确认是否为中和状态
	废棉纱头、旧毛巾	用于擦拭电解液
灭火	灭火器	应对油火灾、电气火灾时使用

注意事项

发生车辆火灾时，仅以少量水进行灭火可能会出现危险，应以灭火器灭火或等待消防车。

由于锂电池使用酒精成分的有机溶剂，因此用大量的水进行冲洗便可。

如果发生车辆火灾时，不光有含有酒精成分的有机溶剂，那么仅使用水进行灭火难以奏效，因此需要使用油火灾、电气火灾用的灭火器。

车辆的驱动电机具有极强磁性的转子，不允许在现场进行分解。

如果蓄电池电解液发生泄漏，修理时应格外小心。镍氢蓄电池的电解液中具有强碱性的氢氧化钾，如果泄漏的电解液与皮肤接触可能引起重度炎症，如果不慎进入眼睛可能导致失明，如果不慎吞食可能对呼吸系统造成严重损害甚至危及生命。

锂电池的电解液的危险性比镍氢蓄电池所使用的氢氧化钾低，使用大量清水冲洗便可。

实训任务 1　心肺复苏救人方法练习

学会心肺复苏对于每个人都会很有用，生活中有很多意外，很难保证我们是时时安全的。为了能够在危急时刻挽救生命，建议大家一定要学会心肺复苏方法。老师对学生进行分组，每 4 ~ 6 人一组，每个小组在实训场地轮流进行心肺复苏的训练，在训练过程中老师先进行示范，然后学生再模仿老师的正确操作的方法把假人救活，在抢救过程中一定要找到正确的位置、力度、频率、速度、感觉等。对实训假人的要求：投入的仿真假人必须具有自动监测和动作提醒的功能。

各小组记录救人的情况：   是否把人救活？没有成功的原因是什么？

（续）

课堂小组经验分享记录：
老师评价结果记录：

实训任务2 车辆起动与操作

1. 起动纯电动汽车

纯电动汽车的起动和操作与传统汽油车并不完全相同。以下将以北汽 EV200 为例介绍纯电动汽车的起动、换档操作。

（1）起动车辆

车辆起动按钮位于仪表板上转向柱右侧。遥控钥匙位于车辆内才能进行起动操作。

起动开关分为4个档位：

1）位置0（LOCK）：在此位置可拔下起动钥匙，转向盘锁止，大多数电路不能工作。

2）位置1（ACC）：转向盘解锁；个别电器和附件可以工作。

3）位置2（ON）：所有的仪表、警告灯和电路可以工作，高压上电，进入行车准备状态。

4）位置3（START）：车辆起动档。

提示

解除转向锁的方法：插入起动钥匙，在将起动钥匙向1档位置转动时，稍微转动转向盘，可以解除转向锁。

锁止转向盘的方法：拔下钥匙后，转动转向盘，直到锁止。

（2）换档操作

以北汽 EV200 为例，EV200 配置了旋钮式电子换档系统（图2-9），在起动车辆后，可以采用旋转方式在 R（倒档）、N（空档）、D（前进档）、E 档位之间切换。没有 P 档，因为电动汽车不需要传统的变速器，自然也就不存在 P 档。独有的 E 档是能量回收可调模式，能根据用户不同感受改善能量回收及制动性能，以延长续驶里程，妥善使用能量回收系统，能增加5%～15%的续驶里程。

图 2-9　旋钮式换档器

旋钮式档杆是目前新型的换档系统，目前捷豹、路虎旗下的很多车型都采用了旋钮式换档杆。在起动车辆后，变速器换档旋钮会缓缓升起，可以采用旋转方式在 R、N、D、E 档位之间切换，熄火后这个旋钮会降下去，与中控台形成一个平面。旋钮式档杆属于电子档杆，只是外形和换档方式不同，原理是一样的。与电子式换档杆一样，在断电或电路故障时，会锁死在当前档位，无法对档位进行释放。

(3) 能量图识别

纯电动汽车的信息娱乐系统显示屏或仪表上均设计有车辆运行状态的实时能量图，如图 2-10 所示，该图显示了动力电池与驱动电机之间电能的流动情况。

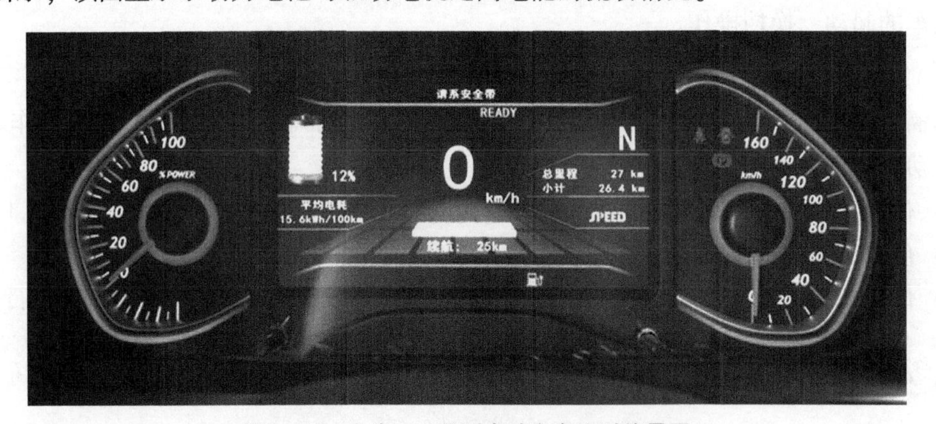

图 2-10　北汽 EV 系列电动汽车实时能量图

电源能量图通常有以下 3 种状态：

1) 电源关闭：电池驱动没有电能流向车轮。

2) 电池驱动：当电能从电池流向车轮时，电池图标会被激活。

3) 制动能量再生：当车辆进行再生制动或滑行时，再生的电能会由车轮返回至电池。

实训任务 3　电动汽车低电压端电池电压测量

在老师的指导下观察车间的实训车辆，老师使用电动汽车模拟测量教学用具在安全状态下指导学生熟悉电动汽车的高压模拟测量，并对车辆的低电压端电池电压进行测量，步骤如图 2-11 所示。

万用表不仅可以用来测量电阻，还可以测量直流电压。有的万用表还可以测量晶体管的主要参数以及电容器的电容量等。常见的万用表有指针式万用表和数字式万用表。万用表是集电压表、电流表和欧姆表于一体的仪表。

> **注意：**老师先示范并结合车辆进行讲解测量的步骤与操作的要点，在实训过程中一定要按照高电压维护要求与厂家规范进行操作，完成工作页中的内容。
>
> 电动汽车维修涉及高压电器元件的检测与维修，为保证作业人员的维修安全，一定要按照电动汽车维修行业的安全维修规范进行操作。

测量前，应将高压万用表的正电极表笔与负电极的表笔进行搭接，仪表显示应为“0”。

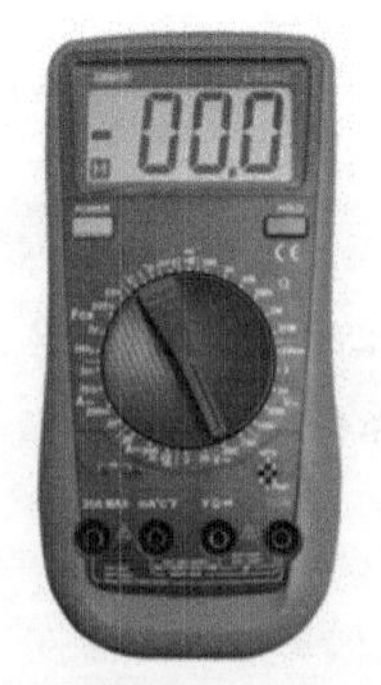

a）校对数字式万用表

b）关闭点火开关

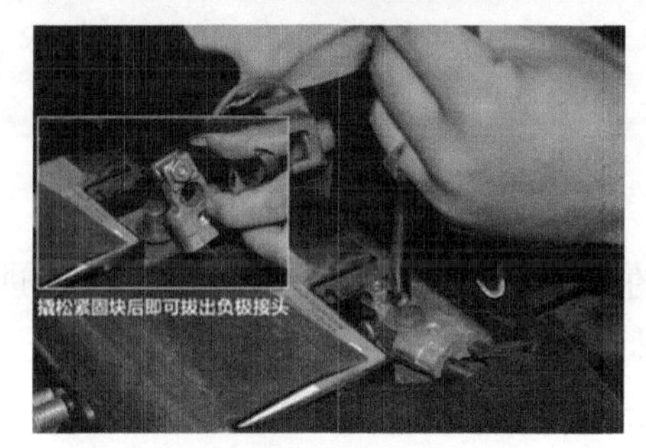

c）拆卸12V蓄电池负极

d）打开电池组保护

e）等待5min以上

f）测量蓄电池正极与接地，负极与接地，正极与负极之间的电压

图2－11　低电压端电池电压测量

项目三

动力电池与能源管理

学习目标

1. 掌握电动汽车的结构与分类。
2. 掌握电池主要参数。
3. 掌握镍氢电池、锂离子电池、飞轮电池、超级电容的结构与原理。
4. 掌握电池数据采集方法、电量管理以及数据通信系统。
5. 掌握充电站的基本构成。
6. 掌握充电的方法。

3.1 汽车电池

3.1.1 动力电池的基本概念

电池的安全与续驶里程一直是电动汽车发展的瓶颈。现在通过技术创新与技术改进，电池技术已经有了很大的突破。电动汽车常见电池见表3-1。

表3-1 电动汽车常见电池

一次电池（不可充电）	金属锂电池：锂锰电池、锂亚硫酰氯电池、锂铁电池 干电池：锌锰干电池、碱性锌锰电池 储备电池：银锌电池
二次电池（可充电）	铅酸电池、镍镉电池、镍氢电池、锌空气电池、液态锂离子电池、聚合物锂离子电池
其他电池（只能发电，不能储电）	燃料电池：氢氧燃料电池、直接甲醇燃料电池 太阳电池：单晶硅太阳电池、多晶硅太阳电池、非晶硅太阳电池、光敏化学太阳电池

动力电池从传统的铅酸电池发展到镍氢动力电池、钴酸锂、锰酸锂、聚合物、三元锂、磷酸铁锂等先进的绿色动力电池，动力电池在比能量、比功率、安全性、可靠性、循环寿命、成本等方面，都取得很大的进步。当前，国际上各大电池公司纷纷投入巨资研制研发锂离子动力电池，在技术上取得了一系列重大突破。新能源汽车电池将朝着燃料电池方向发展。

在电动汽车上，工作电压在50~500V的电池普遍称为动力电池。电动汽车最主要的部件是动力电池、电动机和能量转换控制系统，而动力电池要实现快速充电、安全等高性能要求，对电池要求很高，电池必须具有高比能量、高比功率、快速充电和深度放电的性能，而且要求成本尽量低、使用寿命尽量长。动力电池主要参数如下。

（1）电压

1）工作电压：接通负载后放电过程中显示的电压。

2）额定电压：在标准条件下工作时应达到的电压（图3-1）。

3）终止电压：电池的最低工作电压，即放电终止时的电压值，通常与负载、使用要求有关。

4）充电电压：外电路直流电压对电池充电的电压。充电电压要大于开路电压。

5）端电压：电池正极与负极之间的电位差。

6）开路电压：在无负载情况下的端电压。

7）电动势：组成电池的两个电极的平衡电位之差。

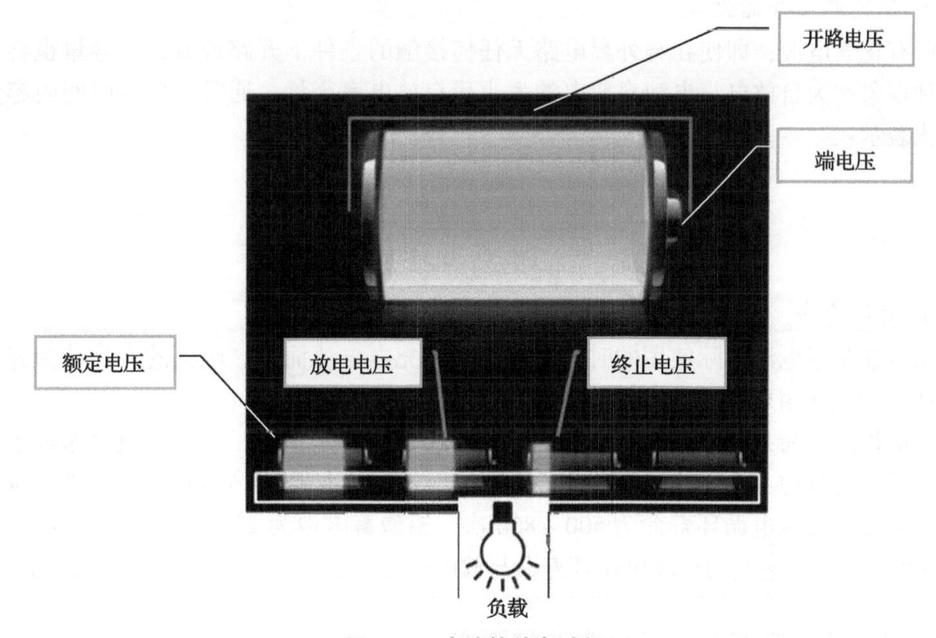

图3-1　电池的放电过程

（2）容量与比容量

容量是指在充电以后，在一定放电条件下所能释放出的电量，其单位为安·时（A·h），容量与放电电流大小有关，与充放电截止电压有关。

比容量是指单位质量或单位体积的电池所能放出的电量。

额定容量，是指设计与制造电池时，按照国家或相关部门颁布的标准，保证电池在一定的放电条件下能够放出的最低限度的电量。

实际容量是指电池在给定的放电条件下实际放出的电量，它等于放电电流与放电时间的乘积。

值得注意的是，实际电池中正负极容量不等，多为负极容量过剩。

(3) 功率与比功率

电池的功率是指电池在一定放电条件下，单位时间内输出的能量，单位为W。比功率则是指单位质量或单位体积电池输出的功率，单位为kW/kg或kW/L。

(4) 放电率

放电率是指放电时的速率，常用“时率”或“倍率”表示。时率是指以放电时间表示的放电速率，即以一定的放电电流放完额定容量所需的时间。倍率是指电池在规定时间内放出额定容量所输出的电流值，数值上等于额定容量的倍数。

放电深度表示放电程度的一种量度，是放电容量与总放电容量的百分比。

(5) 荷电状态

荷电状态是指剩余电量与额定容量或实际容量的比例。这一参数是在电动汽车使用中十分关键却不易获取的数据。

(6) 自放电与存储性能

对所有化学电源，即使在与外界电路无任何接触的条件下开路放置，其容量也会自然衰减，这种现象称为自放电。电池自放电的大小用自放电率衡量，通常以单位时间内容量减少的百分比表示：

$$\text{自放电率}=(C_1-C_2)/C_1\times100\%$$

C_1：储存前电池容量

C_2：储存后电池容量

(7) 使用寿命

使用寿命是指电池实际使用的时间长短。对于充电电池而言，电池的寿命分为充放电循环寿命和湿搁置使用寿命两种。

充放电循环寿命是衡量充电电池性能的重要参数。它是指在一定的充放电条件下，电池容量降到某规定值前，电池能耐受的充放电次数。充放电循环寿命越长，电池性能越好。目前，镍镉电池的充放电循环寿命为500～800次，铅酸蓄电池为200～500次，锂离子电池为600～1000次。充电电池的充放电循环寿命与放电深度、温度、充放电工况等条件有关。

3.1.2 新能源汽车对动力电池的要求

动力电池的能量密度远远低于燃油的能量密度，这使得电动汽车的质量有较大增加，碰撞中需要车辆耗散的动能明显增加，产生的事故后果也更为严重，所以在电动汽车上使用的电池需要具有如下性能。

1）比能量高。为保证电动汽车的续驶里程，电动汽车的动力电池必须储存尽可能多的能量，同时电动汽车的重量不能过大，电池的安装空间也受整车尺寸限制，因此动力电池必须有足够的比能量。

2）比功率大。为满足电动汽车在加速、上坡、负载等行驶条件下的动力要求，电池必须具备大的比功率。

3）连续放电率高，自放电率低，电池能够适应快速放电的要求。自放电率低，可以保证电池能够长期存放。

4）充电技术成熟，时间短，充电技术通用性强，能够实现快速充电。

5）适应车辆运行环境。电池除能在常温条件下正常稳定地工作，不受环境温度影响，不需要特殊的加热、保温系统，还应能够适应电动汽车行驶过程中的振动。

6）安全可靠。电池应干燥、洁净，电解质不会渗漏腐蚀接线柱、外壳，不会引起自燃或燃烧，在发生碰撞等事故时，不会对乘员造成伤害。废电池能够回收处理及再生利用，电池中的有害重金属能够集中回收处理。电池组可采用机械装置进行整体拆解、更换，线路连接方便。

7）长寿命、免维护。电池的循环寿命不低于1000次，在使用寿命限定期间内，不需要进行维护与修理。

另外，由于电动汽车集成了大量的高压电气设备和线束，所以纯电动汽车在发生危险工况下的电安全设计要求非常重要。

1）高压线束走向要求布置在车辆骨架内侧，以提高对高压线束和人员的保护作用。

2）电动汽车设计时，充分考虑电池箱的设计和固定，并进行相关的计算机模拟分析（受力分析、碰撞分析），确保碰撞发生时动力电池箱不能窜入乘客舱内。

3）电池箱与车体应实现二次绝缘，箱内要设置烟雾温度报警系统，以便能及时对事故作出正确处理，确保人身和财产安全。

4）车辆安装碰撞传感器和绝缘电阻检测装置。当车辆发生碰撞或绝缘电阻过低时，主动切断高压回路，实现电池组与外部电路的电隔离。

5）主回路和电池箱内安装快速熔断器。当发生过电流事故时，主回路熔断器能迅速切断动力电池和电气设备的连接，并能最大限度地保护电池箱内部的短路。

6）在主回路和电池箱上安装手动断电装置。当发生事故时，可以手动切断各电池箱之间的电连接，将车辆整体电压降至安全电压范围内。

3.1.3　常用电动汽车动力电池

常用的车用动力电池主要包括铅酸电池、锂离子电池、超级电容、镍氢电池等，如图3－2所示。

a) 铅酸电池

b)锂离子电池

c)超级电容

d)镍氢电池

图3－2　各种动力电池

铅酸电池广泛应用于内燃机汽车的低压供电电源，是一种成熟的汽车电池，但存在比能量低、质量和体积大、续驶里程短、使用寿命短、污染严重等问题，制约了其在电动汽车上的应用。

镍氢电池因其能量密度高、无镉污染、可大电流快速充放电等优点，能够满足电动汽车

对动力电池的要求，因此镍氢电池目前被成熟地应用到商业化的电动汽车，如丰田普锐斯。

锂离子电池是目前新能源汽车研究的热点，它具备能量密度高、能量效率高、自放电率小、循环使用寿命长、可实现大电流充放电、无污染等优点。

3.1.3.1 铅酸电池

铅酸电池工作过程就是化学能与电能的相互转化。当蓄电池将化学能转化为电能而向外供电时，称为放电过程；当蓄电池与外界直流电池相连而将电能转化为化学能储存起来时，称为充电过程。铅酸电池发展到现在已经可达800W/kg。铅酸电池的电解液由纯硫酸和蒸馏水按一定比例配制而成，其密度为1.24～1.30g/cm³。其充放电过程的化学反应如下：

$$PbO_2 + 2H_2SO_4 \rightleftharpoons PbSO_4 + 2H_2O$$

3.1.3.2 镍氢电池

现代特制的混合动力汽车采用镍氢（NiMH）电池作为动力源，该电池的槽电压约为1.2V。

镍氢电池的正极板（MH）是一种金属合金，可以通过正极板插层可逆地储存氢气进入晶格构建一种金属氢化物。负极板是由氢氧化镍（NiOOH）构成的，负极板比正电极大得多，因为在放电时被唯一氧化的是氢气（H_2），而不是金属，20%的KOH溶液中的浓度在充电和放电时保持恒定，几乎没有“记忆效应”，寿命长，可以使用10年时间。

另外，就充电周期来说，NiMH电池比NiCd电池更耐用，在未充满状态下工作不会影响NiMH电池的使用寿命，并且这种电池可以在广泛的充电状态以及高充/放电电流情况下都有高效率表现。

过热、过充和深放电都会缩短NiMH电池的使用寿命。其他不利因素还包括自放电程度高，低温下功率急剧下降。实践证明，智能化电子控制单元（ECU）对于任何NiMH电池系统都十分有用。该电池的电子控制单元能防止深放电和过充电，有利于延长NiMH电池的使用寿命。

一个模组中包含串联的电池单元，其中每个单元的额定电压为1.2V。多个模组串联在一起形成一个电池组，串联元件两端的电压是各元件电压之和，如图3－3所示。

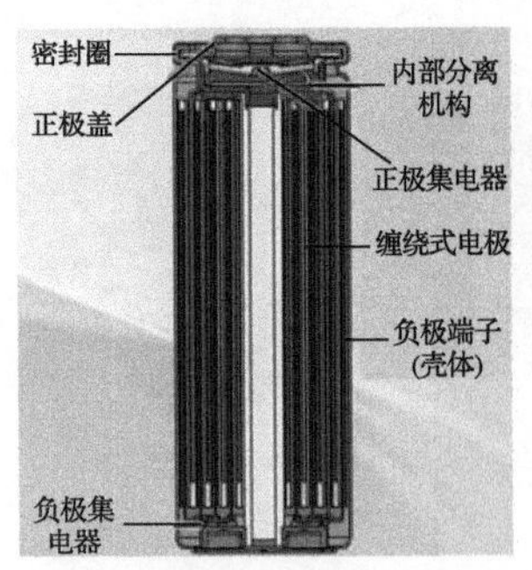

图3－3 电池组的原理图

镍氢电池具有长期过放电和过充电保护能力，镍氢电池采用镍的氧化物作为正极，储氢金属作为负极，电解液通常选用KOH溶液。

3.1.3.3　锂电池

锂电池，是一类由锂金属或锂合金为负极材料、使用非水电解质溶液的电池。锂电池大致可分为两类：锂离子电池和锂金属电池。锂离子电池不含有金属态的锂，并且是可以充电的。

锂离子电池的正极材料主要有钴酸锂、锰酸锂、镍酸锂、三元材料、磷酸铁锂等。日韩等电池企业生产的三元锂电池又称三元聚合物锂电池，它指的以镍钴锰三元材料做正极材料，三元锂电池以石墨为负极材料，以镍盐、钴盐、锰盐为原料，里面镍钴锰的比例可以根据实际需要调整。比亚迪公司生产的磷酸铁锂电池则是以磷酸铁锂为正极材料，石墨为负极材料的电池。钛酸锂电池则分为两种，一种是钛酸锂作为负极材料，锰酸锂、三元材料及磷酸铁锂等作为正极材料的锂离子电池，另一种则是钛酸锂作为正极、金属锂或锂合金作为负极的锂离子电池。

1. 锂离子电池

(1) 锂离子电池结构与原理

锂离子电池不含金属锂，可充电，按照锂离子电池的外形形状可分为：方形锂离子电池和圆柱形锂离子电池，外壳分为硬壳（钢壳、铝壳）、软包（铝塑膜），电池主要由正极材料、负极材料、电解液、隔膜材料组成。按照锂离子电池正极材料的不同，汽车用锂离子电池主要分为锰酸锂离子电池、磷酸铁锂离子电池、钛酸锂、镍钴锂离子电池或镍钴锰锂离子电池（图3－4）。

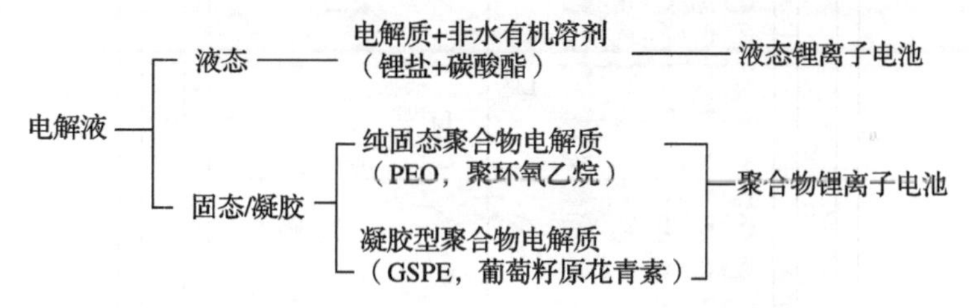

a) 聚合物锂离子电池
（常用于手机、笔记本电池）

b) 液态锂离子电池
（常用于电动汽车动力电池）

图3－4　锂离子电池分类

近年来，锂离子电池在纯电动汽车上得到了广泛的应用。

充电和锂离子电池由锂离子的位移放电实现，这个过程称为“离子移动”。锂离子电池以碳素材料为负极，以含锂的化合物为正极，没有金属锂存在，只有锂离子。

锂离子电池的化学反应、工作原理如图3－5、图3－6所示。

当锂原子失去电子成为带正电荷的锂离子（Li^+）时，它在内部电路中通过电解质向正极（金属电极）迁移并沉积在氧化物层。锂离子电池是指以锂离子嵌入化合物为正极材料电池的总称。锂离子电池的充放电过程就是锂离子的嵌入和脱嵌过程。在锂离子的嵌入和脱嵌过程中，同时伴随着与锂离子等当量电子的嵌入和脱嵌。对电池进行充电时，电池的正极上有锂离子生成，生成的锂离子经过电解液运动到负极。而作为负极的碳（呈层状结构）有很多微孔，到达负极的锂离子就嵌入到碳层的微孔中，嵌入的锂离子越多，充电容量越高。同样，当对电池进行放电时，嵌在负极碳层中的锂离子脱出，又返回正极。回正极的锂离子越多，放电容量越高。

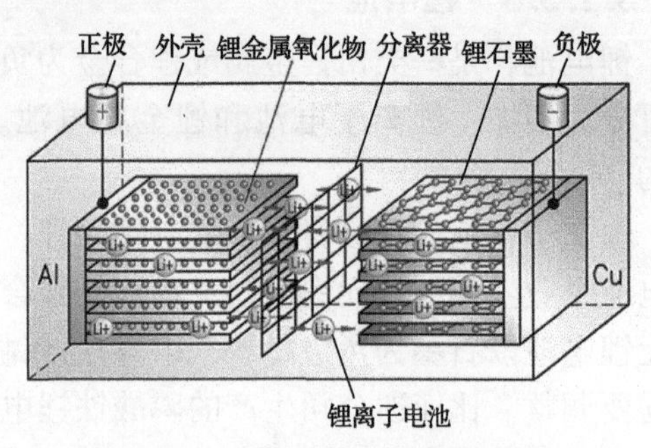

图3－5 锂离子电池化学反应

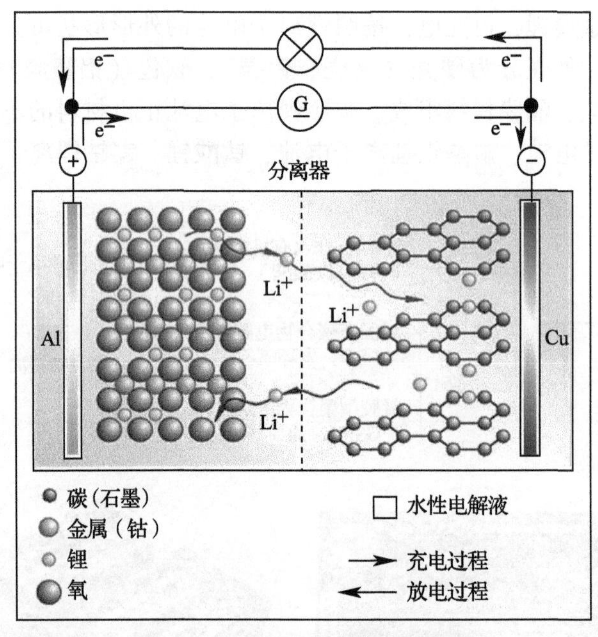

图3－6 锂离子电池的工作原理

锂离子电池有很多优点：无记忆效应；高电压；没有自放电；功率和能量密度高；使用寿命长；高效率，可达90%。

与其他蓄电池比较，锂离子电池具有电压高、比能量高、充放电寿命长、无记忆效应、无污染、快速充电、自放电率低、工作温度范围宽和安全可靠等优点，它已成为未来电动汽车较为理想的动力电源。相比于镍氢电池，混合动力汽车采用锂离子电池，可使电池组的质量减轻40%～50%，体积减小20%～30%，能源效率也有一定程度的提高。

表3－2中列出了锂离子电池正极材料的特性，与NiMH电池相比，锂离子电池在槽电压约为3.6V的情况下具有更高的能量密度。这些电池理论上比较稳定，自放电程度低，在放电阶段具有恒定的电压，且不具有记忆效应。但是，锂离子电池的生命周期会受到高存储、高工作温度、高充放电电流以及频繁的深放电而缩短。锂电池与其他二次电池的比较见表3－3。

表3－2　锂离子电池正极材料的特性

名称	钴酸锂（$LiCoO_2$）	锂镍钴锰三元（$LiNiCoMnO_2$）	锰酸锂（$LiMn_2O_4$）	磷酸铁锂（$LiFePO_4$）
振实密度/（g/cm^3）	2.8～3.0	2.0～2.3	2.2～2.4	1.0～1.4
比表面积/（m^2/g）	0.4～0.6	0.2～0.4	0.4～0.8	12～20
克容量/（mA·h/g）	135～140	140～180	90～100	130～140
电压平台/V	3.7	3.5	3.8	3.2
循环寿命/次	≥500	≥500	≥300	≥2000
过渡金属	贫乏	贫乏	丰富	非常丰富
原料成本	很高	高	低廉	低廉
环保	含钴	含镍、钴	无毒	无毒
安全性能	差	较好	良好	优秀
适用领域	中小电池	小电池/小型动力电池	动力电池、低成本电池	动力电池/超大容量电源

表3－3　锂电池与其他二次电池的对比

项目	镍镉电池	镍氢电池	铅酸电池	锂离子电池	聚合物锂离子电池
能量密度/（W·h/kg）	45～80	60～120	30～50	110～160	160
循环寿命/h	1500	300～500	200～300	500	500
快速充电时间/h	1	2～4	8～16	2～4	2～4
耐过充能力	中等	低	高	低	低
自放电率（/月）	20%	30%	5%	10%	10%
单体电压/V	1.25	1.25	2	3.6	3.6
负载电流（峰值）	20C	5C	5C	2C	2C
负载电流（最佳值）	1C	0.5C或更低	0.2C	1C或更低	1C或更低
工作温度/℃	－40～60	－20～60	－40～60	－20～60	－20～60
维护要求	30～60天	60～90天	3～6个月	无	无
典型价格（相对值）	50	60	25	100	100
环境影响	含有毒金属	轻微毒性	环境污染	环境友好	环境友好
记忆效应	有	轻微	无	无	无
耐滥用性	高	高	低	低	中等
运输问题	无限制	无限制	受限制	受限制	受限制

锂离子电池结构如图 3－7 所示，传统锂离子电池遭受的机械损伤可以导致内部短路，其间产生的高电流强度会相应地引起高温。因此，电池外壳的设计必须在非常高的温度下也能防止起火。锂离子电池的电池组配置方式类似于 NiMH 电池组，把电池组通过串联的方式得到较高的驱动电压。

图 3－7　锂离子电池结构

除了锂离子之外，在车辆的使用中还有钛酸锂、磷酸铁锂和锂聚合物电池等。在锂聚合物电池中，电解质不是液体，而是在同一时间聚合物质构成隔离，是一种柔性电池。动力电池内部结构如图 3－8 所示。

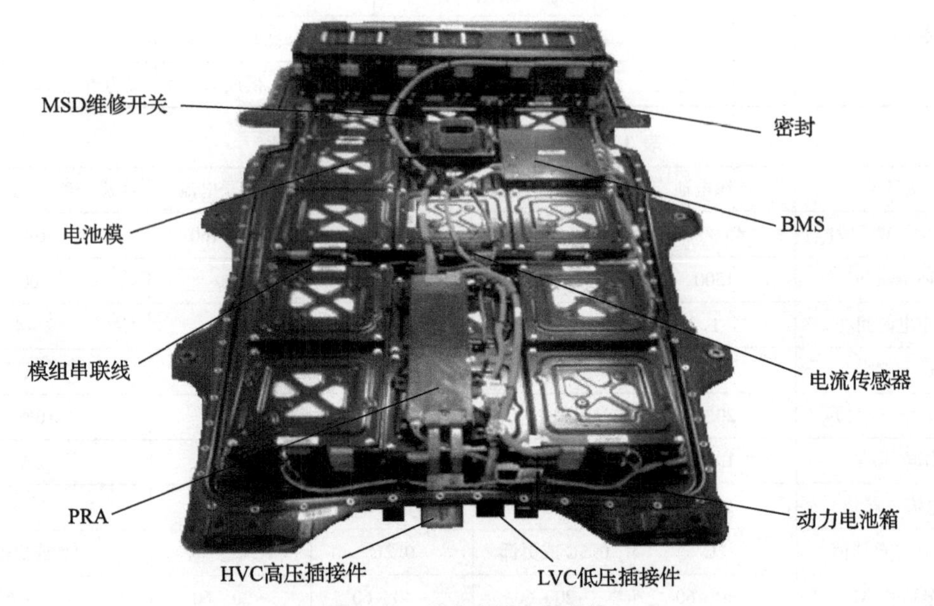

图 3－8　动力电池内部结构

目前，全球各大厂家在电动汽车中使用的锂电池技术见表 3－4。

表 3－4　全球各大厂家在电动汽车中使用的锂电池技术

锂离子电池	重量/kg	电压/V	容量/A·h	能量含量/kW·h	冷却方式
智能 ED	148	<400	16.5	6.2	液体
奔驰 S 级	28	126	7	0.8	气候
宝马 7 系	28	126	7	0.9	气候

（续）

锂离子电池	重量/kg	电压/V	容量/A·h	能量含量/kW·h	冷却方式
欧宝	198	360	44.4	16	液体
特斯拉	450	375	135	53	液体
奔驰威霆 E	400	360	100	36	液体
丰田普锐斯Ⅲ	140	345.6	15	5.2	空气
奔驰 ATEGO 混动版	125	345	5.5	1.9	空气
奥迪 Q5 混动版	38	266	5	1.3	空气 + 气候

（2）锂离子电池的充放电特性

在电压方面，锂离子电池对充电终止电压的精度要求很高，一般误差不能超过额定值的1%。终止电压过高，会影响锂离子电池的寿命，甚至造成过充电现象，对电池造成永久性的损坏；终止电压过低，又会使充电不完全，电池的可使用时间变短。

在充电电流方面，锂电池的充电率为 0.5～1C（C 是容量 Capacity 的第一个字母，用来表示电池充放电时电流的大小）。动力电池使用中的充放电均衡如图 3－9 所示。

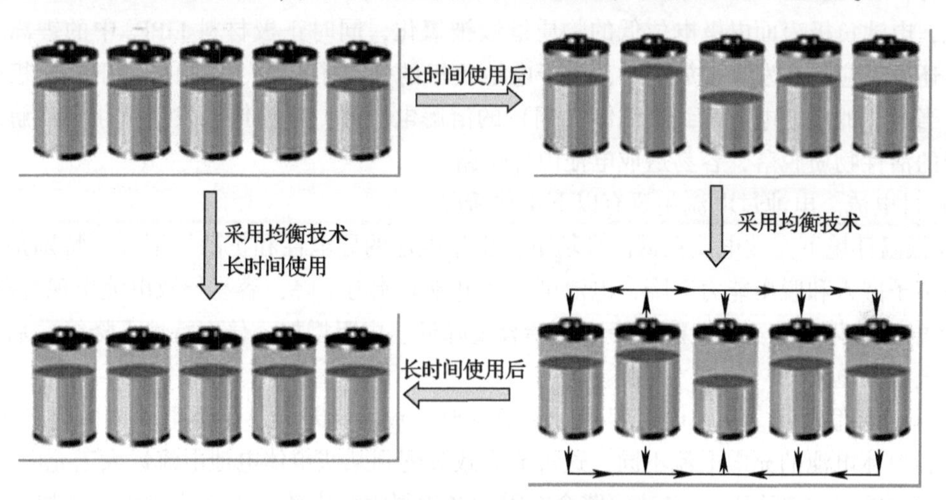

图 3－9 动力电池使用中的充放电均衡

在放电电流方面，锂离子电池的最大放电电流一般被限制在 2～3C。更大的放电电流会使电池发热严重，损坏电池的组成物质，影响电池的使用寿命。同时，由于大电流放电时，电池的部分能量转变成热能，因此电池的放电容量将会降低。在造成过放电（低于 3.0V）时，还会造成电池的失效。对于过放电的锂离子电池，在充电前需要进行预处理，即使用小电流充电，激活电池内部过放电的单元被。

为了保证电池在负载大幅波动的情况下也能可靠运行，需要对高电压电池进行冷却处理。电池的使用寿命随着平均温度的升高而缩短，因此电池温度不应超过 45～60℃，这取决于所使用的系统。在冷却效果较理想的情况下，电池温度应保持在 40℃以下。

对高电压电池进行冷却处理有多种方式，例如，可以通过空调系统进行冷却，空调系统的一个蒸发器会内建在电池中，通过控制单元（电池管理系统）对一个阀门的控制来调节冷却能力，但是这种冷却方式要求从空调系统中分出供应线路并且要求更频繁地通过空调系统进行操作。风冷方式是采用空气作为换热介质，主要有被动风冷、主动风冷两种方式。被动风冷直接采用外部空气换热。主动风冷可以预先对外部空气进行加热或冷却然后进入电池系统。电池冷却系统中有一个传感器测量入口空气温度并将其与电池温度进行比较，如果空气温度高于电池温度时，冷却装置会自动关停。通常有一个传感器测量入口，空气温度并将其与电池温度进行比较。如果空气温度高于电池温度，则冷却装置会被关停。一些电池单元系统在低温时性能会有较大的下降，可以通过对电池组进行加热来避免这种性能下降。

锂离子电池在正常使用过程中不会出现安全问题，但电池的滥用会导致电池的热效应加剧，这是锂离子电池出现安全问题的导火索，最终表现为电池的“热失控”，从而引起安全事故。导致热失控的原因有以下 3 种。

1）过充/放电。在电池充电末期，电池内部离子的浓度增加，扩散性能下降，浓差极化增加，电池接受能力下降，电池再充电就会出现过充电。过充时，如果电池的散热性能较好，或过充电流很小，此时电池温度较低，过充后只发生电解液的分解，电池仍然安全；如果此时电池的散热性能较差，或由于高倍率充电导致电池温度很高而引发化学反应，往往导致安全问题。同样，在电池放电末期提供大电流的能力下降，当电池剩余电量不足而又需要大电流放电时，就会使电池过放电。过放电过程如下：当电池负极的锂离子完全脱出时，为了维持电流，电池负极表面电极电位低的物质继续被氧化，同时正极材料 $LiPF_6$ 中的锂离子有可能发生还原反应。在发生过放电时，由于电池负极的锂离子减少，脱出能力下降，极化电压增加，当电池的放电电压达到集流体（铜）的溶解电压时，集流体会发生氧化和溶解，使电池负极的活性物质脱落，容易造成电池内部短路。

2）过电流。电池过电流主要有以下 4 种情况。

① 低温环境下充放电。在低温环境下，由于电池的导电性和扩散性下降，特别是电池负极的锂离子嵌入和脱出能力下降，电池可接受电流的能力下降，容易导致电池出现过电流。

② 电池老化、电池的性能下降（包括容量降低、内阻增加、倍率特性下降等）后，仍按照原来电流充电。

③ 电池并联成组。在充电过程中，由于电池一致性有差异，单体电池的内阻各不相同，分配到各单体电池的充电电流不同，这可能导致分配到某些单体电池电流远大于充电电流。

④ 电池的内外部短路。电池短路会在瞬间产生很大的电流，电池内部温度急剧升高，而使电池发生泄漏、起火等安全事故。

3）电池过温。上述提到的过充、过放、过电流会导致电池过温，以下 4 种情况也会引起电池过温：

① 电池的热管理系统失效，表现为电池箱内电池温度传感器损坏、检测控制电路失效或散热风扇损坏。

② 电池温度采样点有限。电动汽车上电池特别多，很难对每个单体电池都实现温度采样。

③ 温度采样点受限制。由于电池本身结构，BMS 对电池的温度采样点一般都在电池正负极接线柱上，或通过贴片采集电池外壳的温度，不能反映电池内部的实际温度。

④ 工作环境温度高。如果电池靠近驱动电机或空气压缩机等发热部件，会导致电池过温。

2. 磷酸铁锂电池

磷酸铁锂电池的全名是磷酸铁锂锂离子电池，是指用磷酸铁锂作为正极材料的锂离子电池。由于它的性能特别适于作动力方面的应用，则在名称中加入“动力”两字，即磷酸铁锂动力电池。其中钴酸锂是目前绝大多数锂离子电池使用的正极材料。铁锂电池是锂电池家族中的一类，正极材料主要为磷酸铁锂材料。与传统的铅酸蓄电池相比，锂离子电池在工作电压、能量密度、循环寿命等方面都具有显著优势。由于不含有贵重金属材料，磷酸铁锂电池的原材料成本就可以被压缩得非常低廉。在实际使用中，磷酸铁锂电池具有耐高温，安全稳定性强，价格便宜，循环性能更好等优势。

锂离子动力电池的性能主要取决于正负极材料，磷酸铁锂的安全性能与循环寿命较高，1C 充放循环寿命达 2000 次。单节电池过充电压 30V 不燃烧，穿刺不爆炸。采用磷酸铁锂正极材料做出的大容量锂离子电池更易串联使用，可满足电动汽车频繁充放电的需要。

在充电过程中，在电势差作用下，锂离子从负极向正极运动，嵌入负极。在放电过程中，锂离子从负极脱出，回归正极。锂离子在正负极之间往返运动实现充放电，其数量越多说明容量越大。

3.1.3.4　飞轮电池

飞轮电池主要由飞轮、轴、轴承、电机、真空容器和电力电子变换器等组成（图 3－10）。当飞轮以一定的角速度旋转时，就具有了一定的动能。飞轮是整个蓄能装置的核心部件，它直接决定了整个装置的蓄能量。对飞轮电池充电时，通过电能而使电机旋转，电机驱动飞轮加速旋转，飞轮储存动能。

图 3－10　飞轮电池

飞轮电池向外放电时，由高速旋转的飞轮带动电机旋转，将动能转化为电能，再通过电力电子变换装置将电能转换为负载所需的频率和电压。当飞轮以一定角速度旋转时，它就具有一定的动能。飞轮电池是 20 世纪 90 年代才提出的概念电池，它突破了化学电池的局限，用物理方法实现储能。

在飞轮电池的结构中有一个电机，充电时该电机以电动机形式运转，在外电源的驱动下，电机带动飞轮高速旋转再生电能，给飞轮电池补充容电量增加了飞轮的转速。放电时，飞轮电池的电机以发电机状态运转，在飞轮的带动下对外输出电能。飞轮电池的飞轮是在真空环境下运转的，转速极高。有关试验表明，飞轮电池比能量可达150W·h/kg，比功率达5000～10000W/kg，飞轮电池的使用寿命可以长达25年，可供电动汽车行驶500万km。飞轮储能技术发展的过程中得到突破性进展是基于下述三项技术的飞速发展：一是高能永磁及高温超导技术的出现；二是高强复合纤维材料的问世；三是电力电子技术的飞速发展。为进一步减少轴承损耗，人们曾梦想去掉轴承，用磁铁将转子悬浮起来。

超导磁悬浮原理是将一块永磁体的一个极对准超导体并接近超导体，此时超导体上便产生了感应电流。该电流产生的磁场刚好与永磁的磁场相反，于是二者便产生了斥力。由于超导体的电阻为零，感生电流强度将维持不变。若永磁体沿垂直方向接近超导体，永磁体将悬空停在自身重量等于斥力的位置上，而且对上下左右的干扰都产生抗力，干扰力消除后仍能回到原来位置，从而形成稳定的磁悬浮状态。

飞轮电池技术利用了超导这一特性，把具有一定质量的飞轮放在永磁体上边，飞轮兼作电机转子。当给电机充电时，飞轮增速储能，变电能为机械能；飞轮降速时放能，变机械能为电能。

飞轮储能大小与飞轮的重量、飞轮速度有关，而且是二次方的关系，提高飞轮的转速比增加质量更有效。但是飞轮的转速受飞轮本身材料限制，转速过高，飞轮可能被强大的离心力撕裂。故采用高强度、低密度的高强复合纤维飞轮，能储存更多的能量。

3.1.3.5 超级电容

超级电容又叫电化学电容双电层电容、黄金电容、法拉电容，是从20世纪70年代发展起来的通过极化电解质来储能的一种电化学元件。

超级电容从结构上来看与电解电容非常相似。简单来说，如果在电解液中插入两个电极，并施加一个电压，这时电解液中的正、负离子在电场的作用下就会迅速向两极运动，最终分别在两个电极表面形成紧密的电荷层，即双电层。

根据储能机理的不同可以分为2类：

1. 双电层电容

双电层电容的充放电原理是在电极/溶液界面通过电子或离子的定向排列造成电荷的对峙。对一个电极/溶液体系，会在电子导电的电极和离子导电的电解质溶液界面上形成双电层。当在两个电极上施加电场后，溶液中的阴、阳离子分别向正、负电极迁移，在电极表面形成双电层；撤消电场后，电极上的正负电荷与溶液中的相反电荷离子相吸引而使双电层稳定，在正负极间产生相对稳定的电位差。这时对某一电极而言，会在一定距离内（分散层）产生与电极上的电荷等量的异性离子电荷，使其保持电中性；当将两极与外电路连通时，电极上的电荷迁移而在外电路中产生电流，溶液中的离子迁移到溶液中呈电中性。

超级电容的突出优点是功率密度高、充放电时间短、循环寿命长、工作温度范围宽，是世界上已投入量产的双电层电容器中容量最大的一种。超级电容可以弥补现阶段锂离子电池在功率密度等方面的不足。目前主要应用于军事、新能源汽车以及各种机电设备中。

电容的大小取决于电极表面积的大小和两个电极间的距离，电容器内部结构与原理如图3-11所示。传统电容器的电极表面积就是导体的平板面积，为了获得较大的容量，通常都将导体材料卷制得很长，有时用特殊的组织结构来增加它的表面积。同时传统电容器用绝缘材料来分离它的两个电极，一般为塑料薄膜、纸等，这些材料也都要求尽可能薄。

电容的基本作用就是充电与放电，但由基本充放电作用所延伸出来的许多电路现象，使得电容有着更多的用途。在一般的电子电路中，常用电容器来实现旁路、耦合、滤波、振荡、相移以及波形变换等，这些作用都是充放电功能的演变。根据超级电容的各种特性，其更多地应用于能源领域，通常当作电池来使用。

与铅酸电池、镍镉电池、锂离子电池相比，超级电容如图3－12所示，超级电容器如图3－13所示，具有节能、超长使用寿命、安全、环保、宽温度范围、无需人工维护等优点。由于超级电容采用物理的方法来储能，所以充、放电迅速且可以瞬间吸收或释放极高的能量，这也是目前任何电池都做不到的。

超级电容的缺点是如果使用不当会造成电解质泄漏等现象，超级电容器的内阻较大，不可用于交流电路。

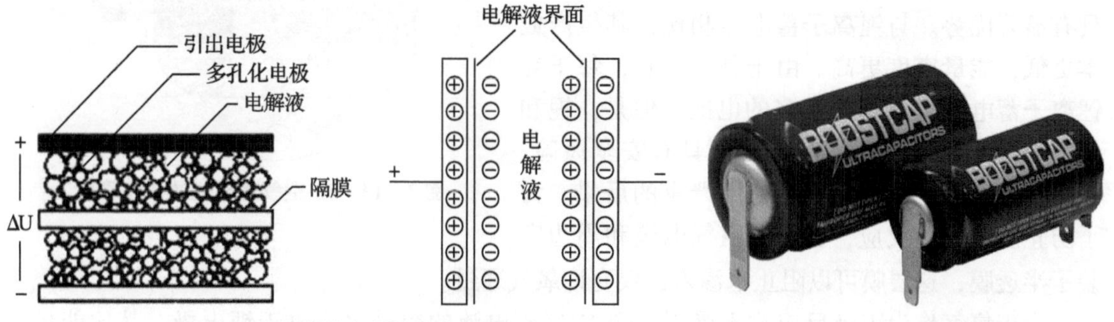

图3－11　电容器内部结构与原理　　　　图3－12　超级电容

2. 法拉第准电容

法拉第准电容充放电机理是在电极表面和近表面或体相中的二维或准二维空间上，电活性物质进行欠电位沉积，发生高度可逆的化学吸/脱附和氧化还原反应，产生与电极充电电位有关的电容。其储存电荷的过程不仅包括双电层上的储存，而且包括电解液离子与电极活性物质发生的氧化还原反应。当电解液中的离子（如 H^+、OH^-、K^+ 或 Li^+）在外加电场的作用下由溶液中扩散到电极/溶液界面时，会通过界面上的氧化还原反应而进入电极表面活性氧化物的体相中，从而使大量的电荷储存在电极中。放电时，这些进入氧化物中的离子又会通过以上氧化还原反应的逆反应重新返回到电解液中，同时所储存的电荷通过外电路而释放出来。

图3－13　超级电容器

在车辆中的电能以直流电压的形式存储在电池和发电机中。例如，从高压电池288V直流电压需要650V三相交流电压来驱动电机，转换的电压须在发动机所使用的逆变器（DC/AC变换器）两个方向上产生。例如，400V的发电机由一个整流器（AC/DC变换器）装置的三相交流电压，则用于充电的高电压电池产生200V的直流电压。为能实现288V/650V或400V/200V“电压跳转”，就需要一种高性能直流/直流变换器直流侧。

此外，高电压电池必须提供一个12～14V的电气系统。

3.1.3.6 锂-空气蓄电池

锂-空气蓄电池是一种用锂作负极，以空气中的氧气作为正极反应物的电池。锂-空气蓄电池比锂离子电池具有更高的能量密度，因为其阴极（以多孔碳为主）很轻，且氧气从环境中获取而不用保存在电池里。相比内燃机，电动驱动装置在未来的优势主要取决于增加单次充电循环所能行驶的里程。要实现这一点，新的蓄电池理念需要能够具备高出数倍的能量密度。锂-空气蓄电池便是一项非常有前景的设计理念。

锂-空气蓄电池的工作原理如图 3－14 所示，在蓄电池放电时，电子从消耗向阳极转移，而金属阳离子通过电解液向多孔阳极转移，并且在阳极与氧气发生反应，形成过氧化锂等。充电时发生逆向过程。锂-空气蓄电池比目前使用的蓄电池具有显著优势。与锂离子蓄电池相比，其生产成本更低，能量密度更高。由于其重量轻，每千克锂离子蓄电池可储存非常多的电能。但是，锂和氧气的组合因氧气可能产生水而具有安全风险。如果锂与水发生接触，则会引起严重的后果。为了防止发生这一反应，在多孔空气电极和周边安装了半透膜，这层膜可以阻止水渗入，仅允许氧气通过。

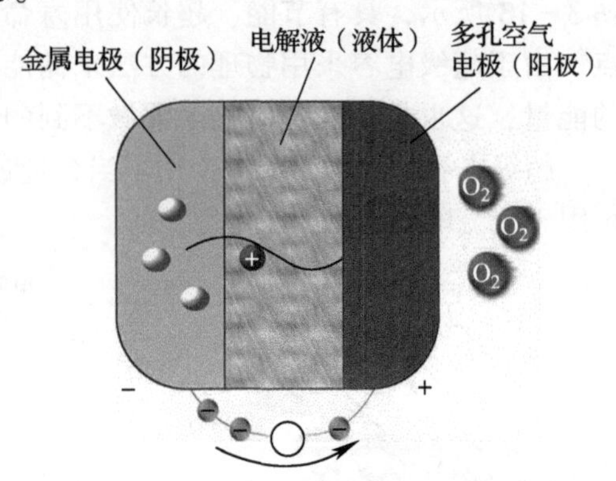

图 3－14 锂-空气蓄电池的工作原理

由于氧气作为正极反应物不受限，锂-空气蓄电池的容量仅取决于锂电极，其比能量为 5.21kW·h/kg（包括氧气质量），或 11.4kW·h/kg（不包括氧气）。相对于其他的金属-空气蓄电池，锂-空气蓄电池具有更高的比能量。锂-空气蓄电池的放电过程是负极的锂释放电子后成为锂离子（Li^+），Li^+穿过电解质材料，在正极与氧气、以及从外电路流过来的电子结合生成氧化锂（Li_2O）或者过氧化锂（Li_2O_2），并留在正极。锂-空气蓄电池的开路电压为 2.91V。

在金属锂的负极使用有机电解液，正极的空气极使用水性电解液，既可以用作充电电池，也可用于燃料电池使用。

如果在负极的有机电解液和空气极的水性电解液之间，用只能通过锂离子的固体电解质隔开的话，可防止两电解液发生混合，而且能促进电池发生反应。这样能够防止正极的固体反应生成物——氧化锂（Li_2O）析出。

该电池通过放电反应生成的不是固体氧化锂（Li_2O），而是易溶于水性电解液的氢氧化锂（LiOH），这样就不会引起空气极的碳孔堵塞。另外，由于水和氮等无法通过固体电解质隔膜，因此不存在和负极的锂金属发生反应的危险。此外，配置了充电专用的正极可防止充电时空气极发生腐蚀和劣化现象。

负极采用金属锂条，负极的电解液采用含有锂盐的有机电解液。中间设有用于隔开正极和负极的锂离子固体电解质。正极的水性电解液使用碱性水溶性凝胶，与由微细化碳和廉价氧化物催化剂形成的正极组合。

新的锂-空气蓄电池没电时也不用充电，只需更换正极的水性电解液，通过卡盒等方式更换负极的金属锂就可以连续使用。理论上 30kg 金属锂释放的能量与 40L 汽油释放的能量基本相同。如果从用过的水性电解液中回收空气极生成的氢氧化锂（LiOH），很容易重新生成金属锂，可作为燃料进行再利用。要实现电动汽车的普及，能源密度需达到目前的6~7倍，新的锂-空气蓄电池的能源密度远远大于锂离子电池，锂-空气蓄电池的正极使用空气中的氧做活性物质，理论上正极容量无限大，可实现大容量。如果在汽车上更换正极的水性电解液，用卡盒等方式补充负极的金属锂的话，汽车可实现连续行驶而不充电。另外，可从用过的水性电解液中轻松提取金属锂，锂能够反复使用。

课程小结

课堂活动：熟悉不同类型的蓄电池，掌握与分析不同电池的特征。
请学生通过小组讨论，并完成下列问题。
1）试述不同电池组的基本特征。
2）为什么现在的电动汽车与混合动力电动汽车的电池大多使用磷酸铁锂的电池？说说电池使用的安全性与维修的规范。

实训任务　自制丹尼尔蓄电池和法拉第电动机

老师对学生进行分组，每4~6人一组，各小组选出一名负责人，负责人确定每一位学生的学习角色，教师组织学生实训操作自制丹尼尔蓄电池和法拉第电动机。丹尼尔蓄电池原理见图3-15。

工具准备

1. 铜棒、锌棒、硫酸锌电解液、玻璃杯，顶部有两个开口的塑料杯盖、万用表、导线、发光二极管、镀锌钉子、铜币（或铜导线）、柠檬等。
2. 尖嘴钳、小刀、小长条磁铁、漆包线1m左右、软电线20cm、平整硬泡沫板、透明胶带纸、回形针2个、5号南孚电池2节。

各小组负责人对小组任务进行分配。组员按负责人要求完成相关任务内容，并将自己所在小组及个人任务内容填入表中。

操作步骤及工作要点：

1）以长约16cm、宽约10cm的长方形泡沫板为底座，在底座上放置小磁铁，用透明胶带固定好，磁铁两侧各用一个回形针做成M形的线圈支架，并且当作线圈与电源间的连线。

2）将漆包线在食指和中指上轻绕8～10圈，两端各留5cm作为引出线，两根引出线将线圈分别绕四圈扎紧，然后从线圈的正中引出，使两引出线作转轴时能保证线圈平稳转动。

3）把线圈平放在桌面上，用锋利的小刀将线圈一端引出线上的绝缘漆全部刮去，另一端引出线的绝缘漆只刮去上半圈，就可以达到一半通电、一半断电的效果，即制成“自动通断电装置”。

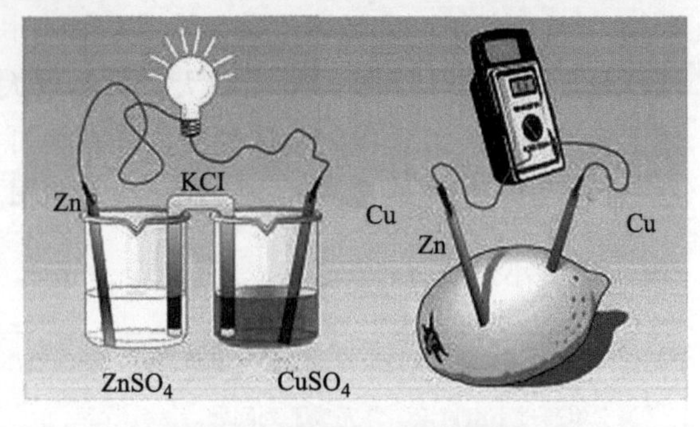

图3－15　丹尼尔蓄电池原理

4）把线圈两根引出线分别接在M形支架上，使其可灵活转动。调整线圈与磁铁间的距离，找到一个最佳位置，使线圈不仅能转动，而且能转得较快。

5）接通电源，稍稍拨动线圈，观察现象：发现线圈能连续转动；改变电池正负极性，线圈转动方向随之改变；改变磁铁极性，线圈转动方向亦随之改变。

6）将铜棒和锌棒分别插入塑料玻璃杯盖两小孔。

7）将硫酸铜溶液倒入玻璃杯，并盖上杯盖。

8）用万用表测量铜棒和锌棒之间的电压。

9）用导线连接铜棒、锌棒、发光二极管，观察发光二极管能否发出亮光，如果不能，检查线路连接并思考怎样才能使其发光。

10）用镀锌钉子、铜币（或铜导线）和柠檬制作一个简易的水果电池。在柠檬的一侧切开一个小口，将铜币（或铜导线）插进去，然后将镀锌钉子插入柠檬另一侧，用万用表测量柠檬电池的电压。

记录：
检查：

3.2　电池管理系统

3.2.1　基本构成和功能

BMS（Battery Management System，电池管理系统），主要作用是提高电池的利用率，防止电池出现过度充放电，延长电池的使用寿命，监控电池的状态。控制模块一般包括硬件、基础软件、运行时环境和应用软件。

通过检测电池组中各个单体电池的状态，例如测量电芯的电压、电流和温度以及电池组的电压，然后将这些信号传给运算模块进行处理发出指令，综合计算后判断整个电池系统的荷电状态（SOC）和健康状态（SOH），并根据它们的状态对动力电池系统进行相应的控制调整和策略实施，实现对动力电池系统及各单体的充放电管理以保证动力电池系统安全稳定地运行。电池管理系统的基本功能可以分为检测、计算、管理、保护四种，包括数据采集、状态监测、均衡控制、热管理、安全保护、信息管理等功能。

BMS 的总体功能有：

1）采集电池组内每一串电池模块的电压值。

2）采集每一串电池模块的温度或某些特征位置的温度。

3）采集电池组的实时总电压，充电或者放电电流。

4）估算电池组 SOC、SOH、SOE、最大可充放电功率等状态。

5）热管理，实现冷却/加热控制。

6）均衡管理，实现电池组模块间的电量平衡。

7）充电管理，并与充电机实现通信，实现智能充电。

8）放电管理，并与整车控制器、仪表等实现通信。

9）绝缘监测，高压控制与保护，故障诊断等。

电池管理系统主要由主控盒（BCU）、从控盒（BMU）、采样线束、温度传感器、分流器等组成，如图 3－16 所示。

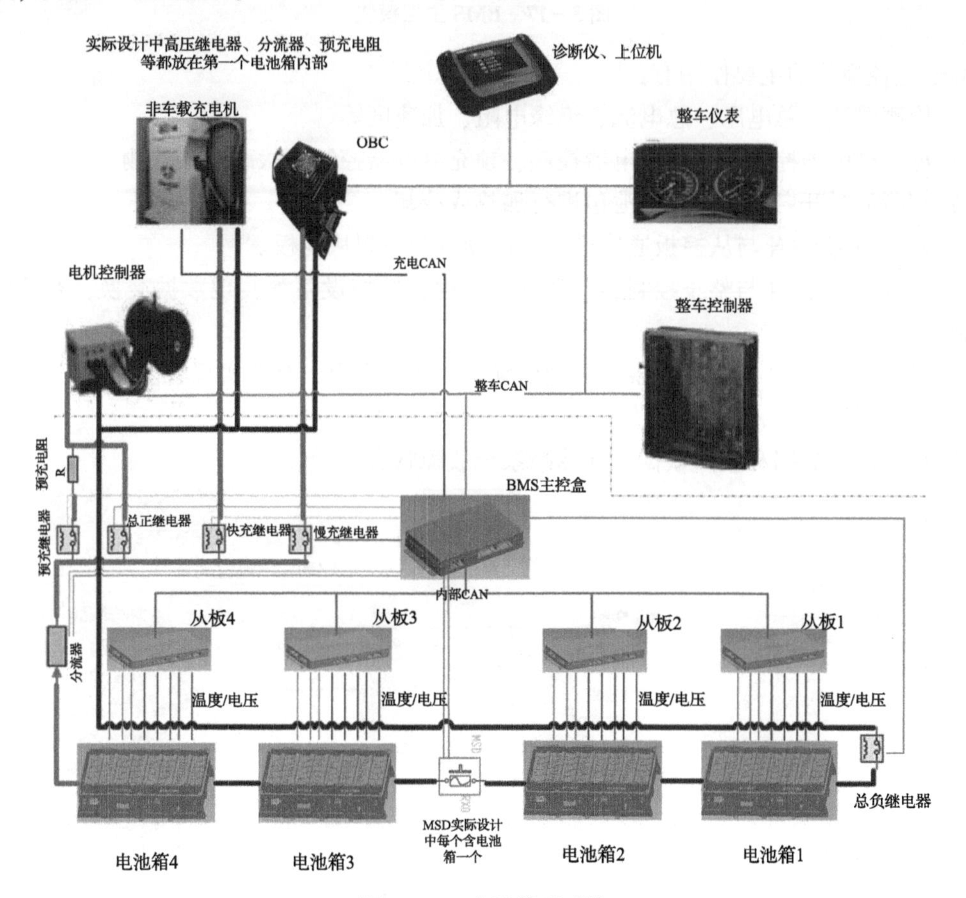

图 3－16　电池管理系统

电池管理系统在硬件上可以分为主控模块（图 3-17）和从控模块（图 3-18），主要由数据采集单元（采集模块）、中央处理器（主控模块）、显示单元、均衡单元检测模块（电流传感器、电压传感器、温度传感器、漏电检测）、控制部件（熔断装置、继电器）等组成。中央处理单元由高压控制回路、主控板等组成，数据采集单元由温度采集模块、电压采集模块等组成，一般采用 CAN 现场总线技术实现相互间的通信。

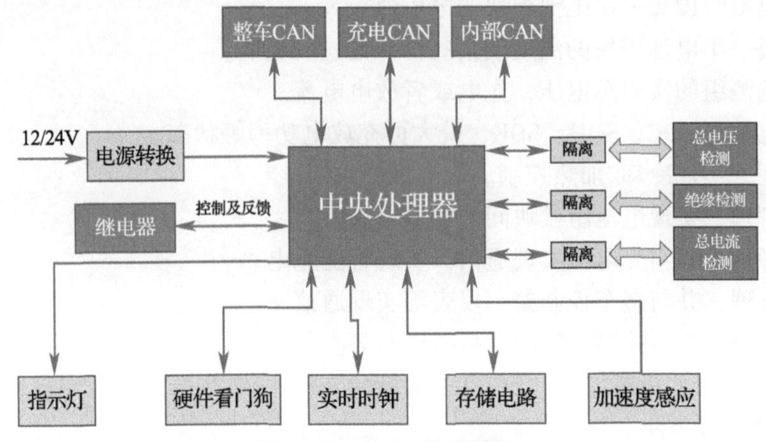

图 3-17　BMS 主控模块

BMS 主控模块的主要作用有：

1）检测电池组总电压、总电流、绝缘电阻、加速度等。

2）母线继电器控制、充电继电器控制、预充继电器控制及状态反馈检测。

3）判断何时开启继电器对电池包进行加热或冷却。

4）通过内部 CAN 与从控板通信进行数据读取和控制从控板。

5）通过整车 CAN 与整车控制器、驾驶室、远程监控设备等实现数据交换，有效实现高压控制。

6）通过充电 CAN 与充电设备进行通信确认、数据交换，有效实现智能充电。

7）估算系统 SOC、SOH、系统实际容量、峰值功率等。

8）记录历史数据和故障数据，并诊断系统故障状态。

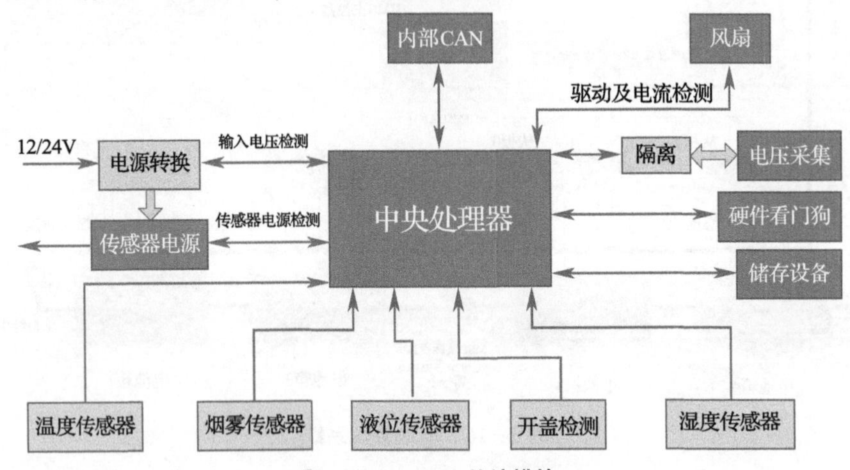

图 3-18　BMS 从控模块

BMS 从控模块的主要作用有：

1）采集电池箱体内每一串电池的电压数据。

2）采集电池箱体内各个典型温度场分布点的温度。

3）通过内部高速 CAN 总线与主控板、内部辅助设备、上位机等进行数据交换。

4）实现温度场控制、箱体内风机散热控制、加热器加热等。

5）实现单体电池间的平衡控制。

6）实现其他设备的 I/O 端口检测，如漏水检测、烟雾传感器检测、湿度传感器检测、开盖检测、液位检测等。

7）记录历史数据和故障数据，并诊断系统故障状态。

动力电池管理系统软件设计功能一般包括系统初始化、自检功能、系统检测功能、电压检测、温度采集、电流检测、绝缘检测、SOC 估算、CAN 通信、上下电控制、放电均衡功能、充电管理、热管理等。动力电池管理技术指标包括最高可测量总电压、最大可测量电流、SOC 估算误差、单体电压测量精度、电流测量精度、温度测量精度、工作温度范围、CAN 通信、故障诊断、故障存储功能、在线监测与调试功能等。

BMS 通过通信接口与整车控制器、电机控制器、能量管理系统、车载显示系统、远程监控终端等进行通信，整个工作过程大致为：首先利用从控盒的数据采集模块采集各个电芯的电压和温度等数据，然后把采集到的数据发送给主控模块，主控模块对数据进行计算分析和处理后，发出相应的程序控制，对电池系统或电池进行调控，同时将实时数据发送到显示单元模块。

电池管理系统应在规定条件下（如过电压运行、欠电压运行、高低温环境下行情况）满足控制精度要求。

一般而言，电池管理系统要实现以下 3 个功能。

（1）准确估测 SOC

准确估测动力电池组的荷电状态（State Of Charge，SOC），即电池剩余电量，保证 SOC 维持在合理的范围内，防止由于过充电或过放电对电池造成损伤，并随时显示电动汽车储能电池的剩余能量，即储能电池的荷电状态。

（2）动态监测

在电池充放电过程中，实时采集电动汽车蓄电池组中每块电池的端电压和温度、充放电电流及电池包总电压，防止电池发生过充电或过放电现象。同时能够及时给出电池状况，挑选出有问题的电池，保持整组电池运行的可靠性和高效性，使剩余电量估计模型的实现成为可能。除此以外，还要建立每块电池的使用历史档案，为进一步优化和开发新型电池、充电机、电动机等提供资料，为离线分析系统故障提供依据。电池充放电的过程通常会采用精度更高、稳定性更好的电流传感器来进行实时检测，一般电流根据 BMS 的前端电流大小不同，来选择相应的传感器量程进行接近，以 400A 为例，通常采用开环原理，国内外厂家均采用可以耐低温、高温、强震的电流传感器，选择传感器时需要满足精度高、响应时间快等特点。

(3) 电池间的均衡

即单体电池均衡充电，使电池组中各个电池都达到均衡一致的状态。均衡技术是目前世界上正在致力研究与开发的一项电池管理系统的关键技术。

纯电动汽车动力电池系统与动力传动相关的部件包括起动钥匙、高压控制盒（HVB）、整车控制器（VCU）、驱动电机（TM）、电机控制器（MCU）、直流变换器（DC/DC）、电池、电池管理系统（BMS）、车载充电机（OBC）等。其中，电机控制器、电池管理系统、整车控制器、车载充电机作为通信报文收发节点，通过CAN总线连接，各节点可经过相互通信了解其他部件的工作状态，使整车系统处于高效可靠的工作状态。动力电池与整车高压电系统关系如图3－19所示。

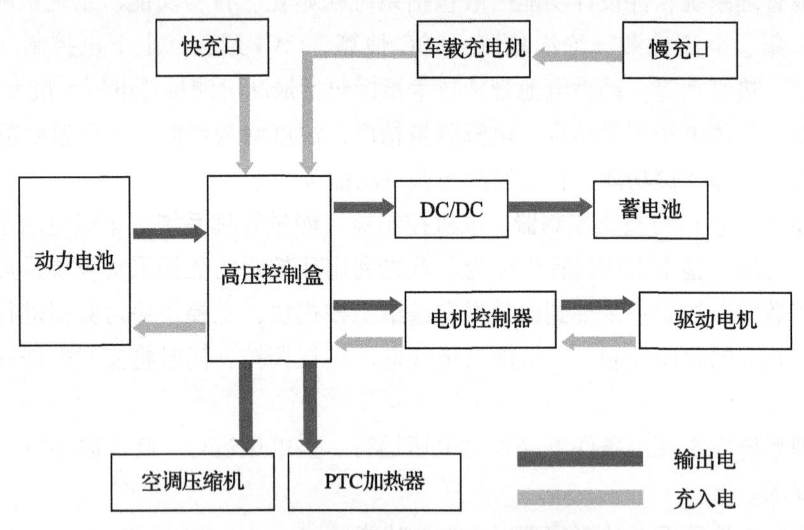

图3－19　动力电池与整车高压电系统关系

在功能上，电池管理系统主要包括数据采集、电池状态计算、能量管理、安全管理、热管理、均衡控制、通信功能和人机接口。电池管理系统构成如图3－20所示。

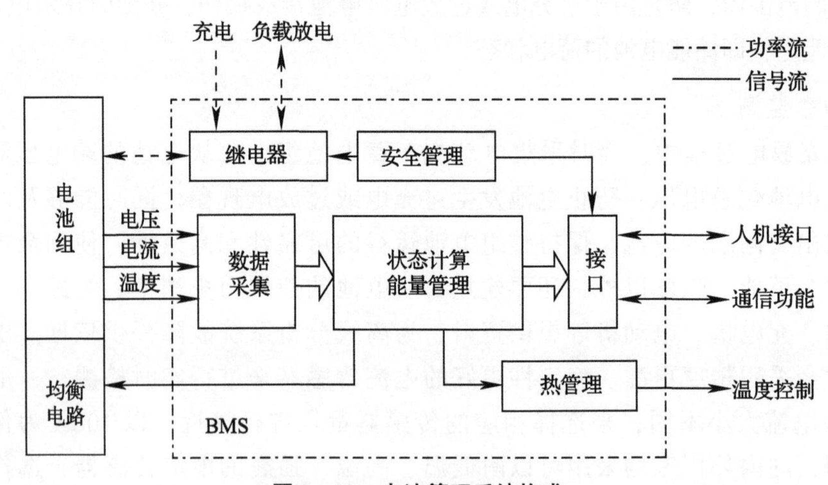

图3－20　电池管理系统构成

图 3－21 所示为动力电池管理系统内部 CAN 通信以及与外部系统 CAN 通信关系框图。由多个单体电池电芯通过并联后形成基础模块，基础模块再串联形成便于在电池包内布置的模组；每个模组编上序号，每个模组内的基础模块也都有自己的序号，即 N 模组××号电池。各个模组内电池基础模块正负极分别引出检测线，集中成低压检测线束，送到电压采集从控盒对应的插接件上，然后分别引导电芯电压检测电阻矩阵的对应电阻上。从控盒电路板上的检测电路对各个电芯巡回检查，电压数据经隔离后送到电路板计算区域处理，再通过内部 CAN 线送主控盒分析处理；主控盒会进一步计算整个电池包的 SOC、最高电压电芯与最低电压电芯的差值是否超标，是否达到放电截止电压或充电截止电压；最后进行后续控制处理。

电池温度一般通过在电池模组上安置温度传感器进行检测，温度传感器安置在模组的接线柱附近，温度传感器的测量引线分别送到从控盒的插接件对应针脚上，由从控盒内电路测量处理，并经内部 CAN 线送到主控盒电路上处理。温度信号对于电池的热保护、高低温加热或冷却控制是十分重要的影响因素。图 3－22 所示是某款电池电芯电压检测接点分布。

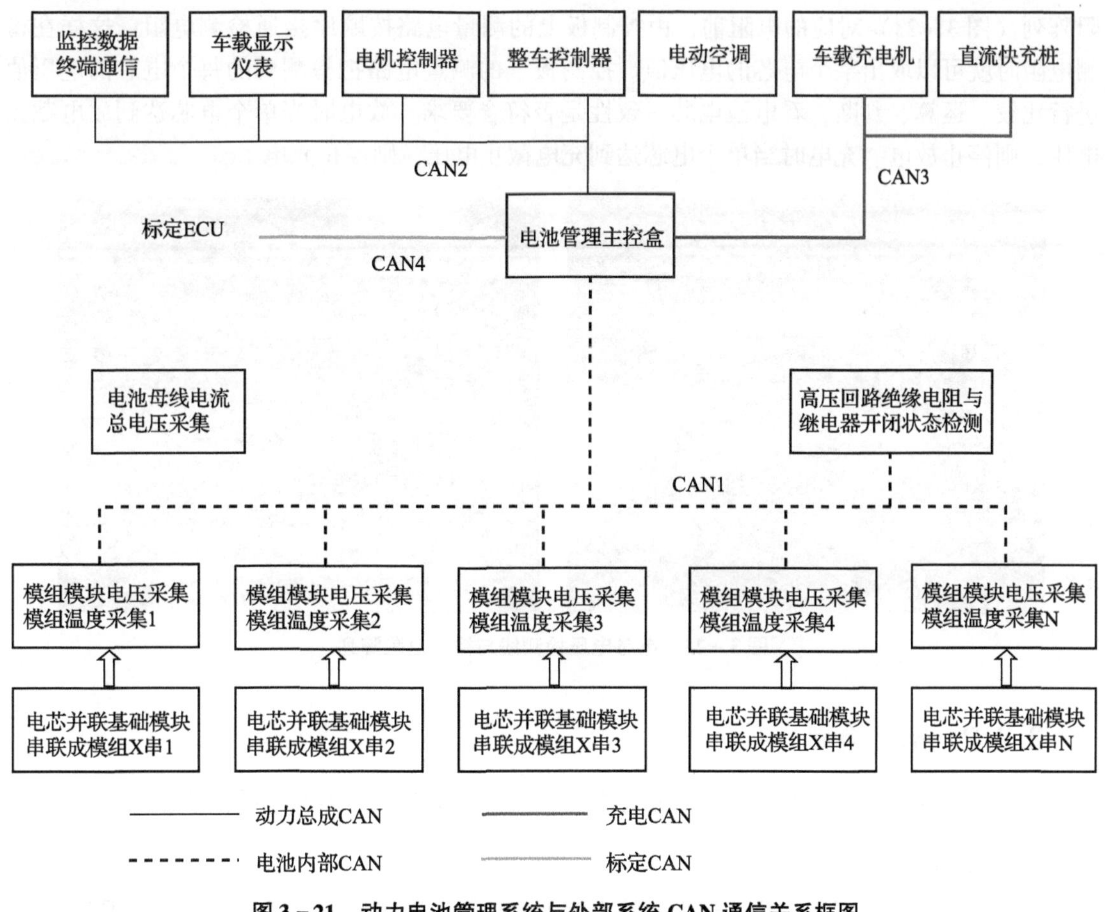

图 3－21 动力电池管理系统与外部系统 CAN 通信关系框图

图 3 – 22　电芯电压检测接点分布

电芯电压检测用电阻阵列取电芯电压值，每个电芯的正极和负极引出检测线，连接到电阻阵列（图 3 – 23）对应的电阻前，由控制板上的测量电路按顺序接通检测电阻；这样在检测电阻时就可以取出某个电芯的电压值。控制板上的测量电路把检测到的每个电芯的电压值进行比较、运算、判断，看电池电芯一致性是否符合要求。放电时当单个电芯达到放电截止电压，则停止放电。充电时当单个电芯达到充电截止电压，则停止充电。

图 3 – 23　电芯电压检测线与检测电阻阵列

3.2.2　电流检测

常用的电流检测仪器有分流器、互感器、霍尔元件电流传感器和光纤传感器等。

1. 分流器

分流器用于测量直流电流，根据直流电流通过电阻时在电阻两端产生电压的原理制成。

要测量一个很大的直流电流，如几十安，甚至更大，几百安，没有那么大量程的电流表进行电流的测量，就要采用分流器。它是一根短的导体，可以是各种金属或合金制成的，也连接端子；其直流电阻是严格调好的；串接在直流电路里，直流电流过分流器，分流器两端产生毫伏级直流电压信号，使并联在该分流器两端的计量表指针摆动，该读数就是该直流电路的电流值。

2. 互感器

互感器是电流互感器和电压互感器的统称，能将高电压变成低电压、大电流变成小电流，用于测量或保护系统。其功能主要是将高电压或大电流按比例变换成标准低电压（100V）或标准小电流（5A 或 1A，均指额定值），以便实现测量仪表、保护设备及自动控制设备的标准化、小型化。同时互感器还可用来隔开高电压系统，以保证人身和设备的安全。

互感器与测量仪表、计量装置配合，可以测量一次系统的电压、电流和电能；与继电保护、自动装置配合，可以构成对电网各种故障的电气保护和自动控制。互感器性能的好坏，直接影响电力系统测量、计量的准确性和继电器保护装置动作的可靠性。

3. 霍尔元件电流传感器

霍尔电流传感器基于磁平衡式霍尔原理，根据霍尔效应原理，从霍尔元件的控制电流端通入控制电流，并在霍尔元件平面的法线方向上施加磁场，那么在垂直于电流和磁场方向（即霍尔输出端之间），将产生一个电势，称为霍尔电势，霍尔电势的大小与控制电流、磁场密度的乘积成正比。

霍尔电流传感器是根据安培定律原理制成，即在载流导体周围产生一正比于该电流的磁场，而霍尔器件则用来测量这一磁场。因此，这使电流的非接触测量成为可能，通过测量霍尔电势的大小间接测量载流导体电流的大小。因此，电流传感器经过了电–磁–电的绝缘隔离转换。

开环的霍尔电流传感器采用的是霍尔直放式原理，闭环的霍尔电流传感器采用的是磁平衡原理，所以闭环在响应时间与精度上要比开环好很多。开环和闭环都可以监测交流电，一般开环适用于大电流监测，闭环适用于小电流监测。

开环霍尔传感器的工作过程：原边电流通过一根导线时，在导线四周将会产生一个磁场，这一磁场的大小与流过导线的电流成正比，它能通过磁芯聚集感应到霍尔器件上并使其有一信号输出。这一信号经信号放大器放大后直接输出，霍尔器件输出的信号可以准确反映原边电流的输出情况。

闭环霍尔电流传感器的工作过程：当原边电流产生的磁通通过磁芯集中在磁路中，霍尔器件固定在气隙中检测磁通，通过绕在磁芯上的多匝线圈输出反向的补偿电流，用于抵消原边电流产生的磁通，使磁路中磁通始终保持为零。霍尔器件和辅助电路产生的副边补偿电流可以准确反映原边电流的大小。经过特殊电路的处理，传感器输出端能够输出精确反映原边电流的电流变化。

4. 光纤传感器

光纤传感器的基本工作原理是将来自光源的光信号经过光纤送入调制器，使待测参数与进入调制器的光相互作用后，导致光的光学性质（如光的强度、波长、频率、相位、偏振态等）发生变化，成为被调制的信号源，在经过光纤送入光探测器，经解调后，获得被测参数。

光纤传感器的测量原理有2种。

1）物性型光纤传感器原理。物性型光纤传感器是利用光纤对环境变化的敏感性，将输入物理量变换为调制的光信号。其工作原理基于光纤的光调制效应，即光纤在外界环境因素，如温度、压力、电场、磁场等改变时，其传光特性，如相位与光强会发生变化。因此，如果能测出通过光纤的光相位、光强变化，就可以知道被测物理量的变化。外界参数引起光纤长度的变化和光相位变化，从而产生不同数量的干涉条纹，对它的模向移动进行计数，即可测量温度或压力等。

2）结构型光纤传感器原理。结构型光纤传感器是由光检测元件（敏感元件）、光纤传输回路及测量电路所组成的测量系统，其中光纤仅作为光的传播介质。

3.2.3 动力电池的均衡管理

动力电池的电芯在生产过程中各个单体会存在细微的差别进而引起充放电一致性的问题，这种不一致性会使电芯的各项参数不一致。均衡系统的目的是为了平衡电池组中单体电池的容量和能量差异，提高电池组的能量利用率。另外，电芯在组成电池组装车使用过程中，也会由于自放电程度以及部位温度等原因导致单体不一致性的现象出现，单体电池的不一致性从而又影响电池组的充放电特性。

例如，比亚迪秦的BMS除具备基本的电池能量管理、电池热管理功能外，还具有电池单体自动均衡功能。在整车运行过程中，监控整个电池包的单体性能参数，通过电池均衡功能达到及时、自动维护的目的，可以极大地减少动力电池维护的成本，延长使用寿命，提升各阶段性能。

比亚迪秦通过主动均衡的BMS使电池包的性能和寿命得以优化和延长。根据介绍，比亚迪秦具体采用的是DMⅡ代电池管理系统，它采用了分布式设计。分布式电池管理系统通过对电池单体温度和电压的采集，进行动力电池能量管理、热平衡管理、整车充放电管理、整车高压安全管理，进一步提升电池的能量管理效率，同时达到轻量化的设计要求。

每两个单体电芯组成一个单元，通过储能方式转移能量，平衡电压的高低。

均衡系统分为能量耗散型均衡和非能量耗散型均衡。

1. 能量耗散型均衡管理

能量耗散型均衡是通过给电池组中每块电池并联一个电阻进行放电分流，从而实现均衡。这种电路结构简单，只将容量高的单体电池的能量消耗，存在能量浪费和进行热管理等问题，可能会造成安全隐患并加速电池老化。因此能量耗散型均衡通常适用于小型电池组、均衡电流要求不高的情况，主要通过电池组中能量较高的电池利用其旁路电阻进行放电的方式损耗部分能量，以期达到电池组能量状态的一致，如混合动力汽车。

能量耗散型均衡一般分为2种：

1）定分流电阻均衡充电电路，即每块单体电池都始终并联一个分流电阻，考虑电池的自放电及功耗，分流电阻取值一般为电池内阻的数十倍。该电路的优点是可靠性高，缺点在于电池处于充放电过程中，分流电阻始终消耗功率，因此一般在能量充足、可靠性要求高的场合适用。

定分流电阻均衡充电电路通过单体电池的并联电阻进行充电分流进而实现均衡，电路结构简单，均衡过程一般在充电过程中完成。

由于均衡电阻在分流过程中，不仅消耗了能量，而且还会由于电阻的发热带来电路的热管理问题，所以只适合在静态均衡中使用，上升的高温降低了系统的可靠性，不适用于动态均衡，仅适合用于小型电池组或容量较小的电池组。

恒定分流电阻均衡充电电路如图 3－24 所示，每块单体电池上都始终并联一个分流电阻。

定分流电阻均衡充电电路的优点是可靠性高，分流电阻值大，可以通过固定分流来减小由于自放电导致的单体电池差异。缺点是无论电池充电还是放电，分流电阻始终消耗功率，能量损失大，一般在能够及时补充能量的场合适用。

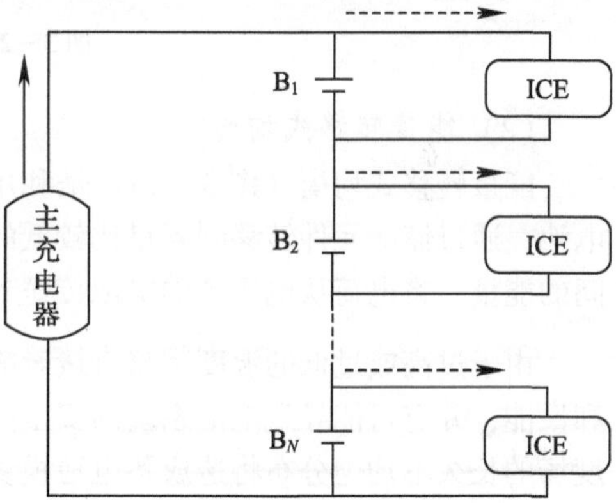

2）开关控制分流电阻均衡充电电路，分流电阻通过开关控制，在充电过程中，当单体电池电压达到终止电压时开始平衡，有最大单体电流充电电压和电池组平均电压两种控制策略。该均衡电路在充电期间，可对充电时电压偏高者进行分流，缺点是由于均衡时间的限制，导致分流时产生大量热需要管理。

图 3－24　恒定分流电阻均衡充电电路

工作在充电期间，可以对充电时单体电池电压偏高者进行分流，分流电阻通过开关控制。当单体电池电压达到截止电压时，可以阻止其过充并将多余的能量转化成热能。

开关控制分流电阻均衡充电电路由于均衡时间的限制，导致分流时产生的大量热量需要及时通过热管理系统耗散，尤其在容量比较大的电池组中更加明显。

2. 非能量耗散型均衡管理

能量非耗散型均衡通常使用储能元件转移能量使电池组电压保持一致，是利用储能元件和均衡旁路构建能量传递通道，将其从能量较高电池直接或间接转移至能量较低的电池。电路的能耗比能量耗散型要小，均衡电流大且效率较高，但电路结构相对复杂。此类均衡技术可分为能量转换式均衡和能量转移式均衡。

（1）能量转换式均衡

能量转换式均衡是通过开关信号，由锂离子电池组整体向单体电池进行补充，或由单体电池向电池组通过同轴线圈进行能量转换。从成本和均衡效率来考虑，能量转换式可应用于助动车等小功率场合，但不适合扩展到更大的电池组中。

电池能量转换电路如图 3－25 所示。

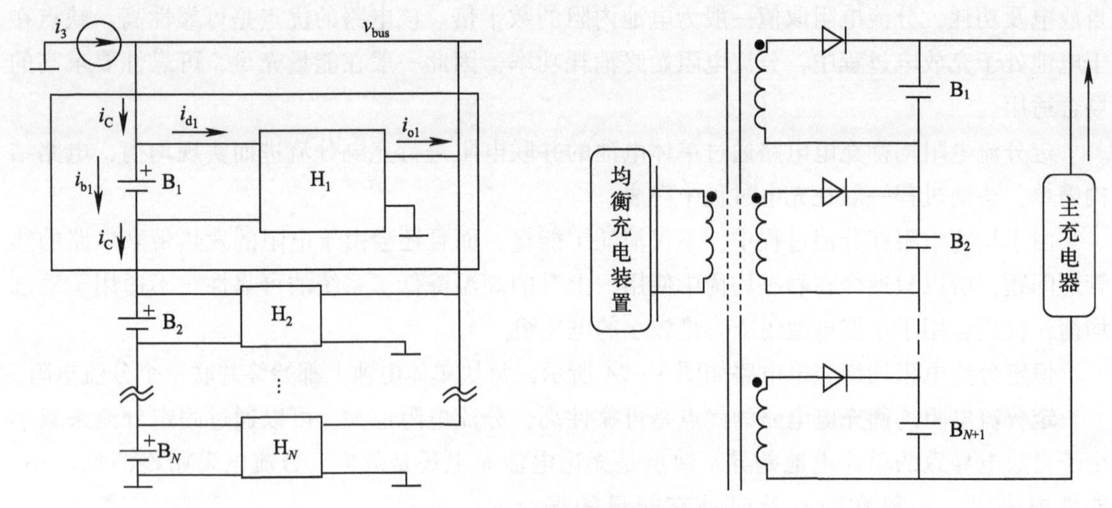

图 3-25　电池能量转换电路

(2) 能量转移式均衡

能量转移式均衡（图 3-26）是利用电感或电容等储能元件，把电池组中容量高的单体电池，通过储能元件转移到容量比较低的电池上。该电路是通过切换电容开关传递相邻电池间的能量，将电荷从电压高的电池传送到电压低的电池，从而达到均衡的目的。

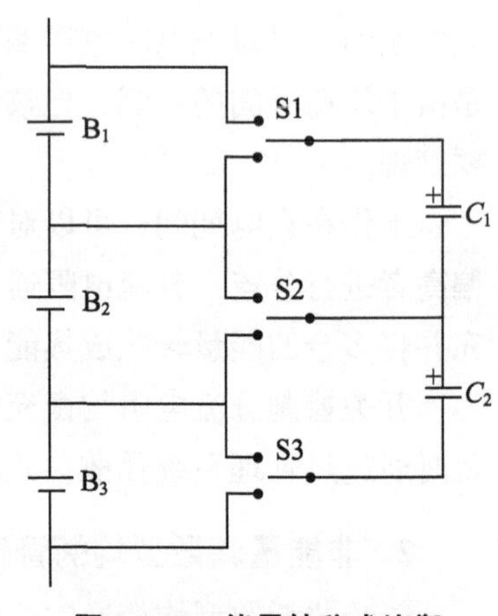

图 3-26　能量转移式均衡

由于过高或过低的温度都将直接影响动力电池的使用寿命和性能，并有可能导致电池系统的安全问题，并且电池箱内温度场的长久不均匀分布将造成各电池模块、单体电池间性能的不均衡，因此电池热管理系统对于电动汽车动力电池系统而言是必需的。可靠、高效的热管理系统对于电动汽车的可靠安全应用意义重大。

电池组热管理系统有以下 5 项主要功能：

1）电池温度的准确测量和监控。

2）电池组温度过高时的有效散热和通风。

3）低温条件下的快速加热。

4）有害气体产生时的有效通风。

5）保证电池组温度场的均匀分布。

3. 电安全管理系统

电安全管理系统主要包括烟雾报警、绝缘检测、自动灭火、过电压和过电流控制、过放电控制、防止温度过高、在发生碰撞的情况下关闭电池等功能。

现在常用的绝缘检测方法包括漏电直测法、电流传感法和绝缘电阻表测量法。

3.2.4　数据通信系统

数据通信主要涉及电池管理系统内部主控板与检测板之间的通信、电池管理系统与车载主控制器、非车载充电机等设备间的通信等，是电池管理系统的重要组成部分之一。在有参数设定功能的电池管理系统上，还有电池管理系统主控板与上位机的通信。CAN 通信方式是现阶段电池管理系统通信应用的主流，国内外大量产业化的电动汽车电池管理系统以及国内外关于电池管理系统数据通信标准均采用了该通信方式。RS232、RS485 总线等方式在电池管理系统内部通信中也有应用。数据通信管理系统结构组成如图 3－27 所示。

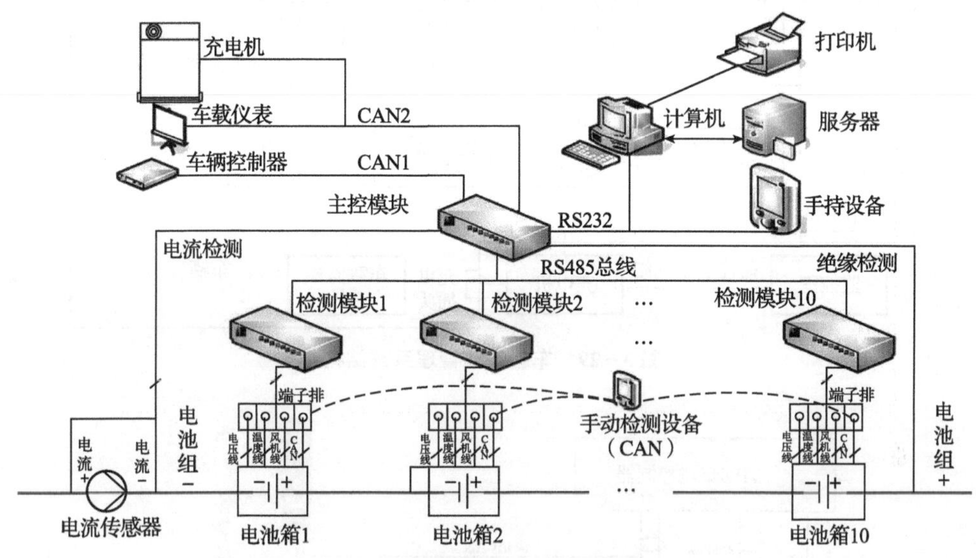

图 3－27　数据通信管理系统结构组成

车辆在运行模式下，电池管理系统中央控制模块通过 CAN1 总线将实时的电池状态告知整车控制器以及电机控制器等设备，以便采用更加合理的控制策略，既能有效地完成运营任务，又能延长电池使用寿命。车载电池管理系统控制策略如图 3－28～图 3－30 所示。

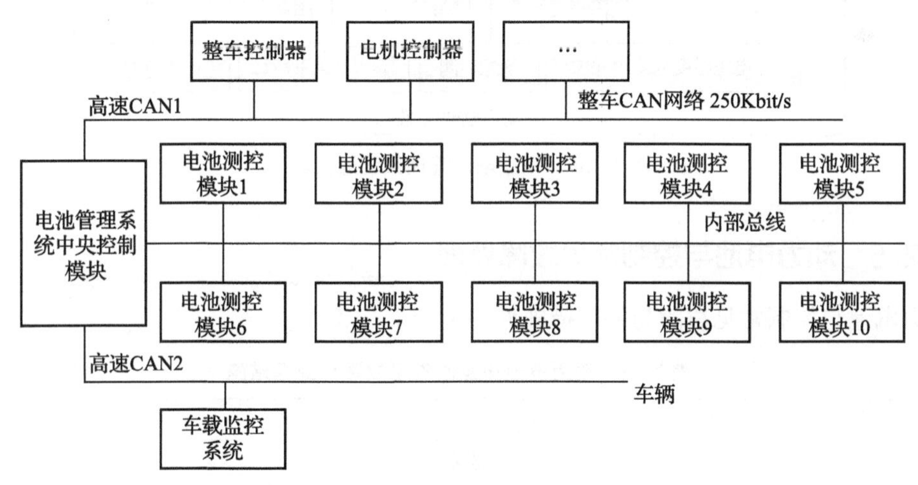

图 3－28　车载电池管理系统控制策略

在应急充电模式下，车载电池管理系统结构如图 3－29 所示，通信原理如图 3－30 所示。充电机与电动汽车实现物理连接。此时的车载高速 CAN2 加入充电机节点，其余不变。充电机通过高速 CAN2 了解电池的实时状态，调整充电策略，实现安全充电。

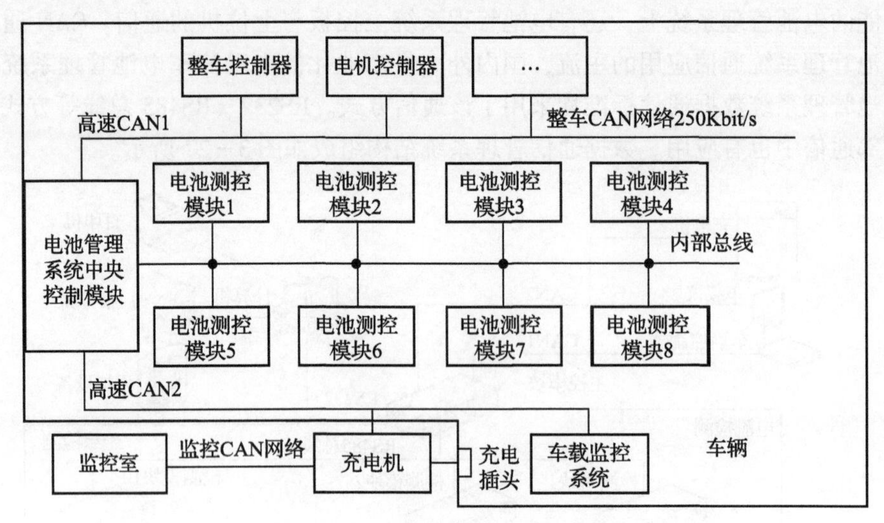

图 3-29 车载电池管理系统结构

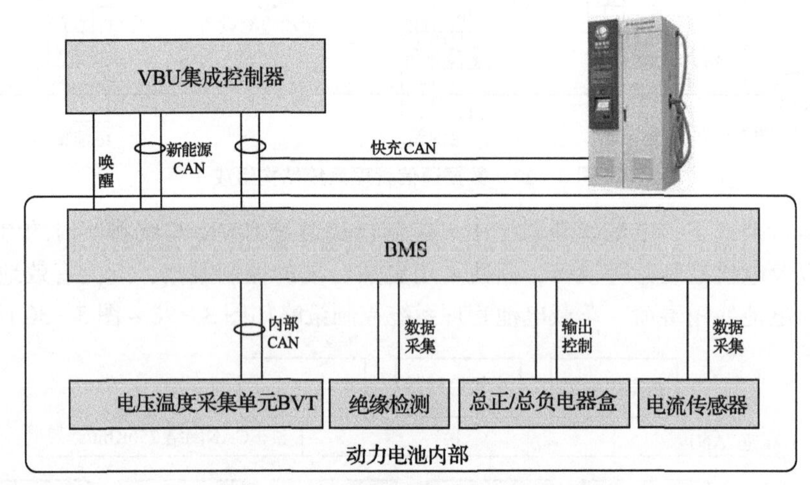

图 3-30 车载电池管理系统通信原理

3.2.5 动力电池与控制常见故障处理

动力电池与控制常见故障与处理措施见表 3-5。

表 3-5 动力电池与控制常见故障与处理措施

故障现象	可能出现的原因	处理措施
动力电池异常断开	绝缘监测电路出现故障	更换 BMS 主控单元
	绝缘阻抗过低	检查高压线束绝缘状况或中控单元绝缘状况
	动力电缆母线折断	更换动力电缆
	熔断器熔断	更换熔断器
电池组温度过高	散热风扇故障	检查车后部风扇并更换
	温度传感器故障	更换温度传感器

（续）

故障现象	可能出现的原因	处理措施
电流显示异常	电流传感器故障	更换电流传感器
	显示屏故障	更换显示屏
	BMS 发送数据故障	检查并维修 BMS 主控单元
单体电池电压不均衡	单体电池损害	维修或更换
	单体电池连接条松脱	紧固单体电池间连接条

实训任务　电池管理系统功能检查

老师活动：对学生进行分组，每 4 ~6 人一组，指导学生进行电熔丝管理系统功能试验验证，电池管理系统的功能、原理和组成，掌握电池管理系统功能测试操作流程，并根据测试结果分析电池管理系统是否有功能故障及故障原因。

学生活动：观摩老师的操作示范，并记录老师在示范时的讲解重点。各小组选出一名负责人，负责人确定每一位学生的学习角色，对小组任务进行分配。组员按负责人要求完成相关任务内容，并将自己所在小组及个人任务内容填入表中。

工具准备

1.动力电池测试系统。
2.车用锂离子动力电池。
3.车用锂离子动力电池管理系统。
4.快速充电机。
5.万用表、绝缘扳手、绝缘手套等工具及护具若干。

实训与测量参考如图 3 - 31 和图 3 - 32 所示。

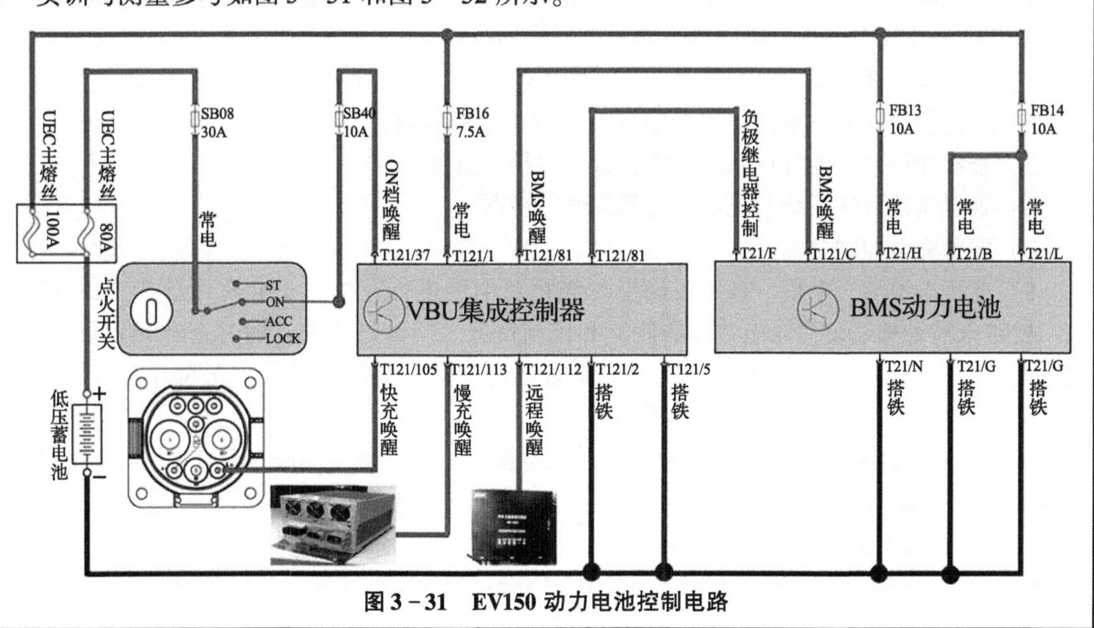

图 3 - 31　EV150 动力电池控制电路

（续）

1	2	3	4
5	6	7	8
9	10	11	12
13	14	15	16

针脚	定义	备注
①		
②		
③	12V电源+	常电
④	12V电源−	常电
⑤		
⑥		
⑦		
⑧	ON档唤醒信号	
⑨		
⑩		
⑪	CAN–L	诊断CAN
⑫	CAN–L	诊断CAN
⑬	CAN–H	整车CAN
⑭	CAN–L	整车CAN
⑮		
⑯	负极接触器控制端	

图 3－32　EV150 动力电池高低压插接件

记录：

分析结果：

操作步骤及工作要点：

1）准备工作：按要求连接 XP-EVBT400-150 型动力电池测试系统的电源柜和采样柜、动力电池包、电池管理系统。

2）确认电池管理系统触摸显示屏与主控箱正确连接，接通电池管理系统辅助电源，此时会听到电池管理系统主控箱中继电器触点动作的声音。

3）辅助电源接通后，电池管理系统开始工作，触摸显示屏将显示电池相关参数。

4）通过触摸屏上的按钮“电池信息”查看电池的参数。

5）查看和记录电池管理系统报警参数和保护限值参数。

6）查看电池管理系统与充电机之间的通信情况。

7）配置充电控制参数。

8）连接电池与充电机，按照正确操作流程对电池进行充电，充电模式选择“BMS”模式，检查电池管理系统对充电过充的监测和控制情况。测试过程中，随时查看和记录充电机充电电流与电压，并及时了解各模块电池是否出现异常。测试完毕后，先断开充电机电源，然后断开充电机与动力电池之间的电缆。

9）XP-EVBT400-150 型动力电池测试系统电源柜上电，等待 AFE READY 指示灯亮后按下 RUN 按钮，此时 AFE RUN 指示灯应亮起；IVC 工作，IVC 指示灯亮。

10）打开蓄电池测试系统客户端。

11）串口通信设置为选择“BMS”，获取电池管理系统参数，与原电池管理系统参数对比。

12）修改串口配置，选择“电压采集板”模式，通过 XP-EVBT400-150 型动力电池测试系统采样柜获取电池参数信息，与原电池管理系统参数进行对比，在静态下确认电池管理系统各功能是否正常。

13）新建和编辑工步文件，动态验证电池管理系统：

①充放电过程中测量精度测试。

②过充、过放电压保护失效警告或显示测试。

③过充、过放电流和电压保护测试。

④输出短路保护测试。

⑤超温保护功能测试。

⑥耐充电电源极性反接功能测试。

⑦自检警告或显示功能测试。

⑧温度测试。

14）测试完毕，按下“起动/停止测试”按钮，停止测试。

15）关闭总电源开关。

16）断开电源柜电源线，断开采样柜与动力电池的接线。

17）关闭上位机电脑。

18）通过电池管理系统确认电池状态，如果电池电量不足，则使用充电机进行充电。

项目四 动力电池充电

学习目标

1. 掌握电动汽车充电的类型。
2. 掌握国家标准中关于电动汽车充电的规定。
3. 掌握电动汽车充电方法。
4. 掌握电动汽车充电接口标准与动力电池充电的控制方法。
5. 掌握恒流充电与涓流充电的充电特性。
6. 掌握电动汽车电池管理与高压系统控制原理和方法。
7. 掌握电池的冷却方法。
8. 掌握废旧动力电池处理方法。

4.1 电动汽车充电技术概述

和内燃机汽车相比，纯电动汽车具有环保节能、驾驶时安静舒适、车辆结构简单、维修方便、日常使用费用低等优势，也是未来代步工具的发展方向。如何充电是电动汽车最关键的问题。

电动汽车充电桩有快充桩与慢充桩。快充和慢充是相对概念，一般快充为大功率直流充电，半小时可以充满电池 80% 容量；慢充指交流充电，充电过程需要 6 ~ 8h。

快充电压一般都是高于电池电压的。例如，比亚迪秦的电池电压为 400V，那么直流充电的电压应该达到 500V，比亚迪秦的电量为 13kW · h，那么它的充电电流应该可以达到 32. 5A，也就是快充充电的功率为 $P = UI = 500V \times 32.5A = 16.25kW$。

慢充是插在家庭的 220V 交流电插座里充电，由于电池是不能接受交流充电的，所以慢充是将 220V 的交流电转换为直流电再升压到电池的充电电压如 500V 直流电，再用这 500V 的直流电向电池充电。家用慢充交流电一般家庭 220V 交流电插座为 10A 或 16A，为了安全，慢充的充电电流一般会小于 10A，按照 10A 的标准计算。慢充的最大充电功率 $P = UI = 220V \times 10A = 2.2kW$，快充的功率 16. 25kW 远大于慢充的 2. 2kW。

慢充电流小，充电时间长，充电器和安装成本较低，可充分利用电力低谷时段进行充电，降低充电成本，可对电池深度充电，提升电池充放电效率，延长电池寿命。

快充是在短时间内对电池组进行快速补电，充电速度快，充电设备安装要求和成本较高，电流电压较高，短时间内对电池冲击较大，长期快速充电会影响电池寿命。快充对电池的质量要求很高，而且大电流下电池的反应条件过于苛刻剧烈，偏离平衡态较远，对于电池的寿命有较大的损失，安全系数会明显下降。为方便了解电动汽车的充电知识，本章将系统地介绍电动汽车充电的相关技术。

4.1.1 电动汽车充电基础

如何解决并延长电动汽车充电电池的循环使用寿命是影响电动汽车发展最核心的技术问题之一。充电系统分为快速充电系统和随车充电系统，快速充电系统的充电接口接入了与动力电池相同电压等级的充入电源，并采用直流充电直接充入动力电池。随车充电系统通常利用外接220V交流电源，在车内采用交直流转换再提供给动力电池，该充电方式充电时间相对较长。除去充电电池在使用时由于自身物理特性造成的性能损耗，错误的充电方式和充电习惯也会造成电池使用寿命缩短。从充电到车辆行驶的电力流程如图4-1所示。

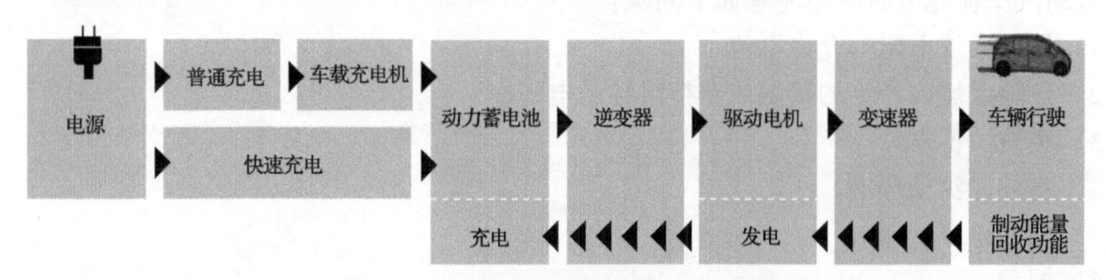

图4-1　从充电到车辆行驶的电力流程

使用于动力电池充电的充电机分为车载充电机与非车载充电机，非车载充电机分为直流充电机与交流充电机。

车辆上都装有充电机主体（充电系统），通过将公共交流电源电缆直接接到插口上即可进行充电。充电时，只要将电源线接到家庭的插口即可进行充电，所以只要有插口，任何地方都能进行充电。因为是要直接接到公共交流电电源进行充电，存在因雨水等导致漏电的危险，故连接部需做防水处理。电动汽车充电线路图如图4-2所示。

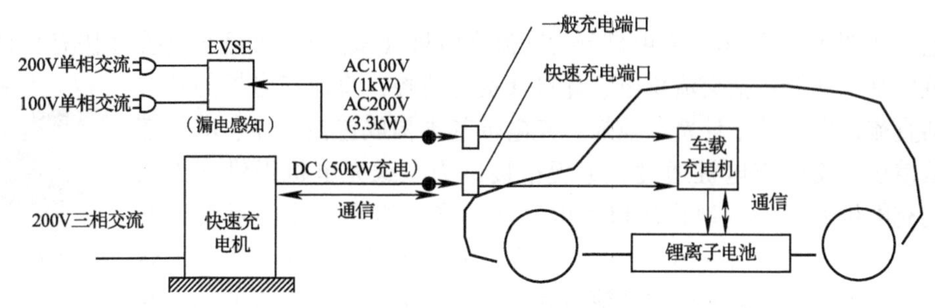

图4-2　电动汽车充电线路图

电动汽车的充电方式按照充电时间可分为快速充电与慢速充电。

快速充电利用专门设置的充电器进行充电、短时间充电，像加油站一样，将充电器的充电电缆插入快速充电用端口即可进行充电。只要有电源，任何地方都能够设置充电机，可在公共设施，比如写字楼停车场、超市停车场、汽车销售店等地进行普及推广。慢充系统使用交流220V单相民用电，通过整流变换，将交流电变换为高压直流电给动力电池进行供电。

因为直流电源直接接到汽车高压电源上进行充电，所以搭载有漏电诊断功能。慢充系统主要部件有电缆保护盒、充电桩、充电线、慢充接口、车内高压线束、高压配电盒、车载充电机、动力电池等。慢充系统构架如图4-3所示。

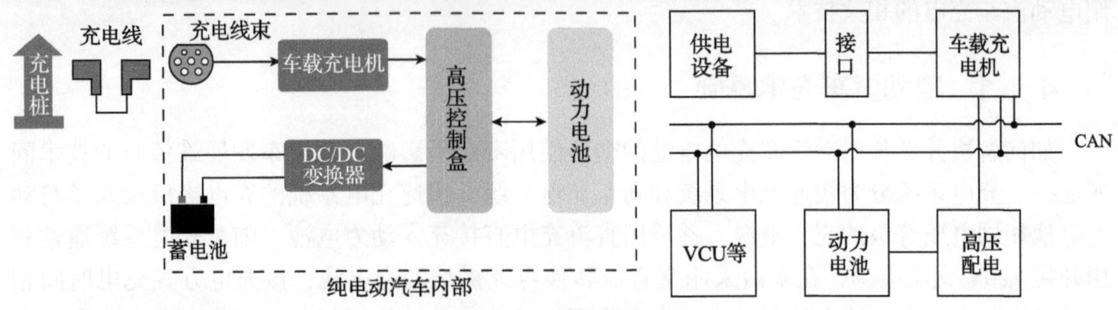

图4-3 慢充系统构架

电动汽车在充电时应当注意如下问题：

1）接地系统电阻与允许电流。

2）危险区域内产生的接触或非接触性的电弧。

3）突波、雷击。

4）室外、污染环境。

5）电磁兼容。

6）振动。

7）温差变化大。

8）控制系统稳定性。

基于以上电动汽车客观存在的安全性问题，充电站、充电桩为电动汽车提供充电时应确保充电过程安全可靠，即使出现异常情况，也能及时控制、消除，不给周围环境和人员带来危险。

4.1.2 充电桩

充电桩如图4-4所示。充电桩分为交流充电桩（慢充）、直流充电桩（快充）两种。交流充电桩的基本功能包括交流供电、计量计费与监控；直流充电桩的基本功能包括直流供电、计量计费与监控。充电桩基本构成包括桩体、电气模块和计量模块。交流充电桩通过一定规格接口为车载充电机提供交流电能；直流充电桩通过一定规格接口为电动汽车电池组提供小容量直流电能。充电桩的环境温度为-20~50℃；湿度不大于95%。充电桩由一个能将输入的交流电转换为直流电的整流器和一个能调节直流电功率的功率变换器组成，通过把带电线的插头插入电动汽车上配套的插座中，直流电能就输入蓄电池对其充电。充电器设置了一个锁止杠杆以利于插入和取出插头，同时杠杆还能提供一个确定已经锁紧的信号以确保安全。根据充电机和车上电池管理系统相互之间的通信，功率变换器能在线调节直流充电功率，而且充电机能显示充电电压、充电电流、充电量和充电费用等。

图4-4 充电桩

4.1.3 充电机

充电机作为电动汽车的能量补给装置，其充电性能关系到电池组的使用寿命、充电时间。实现对动力电池快速、高效、安全、合理的电量补给是电动汽车充电器设计的基本原则，还要考虑充电机对各种动力电池的适用性。快速充电机根据实时检测到的电池组的端电压、充电电流、温度、动态内阻等信息，按照马斯充电定律，通过采用智能控制算法实施对充电电流脉冲宽度、间歇时间、放电电流脉冲的分段调节，以消除被充电电池组的电极化现象，使电池组时刻处于较佳的电流接收状态，提高充电速度和充电效率。具体的调节过程是：首先用较宽的充电脉冲进行充电，蓄电池的端电压上升，当到达充电时间时，充电机暂停充电，当充电间歇时间达到时，充电机继续充电，如此反复；当电压上升到设定的电压值时，根据程序设定，减小充电脉冲占空比，并给蓄电池充电，当电池端电压达到设定额定值时，充电机间歇暂停充电；根据反馈电压自动调节输出脉冲的占空比，经过短时间停止充电，蓄电池的极化电压迅速下降，如此反复循环，直至达到蓄电池组的充电终止电压。

充电机和监控室的环境条件应符合以下要求。

充电机温度：-20~50℃；湿度：日平均湿度不大于95%，月平均湿度不大于90%。

监控室内温度：16~28℃；湿度：45%~75%。

4.1.4 充电站

充电站基本构成如图4-5所示，基本构成包括充电机、监控系统、安全防护设施和其他配套设施等。充电站的基本功能包括直流充电、计量计费、充电过程监控、配电设备监控与站内设备管理。

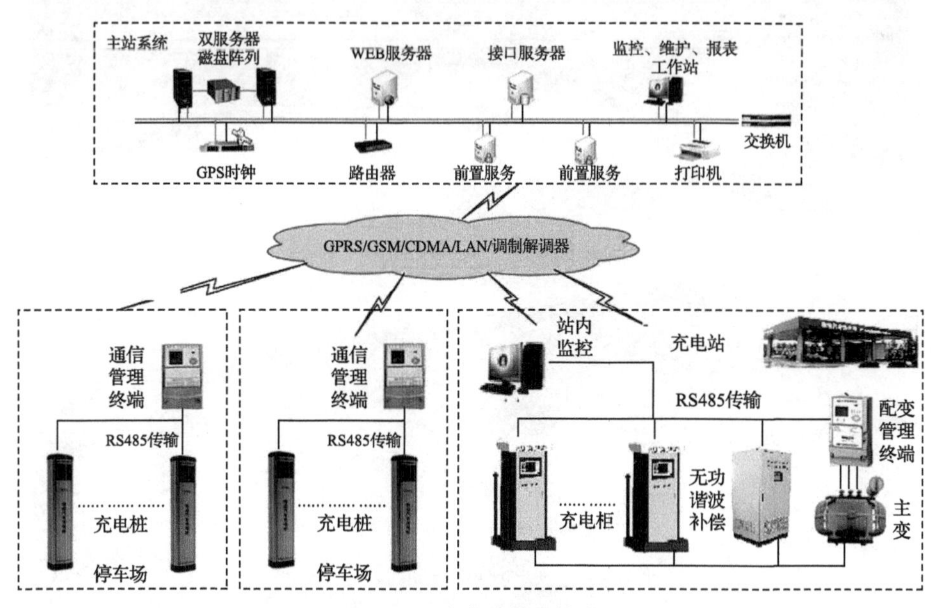

图4-5　充电站基本构成

充电机通过接口与电动汽车进行连接（图4-6），为电动汽车提供一定规格的电源。监控系统的基本功能包括站内设备的监视、保护、控制、数据记录、安全管理和事故情况下的紧急处理，可以对充电机、配电设备等进行监控，并对站内视频监视、火灾报警及其他设备进行管理。充电站监控管理系统主要包括网元层、站级监控层和网络管理层，可以从三个方面界定充电站的管理，即管理层次、管理功能和管理业务，监控系统的基本功能包括站内设备的监视、保护、控制、数据记录、安全管理和事故情况下的紧急处理。

图4-6　充电桩充电位置示意图

充电机的基本功能包括直流充电、计量计费。充电机主要由高频开关电源模块、监控单元、人机操作界面、与电动汽车电气接口、计量系统和通信接口等组成。

充电站、充电桩场所应配置安全防护、电击防护的电气装置，充电站、充电桩的防雷要求、建筑物构件、电力设备消防安全要求应符合有关规定，接地要求应满足相关电气设备要求。应当采取防火的消防设计，配置必要的防火、消防设施，并满足国家有关规定。电池更换站如图4-7所示，电动汽车充电站如图4-8所示。

图4-7　电池更换站

图4-8　电动汽车充电站

充电站建立的图像监控系统应接入全站监控系统，对全站场所进行图像监控。设置的通风方式应确保充电站相关电气设备在设计工况下安全运行。充电站的照度标准、照明方式、照明类型和照明光源应充分满足充电站使用需要，并适当配置应急照明装置。应具备便于监控室、办公室及充电区工作人员安全撤离的通道。应尽可能提高充电站设施以及充电操作过程中被充电汽车、动力蓄电池和操作人员的安全性，交直流充电要求见表4－1。充电站应在醒目地方明确提供以下信息：导向标志、充电位置引导标志与安全警告标识等。

表4－1　交直流充电要求

充电等级	标准输出电压	最大连续输出电流/A	断路器额定电流
AC-1	120V，单相	12	15A（最低限度）
AC-2	208～240V，单相	32	40A
DC	600V	400	按需要

4.1.5　电动汽车充电的方式

如图4－9所示，电动汽车充电的方式有三种：传导式、感应式、电池更换。

a）传导式

b）感应式

c）电池更换

图4－9　电动汽车充电的方式

1. 传导式充电

传导式充电是利用电缆传导给蓄电池进行充电的方式。以电缆为传输介质，通过电缆和插头插座连接，进行直接的接触式电能传输。充电连接器如图4－10所示。

1）单相交流充电：220V/16（32）A。

2）三相交流充电：380V/32（63）A。

3）直流充电：0～700V/最大电流250A。

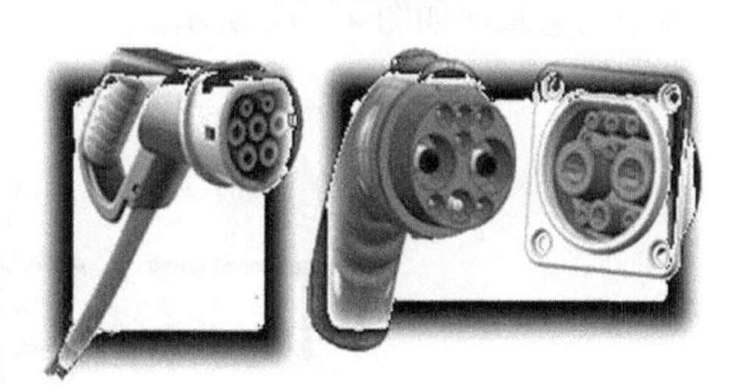
图4－10　充电连接器

交流充电由交流充电桩提供220V或380V交流电能，车载充电机完成交直流变换，充电功率一般不大于5kW，充电时间通常为5～8h。直流快充由非车载充电机完成交直流变换，充电功率较大，从几十kW到上百kW，充电时间可从10min（直流快充）到6h（直流普通充电），当前电池技术性能下，直流快充仅可作为电动汽车充电的应急补充。

充电站布局图如图4－11所示。目前，电动汽车充换电设施接入配电网的典型方式主要有：

1）充电桩：就近接入380V低压配电网。

2）充/换电站：采用专用变压器接入或专线接入10kV中压配电网。

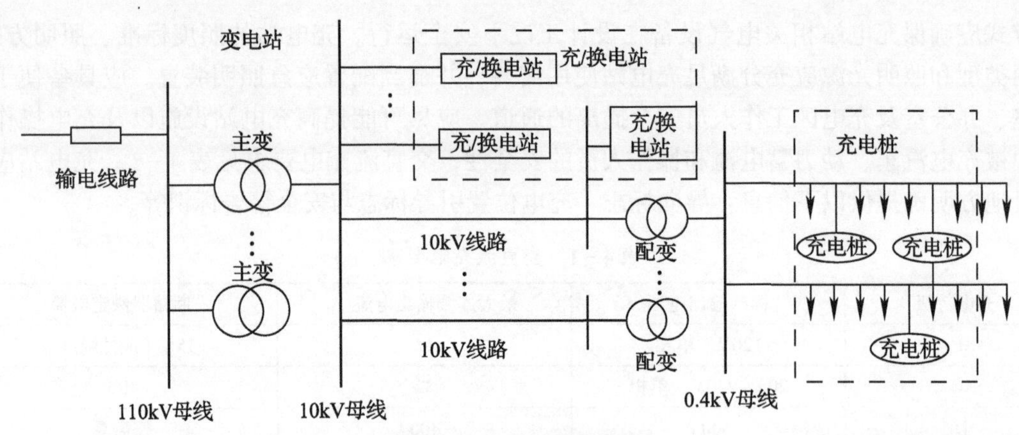

图 4-11　充电站布局图

2. 感应式充电

感应式充电是一种无线充电方式，又叫感应充电、非接触式感应充电，是基于电磁感应原理的空间范围内的电能无线传输技术。早在 19 世纪 30 年代，法拉第就发现了周围磁场的变化会在电线中产生电流。尼古拉·特斯拉在纽约长岛建立了无线充电塔——沃登克里夫塔进行无线输电试验。如今车主可将汽车停在特殊的地点，具体而言，就是停车点地板下感应线圈磁场范围内。可变磁场对蓄电池电路施加电压，从而为蓄电池充电。感应原理不限于静止的汽车，即理论上，蓄电池可以在行驶时，通过道路中的导体回路充电。这一方法的优势，尤其是安全方面的优势显而易见：驾驶人无须主动参与充电流程或接触电路，因此可以最大限度地防止不当操作。

感应式充电分为感应式、共振式。

感应式充电是采用了可在供电线圈和受电线圈之间提供电力的电磁感应方式。共振式充电基本原理与感应式相同，也是当线圈有电流流过时，产生磁束，感应线圈就会有电流流过，特殊的地方在于采用线圈和电容器的 LC 共振电路，并且利用控制电路形成相同的共振频率。感应充电原理如图 4-12 所示。

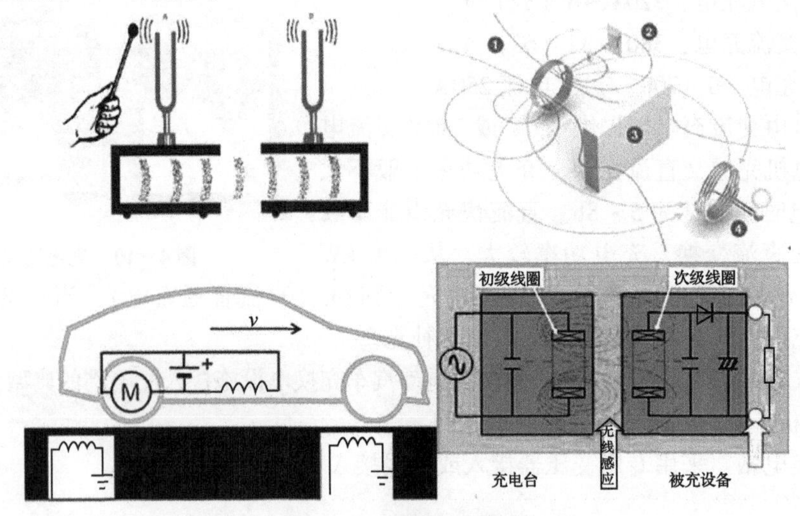

图 4-12　感应充电原理

电磁感应原理：初级线圈中一定频率的交流电通过电磁感应在次级线圈中产生一定的电流，从而将能量从传输端转移到接收端。

磁场共振原理：由能量发送装置和能量接收装置组成，当两个装置调整到相同频率，或者说在一个特定的频率上共振时，它们就可以交换彼此的能量。

无线电波式充电原理：充电系统的工作原理是将一系列接通电流的线圈埋入高速公路下，在汽车底部装上感应线圈，当汽车通过该高速路时就会共振，产生磁场将电力持续不断地传输给电池。无线充电传输的支撑技术称为“磁共振耦合连接”。类似于早期使用的矿石收音机，主要由微波发射装置和微波接收装置组成，接收电路可以捕捉到从墙壁弹回的无线电波能量，在随负载作出调整的同时保持稳定的直流电压。将两个线圈调到相同的频率以形成共振，每隔一段距离放置一个。一个线圈接通电流后，会产生磁场使第二个线圈形成共振，这种磁共振使电能在空中无形地传输，从第一个线圈到磁感应线圈。无线充电传输只能在两个共振线圈中传输，任何频率不同的物体（包括人）都不会受到影响。电动汽车能一边跑在任何高速路上，一边给自己充电。但需要大规模铺设这种设施要翻新整个高速公路系统，甚至超出交通领域。

电磁感应式非接触充电系统存在以下 3 方面的问题。

1）送电距离比较短。如果两个线圈的横向偏差较大，传输效率就会明显下降。目前能实现传输距离为 10cm 左右，而底盘的离地间隙明显与这个距离有着非常大的差距，因此这是一个很大的问题。

2）需要考虑散热问题，如线圈之间的发热。

3）耦合的辐射问题。电磁波的耦合会不会存在大的磁场泄漏。电磁感应在线圈之间传输电力，如同磁铁，在外圈有一定的泄漏，人如何避免受影响是很大的问题。

根据磁能无线传输理论，传输距离越远，磁能消耗就会越多，而在终端设备中所获得的电能量也就越少。电动汽车所需的能量补充电功率较大，一部几十 kW 的电动汽车所需的电能补充电流大多在 5 ~ 20A。电动汽车功率越大，所需补充电能的电流量也就越大。

变压器磁路越长，磁损会越多。不论是采取哪一种电磁—磁电的远距离传输转换，都会损失大量的电能，而且电磁—磁电的转换次数越多，电能损耗也会越大。电子器件的工作电流越大，器件的老化期也会越提前，这给设备维修和使用带来了很多的不便因素。

4）线圈之间也是有可能有杂物进入的，还有某些动物进入里面，一旦产生电涡流，就如同电磁炉一样，安全性问题非常明显。

磁场共振式供电目前在技术上的难点是小型、高效率化比较难。现在的技术能力大约是半径 0.5m 的线圈，能在 1m 左右的距离提供 60W 的电力。一般来说，利用电磁感应原理的无线供电技术最具现实性，并且现在在电动汽车上有实际应用；磁场共振方式，则是现在最被看好、被认为是将来最有希望广泛应用于电动汽车的一种方式；电磁波送电方式，现在则提出了利用这种技术的“太空发电站”。如果这种技术能应用，则可以从根本上解决电力问题。

采取大功率无线充电技术投入建设费用普遍较高，常规有线式充电方式比较简便，一次性投资较少。

3. 电池更换

电池更换是指预先将电池充满电，再通过全自动或半自动机械设备快速地对车辆的电池进行更换。更换电池时间短，能保证汽车的正常行驶。但是电池组标准化比较困难，电池组芯不一样的问题难以解决。

新能源汽车换电主要涉及的 4 项关键技术是定位、锁止、紧固、连接。其中，定位功能能够帮助换电设备精准地确定电池的位置；锁止技术能够通过换电设备与电池箱之间的通信，使得电池在更换过程中被牢牢锁紧，并在适当的位置被放下；紧固技术是保证电池能够更稳定地搭载在汽车上；连接技术保证了电池与电控系统、充电设备之间电气连接的稳定性，通过对 BMS 的优化，提高电池在充放电时的主动平衡能力。

换电模式中实现电池、汽车互相识别匹配，是保证电池安全、精准更换的关键。之前，国内对电动汽车的充电模式与换电模式展开了激烈的争论，并形成了以国家电网和众泰汽车为主导的换电模式与南方电网、中国普天新能源和比亚迪主导的充电模式两个阵营，最终换电模式随着 2012 年国务院印发的《节能与新能源汽车产业发展规划（2012 — 2020 年）》出台确立了以充电为主的电动汽车发展方向。

换电模式可以解决电动汽车续驶里程短、充电难、成本高等一系列问题，换电站可以通过机械手在 3min 内完成换电任务，但换电站的建设成本太高。北汽快速换电站如图 4 – 13 所示。

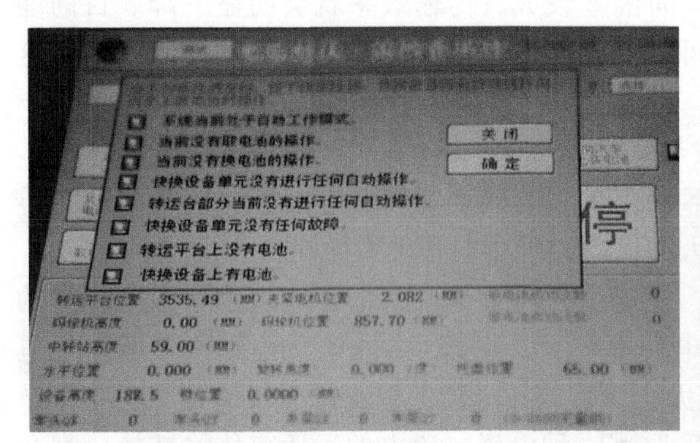

图 4 – 13　北汽快速换电站

4. 电动汽车无线充电

(1) 远程无线充电

远程无线充电技术在 1997 年由美国的罗纳德·佩里斯等研究人员在底特律汽车工程师协会展览会上提出。具体方案为：佩里斯设想利用一台无线发射器将电能转换成一种符合现行美国技术标准的特殊的微波束给移动中的电动汽车充电，汽车只要进入发射器工作范围，用安装在车顶的专用接收天线接收微波束即可。这样，给车辆充电就像使用车载电话一样方便。应用：市内的公共电车上，发射器就安装在公共汽车站附近，这样行车途中就不必担心没电了。

(2) 太空发电站

早在 1968 年，美国人格拉泽最早提出在离地面 3.6 万 km 的地球静止轨道上，建造太空发电站的构想。构想具体为：利用铺设在巨大平板上的亿万片太阳能电池，在太阳光照射下产生电流，将电流集中起来，转换成无线电微波，发送给地面接收站。地面接收后，将微波恢复为直流电或交流电，送给用户使用。

该太空发电站将电能通过无线传输方式传递给空间飞行器或地球表面用户，目前还只是一个构想。

无线供电使电动汽车可以提供一种可能：一辆电动汽车从出厂到报废，终生不用你去理会电力补充问题。电动汽车，在太阳电池技术、无线供电技术以及自动驾驶技术的支持下，完全可以颠覆现在的交通概念。将来，在高速公路上，汽车在自动行驶，而汽车、计算机、手机需要的所有电力都来自从路面下铺装的供电系统或来自汽车上的接收装置接收的电磁波。

随着电动汽车的发展，无线充电技术必定有着广阔的发展空间。

4.1.6 电动汽车充电安全要求

1. 汽车充电安全概要

汽车充电设备安全，要求使用者和充电设备周围环境有足够的防护安全、结构安全、充电安全、过热与着火安全，充电连接安全和电池容量安全等。电动汽车充电物理接口设计和维护不当，会出现电缆烧毁等问题。

因为动力电池本身有内阻，所以在充电时会发热，放电时也会发热，所以既不能过充，也不能充电过低。电动汽车动力电池在充电时如果剩余电量少，就充得快，快满时充的速度就慢，这是充电保护的一种策略，充电过度时可能会爆炸，放电过度时电池可能会报废。工作电流大时，放电速度快；工作电流小时，放电速度慢。另外，工作环境温度也会影响充放电特性，充放电残余次数也与过去的充放电历史有关。良好的充放电有赖于对电池充放电模式的掌握，以及对剩余电量的精确评估。

车用电池组在完全没通电与碰撞下自燃的可能性原因，主要有特性不匹配电池串并联造成内部回路的形成对内部某电池串的过充与电池的使用寿命降低。

为了防止充电过程中出现问题，规定交流充电电流不大于 16A 时，供电插座和车辆插座应安装电子锁止装置，直流充电时车辆插头应安装电子锁止装置。在电气防护优化方面，如果处理不当也会造成财产损失、人员伤亡等事故。

交流充电桩应安装 A 型或 B 型的保护装置。对于交流充电 PWM 占空比曲线与 IEC 基本保持一致，国际标准是 83A。在交流充电的情况下，其充电电量不要超过 8A，防止会带来风险。

在直流充电情况下，机械锁、电子锁、辅助电源、初始数据交换最大程度来保证充电安全，充电接口要求在供电插座安装温度传感器，防止带电拉弧或过温引起事故。

在车辆插头连接器内增设并联电阻，有效判断插头插座半连接状态，防止因半连接产生误操作。

对于直流充电，充电前和充电后分别由充电机对充电全过程进行预警。同时考虑人身安全、设备安全和警告指示灯及其故障分类和各自的处理方式，当发生故障时，根据故障类别采取充电机停机等待维护，来保证电池充放电的安全性。

2. 电动汽车充电站运营管理制度

（1）充电安全管理

1）在充电时时刻注意“安全第一、预防为主”。

2）充电站的运营应建立安全管理组织及安全管理的规章制度，明确安全负责人。

3）消防设施配备齐全，合理摆放，不得随意挪动。定期对消防设施进行检查，保证完好有效，并做好记录。

4）充电站的操作员工上岗前必须经过安全教育培训，充电设施维护人员必须经过专门培训并考核合格后方能上岗。

5）露天充电设施须有安全防护措施，保证雷雨等不良天气条件下的充电安全。

6）充电场所保持干净，专业充电站的充电工位下面应铺设绝缘垫，绝缘垫上无灰尘。

7）充电区域严禁吸烟，禁止存放易燃易爆物。

8）配电房应做好“防雷、防雨、防鼠、防小动物”的四防工作，注意随手关好门窗，经常查看防护网、密封条是否完好有效。

9）车辆进入充电位置，当车辆停稳，切断电动汽车动力电源和辅助电源，拉紧驻车制动器，人员离车后，方可进行充电作业。用户应自觉服从站点工作人员的安排。

10）工作人员应保持充电站地面清洁卫生，电气设施、消防器材、标示标牌整洁干净，电缆沟干净，盖板齐全，定期清理排水沟。

11）充电过程中严禁在充电区域来回走动或逗留。

12）严禁无关人员插、拔充电枪或触摸充电车辆。

13）充电车辆须按标识限速慢行，安全停靠在充电车位。

14）车辆充电前确保电源关闭，拉好驻车制动器，锁好车门。

15）充电完毕后，须检查充电车辆是否与充电设施物理分离，确认后方能起动车辆。

16）禁止在充电过程中开启车门或起动车辆电源。

17）禁止非充电车辆占用充电车位。

18）禁止车辆停放在进出口或消防通道。

（2）充电设备的维护与检修

1）定期对充电设施外壳进行清洁，对内部进行除尘，保证充电设施无明显破损、锈蚀。

2）定期按充电桩例行检查项目表对充电设施进行检查、维护和保养，并在充电桩例行检查登记表上做好记录。

3）充电设施故障后，应停止运行、放置警示牌并及时维修，并按充电桩技术维护规范进行维修操作。

4）充电设施维修须由专业人员进行。非专业人员不应从事电气设备和电气装置的维修。设备维修前应切断电源。

5）充电设施维修前，应切断电源，如需带电检修不应单独作业。

6）充电设施故障不能及时检修时，须设立警示标志和故障提示标语。

7）设备故障无法在现场修复情况下，应上报技术部门请厂家安排售后维修服务。

8）定期对灭火器进行清洁、检查和记录。全体人员应掌握消防知识，熟知消防器材的位置、性能和使用方法。

9）定期对消防水泵、阀门、管道、压力表、喷淋自动灭火系统进行检查，保持完好有效。

10）确保消火栓、箱体、玻璃、门锁、阀门、水带、水枪、报警器等完好有效。

11）加强消防设施的巡视、检查、维护、更换，发现隐患及时处理。

12）安全员应对充电站进行巡查，纠正违规操作，发现安全隐患，及时采取措施。

4.1.7　电池充放电特性

1. 铅酸蓄电池充放电

自 1859 年铅酸蓄电池的充放电特性被普兰特发现后，铅酸蓄电池经历了长久的发展过程，其制造技术手段已经相当成熟，时至今日，铅酸蓄电池依旧是电池领域应用最广泛的产品。在对铅酸蓄电池进行充电时，可由电流随时间的变化绘制出蓄电池的充电特性曲线。同时，蓄电池具有一条由本身特性决定的显示充电时可用最大安全电流的接收特性曲线；当充电电流一旦超过某一时刻的最大接收值时，就会对蓄电池性能造成一定的损伤，长期积累会导致电池使用寿命的缩短。铅酸蓄电池接收能力曲线如图 4－14 所示。

当充电特性曲线能够完全与蓄电池接收曲线重合时，就可以实现理想状态下不损坏蓄电池性能以最大允许电流或电压在最短时间内完成充电。

2. 恒压充电

恒压充电是在充电过程中将蓄电池两极间电压维持在恒定值的充电方式。充电电压在充电电流范围内，维持在恒定值的充电方式，是一种广泛采用的充电方法。电信装置、不间断电源等蓄电池的浮充电和涓流充电都是恒压充电。起动用蓄电池在车辆运行时也处于近似的恒压充电的情况。在恒压充电过程中，充电电流是逐渐减小的，即达到了自动调节充电电流的效果，与蓄电池接收能力曲线走势相同。其优点是随着蓄电池的荷电状态的变化，自动调整充电电流，如果设定的电压恒定值适宜，就既能保证蓄电池的完全充电，又能尽量减少析气和失水。恒压充电特性曲线与接收特性曲线如图 4－15 所示。

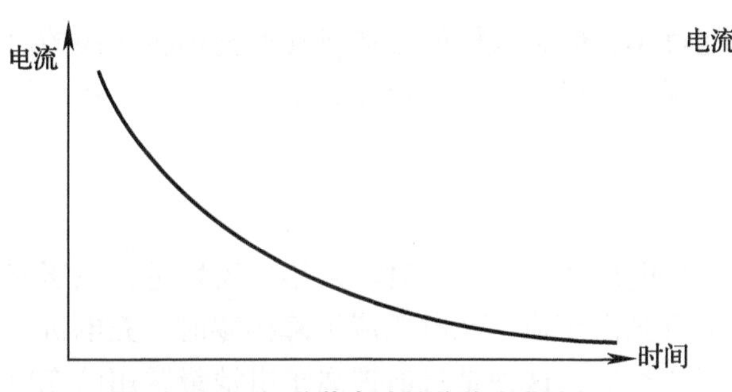

图 4－14　铅酸蓄电池接收能力曲线

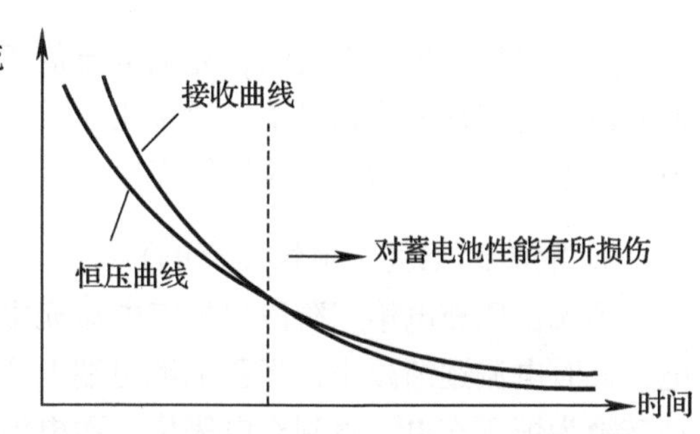

图 4－15　恒压充电特性曲线与接收特性曲线

虽然两曲线基本走势相同，但在随着恒压充电的进行，充电电流的下降速度趋于平缓，无法下降到接收曲线的要求值，这时再进行充电就会对蓄电池性能造成一定的影响。恒压充电曲线如图 4－16 所示。

总体来说，恒压充电有以下优点和缺点：

1）充电特性曲线更接近于蓄电池接收特性曲线。

2）充电电路易于实现。

3）恒压充电电解水很少，避免了由于硫酸铅浓度上升而造成的电池老化。

4）但是使用这种方法会造成充电初期电流过大，容易使蓄电池极板弯曲，导致电池报废，且无法在短时间内恢复。

综合考虑以上优缺点，恒压充电现阶段已经很少使用，只有在要求低充电电压、大电流时才采用。

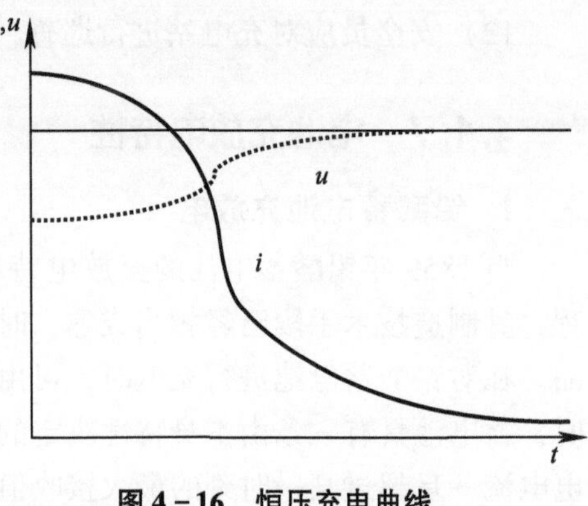

图 4-16　恒压充电曲线

3. 恒流充电

恒流充电电流在充电电压范围内，维持在恒定值，是一种广泛采用的充电方法。蓄电池的初充电多采用恒流或分阶段恒流充电，可以根据蓄电池的容量确定充电电流值，直接计算充电量并确定充电完成的时间。与恒压方式相对应，充电电路多用开关电源控制实现。充电时可根据蓄电池的容量和接收特性曲线来确定合适的充电电流值，利用小电流、长时间的充电方式在不伤害蓄电池性能的情况下完成充电。恒流充电曲线如图 4-17 所示。

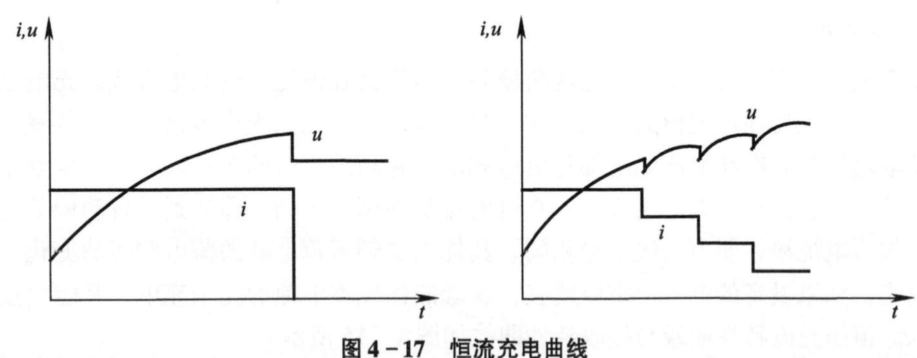

图 4-17　恒流充电曲线

为了尽量减少充电时间，充电电流值不能过小，但是这样就会造成在电池即将充满的后期阶段充电特性曲线超过蓄电池接收曲线的情况。所以现阶段在恒流充电的基础上，将后期恒流充电阶段置换为小电流连续充电。

4. 涓流充电（恒流恒压充电）

恒流恒压充电第一阶段以恒定电流充电；当电压达到预定值时转入第二阶段进行恒压充电，此时电流逐渐减小；当蓄电池组端电压上升到限压值，充电电流下降到零时，充电机自动转换为恒压充电，直到充电完毕，蓄电池完全充满，这种是目前锂离子电池最常用的充电方法。

涓流充电如图 4-18 所示。大部分电池充满电后，电量会由于自放电现象不停流失，涓流充电可通过对保持在近似完全充电状态的蓄电池进行连续小电流充电以补偿流失电量。现在大多数接入直流电源系统的蓄电池，在完全充电后都会进入涓流充电状态，以备放电时使用。

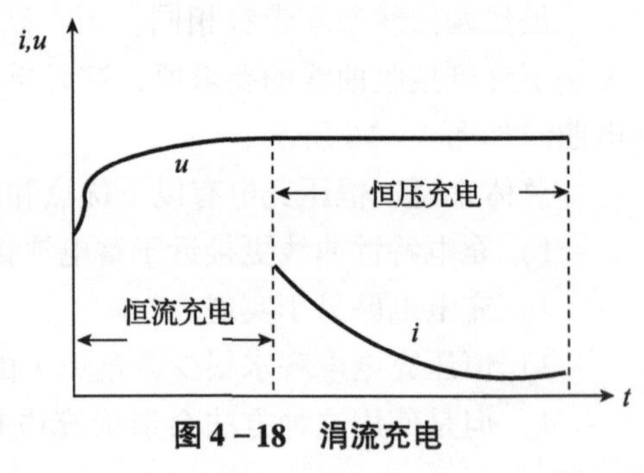

图 4-18　涓流充电

涓流充电常在以恒流、恒压为主的充电过程中起到辅助作用。对于串联蓄电池组来说，涓流充电能够很好地均衡各个电池的端电压和密度，并起到蓄电池维护和化学特性激活的作用，因此又称维护充电。涓流充电过程如图 4－19 所示。

5．充电负载

大容量充电设备单台充电功率一般在 150～450kW，若接入 380V 低压配电网，线路截流量在 230～680A，这对充电电源的导线有严格的要求，导线的截面积越大，电流的负载能力越强，充电导线截面积的负载能力如图 4－20 和表 4－2 所示，导线截面积相应要在 70～240mm^2 才能满足安全与经济截流的要求，并需要配电变压器低压侧引专线接入快速充电机。

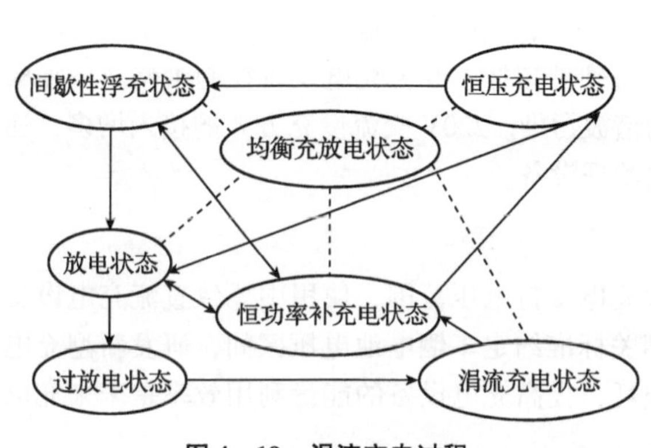

图 4－19　涓流充电过程

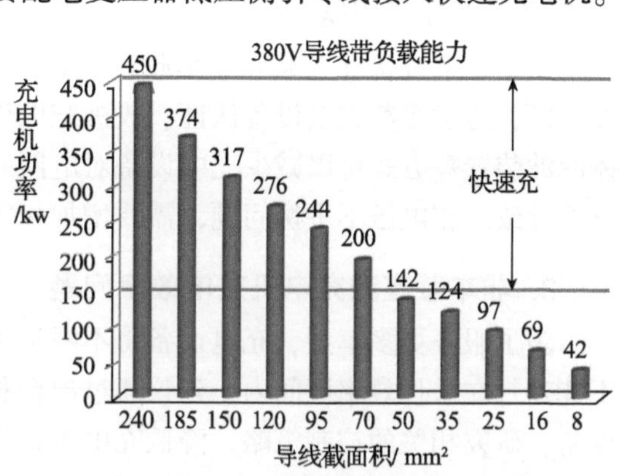

图 4－20　充电导线截面积负载能力

表 4－2　充电导线截面积负载能力

导线截面积／mm^2	可否接入快速充电	可否接入常规充电	低压线路类型		
			干线	支线	进户线
240	√	√	是	—	—
185	√	√	是	—	—
150	√	√	是	是	—
120	√	√	是	是	—
95	√	√	—	是	—
70	√	√	—	是	—
50	×	√	—	是	是
35	×	√	—	是	是
25	×	√	—	—	是
16	×	√	—	—	是
8	×	√	—	—	是

4.1.8　电动汽车对电网的影响

电动汽车对电网的影响主要包含如下 4 个方面：

1. 大功率充电对电网的影响

由于车辆运行特性的不同和车辆充电分布的空间特性，加之电网基础建设和常规负荷的不同，规模化电动汽车充电对电网将产生影响，并且随着充电功率的增加，单次充电时间缩短，充电对电网的波动性、随机性影响将更加严重。如果是慢充，一个有10个位置的充电站一天只充30辆汽车，10万辆甚至更多的电动汽车需要的充电桩数量将是不可想象的。如果是快充，10min左右把35kW的电池充电完毕大约需要250kW的充电功率。一个充电站开4台充电机，功率就能达到兆瓦级，这是个难题。

2. 电能质量问题

由于充电设备（车载和非车载充电机）的高频化，充电设备运行对电网产生了一定的谐波问题，通过车载充电设备认证、改进充电设备硬件拓扑、改善充电设备控制策略及增加整体滤波装置等方式可以减少充电设备对电网的谐波污染。220V交流慢充方式的接入增多，还可能导致三相电压不平衡问题，需要增加相关治理设备。

3. 非车载直流充电机充电效率问题

为了服务更多车型，充电设备将不断扩大充电支持电压范围，使用中导致直流充电设备不能运行在最佳效率区间内，建议通过出台相关标准约定车辆电池电压区间，研发新型充电设备，研究相关的控制策略，降低充电设备损耗，提高充电设备的能量利用效率是未来充电设备发展的重要方向。

4. 充电设施智能充电控制问题

随着电动汽车保有量和充电设施建设运营主体的增多，与电网运行安全协调的充电设施智能充电控制问题将日益突出，需要探索在满足电动汽车使用需求、用户经济性和电网安全运行等条件下的电动汽车充电功率、电量的分配方法，这是未来电动汽车发展过程中的重要内容。

4.1.9 充电标准

国家充电标准出台修正了充电的安全和兼容问题，统一充电接口及通信协议保障电动汽车充电互联互通的技术基础，连接到电网给电动汽车充电方法目前国家标准定义了4种模式。

1. 模式1

如图4-21所示，将电动汽车连接到交流电网时，在电源侧使用了符合GB 2099.1和GB 1002要求的插头插座，GB/T 18487.1—2015标准中3.1.2.1要求在电源侧使用了相线、中性线和接地保护的导体，应采用单相交流供电，且不允许超过8A和250V。GB/T 18487.1—2015标准中5.1.1要求不应使用模式1对电动汽车进行直接充电。

图4-21 充电模式1示意图

充电模式1使用条件：使用标准的插座和插头，能量传输过程中应采用单相交流供电，且不允许超过8A和250V。在电源侧使用符合GB 2099.1和GB 1002要求的插头和插座，在电源侧使用了火线、零线和接地线，并且在电源侧使用了剩余电流保护装置，从标准插座到电动汽车应提供保护接地导体。

注意：不应使用充电模式1对电动汽车进行充电。

针对模式1（简易家用充电线）的充电条件，明确在我国不允许使用模式1的充电方式对电动汽车进行充电，如图4-22所示。

图4-22　简易家用充电线（已经禁止使用）

2. 模式2

如图4-23所示，在电源侧使用符合GB 2099.1和GB 1002要求的插头、插座，在电源侧使用相线、中性线和接地保护的导体。并且在充电连接时使用缆上控制与保护装置（IC-CPD）。

图4-23　充电模式2示意图

应采用单相交流供电，电源侧使用符合GB 2099.1和GB 1002要求的16A插头插座时输出不能超过13A，电源侧使用符合GB 2099.1和GB 1002要求的10A插头插座时输出不能超过8A，应具备剩余电流保护和过流保护功能。

充电模式2使用条件：使用标准的插座和插头，能力传输过程中应采用单相交流供电。在电源侧使用符合GB 2099.1和GB 1002要求的16A插头插座时输出不能超过13A；电源侧使用符合GB 2099.1和GB 1002要求的10A插头插座时输出不能超过8A。在电源侧使用了火线、零线和接地线，并且采用线缆上控制与保护装置连接电源与电动汽车。从标准插座到电动汽车应提供保护接地导体，且应具备剩余电流保护和过流保护功能。

当电动汽车使用充电模式2的连接方式B进行充电时，推荐使用如图4-24所示的控制导引电路进行充电连接装置的连接确认及额定电流参数的判断。

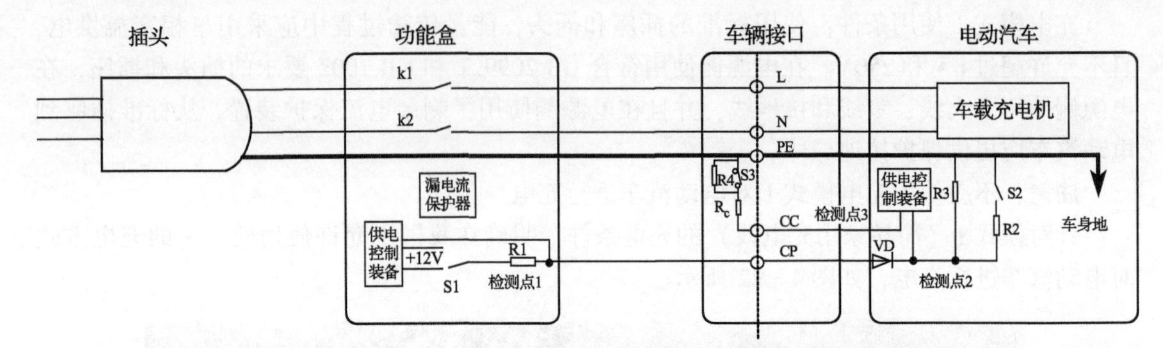

图 4-24　充电模式 2 连接方式 B 的控制导引电路原理图

如图 4-25 所示，针对模式 2（充电宝）的充电条件，明确只采用单相交流充电，即家用充电不考虑三相交流充电的方式。使用 16A 插座时，最大充电功率限制在 2.86kW；使用 10A 插座时，最大充电功率限值在 1.76kW。

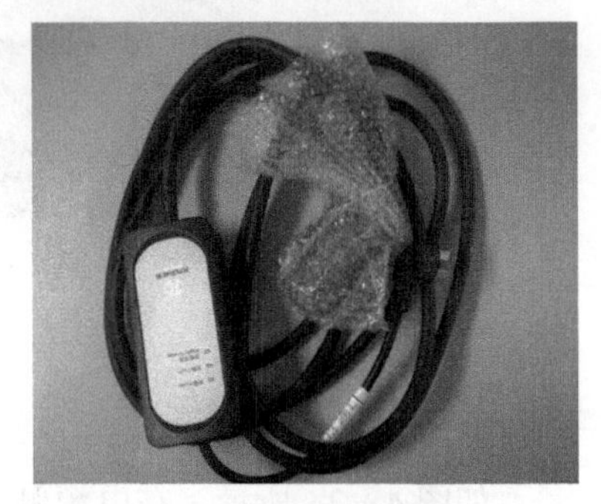

图 4-25　电动汽车充电宝

3. 模式 3

如图 4-26 所示，将电动汽车连接到交流电网（电源）时，使用了专用供电设备，将电动汽车与交流电网直接相连，并且在专用供电设备上安装了控制导引装置。

图 4-26　连接方式 C 充电模式 3 示意图

模式 3 应具备剩余电流保护功能。连接方式 A、B、C 适用于模式 3。采用单相供电时，电流不大于 32A。采用三相供电且电流大于 32A 时，应采用连接方式 C。

注意事项

1）应具备剩余电流保护装置。

2）采用单相供电时，电流应不大于 32A。

3）采用三相供电时，电流应不大于 63A。

4）采用三相供电且电流大于 32A 时应采用方式 C。

充电模式 3 使用条件：应用于连接到交流电网的供电设备将电动汽车与交流电网连接起来的情况，并且在电动汽车供电设备上安装了专用的保护装置。供电设备具有一个及以上可同时使用的模式 3 连接点（供电插座）时，每一个连接点应具有专用保护装置，并确保控制导引功能可独立运行。

模式3应具备剩余电流保护功能；适用于连接方式A、连接方式B、连接方式C；采用单相供电时，电流不大于32A，采用三相供电且电流大于32A时应采用连接方式C。

针对模式3（公共充电）的充电条件，明确单车漏电流检测采用A型或B型漏电保护器（相比之前AC型，成本上升，检测可靠性提高）。明确采用单桩双车，或单桩多车的充电桩需要针对每个输出端口进行独立保护设计。明确单相供电最大电流为32A，采用三相充电设计时，明确采用连接方式C（即充电桩带充电线）。

4. 模式4

充电模式4用于电动汽车连接到直流供电设备的情况，应用于永久连接在电网（电源）的设备和通过电缆与电网（电源）连接为其供电的设备，如图4－27所示。将电动汽车连接到交流电网或直流电网时，使用了带控制导引功能的直流供电设备。

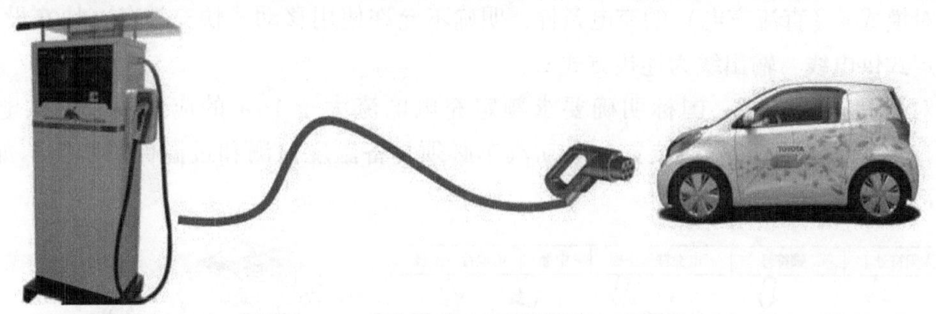

图4－27　充电模式4（直流快充）示意图

模式4可直接连接至交流电网或直流电网。仅连接方式C适用于模式4。

连接方式A：将电动汽车和交流电网连接时，使用和电动汽车永久连接在一起的充电电缆和供电插头，如图4－28所示。

图4－28　连接方式A

注意：电缆组件是车辆的一部分。

连接方式B：将电动汽车和交流电网连接时，使用带有车辆插头和供电插头的独立活动电缆组件，如图4－29所示。

图4－29　连接方式B

注意：可拆电缆组件不是车辆或者充电设备的一部分。

连接方式 C：将电动汽车和交流电网连接时，使用了和供电设备永久连接在一起的充电电缆和车辆插头，如图 4－30 所示。

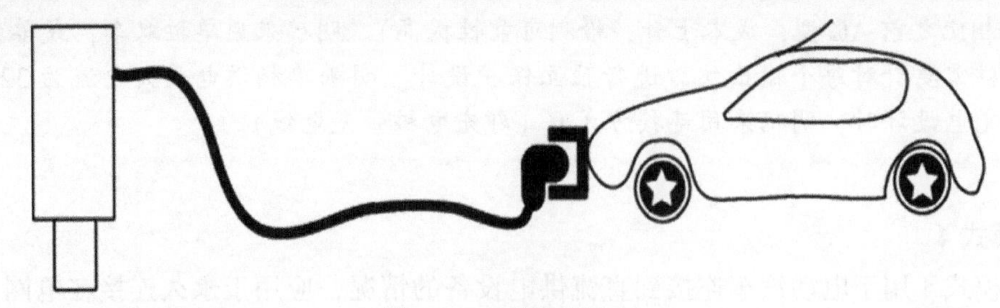

图 4－30　连接方式 C

注意：电缆组件是供电设备的一部分。

针对模式 4（直流充电）的充电条件，明确不允许使用移动式快充设备。快充设备只能采用固定式供电线，输出线为连接方式 C。

针对所有充电模式，国标明确要求额定充电电流大于 16A 的应用场合，供电插座、车辆插座必须设置温度监控装置。电动汽车必须具备温度检测和过温保护功能。如图 4－31 所示。

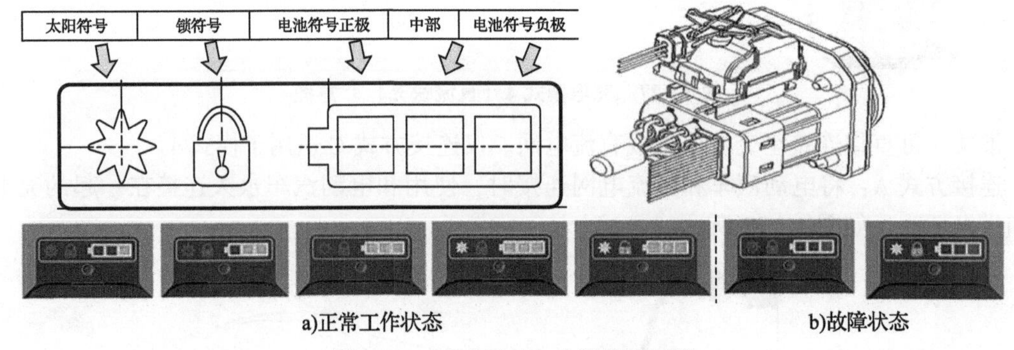

图 4－31　充电显示与电池信号反馈

注意

电子锁止装置应具备应急解锁功能，且应急解锁功能不应有人手直接操作解锁的要求。

电子锁结构需设计应急解锁机构，且该结构不能由人直接操作，应该通过机械机构进行远程操控，并在车辆上设计专用的开关。

充电时序如图 4－32 所示，充电电流大于 16A 时，供电插座和车辆插座必须安装电子锁止装置。当电子锁未可靠锁止时，供电设备或电动汽车应停止充电或不能启动充电。电子锁应具备反馈信号，形成闭环控制。充电控制如图 4－33 所示。

信号/浏量/系统条件	状态/对象	确认连接/准备就读	能量传递	结束停机
状态	状态1 状态2 状态3			
时序		TO　T1　T1′　T2	T2′	T3　T3′　T3″　T4
开关S1	充电桩	+12V	PWM	12V
开关S2	车辆	打开	闭合	打开
机械锁S3	车辆插头	闭合　打开	闭合	打开　闭合
检测点1	充电桩	0V　12V　9V　9V PWM	6V PWM　9V PWM	9V　12V
检测点2	车辆	0V　9V　9V PWM	6V PWM　9V PWM	9V
检测点3	车辆插头	∞　Rt+Rc	RC	Rt+Rc　∞
输出电压	充电桩	OV		
输出电流	充电桩	OA		OA

图 4-32　充电时序

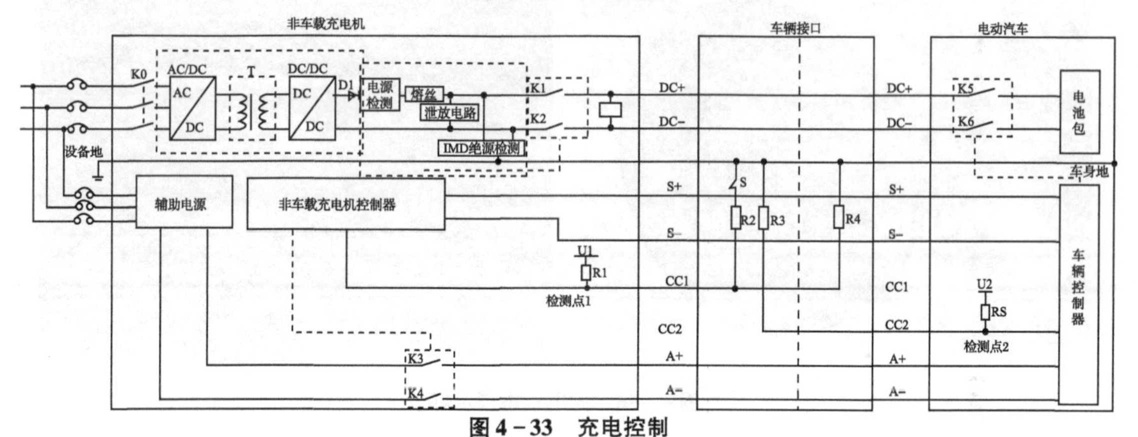

图 4-33　充电控制

实训任务　给纯电动汽车充电

给纯电动汽车充电前需要对车辆充电模式进行个性化设置（图 4-34）。设置完成后，连接随车充电器（图 4-35）对车辆进行充电。

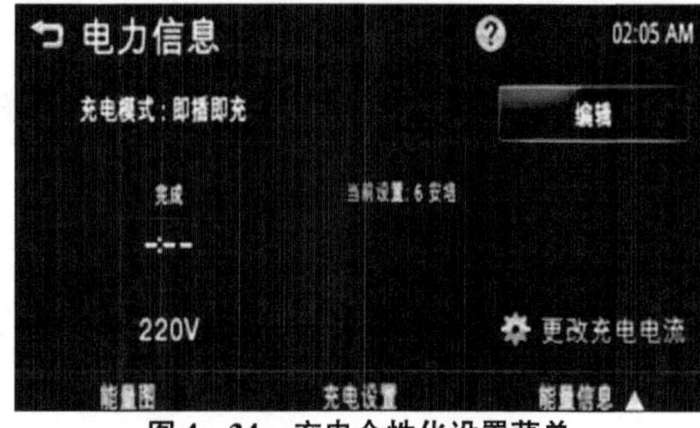

图 4-34　充电个性化设置菜单

图 4-35　随车充电器

(1) 给车辆充电

1）连接电源充电。取出随车充电器，连接随车充电器一端至220V交流墙壁插座。确认充电状态指示灯均为绿色。

2）开始充电。充电口位于车辆左前翼子板上方，按压充电口盖右侧可打开充电口盖。将随充电器另一端插入车辆充电端口。确认仪表板顶部的充电状态指示灯点亮，并发出提示声。

3）结束充电。用遥控门锁发射器解锁车辆以解除充电电缆防盗警告。按下连接车辆的充电插头上部的按钮并拔出充电插头。关闭充电口盖，并将随车充电器从电源插座中拔出。

(2) 充电状态反馈

车辆风窗玻璃附近的仪表板上方配备有充电状态指示灯（图4-36）。

图4-36　充电状态指示灯

车辆接通电源及车辆电源关闭后，充电状态指示灯将指示以下情况：

1）稳定绿色：车辆已接通电源；动力电池未充满；动力电池正在充电。

2）长期闪烁的绿色：车辆已接通电源；动力电池未充满或动力电池充电延迟。

3）短期闪烁的绿色：车辆已接通电源；动力电池已充满。

4）稳定黄色充电状态指示灯：在接通兼容的充电电线后显示黄色几秒钟是正常现象。如果在其他情况下出现，说明充电系统已检测到故障并不会对动力电池进行充电。

4.2　动力电池充电控制

4.2.1　充电接口标准

充电桩与电动汽车之间的接口会产生危险，因为这里是人与电流可能发生接触的地方。因此，连接汽车的插头必须达到高安全标准。

汽车蓄电池充电时，会有超高电流流动，因此快速充电桩的电流非常高。

根据 IEC 标准 62196，电动汽车共有四种基本功率级别或充电模式：230V，6A（1 级）；230/400V，32A（2 级）；400V，250A（3 级）；690V，400A 直流（4 级）。

充电桩的安全功能是防止充电时使用不当产生的风险，例如，在正在充电的过程中要强行断开充电线，充电桩就会立即中断电流停止充电。

目前，全球充电接口标准主要有四个成体系的标准：

1）北美标准。由美国汽车工程师协会（SAE）创立，美国汽车厂商执行这一标准。

2）日本标准。由日本电动汽车协会（JEVS）和日本电动车充电协会（CHAdeMO）联合创立，主要由丰田、日产、三菱、斯巴鲁等日系厂商采用。

3）欧洲标准。由欧洲汽车工业协会（ACEA）提出，德国和欧盟国家电动汽车执行的是这个标准。

4）中国标准。我国在 2006 年发布了《电动汽车传导充电用插头、插座、车辆耦合器和车辆插孔通用要求》，详细规定了充电电流为 16A、32A、250A 交流和 400A 直流的连接分类方式，主要借鉴了国际电工委员会（IEC）2003 年提出的标准。它规定了充电电流、电压强度等，但标准并未规定充电接口的连接针数、物理尺寸和接口定义。因而各个汽车厂商产品的充电接口还是会有不兼容的情况。后来，国家也根据调研结果补充了对充电接口端子及插口形式等细节问题的规范。

在 2011 年，一种“综合充电系统”理念被提交至国际电工委员会（ICE）和国际标准化组织（ISO）。

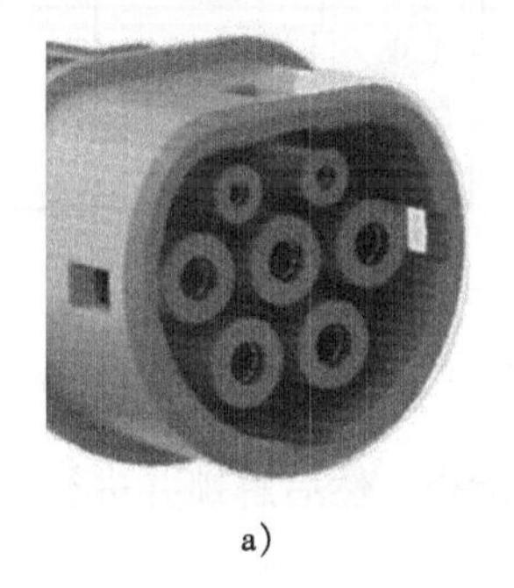
a)

b)

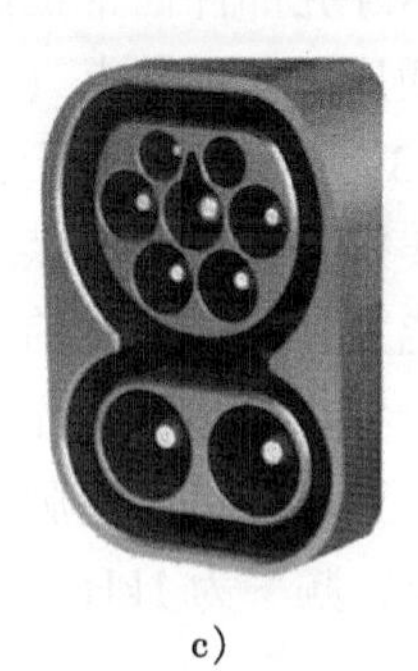
c)

图 4－37　充电插头

图 4－37a 和 b 中的插头分别为 2 类插头和 2 类综合插头，可分别用于交流和直流充电。图 4－37c 中的综合插口可使汽车通过两种系统充电。

充电装置上的 PP 触点对应图 4－38 所示充电电路的销针 7。该图显示销针 7 通过电阻 R_C 连接 PE 导体。充电站检测逻辑单元和汽车接收的电压基于 $R_{pull\ up}$ 和 R_C 之间的电压，这可作为分压器。该电压值由检测逻辑评估并且作为充电线载流能力的衡量指标。然后充电电流通过接口触点 1 ~4 传输。

首先看电路图中的触点 1 ~4。这 4 个触点负责传输充电电流。触点 5 是 PE（保护接地）触点，触点 1 与相 L1 连接，触点 2 与相 L2 连接，触点 3 与相 L3 连接，触点 4 用作中性线 N。

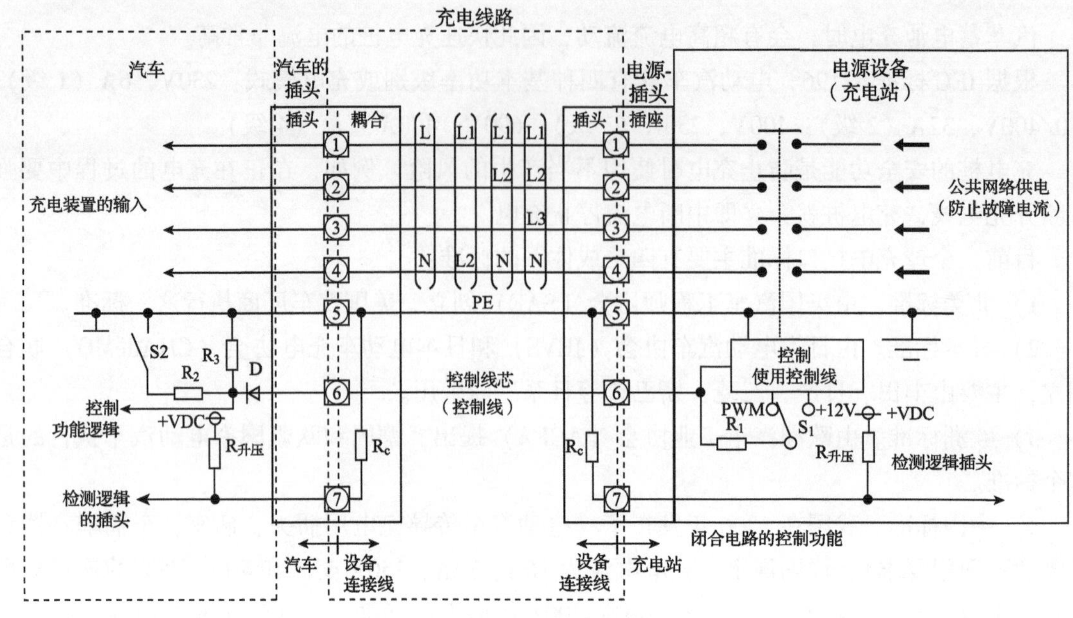

图 4-38　充电电路

三相电源与整流电路前交流发电机的电压输出相似。电流通过相被导入电器，电能根据相负载通过中性线返回。

PE 保护导体连接地面与车辆接地端。如果发生故障，故障电流会通过该接口流出。如果是电气设备，导体外壳部件通常也需要接地。

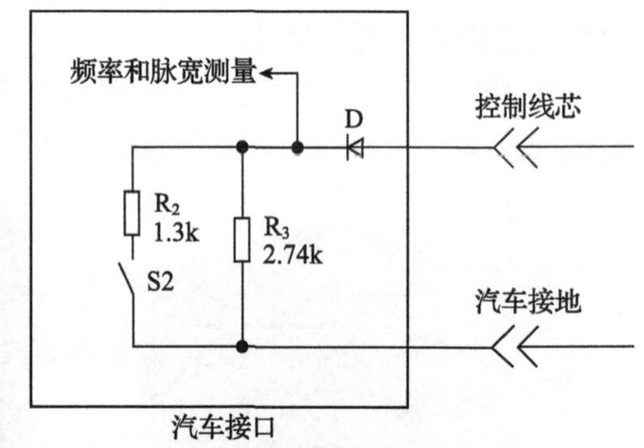

图 4-39　充电插座的 CP 触点电路

充电插座的 CP 触点（充电插座的 CP 触点电路如图 4-39 所示）被用于监控充电基础设施和车辆之间的连接。车辆的触点比 PP 触点略短。这确保其载流能力在建立连接前便已确定。相对简单的电路被汽车和充电站用于评估两大系统之间的连接是否良好。充电站可产生脉宽调制交流电压，电压值约为 12V，频率为 1kHz。两大系统的评估电路进行拟真检查，然后解锁并进行充电。

4.2.2　电动汽车充电过程监控

4.2.2.1　充电过程控制原理

高电压电池的各电池组随着充电次数、用户行为和温度的变化，电池组内的电芯可能会有不同的充电状态。BMS 功能包括对电动汽车高电压电池的监控和维护，电池包中的电子平衡单元管理各个电池组内的平衡，同时精确地感知和监测各个单电池的电压。由于电池性能不一致，这使成组电池在利用率、使用寿命、安全性等方面的性能下降。电池组的一致性问题是指在电池组内串联单体电池之间在容量、内阻、SOC 等方面的差异性，这直接决定了整组电池的使用性能，从而影响到电动汽车的动力性和续驶里程。电池的不一致性来自于电池内阻、容量和 SOC。可以以 SOC 作为均衡的参考对象，均衡对象相对固定，充分利用均衡时间，提高均衡利用率来降低均衡电流容量。

电池管理系统主要由单体电池电压检测模块、均衡模块、电池温度检测模块、电流检测模块、CAN 通信接口、MCU 及其他外围电路单元组成，分别完成电池组单体电压检测、均衡管理、温度采集、电流采集、CAN 通信等功能。电池管理系统通过对采集到的电池电压、温度及电流数据进行实时分析，以评价电池组当前的工作状态，并通过 CAN 总线告知整车、充电机或其他控制器，实现优化驾驶和充电管理，并在充电阶段根据均衡算法对电池组进行充放电在线均衡。

高压电池电极多由过载损坏。因此，电池管理系统需要监视每个电池单元的电压和每个单独的放电设备。这个“恢复”的电池电压是在所述车辆的空闲状态时执行电池单元之间的预定电压差。放电电阻和功率放大器电路如图 4－40 所示。

纯电动和混合动力汽车之间是有区别的。在电动汽车中，如在一个智能 SOC 的限制下，必须使用充电插座充电。

当混合动力汽车 SOC 达到 50% 时，必须通过使用内燃机发动机来辅助加载起动。确保在危急情况下加速度升压功能必须仍然有效。如图 4－41 所示，当车辆的 SOC 值达到最高的 80%，在通过能量回收较长的制动发电机模式下，电池将继续提供电能；当充电 SOC 出现 <15% 的状态时，车辆停车后处于密集升压模式中；SOC < 40% 时，电池会自放电。在很低的 SOC 或极端寒冷时车辆不能起动。

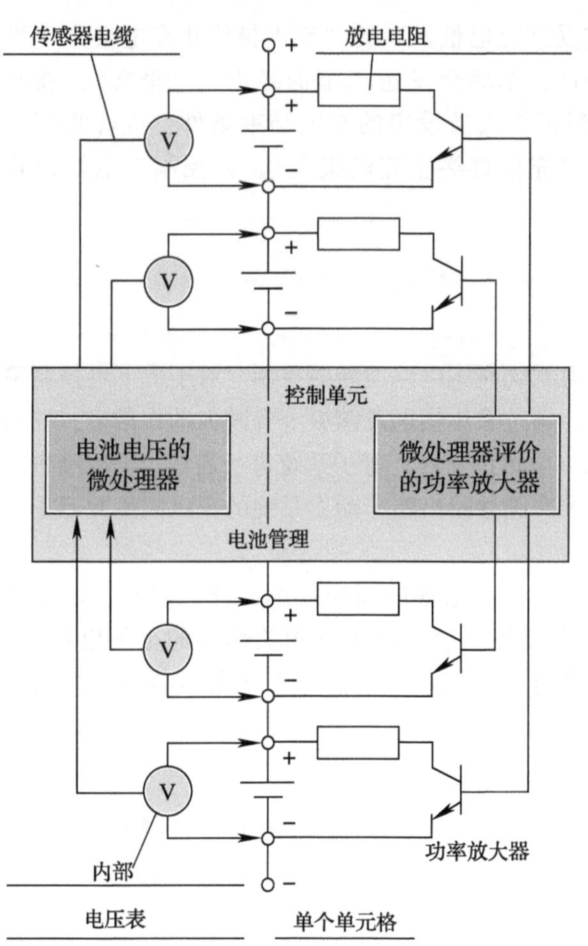

图 4－40　放电电阻和功率放大器电路

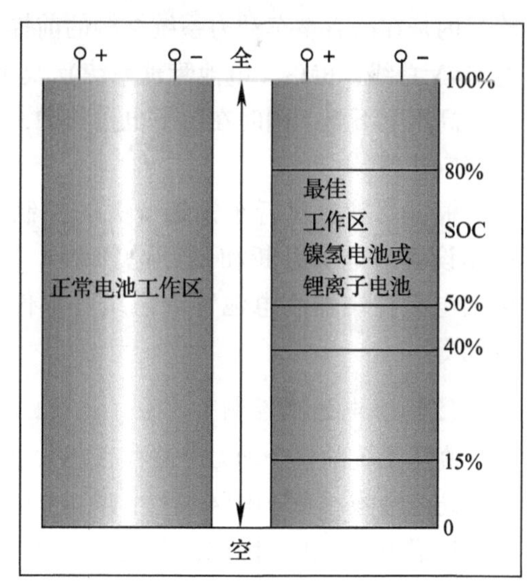

图 4－41　电池在工况下的 SOC 值

12V 起动电池必须在充电器端使用跨接电缆，可以慢慢地打开点火的 DC/DC 变换器的车辆，超过最低限度的 SOC 储存到高压电池，这可能需要几分钟，有些车辆必须连接到车间测试仪放电激活动力电池。

4.2.2.2 充电控制

1. 充电过程控制

充电过程控制是与电池管理系统共同进行充电过程中的充电功率控制，整车控制器接收到充电信号后，应该禁止高压系统上电，保证车辆在充电状态下处于行驶锁止状态，并根据电池状态信息限制充电功率，保护电池。

（1）充电阶段

车辆向充电桩实时发送电池充电需求的参数，充电桩会根据该参数实时调整充电电压和电流，并相互发送各自的状态信息（充电桩输出电压电流、车辆电池电压电流、SOC等）。

（2）充电结束阶段

车辆会根据BMS是否达到充满状态或受到充电桩发来的“充电桩终止充电报文“来判断是否结束充电。满足以上充电结束条件，车辆会发送“车辆终止充电报文”，在确认充电电流小于5A后断开。充电桩在达到操作人员设定的充电结束条件，或者收到汽车发来的“车辆终止充电报文”，会发送“充电桩终止充电报文”，并控制充电桩停止充电。

2. 高压上下电控制

（1）高压上下电控制作用

纯电动汽车上下电控制的核心就是对动力系统高压电路通断的控制。对于上下电控制策略目的是在已有整车动力系统结构的前提下，通过采集钥匙及踏板等驾驶人动作信号，并通过CAN总线，BMS（电池管理系统）及MC（电机控制器）等子系统进行通信，来控制整车安全高压上下电，同时在上下电过程中，力求准确诊断出整车动力系统的高压故障并迅速作出相应处理。

根据驾驶人对行车钥匙开关的控制，进行动力电池的高压接触器开关控制，以完成高压设备的电源通断和预充电控制。上下电流程处理：协调各相关部件的上下电流程，包括电机控制器、电池管理系统等部件的供电，预充电继电器、主继电器的吸合和断开时间等。

（2）上电过程控制

高压系统的整个动力电路存在着大量的容性负载。如果在高压电路接通过程中不采取有效的防范措施，高压电路在上电瞬间，由于系统电路容性负载的存在，将会对整个高压系统电路造成上电冲击。因此，在上电过程中需要对高压电路进行防电流瞬态冲击预充电。在接到有效起动的命令组合信号之后，整车管理系统（VMS）低压上电，对高压电路系统进行高压上电前预诊断，如果SOC达到一定值，电压正常，并且电路无绝缘和短路等故障，接通防电流瞬态冲击预充电系统进行高压电路预充电。如果高压电路预充电在约定的正常时间范围内完成，则系统允许接通高压电路，否则禁止高压电路接通。

3. 下电过程控制

下电过程是指电动汽车动力系统高压下电过程，在车辆遇到紧急情况时切断高压电源与动力系统的连接，保证乘车安全。高压下电包括正常停车断电和紧急故障断电。

正常停车断电时，VMS 接收到关机断电信号后电动汽车进入自动断电程序，按照时序完成动力系统的高压下电过程，并对下电过程进行诊断和检测。下电时启动计时器，表明下电时的持续时间。具体下电时序为：

1）VMS 发送电机停止工作的指令，当电机反馈已经停止工作，或电机通信故障，或定时器时间超过等待电机停止工作时间时，VMS 控制 DC/DC 模块停止工作，并控制真空泵高压下电。

2）延时等待继电器关闭时间后，VMS 控制蓄电池接触器断开。

3）蓄电池主接触器处于断开状态的条件下，在该步骤下进行紧急故障条件的检测。如果此时钥匙转动到 ON 位，或计时器时间超过延时等待继电器关闭时间，下电模式将切换到上电模式。

在正式断开高压接触器之前需对电池组箱温度进行检测，在温度许可范围之内自动执行断电程序并进行一定时间延时，以保证 VMS 本身电源供电。检测温度超出范围许可，则控制风扇强制对电池组进行降温，直到温度许可时进行高压下电。紧急故障下电可能发生在任何工况中，如在车辆起动、运行、下电不同状态时，检测到紧急故障，如整车绝缘纸过低、线路烧结等，则自动切断高压接触器，进行高压下电。如果高压下电时间过长，则强行切换到低压上电模式。当检测到紧急故障，且电机没有放电时，由下电模式进入紧急故障模式。在高压下电过程中，利用自保信号保证低压有电。

4.2.3 电池的冷却

电池的寿命、性能与动力电池使用时产生的温度及其控制有关。为了确保电动汽车在剧烈的负载变化下也能够可靠运行，就需要对高压蓄电池进行冷却。另外，蓄电池的使用寿命会随着动力电池平均温度的升高而缩短。为保证动力电池的最佳工作状态，应使动力电池温度保持在40℃以下。根据系统使用情况，蓄电池温度不应超过45～60℃。

可通过多种方式对蓄电池进行冷却，如通过内部空气对动力电池进行冷却，内部空气温度受蓄电池管理系统的控制，可在一定范围内调节。传感器可测量进气温度，并将其与蓄电池温度进行比较。如果空气温度高于动力电池温度，则冷却系统会被关闭。

另一种冷却方式是通过空调系统对动力电池进行冷却。系统中的一个蒸发器被置入蓄电池，冷却温度由蓄电池管理系统调节，但这需要来自空调系统的供给系统，并且必须更频繁地运行。

还有一种方法是水冷，典型的动力电池水冷却系统例如特斯拉就是采用了这种方式，水冷是一种效率极高的冷却方式，回路可保持相对稳定的温度。

动力电池正常工作时的温度不能过低，部分动力电池系统在低温环境下会发生性能骤降现象，这种现象可通过升高电池温度来避免。锂离子电池的使用环境温度对其循环寿命影响十分重要，随着温度的降低，电池的放电容量都会有所下降。

驾驶与使用习惯也会影响锂电池的循环寿命，如图 4－42 所示，宝马 X6 主动混合的高压电池的温度图表表明了这一点。

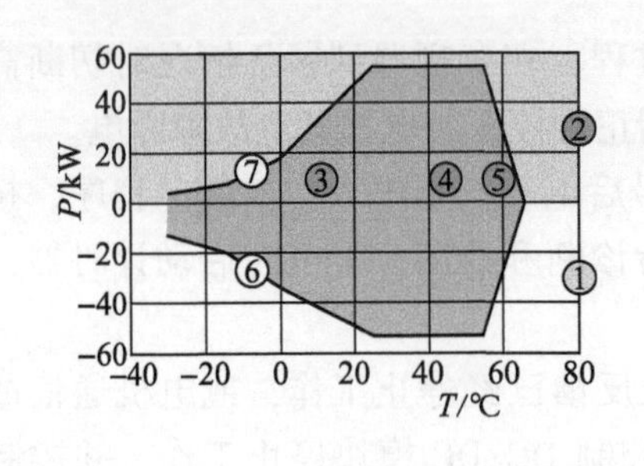

高电压电池在不同温度下的性能：
①下载
②卸载
③温度（过低）
④温度最佳时的性能
⑤温度（过高）
⑥最大负载性能
⑦在卸载过程中的表现性能

图 4－42 宝马 X6 主动混合的高压电池的温度图表

锂离子电池的使用过程是充放电循环过程，充放电电流的大小、截止电压的选择及采用何种充放电方式等充放电操作对锂离子电池的循环寿命也有很重要的影响。为满足不同的行驶工况，锂离子电池在使用过程中采用不同的放电倍率，放电倍率越大，电池容量衰减越快。更低的截止电压会加速电池本身的衰退过程，导致电池容量衰减更快。

4.3 EV200 充电系统故障诊断与排除

4.3.1 常见故障及排查方法

线束作为整车用电器电源及信号的传输系统，极其重要，目前无法取消或替代。线束就相当于人的血管、神经。血管用于传输营养，神经用于传递信号。

线束故障主要存在以下 5 种：

①断路；②短路；③错路；④虚接；⑤未接。

插接件故障主要存在以下 8 种：

①错针；②倒针；③虚接；④短接；⑤退针；⑥失效；⑦未插；⑧破损。

要想快速解决整车出现的用电器工作不正常现象，必须要有整车电气原理、整车二维线束图、整车电器控制策略等资料，并对以上资料熟练掌握。

所用必备工具：万用表、插接件推出器、引脚、PVC 绝缘胶带、尖嘴钳、剥线钳等，常见问题的排查方法如下。

（1）线束插接件问题

电器线束连接出现问题可根据以下步骤进行检查：

1）检查汽车电器插接件与线束插接件是否接插到位。

2）检查线束与插针是否连接牢固、插针是否出现退针、插针弯曲等异常现象。

3）根据线束图纸针脚定义，检查插接件线束位置是否正确。

（2）供电电源问题

1）使用万用表检测供电电源是否正常，特别注意电源数值是否在用电器正常工作范围内。

2）检查该用电器对应的熔丝是否熔断，并更换。
3）检查线路是否出现电线保护层破损漏电现象。

（3）搭铁问题
1）检查用电器线束搭铁点是否与车身搭铁牢固。
2）检查线束搭铁点是否与车身接触、接通良好。
3）使用万用表检查搭铁线束是否与车身接通良好。

（4）使能电源问题
1）有些用电器不仅有供电电源，且有使能电源（ACC 电、IG 电），确认使能电与档位对应。
2）检查用电器插接件与线束插接件是否插实，并检查是否插接到位。
3）检查线束与插针是否连接牢固、插针是否出现退针、弯曲等异常现象。
4）根据线束图纸引脚定义检查插接件线束位置是否正确。
5）使用万用表对相关线路进行导通测试。

4.3.2　控制器问题排查方法

1. 对于控制器及灯具的电源问题的排查

首先使用诊断仪读取故障码，初步确定故障点和排查方向。

应先排查相应熔丝是否熔断，继电器是否吸合，可将继电器直接短接后看是否有电源。如没有问题，再用万用表对照线束图判断针脚位是否正确，有无退针等，对插接件电源及地线进行测量是否有电源。如没有问题，再分段排查线束通断是否正常，是否与地线短接，是否与车身短接。

2. 对于控制器信号线问题的排查

首先了解控制策略及失效模式，初步判断故障点。

查看终端插接件是否有错针、退针等现象。

用万用表对两端进行通断检查，看是否与车身短接，是否与插件内其他回路短接。

4.3.3　CAN 总线排查方法

CAN 总线两个终端分别为 BMS 和 VBU，均内嵌一个 120Ω 终端电阻，其目的是防止高频信号传输时信号在传输线终端会形成反射波、干扰原信号，终端电阻使信号到达传输线末端后不反射。在蓄电池负极断开的情况下，正常网络的电阻值应为 60Ω，若发现异常，应查看终端插接件 CAN-H 和 CAN-L 是否有错针、退针等现象。

断开蓄电池负极，用万用表对任意一个 CAN 插接件的 CAN 线检查电阻，如非 60Ω，则逐一拔掉 CAN 插接件，直至出现 60Ω 时，则刚拔的插接件或用电器存在问题。若仍没有查明原因，则查 CAN 对地、对电是否短接，如果出现短接，可判断 CAN 线与屏蔽层短接。再拔开 CAN 插件屏蔽排查。

若排查完毕后，线束系统一切正常，仍没有找到故障原因，则可通过换用电器判定是否用电器本身故障。

总之，线束系统排查首先要掌握电气原理、线束图纸、控制策略及失效模式，在工作中不断积累经验，归类总结失效模型，最终才能在排查过程中得心应手，查明原因，排除故障。

4.3.4 慢充功能故障列表

以北汽 EV200 为例，当慢充功能异常时，使用诊断仪可以读取相应的故障码，表 4－3 对可能造成无法慢充的故障码进行了汇总，维修人员可以根据该表查询相应故障码的故障名称，从而协助故障定位。

表 4－3 慢充故障列表

序号	故障码	故障名称
1	P0AA572	负极继电器断路故障
2	P0AE372	预充继电器断路故障
3	P0AA272	正极继电器断路故障
4	P103B01	自适应故障
5	P103364	BCU 自检超时
6	P103464	MCU 高压自检超时
7	U300316	蓄电池电压低
8	P11D213	预充电阻断路
9	P0A9513	MSD/主熔丝断路
10	P122001	预充电失败故障
11	P118822	电池单体过压
12	P119022	总电压过压
13	P118111	电池外部短路
14	P118312	电池内部短路
15	P0A7E22	电池温度过高
16	P0AA61A	绝缘电阻低
17	U119982	电池内部通信故障
18	P12F929	子板单体电压采集电路故障
19	P12FA29	子板温度采集电路故障
20	P11D429	外部总电压检测电路故障
21	P11D729	绝缘检测电路故障
22	P14804B	一级过温故障
23	P14801C	温度检测回路故障
24	P148116	输入欠压故障
25	P148117	输入过压故障
26	P148216	输出欠压故障

（续）

序号	故障码	故障名称
27	P148119	输入过流故障
28	P148219	输出过流故障
29	P148214	输出短路故障
30	U011187	BMS 通信异常故障
31	U010087	VCU 通信异常故障
32	P148701	OBC 自检异常故障

4.3.5　快充功能故障列表

以北汽 EV200 为例，当快充功能异常时，使用诊断仪可以读取相应的故障码，表4－4 对可能造成无法快充的故障码进行了汇总，可以在该表中查询相应故障码的故障名称，从而协助故障定位。

表4－4　无法快充故障码汇总

序号	故障码	故障名称
1	P0AA572	负极继电器断路故障
2	P0AE372	预充继电器断路故障
3	P0AA272	正极继电器断路故障
4	P103B01	自适应故障
5	P103364	BCU 自检超时
6	P103464	MCU 高压自检超时
7	U300316	蓄电池电压低
8	P11D213	预充电阻断路
9	P0A9513	MSD/主熔丝断路
10	P122001	预充电失败故障
11	P118822	电池单体过压
12	P119022	总电压过压
13	P118111	电池外部短路
14	P118312	电池内部短路
15	P0A7E22	电池温度过高
16	P0AA61A	绝缘电阻低
17	U119982	电池内部通信故障
18	P12F929	子板单体电压采集电路故障
19	P12FA29	子板温度采集电路故障
20	P11D429	外部总电压检测电路故障

（续）

序号	故障码	故障名称
21	P11D729	绝缘检测电路故障
22	P14804B	一级过温故障
23	P14801C	温度检测回路故障
24	P148116	输入欠压故障
25	P148117	输入过压故障
26	P148216	输出欠压故障
27	P148119	输入过流故障
28	P148219	输出过流故障
29	P148214	输出短路故障
30	U011187	BMS 通信异常故障
31	U010087	VCU 通信异常故障
32	P148701	OBC 自检异常故障

实训任务　车载充电机电源和工作指示灯点亮，无充电电流

以北汽 EV200 为例，如果车载充电机的电源指示灯和工作指示灯点亮，无充电电流，用 VCI 电动车专用诊断仪对系统进行故障诊断，读取并记录故障码。

故障码查询记录：

4.4　废旧动力电池处理

4.4.1　废旧电池的危害与各厂家的处理

我国车用动力电池大多为锂离子电池，虽然不含汞、镉、铅等重金属元素，但废旧锂离子电池若处理不当也会对环境造成极大的污染。一粒钮扣电池会污染约 60 万 L 水，一节传统的含汞 1 号电池烂在地里，能使周边 1m^{2}的土地失去任何农用价值，如图 4－43 所示。

图 4-43　废电池对环境的污染

预计到2020年前后，我国仅纯电动（含插电式）乘用车和混合动力乘用车动力电池的累计报废量将会达到12万~17万t。如果没有规范的电池回收体系和先进的回收技术，这些电池无疑将对环境产生巨大的危害。从循环经济的观点来看，废旧锂电池的回收也是整个产业链中极为重要的一环，随着产能的扩大，回收问题反过来会制约生产，影响我国在新能源技术的世界领域“弯道超车”目标的实现。

根据美国环境保护署的统计，仅在美国，每年差不多需要耗费1亿块汽车起动用蓄电池，其中有99%已经被回收和循环利用。因为美国的用户如不把废旧电池交回制造商、零售商或批发商，每买一块新的蓄电池要多付3~5美元。一块12V常规电池中，将近97%的铅能够被回收利用。而电解液，尤其是硫酸，可以被中和，然后派上其他用场，如转换成硫酸钠，做成肥料或染料。即使是电池的塑料外壳，也能被重新利用。

电动汽车的特殊性在于它不能像传统汽车那样简单进行报废、回收金属了事。新车的很大一部分成本是电池成本，所以报废时很大一部分残值也自然属于电池组。与其他损耗品相比，电动汽车动力电池的特殊性在于除了化学活性下降，电池内部的化学成分是不会有任何改变的，充放电特性虽然不能满足车辆的动力需求了，但是该电池组由于制造精密，它仍然是非常理想的电池。所以将换下来的电动汽车动力电池回收再利用，用在储能设施上是最理想的途径。

电动汽车日益普及，废旧电池只会越来越多，如果不处理好，将引发严重的生态灾难。如何处理废旧电池，美国国家交通研究联盟给出了3种可行的方案。

1）维修制造：替换电池上的损坏零件，重新制造电池并装配给电动汽车。

2）转变用途：改变电池调校，将其装配给非车用的静态储能装置。

3）分解处理：分解提取电池中的贵重金属、化学材料和其他副产品，并在原材料市场出售或重新投入车用电池的生产。

高性能电池储能机构对于可再生能源行业是非常重要的组件。风力发电站、太阳能发电站产生的可再生能源往往是波动性很大的，因此需要一个储能电站将电能稳定下来才能够并网、维持电网稳定。

电动汽车上已经运行了10年的电池组，拆下来安装在储能电站里还能够继续运行10年，这就极大地延长了电池组的工作寿命。

图4－44所示是丰田公司的废旧电池处理方案，把凯美瑞混合动力汽车的旧电池，安装在美国黄石国家公园的5栋建筑内，负责给这些建筑提供电力。

图4－44　丰田公司的废旧电池处理方案

现在的新能源汽车普遍倾向于采用磷酸铁锂和锰酸锂电池。同时，回收电池也成为电动汽车制造厂商无法回避的问题，丰田汽车公司已经为其经销商就如何正确处置废弃的镍氢电池组而建立了标准程序。

我国的废旧电池处理技术也不错。但是在利用及回收中也存在不少问题。蓄电池回收利用责任主体不明确间接造成了蓄电池回收市场的混乱，甚至造成环境污染。明确责任主体，即落实生产者责任延伸制度，由电动汽车生产企业承担电动汽车废旧动力蓄电池回收利用的主要责任，动力蓄电池生产企业承担电动汽车生产企业售后服务体系之外的废旧动力蓄电池回收利用的主要责任，梯级利用电池生产企业承担梯级利用电池回收利用的主要责任，报废汽车回收拆解企业负责回收报废汽车上的动力蓄电池。从立法上要求建立编码机制，确保动力蓄电池的可追溯性，用信息化的管理手段确保生产者责任制的落实和实施，并制定了切实可行的监管、运行机制，这无疑将极大地推进相关法规制度的可操作性，要求相关企业对回收信息进行统计和定期上报，以监督执行情况。为了使动力蓄电池的回收更便利，强调构建回收网络，要求电动汽车及动力蓄电池生产企业建立废旧动力蓄电池回收网络，并鼓励多家企业通过委托代理或与回收企业、再生企业合作等形式，共建、共用废旧动力蓄电池回收网络。

电极是电池的核心，由活性物质和导电骨架组成，正负极的活性物质是产生电能的来源，是决定电池基本特性的重要组成部分，如果正极材料的比容量提高50%，电池体系的质量比容量将会提高28%。锂离子电池的正极材料种类较多，主要有钴酸锂、锰酸锂、镍锰钴三元材料及磷酸铁锂等。由于原材料钴和镍价格高昂，污染较重，且电池在大型化后，会有过热着火或爆炸的危险。正极材料为锰酸锂、三元材料和磷酸铁锂的锂离子电池安全性能更好，成本更为低廉。

磷酸铁锂（$LiFePO_4$）是一种新型的锂离子电池用正极材料。由于铁资源丰富，价格低而无污染，特别是稳定的结构和安全的性能适用于电动汽车等。$LiFePO_4$晶体正极材料的理论比容量为170 mA·h/g，相对锂的电极电势约为3.5 V，理论比能量为550 W·h/kg。$LiFePO_4$的循环性能较好，可稳定充放电2000次以上，是普通铅酸电池的4倍，在充放电过程中很稳定，不必考虑温度变化对晶体结构的影响。$LiFePO_4$在小电流密度下放电比容量可达到140

mA·h/g，与 $LiCoO_2$ 容量相当。此外，其安全性好，磷酸铁锂完全解决了钴酸锂和锰酸锂的安全隐患问题，钴酸锂和锰酸锂在强烈的碰撞下会产生爆炸，对消费者的生命安全构成威胁，而磷酸铁锂经过严格的安全测试，即使在最恶劣的交通事故中也不会产生爆炸，且全充态正极材料的体积收缩弥补了碳负极的体积膨胀，体积效应小，无记忆效应。

4.4.2　回收现状

电动汽车动力锂离子电池的使用寿命约为 20 年，但车用动力锂电池实际使用时间为 3 ~ 8 年。在对废弃的车用动力锂电池进行回收前，还可以把它们用于电网储能或作为低等级的动力源二次利用，充分发挥动力锂电池的社会经济效益。图 4 - 45 所示为结合循环经济理论和产品生命周期分析（LCA）原理建立的动力锂电池使用回收流程，该流程已被国内外普遍认可和遵循。

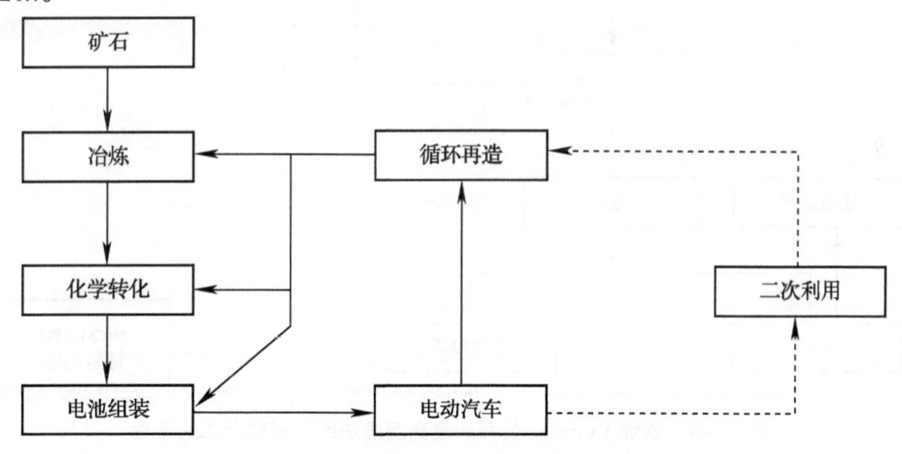

图 4 - 45　动力锂电池使用与回收利用流程图

引起回收体系滞后、回收效率低的主要有以下 3 个方面的原因：

1）电池回收量少。回收的报废锂电池数量少，绝大部分来源于生产企业产生的废料或库存旧料。

2）回收网络不健全。缺少专门的电池回收网络，主要依靠废旧物品回收公司进行粗放式收集。单个的锂电池回收价值小，因此长久以来回收公司没有对电池进行回收。民众无法处理废旧电池，也不会存积起来，随手丢入生活垃圾中的情况常见。

3）环保风险大。依据国家法律，企业需要申请危险废物经营许可证，才能从事废电池回收和处理。但由于技术和资金问题，真正有资格规模化运营的企业并不多，技术低下的小公司数量众多。这不仅扰乱市场，还带来了严重的环境问题和安全隐患。

磷酸铁锂材料主要应用于动力电池正极或储能电池正极，由于动力和储能电池对电池材料的需求大于常规的小型电池，因此对其进行回收具有很高的社会价值，但回收成本非常高。

动力锂电池的回收工艺大致包括放电、拆解、粉碎、分选等预处理，然后是分离拆解后的塑料、铁质外壳和电极材料，在对电极材料进行碱浸出、酸浸出、除杂后进行萃取，或者直接高温焚烧拆解碎片回收金属以及进一步采用湿法回收焚烧残渣。根据工艺原理不同，回收可以分为物理回收和化学回收两大类，其中化学回收又可以分为高温冶金法和湿法冶金法。

高温冶金法工艺相对简单，适合大规模处理种类繁杂的废旧锂电池。高温冶金法采用高温焙烧经简单机械破碎的废弃的锂离子电池，碎片中的碳和有机物将被高温燃烧去除，燃烧时产生的还原性气体对金属元素起到一定的保护作用，筛分得到含有金属和金属氧化物的细粉体。

电池材料本身能提供焚烧所需的大量能耗，能最大限度地减少残留体积，但电池电解质和电极中有些成分在燃烧时容易引起大气污染，焚烧废气排放处理的压力较大。将粉碎了的锂离子电池在高温炉中焙烧，碳和有机物将被高温燃烧去除气体。废旧电池回收处理工艺可以参考欧洲 Umicore 公司的处理方法，欧洲 Umicore 公司的超高温熔炉回收锂电池工艺流程如图 4 – 46 所示。

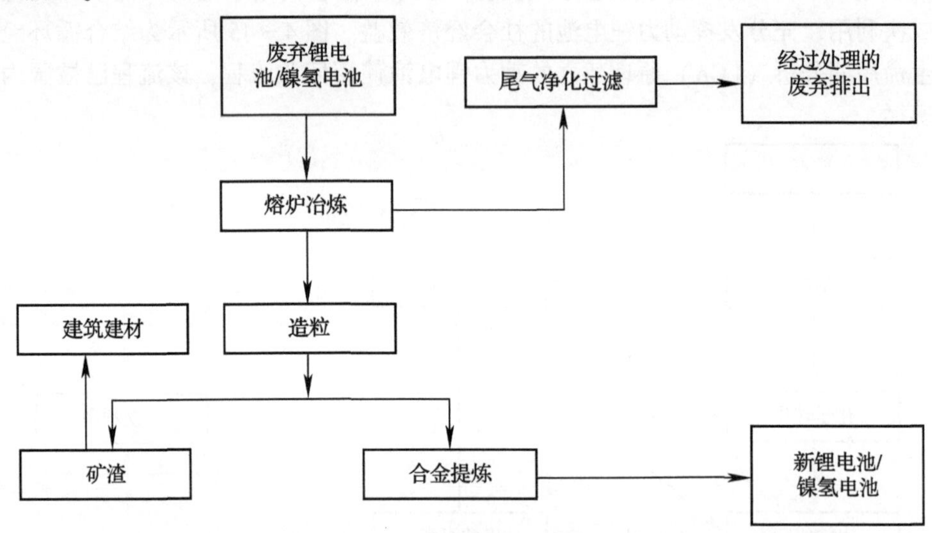

图 4 – 46　欧洲 Umicore 公司的超高温熔炉回收锂电池工艺流程

高温冶金法有利于处理大量废旧锂电池，先把废旧锂离子电池破碎，再进行热处理，将可燃材料变为气体，留下 $LiCoO_2$。

湿法冶金法是将废弃电池破碎后，用合适的化学试剂选择性溶解，分离浸出液中的金属元素。由于处理设备投资成本低，适合中小规模废旧锂电池的回收。为了提高金属的提取效率，该工艺要求废弃锂电池在破碎前要根据电池的材料化学组成的不同进行精细分类，以配合浸出液化学体系。该工艺可以单独使用，也可以联合高温冶金法一起使用，进一步回收焚烧后得到的固体残渣，筛分产生的含有金属和金属氧化物细粉体中的 Fe、Al 及稀土金属。

湿法冶金法比较适合回收化学组成相对单一的废旧锂电池，锂的一次回收率为 76.5%。

物理拆解分离回收动力电池是指将电极活性物、集流体和电池外壳等电池组分经破碎、过筛、磁选分离、精细粉碎和分类后得到高含量的物质，然后再进行下一步回收的过程。虽然物理拆解回收的处理效率较低，但由于不用消耗额外的化学品，因此工艺非常环保。

动力锂电池三种基本回收处理的技术可以从工艺的特点、能效和适用性等方面进行对比和评价，见表 4 – 5、表 4 – 6。

表4－5　动力锂电池三种回收处理工艺技术路线的对比

回收类型		回收材料	回收工艺特点
化学回收	高温冶金	金属回收	样品的前处理具有通用性，可以标准化大规模回收，且大大减少了回收后的体积，回收的重点是金属，涉及大型和高温焚烧装置，前处理只需简单分类和机械粉碎。高温冶金分离碎片中的金属，高温焚烧分解有机物；得到的金属合金可供进一步提炼，用于生产新电池
	湿法冶金	金属元素及其化合物回收	采用专门的程序以处理不同材料体系的锂电池，涉及小型和专门的回收装置，回收有价值的化合物，前处理需加强样品的分类和机械粉碎；物理分离破碎片（塑料、金属、电解质等）；采用适当的技术从破碎片中提取有价值的目标物（电解质、阴极活性材料）
物理回收	物理拆解	阴极、阳极、电解质、金属	手工简单拆解或低温冷冻后拆解，低温需要新的能耗

表4－6　动力锂电池三种回收处理工艺技术路线的对比

回收类型		工艺温度	能量效率	工艺适应性	效果评估
化学回收	高温冶金	高温	电池本身包含高温分解所需的能量物质，超出部分可以回收，是能量自给过程，可以大大减少助溶剂等化学试剂的使用量	工艺稳定性好，可以适用目前所有类型的废旧电池，还可以调整参数适应新的产品（超级电容、触媒等）	工艺流程短，对设备要求高，只回收金属元素，焚烧废气的环保处理压力大
	湿法冶金	常温	需要综合考虑就近处理节省运输成本和小规模操作带来的能耗损失问题，需要消耗更多的化学品	工艺稳定性好，不同类型的锂电池需要采用专门的湿法冶金工艺，需要产业链信息来提高废旧锂电池的分类，现有的处理工艺未必适用于将来出现新型动力锂电池	湿法工艺能耗比较大，工艺流程较长，需要投入大量的化学品，成本较高，产生的废液需要进一步做环保处理
物理回收	物理拆解	低温	低温冷冻、粉碎、分炼处理需要消耗一定能源	工艺简单，适用于不同类型的锂电池	只能部分回收金属材料和锂盐，回收效率低，无法解决塑料等其他废料的处理问题

联合回收工艺

废旧动力锂电池的化学和物理回收工艺都有各自的优缺点，回收对象也不尽相同。因此，如果通过优化，采用联合回收工艺的方法，可以发挥各种基本工艺的优点，尽可能回收可再生资源和能量，提高回收的经济效益。废旧锂电池联合回收工艺流程如图4－47所示。

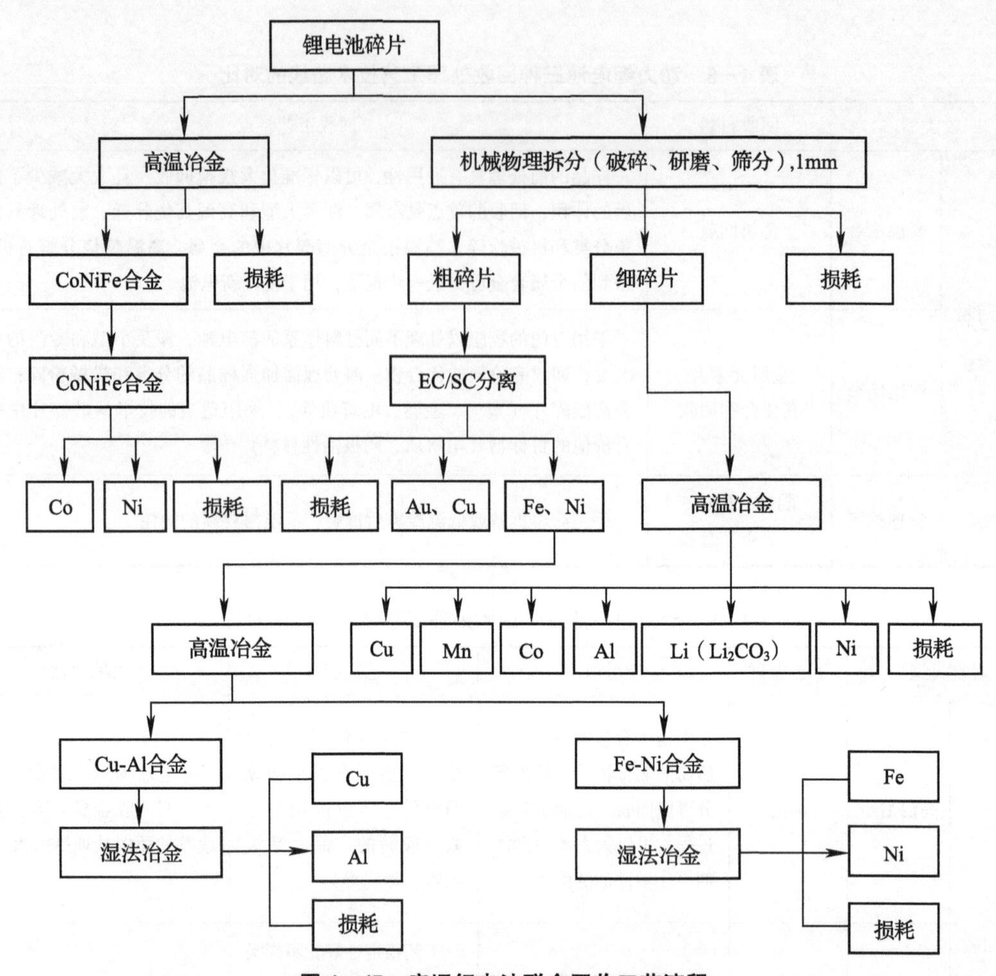

图 4-47　废旧锂电池联合回收工艺流程

废旧动力电池加工的工艺、联合高温冶金、湿法冶金和物理拆分的废旧锂离子电池联合回收利用工艺可以最大限度回收有价值的资源，并通过控制焚烧时保持还原气体而得到金属 Co 合金。日本索尼公司研究了从废旧锂离子二次电池中回收钴等的技术，其工艺为先将电池焚烧，再筛选去铁和铜后，将残余粉加热并溶于酸中，用有机溶剂萃取可提出氧化钴。通过粉碎，超声清洗的物理前处理分离锂电池中的电极材料，再用酸浸取其中的 Co 元素，从而降低回收的能耗和二次污染；锰酸锂废旧锂离子电池经放电、拆解、活性物质剥离和酸溶沉淀回收 Mn、Li 等工艺，在固液比为 65g/L 的情况下用 HNO_3/Li_2CO_3 体系提取经过 600℃ 处理锰酸锂的，锰回收率达 98%，所得 Li_2CO_3 沉淀纯度可达 97%。

以回收贵重金属为目的，另一种方法为固相法再生磷酸铁锂正极材料。

4.4.3　湿法回收锂和铁工艺

废旧电池的回收可分为湿法回收与活法回收。

1. 湿法回收

从废旧电池的回收首先采用湿法，废旧电池回收的预处理包括前期的筛分、破碎等，有很多预处理的手段。后期进行分离和除杂，最后对浸出进行再生和合成。不同的电池体系，其电解液、SOH 会严重影响破碎过程中释放出的产物，主要气体释放量是 DMC、EMC、二氧化碳等，经过充放电后，用透射电镜可以看到正负极表面被均匀的有机物包裹，势必会影响后期浮选的过程，要先对电池材料预处理，使有机物进行分解，降解为非常小的分子，后期在疏水过程中很好地分离。

湿法回收工艺是从钴酸锂回收工艺中借鉴而来，但由于磷酸铁锂电池不含钴元素，所以主要以回收锂为主。锂和铁湿法回收流程如图 4－48 所示。

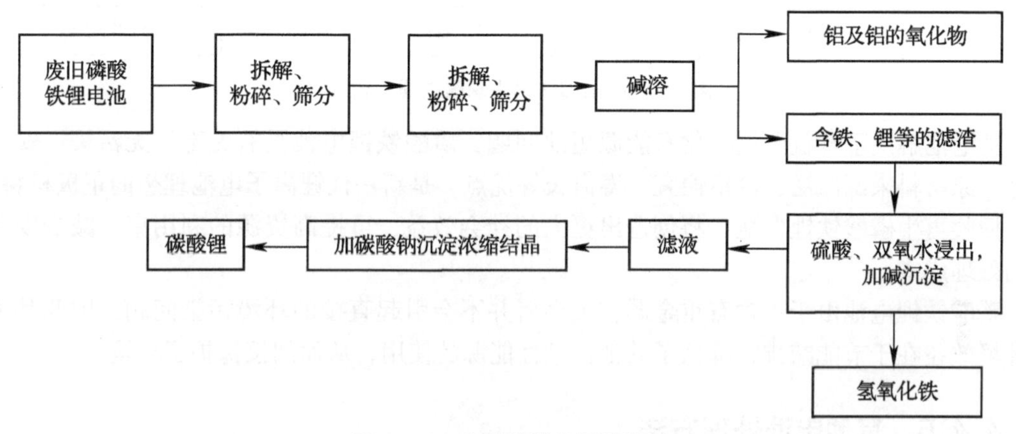

图 4－48 锂和铁湿法回收流程

首先拆解磷酸铁锂动力电池得到正极材料，粉碎筛分后获得合适粒径的粉料；然后在粉料中加入碱溶液，溶解铝及铝的氧化物，过滤后取滤渣；将滤渣用硫酸和还原剂 H_2O_2 的混合溶液浸出，得到浸出液；加碱调节浸出液的 pH 值，使其能够沉淀析出 $Fe(OH)_3$，过滤得到滤液；将上一步骤中得到的 $Fe(OH)_3$ 灼烧，便可获得 Fe_2O_3；最后用碱调节浸出液的 pH 值为 5.0～8.0，将浸出液中的杂质沉淀，过滤后得到滤液，在滤液中加入固体碳酸钠。将所得溶液浓缩结晶，即可得到碳酸锂。

2. 活法回收

把温度设置在 700～900℃，以碳酸锂的形式成为碳酸锂的产物，主要是金属的氧在高温下非常容易出来，最后形成碳酸锂。这是正极的直接再生，其工作是在机理分析基础上，任何一种材料经过充放电循环后，形成磷酸铁、氧化铁和五氧化二磷等，重新合成磷酸铁锂材料。

4.4.4 固相法再生磷酸铁锂工艺

因为磷酸铁锂电池中不含有钴等贵重金属，单纯回收某种元素的经济效益不高，因此固相法再生磷酸铁锂电池是目前废旧磷酸铁锂电池处理的主流方向，并具有很高的回收效益，资源综合利用率最高。

如图 4－49 所示，首先将回收到的废旧磷酸铁锂电池拆解，使用物理方法或化学手段将正极材料与极板分离。加入 NaOH 溶液除去磷酸铁锂材料中残余的铝，之后热处理去除残余的石墨和粘结剂。分析热处理后获得材料的铁、锂、磷的物质的量之比，添加适当的铁源、锂源或磷源化合物将铁、锂、磷的物质的量之比调整到1:1:1。最后加入碳源，经球磨、惰性气体中煅烧得到新的磷酸铁锂正极材料。

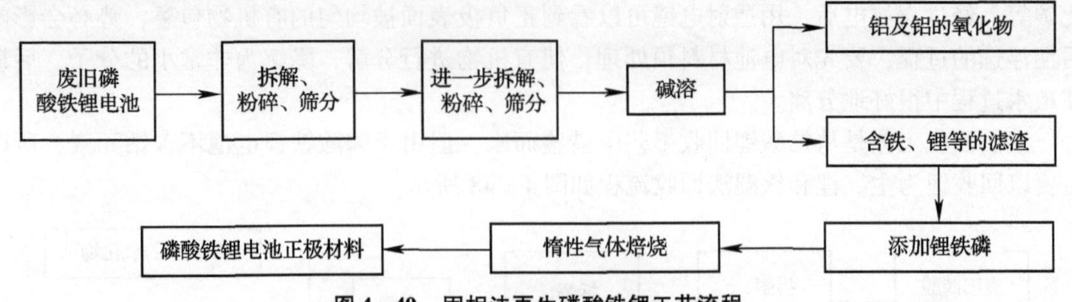

图4-49 固相法再生磷酸铁锂工艺流程

锂电池解决了日益严重的化石能源短缺问题，磷酸铁锂电池具有无毒、无污染、安全性能好、原材料来源广泛、价格便宜、寿命长等优点，是新一代锂离子电池理想的正极材料。

回收再生磷酸铁锂电池，将创造出更大的社会效益，可提高资源的利用率，减少废旧电池的处理成本。

磷酸铁锂电池由于不含有重金属，废弃后并不会引起直接的环境污染问题，因此其主要的环境效益在于节能减排，降低了其他污染性能源的使用，从而间接保护了环境。

4.4.5 其他电池处理方法

如在对废锂电池的处理上，首先要对其进行预处理，包括放电、拆解、粉碎、分选；拆解之后的塑料以及铁外壳可以回收；然后再对电极材料进行碱浸出、酸浸出，多种程序之后再进行萃取。

1. 碱锰电池

常用设备：碱锰电池可用于任何设备，如照相机、手电筒、遥控器。

回收方法：丢进普通的垃圾桶。因为在碱锰电池中已经停止使用汞。如果你决定把碱锰电池扔进垃圾桶，你可以采取以下措施来防止泄漏：

1）将多个电池装在同一个塑料袋中。

2）用胶带封住各个电池的两端。

回收结果：回收这些电池可以获得铁和锌，这是两种很有价值的金属。

2. 镍镉电池

常用设备：镍镉电池即廉价版的可充电式碱性电池，可进行上百次充电。很多名牌的可充电电池往往是镍氢电池。

回收方法：镍镉电池价格的一部分包括了回收处理所需的费用。由于含有毒的镉金属，不可丢弃在垃圾场中。一般设有镍镉电池和镍氢电池的专门回收点。

回收结果：加热将高温金属镍和铁从低温金属锌和镉中分离出来；有些金属在熔化后会凝固，而其他则作为金属氧化物再处理。

3. 锂离子电池

常用设备：锂电池采用的是一种最先进的可充电技术，通常用于手机和电子消费品。这些电池也可以作为电动汽车的电源。

回收方法：不要储藏或把锂电池扔到垃圾场，原因之一是，当它们接触高温时，有可能会过热和爆炸。大多数情况下，处理手机、笔记本电脑等电子设备的公司也会处理这种电池。

回收结果：这些电池的回收方法与镍镉电池相同，可以生成有用金属。

4．氧化银电池

常用设备：这是一种比较普遍的钮扣式电池，通常用于计算器、助听器和手表中。除了其尺寸较小外，钮扣式电池的其他特点包括储藏寿命较长，以及可在低温下照常使用。

回收方法：氧化银电池和其他的钮扣式电池含汞，因此必须回收。大多数情况下，会有专业人士来替换这些电池，因此可以问问他们能否帮你回收电池。

回收结果：通常会在回收过程中被压碎，可以回收有用的重金属。

5．铅酸电池

常用设备：用于为自动化设备供电，如汽车、船舶、摩托车。

回收方法：与其他电池类似。如果你购买了新电池，可在先询问关于旧电池的回收方法。

回收结果：回收时，铅酸电池会被分为塑胶、铅和硫酸。聚丙烯塑胶会被再加工成新的电池壳；铅片会被再加工，以用于新的电池中。硫酸会被中和，并通过污水处理厂进行清洁；否则就会被转化成硫酸钠，用于衣服清洁剂中。

项目五

电动汽车高压与低压系统

学习目标

1. 掌握电动汽车高压系统的组成。
2. 掌握电动汽车各零部件的作用与原理。
3. 掌握车辆接地概念与纯电动汽车电网结构。
4. 掌握电动汽车绝缘监测方法。
5. 掌握电动汽车系统防护。

项目描述

电气系统是电动汽车的神经，承担着能量与信息传递的功能，对纯电动汽车的动力性、经济性、安全性等有很大的影响，是电动汽车的重要组成部分。电气系统包括低压电气系统、高压电气系统、整车网络化控制系统。

高压系统是指纯电动汽车内部与动力电池直流母线相连或动力电池电源驱动的高压驱动零部件系统。高压电气系统主要功用是根据车辆行驶的功率需求完成从动力电池或燃料电池到驱动电机的能量变换与传输过程。在燃油汽车中，电动助力转向系统、制动系统等主要由低压电气系统供电，而在电动汽车中，为了节约能源，对于功率较大的子系统，如制动气泵电动机、电动助力转向系统和电动空调等一般采用高压供电。纯电动高压系统主要包括动力电池系统、高压控制盒、驱动电机、电机控制器、电动压缩机、DC/DC 变换器、车载充电机、PTC 加热器、部分器件集成的 PEU、PDU 和连接它们的高压电缆。

低压电气系统主要指直流 12V 或 24V 的电源，一方面为灯光、刮水器等常规低压电器供电，另一方面为整车控制器、辅助部件、高压电气设备的控制电路供电。低压电气系统主要由 DC/DC 变换器、辅助蓄电池和若干低压电气设备组成。燃油汽车与电动汽车低压电气系统的主要区别在于，燃油汽车的辅助蓄电池由与发动机相连的发电机来充电，而电动汽车的辅助蓄电池则由动力电池通过 DC/DC 变换器来充电。12V 低压电气系统由高压动力电池通过 DC/DC 变换器为其充电，而高压动力电池通过车载充电机进行充电。

5.1　高压系统概述

5.1.1　现代电动汽车电气系统介绍

现代电动汽车电气系统主要包括低压电气系统、高压电气系统及CAN通信网络系统。纯电动汽车整车的电气系统安全性是评价纯电动汽车安全性的一项重要指标。

高压电气系统主要包括动力电池组、电驱动系统、DC/DC变换器、电动空调、电暖风、车载充电系统、非车载充电系统及高压电安全管理系统等；CAN总线网络系统用来实现整车控制器和电机控制器以及电池管理系统、高压电安全管理系统、电动空调、车载充电机和非车载充电设备等控制单元之间的相互通信。

纯电动汽车电压和电流等级都比较高，动力电压一般都在300～400V（直流），电流瞬间能够达到几百安。

当发生高压安全故障，高电压和大电流不仅危及乘客人身安全，还会影响低压电气的整车工作。在车辆的生产与优化中，电动汽车的高压系统分为分体式高压系统和集成式高压系统。分体式高压系统的高压配电盒、DC/DC变换器、车载充电机、PTC加热器控制、电机控制器等都是各自独立存在的，主要是在2016年以前车型上使用，第一代纯电动汽车基本都是这样进行设计生产的，如图5－1所示，整车共分为5段高压线缆，即连接动力电池到高压控制盒之间的动力电池高压电缆，连接高压控制盒到电机控制器之间的电机控制器电缆，连接快充口到高压盒之间的快充线束，连接慢充口到车载充电机之间的慢充线束，连接高压控制盒到DC/DC、车载充电机、空调压缩机、空调PTC之间的高压附件线束。高压系统电路原理请参考图5－2所示EU260/220高压系统电路原理图。

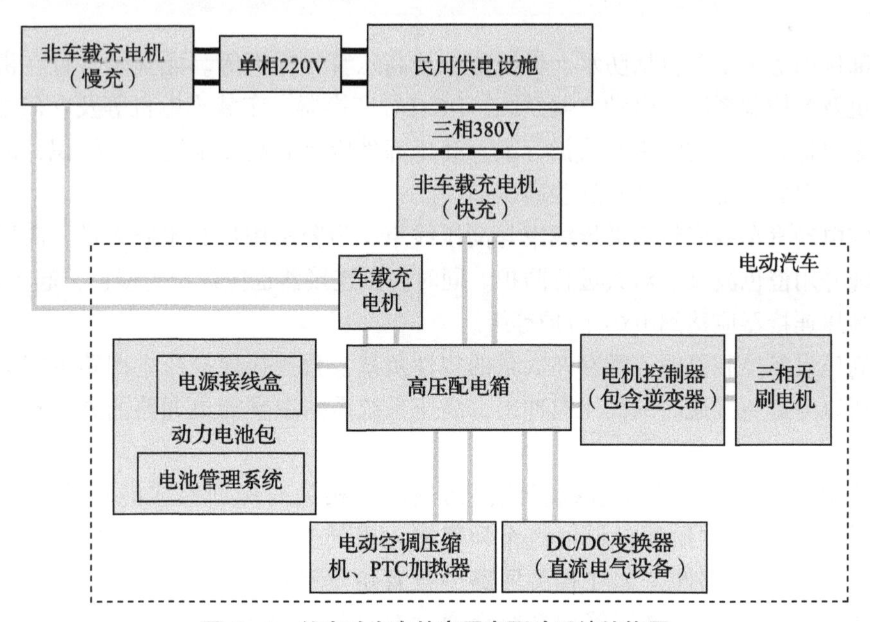

图5－1　纯电动汽车的高压电驱动系统结构图

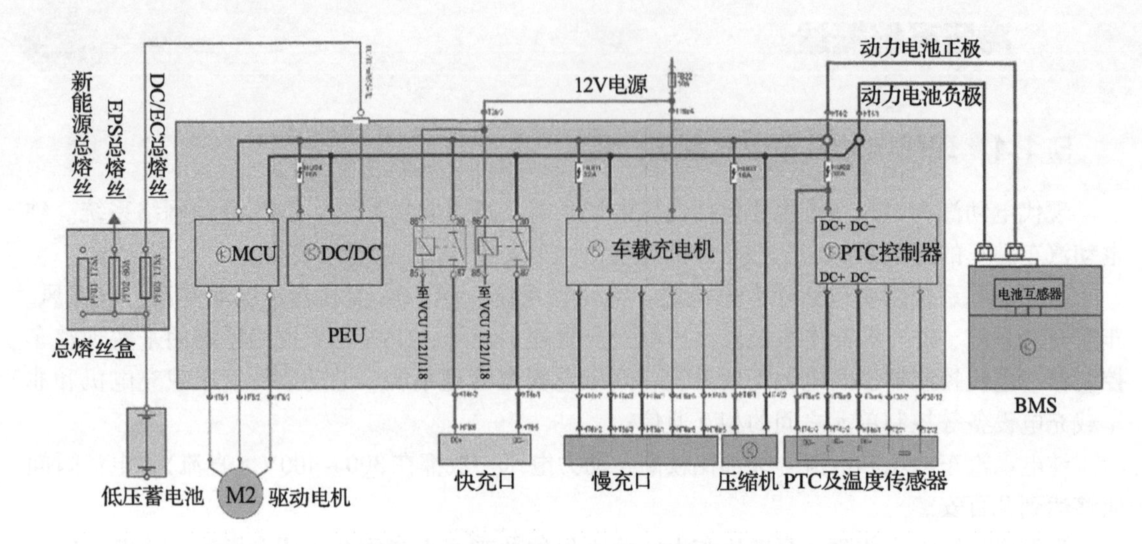

图 5－2　EU260/220 高压系统电路原理图

纯电动汽车安全标准主要涉及车载储能装置、功能安全、故障保护、人员触电防护及高压电安全管理控制策略等。

由于纯电动汽车上存在高压交流系统，具有较强的电磁干扰性，因此高压线束设计时电源线与信号线尽量采用隔离或分开配线；电源线两端考虑采用隔离接地，以免接地回路形成共同阻抗耦合将噪声耦合至信号线；输入与输出信号线应避免排在一起造成干扰。

输入与输出信号线尽量避免在同一个接头上，不能避免时应将输入与输出信号线错开放置。

高压部件的防护主要包括防水、机械防护及高压警告标识等。尤其是布置在机舱内的部件，如电机及其控制系统、电动空调系统、DC/DC 变换器、车载充电机等及它们之间的连接接口，都需要达到一定的防水和防护等级。高压部件应具有高压危险警告标识，以警示用户与维修人员在保养与维修时注意这些高压部件。

由于纯电动汽车线束包括低压线束与高压线束，为警示用户和维修人员，高压线束应采用橙色线缆并用橙色波纹管对其进行防护。同时高压连接器也应标识为橙色，起到警示作用，并且所选高压连接器应达到 IP67 防护等级。

因为高压设备控制器输入端存在大量的容性负载，直接接通高压主回路可能会产生高压电冲击，所以为避免接通时的高压电冲击，高压系统需采取预充电回路的方式对高压设备进行预充电。

当汽车高压附件设备发生过载或线路短路时，相关高压回路应能自动切断供电，以确保高压附件设备不被损坏，保证汽车和驾乘人员的安全。因此在高压系统设计中应设置过载或短路保护的部件，如在相关回路中设置熔丝和接触器，当发生过载或短路而引起熔丝或接触器短路时，高压管理系统会通过对接触器触点和相关控制接触器闭合的有效指令进行综合判定，若检测出相关电路故障，高压管理系统会发出声光报警以提示驾驶人。

5.1.2　PDU

由于电动汽车对零部件要求极高，并且电子元器件与线束的布置较为复杂，容易引起电磁干扰和潜在的安全风险，所以现在多采用了集成技术，典型的如 PDU、PEU 等。

PDU（Power Distribution Unit，高压配电盒）俗称"三合一"，其实它的功能不止三个，而是将包括原来分离元件中的高压控制盒、车载充电机、PTC、空调压缩机、DC/DC 变换器的功能集成在一起。

高压电路连接原理图如图 5－3 所示。

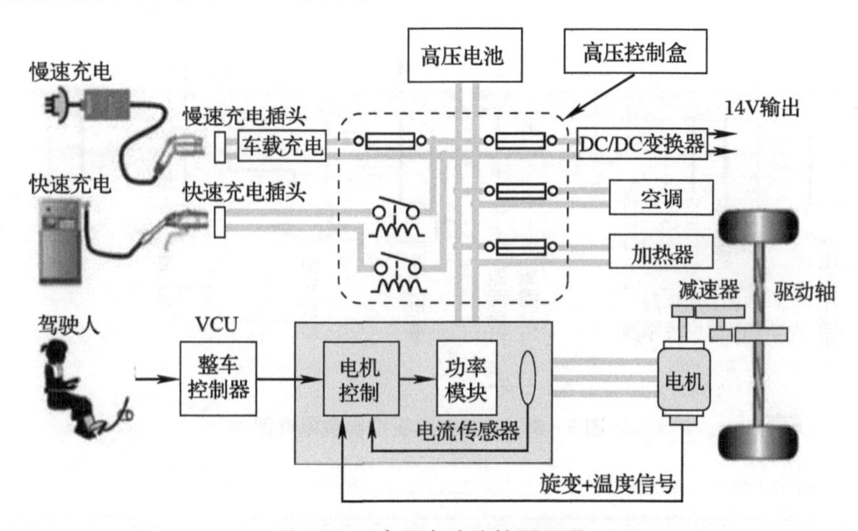

图 5－3　高压电路连接原理图

高压控制盒主要包括高压熔断器、高压母线、高压线排、电流电压传感器、高压接触器（继电器）和高压插接头等部件，高压系统主要零部件如图 5－4 所示。高压动力电源输出电流直接进入高压控制盒后，根据系统的需要分配到其他系统高压用电器，整个过程对保证整个高压系统及其各个电器设备的安全性、系统绝缘性、电磁干扰及屏蔽、密封及耐振动等具有很高的要求。

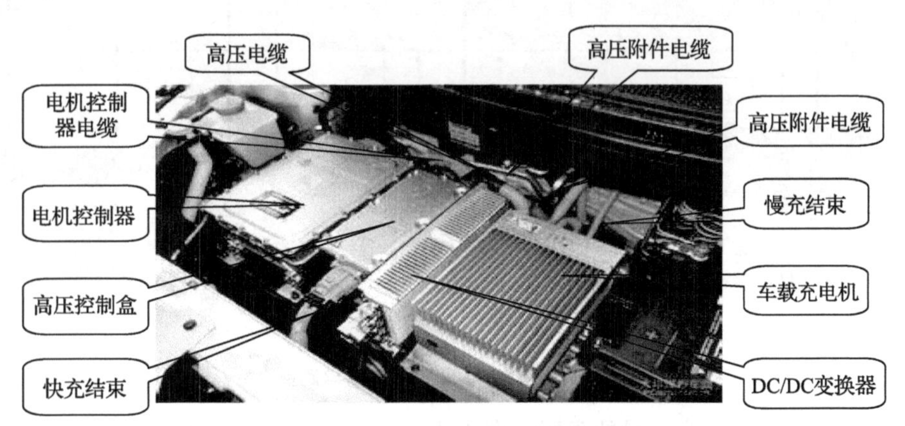

图 5－4　高压系统主要零部件

如图5－5、图5－6所示，PDU是将车载充电机模块、DC/DC变换器模块、PTC控制器及高压配电模块集成的产品，将原本生产过程需要多次装配的部件进行集成化设计，提高装配效率和生产效率。

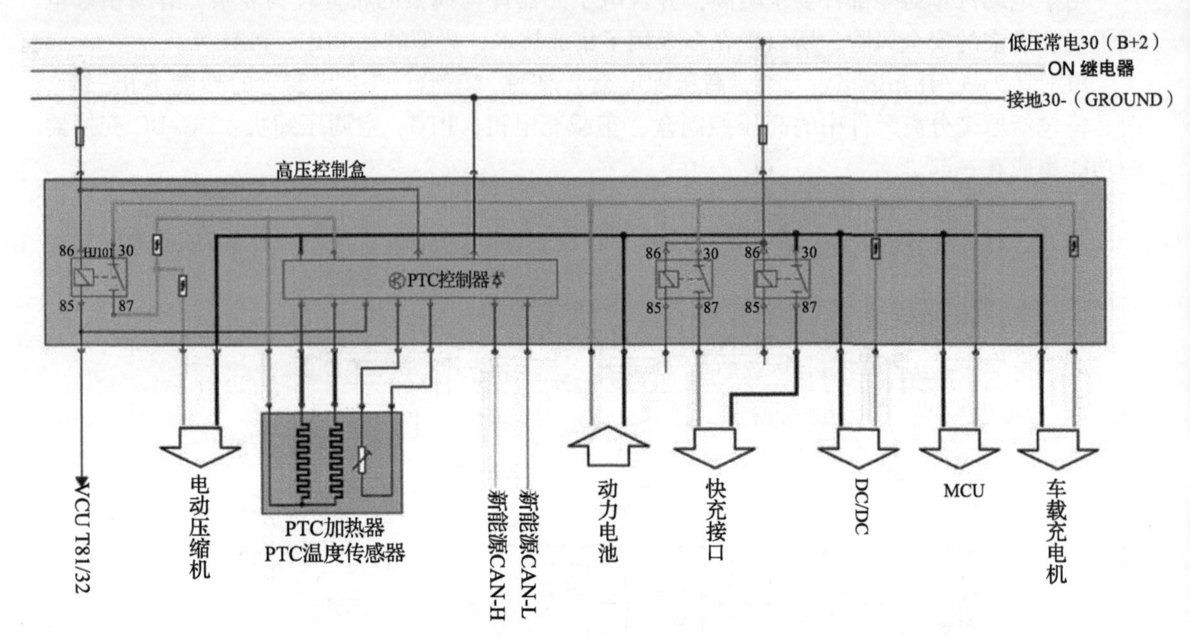

图5－5　EV150高压控制盒电路图

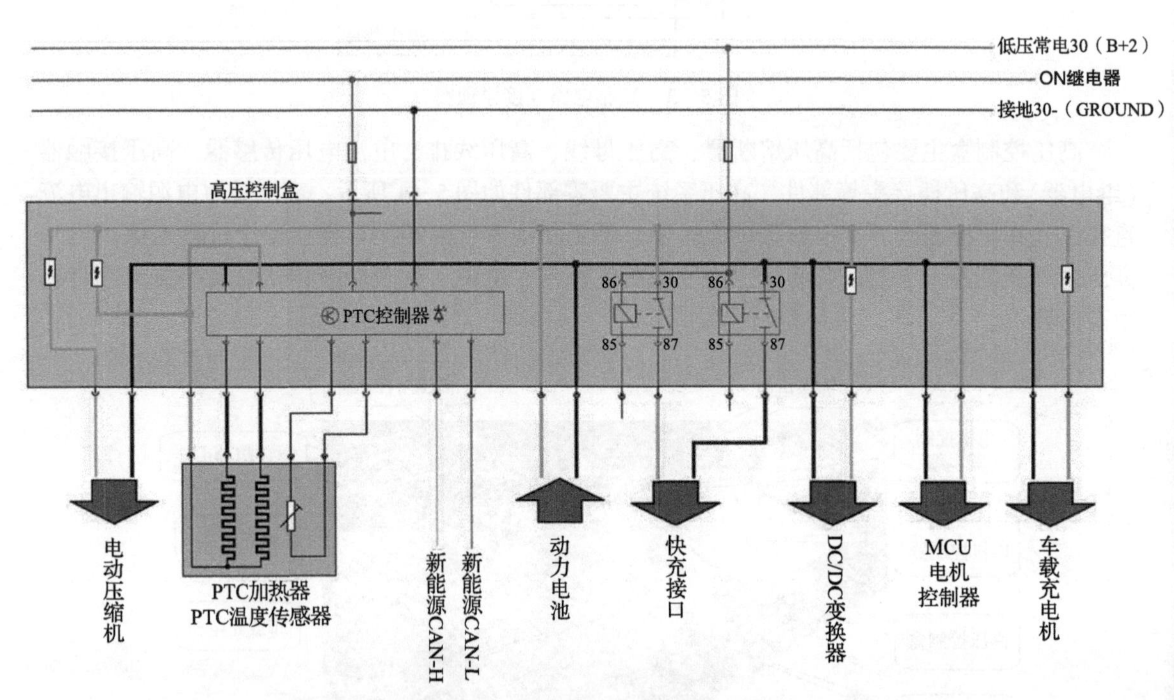

图5－6　EV200高压控制盒电路图

PDU集成化设计将原本大量的高压线束优化后，在内部母排中集成，提高了高压母线的屏蔽效果。整车高压线束分布如图5－7所示。

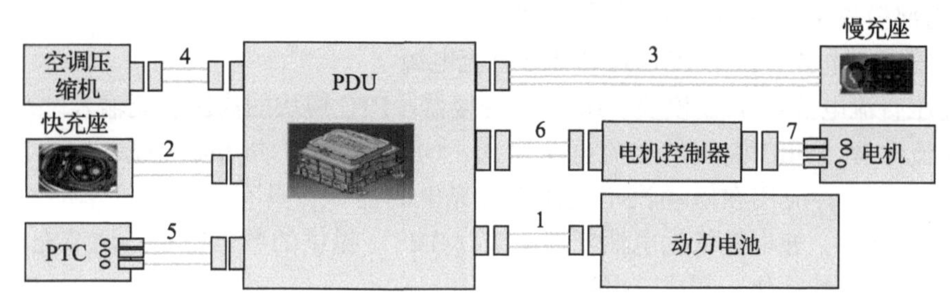

图 5 - 7　整车高压线束分布

另外，PDU 各个接口是根据整车的需求进行定制化设计的，PDU 的高低压线束较为简易，提高了高压线束的装配便捷性和可靠性。

5.1.3　PEU

PEU（Power Electronic Unit，动力控制单元）集成了 MCU（电机控制单元）、DC/DC 变换器、OBC（车载充电机）、PTC（车载加热器）等，PEU 如图 5 - 8 所示，提升了防泥沙、防雨水的级别，简化了散热管路复杂系数，提高了冷却效率。对电动汽车而言，电机、电池以及控制系统的性能提升很容易，但最难的是保证平衡多个子系统协同运作可靠性以及性能前提下，拥有高效的散热性能。如高性能计算机 CPU 以及图形 GPU，拥有出色能力的前提都是采用巨大的散热系统（水冷）。

图 5 - 8　PEU

PEU 将各个系统进行集成，使电磁兼容性、材料筛选、包装密封、抗外力冲击技术与性能平衡能力层面提升了一个等级。

1. PEU 模块系统组成

PEU 内部结构如图 5 - 9 所示。

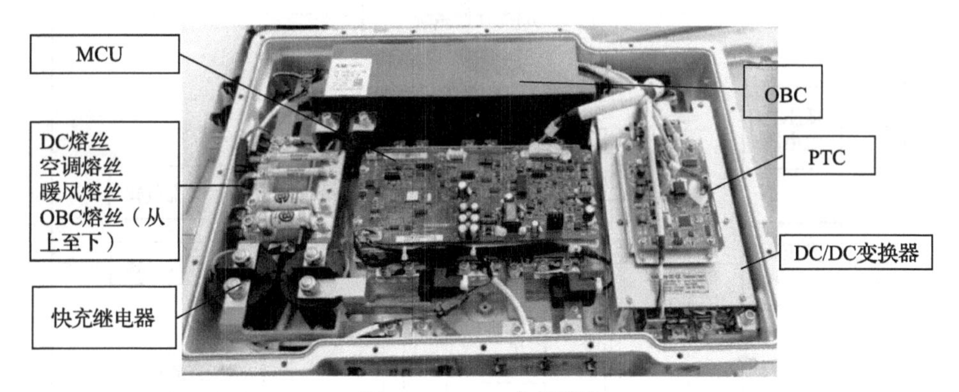

图 5 - 9　PEU 内部结构

PEU 上端结构主要由电机控制器、车载充电机、DC/DC 变换器、PTC 控制器、快充继电器、熔断器、互锁电路等构成。

PEU 下端结构由 2 个 3.3kW 车载充电机模组构成，安装在 PEU 下方，中间是冷却水套。

PEU 内部模块系统主要由以下部件组成：

1）低压直流电源：供给 PEU 控制部分直流电源。

2）高压直流电源：MCU 模块、DC/DC 变换器、PTC 模块的高压直流输入。

3）交流电源：OBC 模块的交流电源输入；OBC 全称是 On-Board Charger，车载充电机（图 5－10），是一种应用在电动汽车上面进行充电的器件，具有为电动汽车动力电池安全、自动充满电的能力，充电机依据电池管理系统（BMS）提供的数据，动态调节充电电流或电压参数，执行相应的动作，完成充电过程。

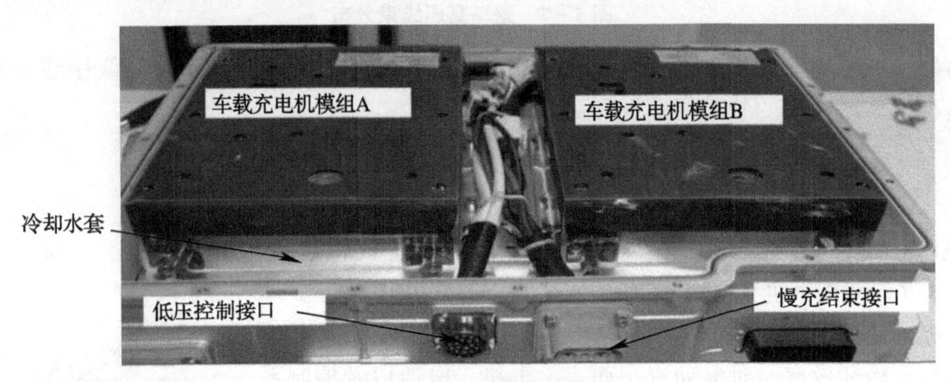

图 5－10　车载充电机

4）三相交流负载：作为 MCU 模块输出的模拟电机负载。

5）低压直流负载：作为 DC/DC 变换器的输出负载。

6）高压直流负载：PTC 模块和 OBC 模块输出负载，两者不能同时使用。

7）温湿箱：模拟 PEU 单元的工作环境条件。

8）冷却系统：对 PEU 单元进行冷却散热，保证系统正常运行。

9）数据采集：完成 PEU 单元中各个模块电路的输入输出电量参数和温度等参数的信息采集，工作原理如图 5－11 所示。

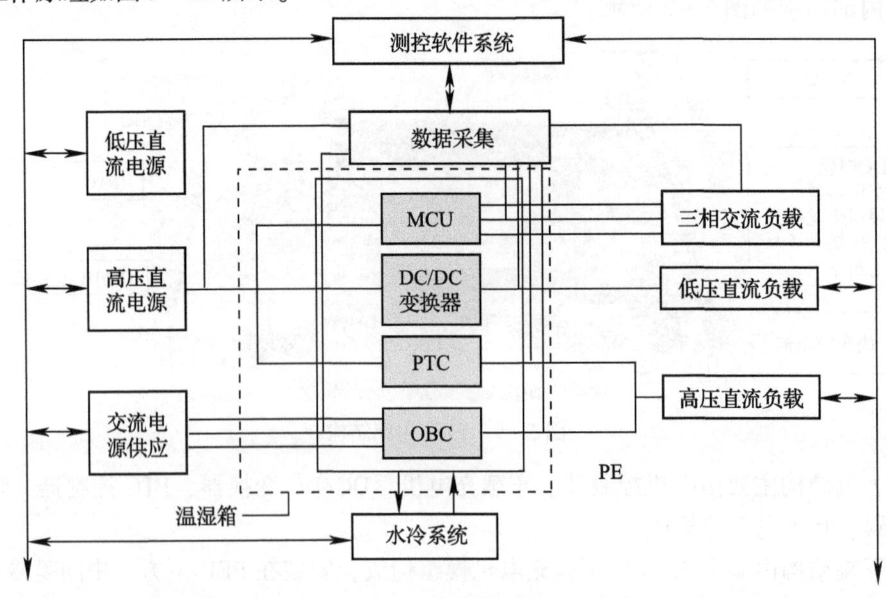

图 5－11　PEU 内部模块系统工作原理

北汽 EV200 主要技术指标见表 5－1。

表 5－1　北汽 EV200 主要技术指标

模块	技术指标	技术参数
OBC	输入 AC 电压/V	90～264
	输出 DC 电压/V	200～420
	输出电流/A	20
	输出功率（kW）	6
	效率	92%
DC/DC	输入 DC 电压/V	200～420
	输出 DC 电压/V	14±0.2
	输出电流/A	107±5
	输出功率/kW	1.4
	效率	≥90%

EV200 高压系统保护功能见表 5－2。

表 5－2　EV200 高压系统保护功能

项目	OBC	DCDC
输入欠压	保护点：AC（80±4）V；恢复点：AC（90±4）V	保护点：DC（190±10）V；恢复点：DC（200±10）V
输入过压	保护点：AC（273±8）V；恢复点：AC（265±8）V	保护点：DC（430±10）V；恢复点：DC（420±10）V
输出欠压	DC（193±4）V 关机锁死	≤DC7V 关机保护，可自动恢复
输出过压	（420±4）V 或超过设定充电电压 10V 关机锁死	DC18～19V 关机锁死
过温保护	当外壳中心点温度达到 85℃时，首先输出功率减半运行，20min 内如果温度低于 80℃，自动恢复满载运行。20min 后温度依然高于 80℃，则功率降低至 1/4 运行。如果温度高于 90℃，则直接关机	温度超过（100±5）℃，关机；温度低于（90±5）℃，可自恢复
过流保护	（12±1）A 关机锁死	以峰值电流设定点进入恒流模式
输出短路保护	关机锁死	关机，故障解除，可自动恢复
电池反接保护	不开机	－
通信故障保护	不开机	－
内部故障保护	关机锁死	－

EV200PEU 上 OBC 信号控制端针脚定义见表 5－3，OBC 信号控制端针脚实物如图 5－12 所示。

表 5-3　EV200PEU 上 OBC 信号控制端引脚定义

图 5-12　OBC 信号控制端针脚定义

针脚编号	针脚名称	功能描述
A	12V 常电	12V 蓄电池→车载充电机
B	12V GND	车载充电机→12V 蓄电池
C	OBC EN VCU	车载充电机→整车控制器
D	VCU EN OBC	整车控制器→车载充电机
E	CAN-H	CAN 通信线
F	CAN-L	
G	CAN Shield	CAN 屏蔽层，接 RC 阻容到车身
R	CC OUT_OBC	充电机告知 VCU 充电枪连接状态

EV200 外部连接端口功能见表 5-4。PEU 外部连接端口如图 5-13 所示。

表 5-4　EV200 外部连接端口功能

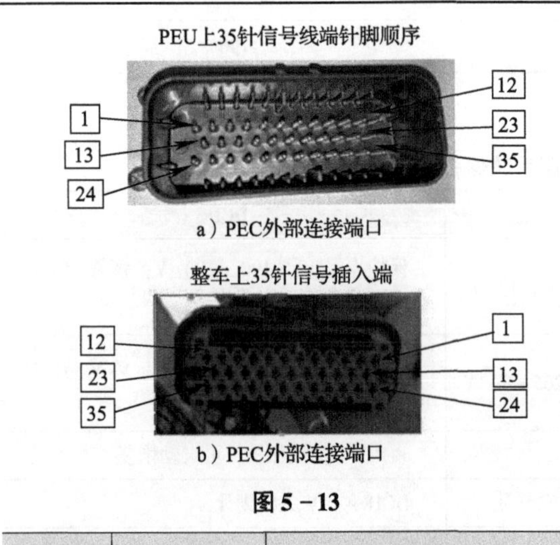

a）PEC外部连接端口

b）PEC外部连接端口

图 5-13

针脚编号	针脚名称	功能描述
1	12VRUNPTC	VCU 控制继电器给 PTC、AC PANEL，HVAC 供电
2	PTCSENSE +	PTC 温度检测信号正输入
3	12VBAT_常电	电池 DC 正极，常电
4	GND	电池 DC 负极
5	CANGND	CAN 地
6	CANH	CAN 总线通信信号
7	空	-
8	R2	旋变励磁信号
9	S2SIN +	旋变信号正弦输出 +
10	S3COS -	旋变信号余弦输出 -
11	IdentifyR1	电机识别电阻信号输入 1
12	SHIELDMOTOR	电机屏蔽信号
13	PTCSENSE -	PTC 温度检测信号正输入
14	ENDCDC	DC/DC 使能信号
15	12VWAKEMCU	MCU 使能/唤醒
16	GND	电池 DC 负极
17	CANL	CAN 总线通信信号
18	CANSHIELD	CAN 屏蔽层，接 RC 阻容到车身
19	空	-
20	R1	旋变励磁信号
21	S4SIN -	旋变信号正弦输出 -
22	S1COS +	旋变信号余弦输出 +
23	IdentifyR2	电机识别电阻信号输入 2
24	GNDDCDC/PTC	电池 DC 负极
25	HVLOCK	高压互锁开关线
26	GNDHVLOCK	车身地
27	12VBAT 常电	电池 DC 正极，常电
28	QCRELAY +	快充高压正极继电器线圈控制

（续）

针脚编号	针脚名称	功能描述	针脚编号	针脚名称	功能描述
29	QCRELAY -	快充高压负极继电器线圈控制	33	NTC11	电机 V 相温度检测电阻 1 脚
30	NTC22	电机 W 相温度检测电阻 2 脚	34	NTC02	电机 U 相温度检测电阻 2 脚
31	NTC21	电机 W 相温度检测电阻 1 脚	35	NTC01	电机 U 相温度检测电阻 1 脚
32	NTC12	电机 V 相温度检测电阻 2 脚			

2. PEU 故障排查

（1）慢充故障检测

1）首先确保充电桩状态良好，符合国家标准，与北汽各款电动车进行过调试并通过。

2）确认充电桩输出的工作电压范围在 90 ~ 264V。

3）检查充电枪和充电口的各连接端子无烧坏或腐蚀。

4）连接好充电线后，查看仪表连接充电指示灯状态。

①仪表连接充电指示灯不亮（无法慢充）。

②首先确认充电枪与车辆慢充口连接到位，否则检查车辆充电口是否损坏。

③测量充电枪的 CP、CC 对地阻值，测量 CP、CC 通电时的电压。

④测量 CC 信号对 PE 地线是否有 12V 左右的电压，如图 5－14 所示，若无电压则测量 PEU 上的 AC 输入端（充电枪连接确认输出信号）对地，若有电压则检查整车充电口到 PEU 的 AC 输入端之间的线束；若无电压则更换 OBC 模块（双模块则更换主机模块）。

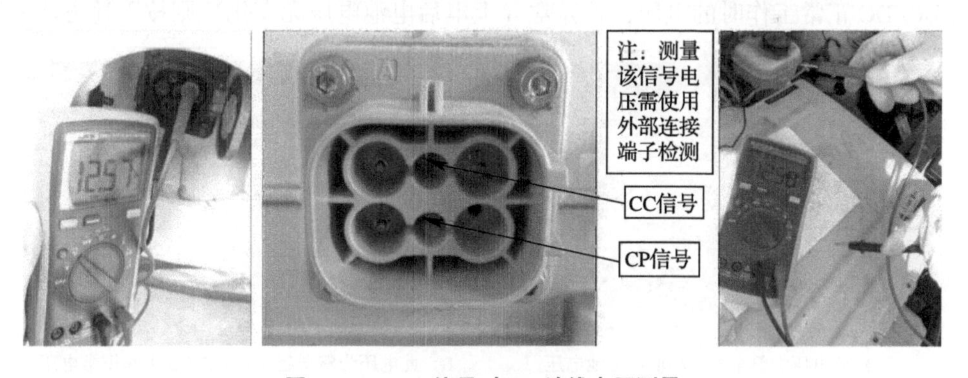

图 5－14　CC 信号对 PE 地线电压测量

⑤测量插枪充电时的 CC 电压，测量插枪充电时的 CP 电压。

⑥测量 PEU 上的 OBC 控制信号端口上的 C 脚（OBC 唤醒 VCU 使能信号）对地上是否有 13.8V 的唤醒电压，若无则更换 OBC 模块（双模块则更换主机模块）。

⑦测量 PEU 控制信号端 D 脚对地是否有 4V 的唤醒电压，若无则检查 VCU 输出到该信号端的线束或 VCU 本身。

⑧读取整车报文，按照北汽通信协议解读 OBC 是否上报故障，若是则更换 OBC 模块

（双模块则更换主机模块）。

⑨测量 OBC 输出熔丝。若有损坏，则在确认输出无短路的情况下更换熔丝；若已短路，则需更换 OBC 模块（图 5－15）。

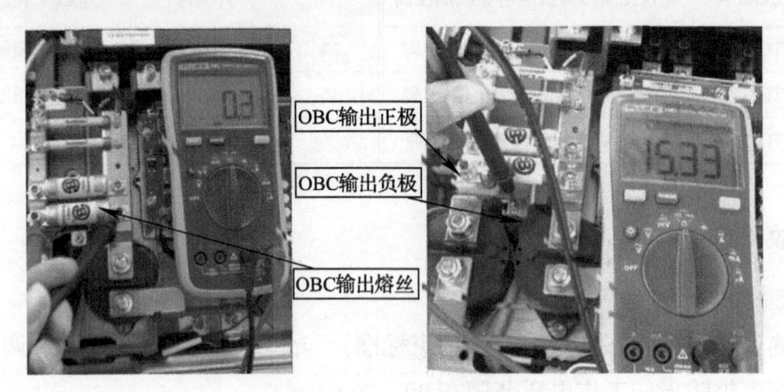

图 5－15　OBC 测量

⑩测量充电机 CAN 通信、CAN H 和 CAN L 阻值。测量 CAN H、CAN L 对地阻值，阻值为无穷大，若过小，确认线束无异常下更换充电机；测量充电机 CAN 通信，CAN H 和 CAN L 对地电压。

⑪充电指示正常，但充电电流不对，可读取解析报文，看是否有上报故障，按协议内容处理即可。

（2）DC/DC 不工作问题检测

1）图 5－16a 所示为 DC/DC 不工作时低压电池的电压，若过低则需更换电池，图 5－16b 所示为 DC/DC 正常工作时的电压，若异常（上电后电池电压无变化）则按下述方法检测。

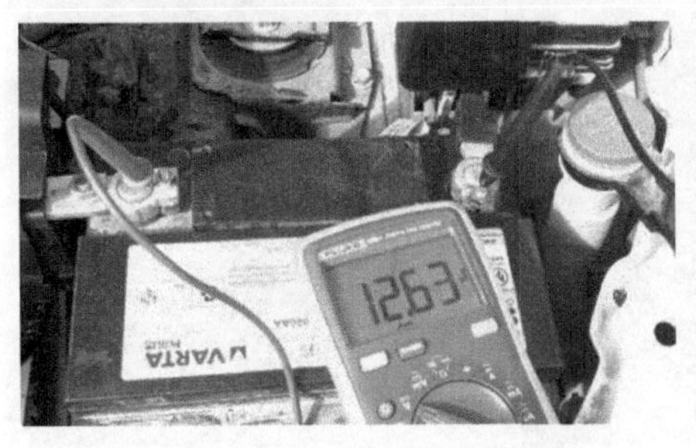

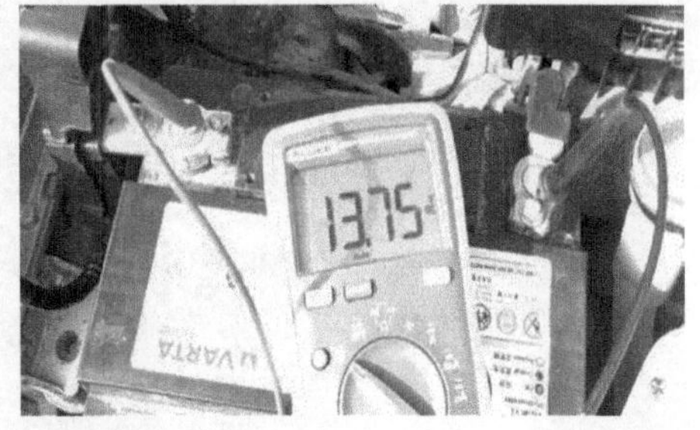

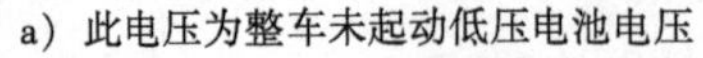

a）此电压为整车未起动低压电池电压　　b）此电压为整车起动后 DC/DC 工作正常电压

图 5－16　DC/DC 低压电池电压测量

2）检测 DC/DC 输入电压，若电压不正常（正常范围是 250～380V），则需检查高压电池到 PEU 连接端的线束及电池本身。

3）测量 DC/DC 使能信号（信号插入端的 14 号端子）是否有 12V 电压，若无则检查该 14 号端子到 VBU 的连接线束。

4）如图 5－17 所示，检测 DC/DC 输出熔丝。若损坏，则需测量下 DC/DC 输出是否短路；若无短路，则更换熔丝后上电测试；若已短路，则需更换 DC/DC 模块。

a）DC/DC 输出熔丝，导通则正常，否则已损坏

b）DC/DC 输出阻值正向阻值为 MΩ 级别，小于 10kΩ 则已损坏

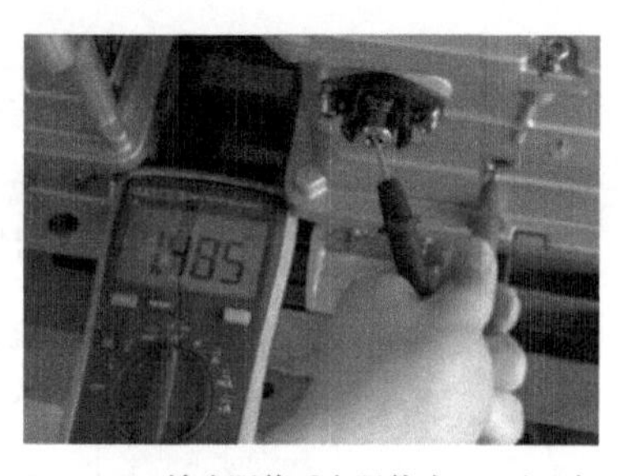

c）DC/DC 输出阻值反向阻值为 1kΩ 级别，小于 100Ω 则已短路，大于 5kΩ 则已损坏

图 5－17 DC/DC 输出熔丝

5）检测 DC/DC 通信、CAN H 和 CAN L 阻值。若线束正常、阻值过小，则更换 DC/DC；CAN H、CAN L 对地阻值为应无穷大，若线束正常阻值过小，则更换 DC/DC。

(3) PEU 报绝缘故障

如图 5－18 所示，测量各模块对地的阻值，若有异常则检查该模块的连接线束；分别检测 OBC 输入 L、N 对外壳之间的阻值，应为无穷大，若阻值过小则需拆盖检测该线内部（L/N）对外壳之间是否有故障，若无则需更换 OBC 模块。

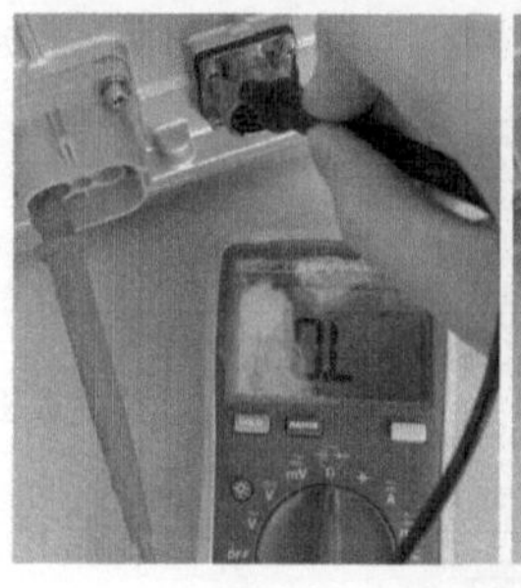

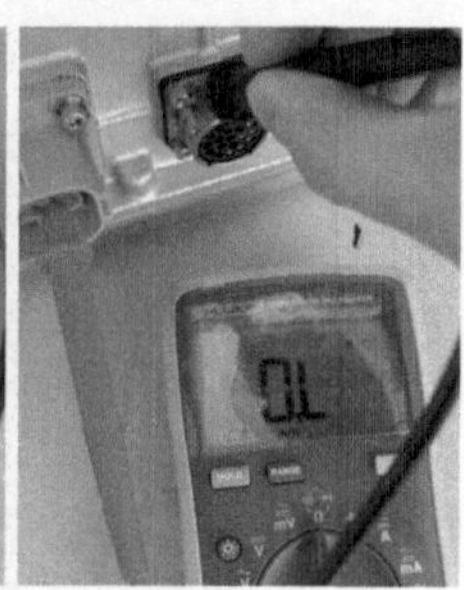

图 5－18 绝缘故障检测

PEU 常见故障处理见表 5－5。

表 5－5 PEU 常见故障处理

故障描述	故障排查	故障维护及处理
PEU 上常电之后，PCAN 接收不到任何报文信息	检查 PEU 常电是否正常	若 PEU 常电电压为 0V，则检查 PEU 常电熔丝完好，检查蓄电池是否完好
	检查钥匙是否置于 ON 档，ON 档信号是否给到了 PEU 内部	若 ON 档信号没有给到 PEU，则检查 PEU 低压线路
	检查 CAN-L 与 CAN-H 连接是否正确	若 CAN 线连接不正确，则排查线路，将 CAN 线连接正确
PEU 上常电之后，能接收到报文，但一会后 PEU 报文消失	检查蓄电池电压是否正常	若在 ON 档时，蓄电池电压低于正常电压，则需要给蓄电池充电或更换蓄电池
PEU 上常电之后，PCAN 接收到错误报文	检查 PEU 内部所有部件 CAN 的波特率是否与整车的波特率保持一致	若有波特率与整车不一致的部件，则刷新程序更改波特率，否则返厂维修
	检查 PEU CAN 网络终端电阻阻值是否正确	若 PEU CAN 网络终端电阻不正确，则开盖更换电阻，或者更换 MCU 主控板
	检查整车 CAN 网络节点中是否有与波特率不一致的部件	与其他维修人员一起排查此问题

（续）

故障描述	故障排查	故障维护及处理
PEU 上常电之后，MCU 报旋变故障	检查 PEU 低压插接件和电机端旋变插接件针脚是否有退针、弯针、断针等现象	若有上述退针等现象，则修正针脚
	检查旋变线束 PEU 端与电机端定义是否一致	若实际线束与定义不一致，则更改线束
	检查电机端旋变激磁信号 R1、R2 之间电阻是否正常 检查电机端旋变正弦信号 S2、S4 之间电阻是否正常 检查电机端旋变余弦信号 S1、S3 之间电阻是否正常	若有上述现象，则联系电机生产厂家处理此问题
	检查 MCU 电路板旋变的插接件引脚是否虚焊	若有虚焊，则重新焊牢或者更换 MCU 主控板
PEU 上常电之后，MCU 报驱动故障	检查 PEU 常电供电是否正常	若在 ON 档时，PEU 常电电压不正常，则检测蓄电池电压、电量是否正常
	检查 MCU 主控板到驱动板的插头是否连接良好 插头针脚是否有虚焊	若插头连接良好且没有虚焊点，则更换 MCU 主控板或者返厂维修
上高压后，MCU 报驱动故障	是否在上高压后报驱动故障	若是，则更换 MCU 主控板或者返厂维修
上高压后，MCU 报旋变故障	是否在上高压后报旋变故障	若是，则将整车旋变线束增加屏蔽层
PEU 正负极绝缘阻抗太小	检查电机端三相与壳体之间的绝缘	若绝缘阻抗太小，则增加三相端与电机壳体之间的绝缘层
	检查 PEU 正负与壳体之间的绝缘	若绝缘阻抗太小，则将 PEU 开盖，检查强电与壳体之间安全距离是否满足要求
上高压，VMS 给出扭矩指令，电机偶尔转动，偶尔不转动	确认 MCU 控制板的旋变电路参数是否与电机匹配	若不匹配，则更换与之匹配的 MCU 主控板
上高压，VMS 给出正负扭矩指令，但是电机只朝着一个方向转动或者朝着反方向转动	检查旋变线束连接是否正确	若不正确，则更改线束
PEU 上高压后，空调不工作	检查空调接口是否有高压输出	若没有高压输出，可能是熔丝断路或损坏，应立即更换；否则可能是空调系统出现问题

（续）

故障描述	故障排查	故障维护及处理
PEU 上高压后，PTC 加热系统不工作	检查 PTC 接口是否有高压输出	若没有高压输出，可能是熔丝断路或损坏，应更换；继电器损坏，应更换；否则是 PTC 系统出现问题
高速工况下电机无法减速	使用 PCAN 连接 PEU，观察高速工况下松开加速踏板后电机转速是否降低	高速工况下给微小负转矩用于减速

5.1.4　高压线缆

所有直接或间接连接于高压电路中的线束（电缆和插件）和设备（负载、发电机、储能系统），均称为高压系统。在高压系统中，高压线束的主要功能是在有电压和所需的安装环境下安全传递电流。高压元器件之间通过线缆传递电能，而这些线缆对操作者也必然存在高压威胁，所以国际通用的标准是将这些高压线缆用颜色鲜明的橙色外皮或护套保护起来，不仅能起到良好的绝缘作用，还有必要的警示效果，如图 5－19、图5－20 所示。

图 5－19　高压线缆布置

图 5－20　大众混合动力纯电动汽车发动机舱

高压系统中各电气部件的负载特性包括稳态电流强度、电压要求、瞬态条件和电流强度及电流波形（平稳、脉冲、频率等）。高压线束应在机械和电气安全的情况下，以专业的施工方法将线束和所接部件（如高压配电盒、电机控制器、电机、辅助电源等）进行匹配。线束插拔或连接部分应预留出适当的长度，长度推荐值为 15cm，便于车辆装配，以及便于对部件进行定期维修。高压线束的布置应尽可能地对线束进行保护，使线束与车体之间的相对运动最小化，宜采用具备绝缘性能的结构部件，如电缆夹、电缆槽等。布线装配应刚好放入光滑的电缆夹或电缆槽中，应充分地保护用于布线、包装和定位线束用途的所有线束固定保护件（如卡箍、螺栓等），宜涂抹凡士林，防止腐蚀。

线束固定保护件之间的距离不得大于 40cm，所有连接器位置宜预留便于操作的不小于 20cm 的空间，以便连接和断开连接。连接器与部件之间的连接应适当消除机械应力，在安装时，应避免接头中存在弯曲电线，防止接头后部密封件出现漏电、短路现象。因车辆的振动与磨损，应除去线束上所接触的金属部件边缘的毛刺，对于凸缘、滚制处，使用适当胶圈进行保护，且胶圈须固定牢靠，线束应距离热源大于 20cm。

高压线束的性能及可靠性必须满足整车要求，满足高压电缆技术条件。

高压线束的电磁兼容性须满足电动汽车电磁场辐射强度的限值、高压线束的机械冲击及抗振要求。

高压插接件应满足整车工作电压和所控制电器的功率要求，试验后导通率为100%。

严禁非专业人员操作高压线束；专业人员对高压线束进行操作前，需用数字万用表测量高压正负线束端子之间直流电压值，测量U、V、W相两两之间的交流电压值，在测量值为0V的情况下才能进行操作。

高压线束必须按照行驶里程进行维护，每12000km检查和维护项目如下：

1）检查高压线束电缆与连接器插件之间是否松动。

2）检查高压线束过线孔过线护套等防护是否完好，线束是否出现磨损。

3）如果是混合动力汽车，应检查发动机舱等通过高温区域的高压线束隔热材料是否脱落。

5.2 高压防护系统

5.2.1 车辆接地系统

纯电动汽车高压电系统回路的短路、漏电等故障都对纯电动汽车的高压用电安全构成潜在的威胁。高压电回路主要由电机系统、高压配电箱、充电系统及附件组成，后部由电源分配盒和电池包组成。所有线束连接所至的部件相应位置均有超过人体安全电压的高压电，操作时需要特别注意。

纯电动汽车驱动能量的唯一来源是动力蓄电池，因此纯电动汽车的高压电配置中只有动力蓄电池组中的高压母线电路、高压电安全管理系统对高压电路的用电及安全进行直接的管理和控制。纯电动汽车高压电系统主要包括动力蓄电池、逆变器和电机等。由于高压电系统电压高达几百伏，任何一部分出现故障都会带来潜在的危险。

为了保证纯电动汽车高压电系统的用电安全，需要在分析高压电系统故障的基础上制订安全管理策略。

1. 纯电动汽车适用的电网结构——IT网

纯电动汽车采用IT网的高压电供电网络结构，高压元件有绝缘监控供电系统的网络结构决定了从供电器（如动力蓄电池）到用电器（如电机）的电能传输路径。电源端的带电部分不接地或有一点通过阻抗接地，电气装置的外露可导电部分直接接地。

纯电动汽车所用的高压网络结构决定了从供电器（如动力电池）到用电器（如驱动系统）的电能传输路径。由于车体与大地是一个相对的参照系统，因此与地面固定装置不同的地方在于车辆内的“地”是相对零电位的系统基准点——车体。对于纯电动汽车，接地就是用导线连接车身，纯电动汽车高压系统与低压不会共地。

为满足安全要求，纯电动汽车高压网络区别与12V低压车载电网及民用电网的结构形式，实质上是一种IT网：供电器与车身绝缘，用电器壳体与车身连接。相对于单个部件的安全接地，系统层面的安全接地作用更深一层，包含了电气安全和电磁兼容性设计。

如果在纯电动汽车上采用 TN－C 系统，如图 5－21 所示。

如果用电器壳体与正极出现漏电，瞬间的过流可能就会导致熔丝熔断，高压动力系统会失去动力，这对于处于高速行驶状态的车辆和其他车辆来说都是非常危险的。把高压电极直接连接到车身上的做法也是非常危险的，如果另一个电极或连接母线绝缘故障，会大大增加触电的概率，所以纯电动汽车不会采用电源接地的电网结构。

纯电动汽车采用 IT 系统，如图 5－22 所示。

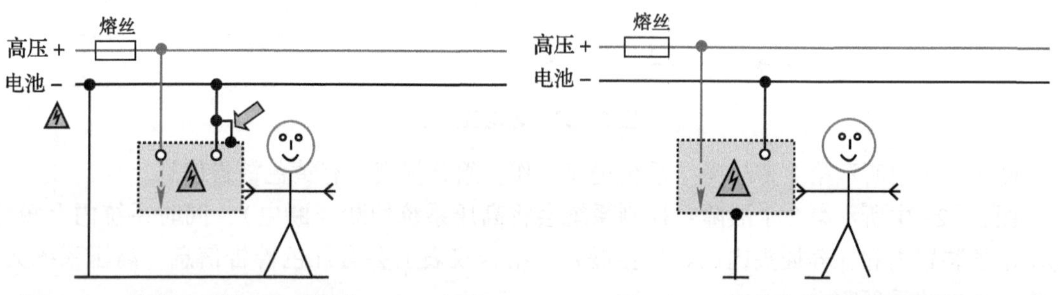

图 5－21　在纯电动汽车上应用的 TN－C 系统　　**图 5－22　纯电动汽车采用 IT 系统**

IT 系统由于电源与车身没有导通连接，所以即便正极对壳体漏电，壳体与车架连接，也不会形成回路。熔丝不会熔断，也就不会被断电。

接地的目的主要是：

1）保证等电位连接：电气部件出现故障时保证等电位，并且消除危险感应电势差（如电机感应电势与车体间的电势差）。

2）电磁兼容性设计：减少系统电磁干扰。

2. 等电位连接

在电工术语中，等电位连接，也叫保护接地，等电位连接（电位均衡）定义为：电气设备外露可导电部分之间电位差最小化。国际上非常重视等电位连接的作用，它对用电安全以及电子信息设备的正常工作和安全使用，都是十分必要的。等电位连接后，可防止系统电源线路中的故障电压导致电击事故，同时可减少电位差发生的概率，避免引起人身电击事故。

纯电动汽车的一个重要特点就是带有高压动力回路，为了防止因存在电势差造成的触电危险，在高压组件的外壳或可导电的外盖等部件之间应该采用导线与车身支架相连的方式，以达到等电势的效果。在欧盟 ECE R100 中针对等电势也有规定，要求高压组件外壳至车身任一点之间的电阻不大于 0.1Ω。在等电位连接的情况下，即使电池组的正极或负极与电池组壳体的绝缘因故障而失效，由于车辆上所有的裸露金属部件都已经通过等电位连接达到了同一电位，因此人体接触这些金属部件时，不会有电流产生，人体在车辆上面仍然是安全的，不会发生电击事故。

如图 5－23 所示，基于 IT 系统，可以使用将电气设备的外露可导电部件直接或通过保护导体与车辆底盘相连接的方法来进行等电位联结。

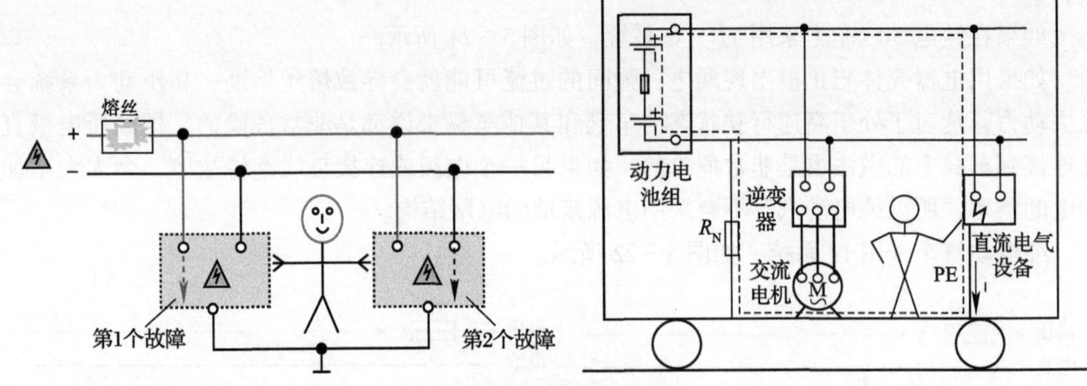

图 5-23 等电位连接

图 5-23 中所示第 1 个故障：系统仍能工作，组合仪表上有黄色警告信息。

图 5-23 中所示第 2 个故障：控制系统会将高压系统切断（断电），同时系统内会短路，功率电子装置内和保养插头内的熔丝会爆开，组合仪表上会有红色警告信息，高压系统无法工作，也无法重新起动。

如图 5-24 所示，采用等电位联结后，该设备外壳和车身地为相同电位，当该设备正极发生对外壳漏电故障时，即使人员接触到该设备带电的外壳，由于人体被等电位连接线短路，故不会有危险的电流流过，从而避免了触电危险。

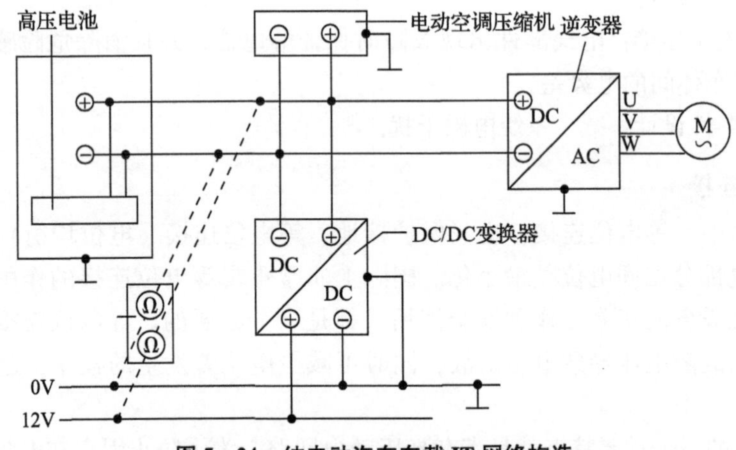

图 5-24 纯电动汽车车载 IT 网络构造

等电位联结所用的保护导体的电阻值应满足下面的导电性试验要求：用一个不超过 60V 的直流电压，动力电路最大电流的 1.5 倍或 25A 的电流（取二者中较大值）通过任何两个进行等电位联结的外露可导电部件，持续时间至少 5s，测量其电压降。根据电流和电压降计算得到的保护导体的电阻值不应超过 0.1Ω。

3. 充电状态时的 TT 或 TN 网络应用

TT 网络是将电气设备的外露可导电部分用保护线与大地直接连接的防护措施，一般可作为一种电击防护措施应用在纯电动汽车充电系统中。如图 5-25 所示，对纯电动汽车车身采用保护接地措施，即利用 PE 线（通过充电线缆）直接接地，与民用供电网络构成 TT 形式。

此时如果人员站在地面上接触到带有危险电压（由于充电设施漏电）的设备外壳，由于保护线PE的电阻很小，故人体两端承受的电压也很小，通过人体的漏电流也就会很小（大部分漏电流都由PE线经大地流回电网），从而使人员的间接触电危险性大大降低。同理也可构成TN－C网络。

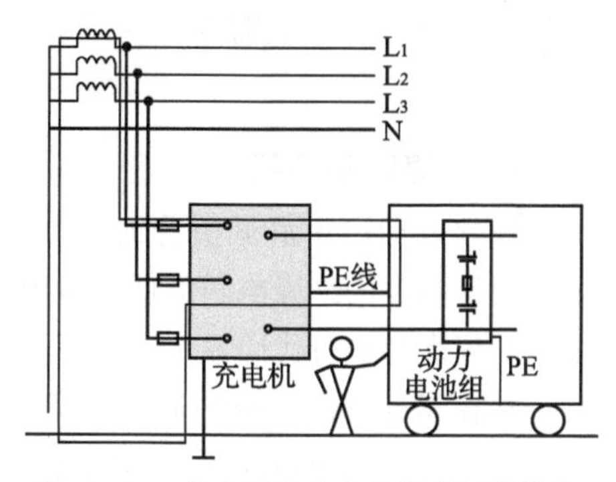

图5－25　纯电动汽车车身保护接地措施

（1）操作注意事项

在进行高压回路的排查前，为了确保安全，一定要按照相应的高压安全操作规程进行作业，操作人员按规定穿戴好防护用品，检查工具的绝缘性。操作时，应戴绝缘手套，穿绝缘靴，站在绝缘台上。将电控部件的残余高电压放至低于36V，以防触电。

（2）故障排查步骤

1）在举升机上升起车辆，找到车底部的电池电源分配盒，拔掉电源分配盒，连接高压配电箱的高压线束插接件。

2）打开电源分配盒盒盖，用绝缘表测量电池组的正负极分别对车体电底盘的绝缘电阻，称为绝缘a；用绝缘表测量被拆下的连接高压配电箱的高压线束上的正负极分别对电底盘的绝缘电阻，称为绝缘b。

3）如果绝缘a低于报警电阻阈值，而绝缘b阻值正常，说明绝缘故障在后部的电池箱端，反之则在前部的高压配电箱端，如果绝缘a、b均过低，则前后部均存在故障。

4）如果绝缘问题在电池箱端，则拔掉所有的电池组的进线，即电池组进入电源分配盒的正负极，此时电源分配盒是孤立的，没有连接。测量电源分配盒铜排对电底盘的绝缘电阻，如果电阻过低，则电源分配盒有故障，否则没有问题。

5）依次测量电池组的正负极对电底盘的绝缘电阻，如果过低，说明对应的电池组有绝缘问题，需要进一步开箱查找电池本身原因。

6）如果绝缘问题在高压配电箱端，可以拔掉高压盒的高压电器负载接线，如驱动电机、DC/DC变换器、空调、PTC、和车载充电机等，同时测量高压配电箱内的总正总负对电底盘的绝缘电阻。在负载接线被逐个拔掉的过程中，如其中一个负载接线拔掉后，绝缘正常或提升了，说明这个负载设备存在问题。

5.2.2　绝缘防护

人体能承受的安全电压值的大小取决于人体允许通过的电流和人体的电阻。有关研究表明，人体电阻一般在1000～3000Ω。人体电阻与皮肤状态有关，在干燥、洁净及无破损的情况下，可高达几十kΩ，而潮湿的皮肤电阻可能降到1kΩ以下。根据国际电工标准的要求，人体直接接触电气系统任何一处的时候，流经人体的电流应该小于2mA。因此，纯电动汽车电气系统绝缘问题，应确保绝缘电阻能够满足人身安全需求，保证绝缘电阻值大于100Ω，动力系统的测量阶段最小瞬间绝缘电阻为500Ω。对于电动汽车，因考虑到高压电的危害性，在车上需要提供绝缘电阻监控系统，在监测到绝缘电阻小于100Ω时，电路自动断开。

1. 绝缘防护等级

通常电动汽车最低报警绝缘电阻值设定为500kΩ，由电池管理系统BMS来承担检测功能，当检测到的绝缘电阻值低于该值时，BMS将对应的绝缘故障码上报给上位机，整车上则由组合仪表来进行代码显示和故障灯报警。BMS的绝缘监测子系统一端连接在高压上，另一端连接在车身底盘。BMS通过采集高压正/负和车身底盘间的电势差来判断绝缘是否失效。当电箱进水，电箱与高压间的绝缘电阻失效时，由于有些车辆的电箱与车身间采用绝缘垫，箱体未与BMS相连，所以BMS只能检测高压与车身的绝缘失效，不能检测箱体与高压的绝缘失效。

根据GB/T 18384. 3—2015《电动汽车安全要求 第3部分 人员触电防护》，根据电路的工作电压 U，将电路分为两个等级，见表5-6。

表5-6 电路等级

电压级别	工作电压	
	直流电压/V	（15～150Hz）交流电压有效值/V
A	$0 < U \leqslant 60$	$0 < U \leqslant 25$
B	$60 < U \leqslant 1000$	$25 < U \leqslant 660$

关于绝缘防护的一些重要定义见表5-7。

表5-7 关于绝缘防护的一些重要定义（根据GB/T 18384. 3—2015）

名称	定义
基本绝缘	带电部件上对防触电（在没有故障的状态下）起到基本保护作用的绝缘
附加绝缘	为了在基本绝缘故障情况下防止触电，而在基本绝缘之外使用的独立绝缘
双重绝缘	同时具有基本绝缘和附加绝缘的绝缘
加强绝缘	提供相当于双重绝缘保护程度的带电部件上的绝缘结构
直接接触	人员与带电部件的接触
间接接触	人员与基本绝缘故障情况下变为带电的外露可导电部件之间的接触
外壳防护等级（IP代码）	对带电部件的试纸、试具、试线接触所提供的防护程度 具体参见国家标准GB/T 4208-2017

1）定义Ⅰ类设备（图5-26），是依靠基本绝缘对带电部件进行防触电保护，并把这个设备中外露可导电部件与保护导体相连的设备。

2）定义Ⅱ类设备（图5-27、图5-28），是使用双重绝缘或加强绝缘进行防触电保护的设备。

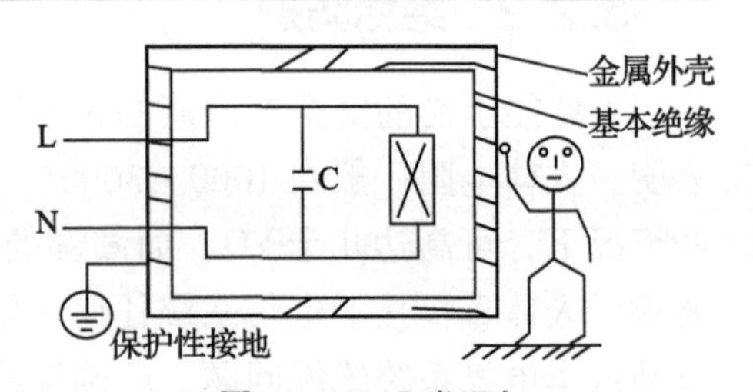

图5-26 Ⅰ类设备

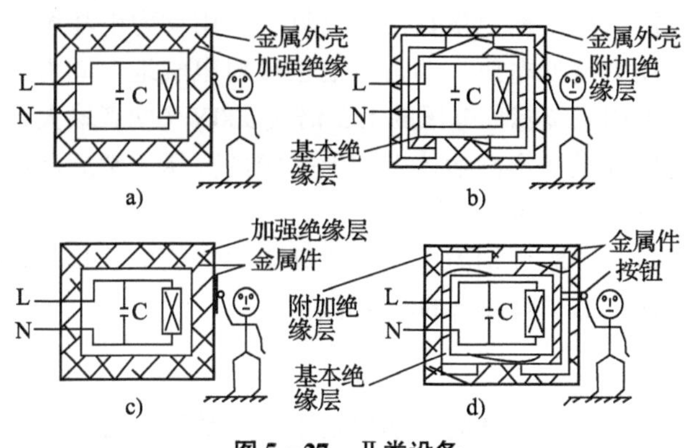

图 5－27　Ⅱ类设备

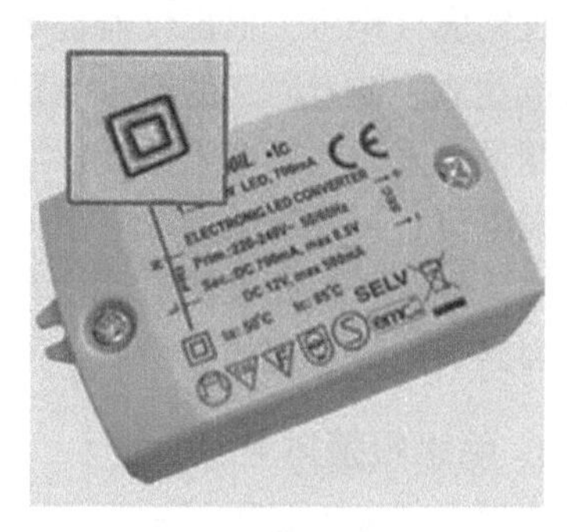

图 5－28　Ⅱ类设备图标

2. 触电防护

触电防护应包含防止人员与任何带电部件的直接接触以及在带电部件的基本绝缘故障的情况下的触电防护。对于 A 级电压的电路不要求提供触电防护。

直接接触防护：对于任何 B 级电压电路的带电部件，都应为人员提供危险接触的防护。直接接触防护应由带电部件的基本绝缘提供或由遮挡/外壳，或两者组合来提供，并满足标准中涉及的要求。

基本绝缘故障情况下的防护：任何 B 级电压电路的带电部件的基本绝缘故障时，应防止人员与外露可导电部件接触而导致的触电电危害。故障情况下，应由Ⅰ类设备（满足电位均衡要求）和Ⅱ类设备（满足绝缘要求）或两者组合来防护。

高压安全监控系统分为四大模块（图 5－29）：

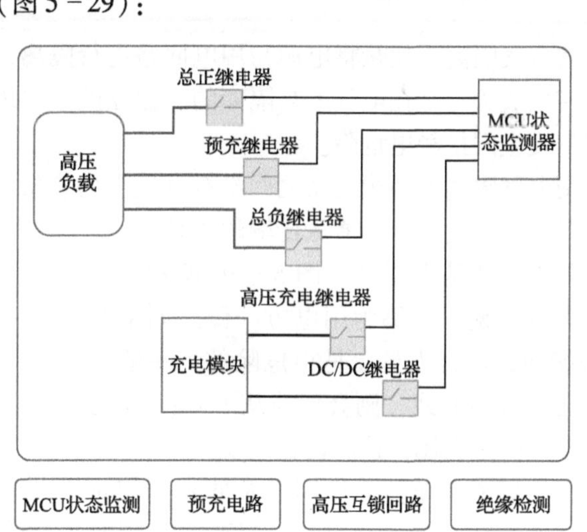

图 5－29　纯电动汽车高压安全防护系统

1）MCU 状态监测：实时显示高压系统工作时继电器通断。

2）预充电路：正常上电、非正常上电冲击。

3）高压环路互锁：监测高压设备之间的连接是否正常。

4）绝缘检测：监测高压系统是否对车身完全绝缘。

在动力电池绝缘电阻测试前，电动汽车断开高压电，并断开动力电池与驱动电路的连接。

如果手动地去测试，显然较为耗时，且需要反复地记录数据并计算。使用动力电池绝缘电阻测试仪完成自检后，根据仪器提示测量动力电池电压、动力电池正极对电气地、动力电池负极对电气地。动力回路的绝缘电阻需要采用系统标称电压的1.5倍或500V（两者取大者）来完成测量，采用绝缘电阻测量仪测量的原理是在实测物体上加上一定的高压，然后测试流过它的漏电流，再换算成绝缘电阻值，由测量工具显示出结果。

测量方法：断开被测电动汽车高压电，并断开动力电池与驱动电路之间的连接。在高压动力回路上选择合适的测量点，测量测试点对车身底盘的绝缘电阻。

3. 绝缘报警排查

当组合仪表上显示了故障码或警告灯时，表示此时车辆出现了绝缘故障，必须马上排查故障，以免出现人身安全事故。

根据现场故障表现来看，故障种类和故障部件表现多样，可根据以下步骤进行初步排查。

1）如车辆仪表能正常显示，并正确反映是否有故障，说明BMS绝缘监测系统本身应该是正常工作的。

2）如车辆仪表显示绝缘无连接，有对应的故障码，应该检查低压控制线路是否正确或可靠连接。

3）排除了低压连接线路问题，则需要排除CAN通信是否正常。

4）当车辆仪表明确显示有故障，此时表明车辆的绝缘故障发生在高压回路上，高电压部件出现了绝缘电阻过低的情况，需要对高电压部件进行相关检查。

5.2.3 电气隔离

所谓电气隔离，就是将电源与用电回路进行隔离，即将用电的分支电路与整个电气系统隔离，使之成为一个在电气上被隔离的、独立的不接地安全系统，以防止在裸露导体故障带电情况下发生间接触电危险。

采用电气隔离的两边电路之间没有电气上的直接联系。两个电路之间是相互绝缘的，同时还要保证两个电路维持能量传输的关系。

电气隔离的基本原理如图5－30所示，左侧为供电方一侧，右侧为用电方一侧。如果左侧N级接地，那么人员a是很危险的，一般其站在地面上碰触L线，则会形成从L－a－N的回路，电流流过人体，造成伤亡。

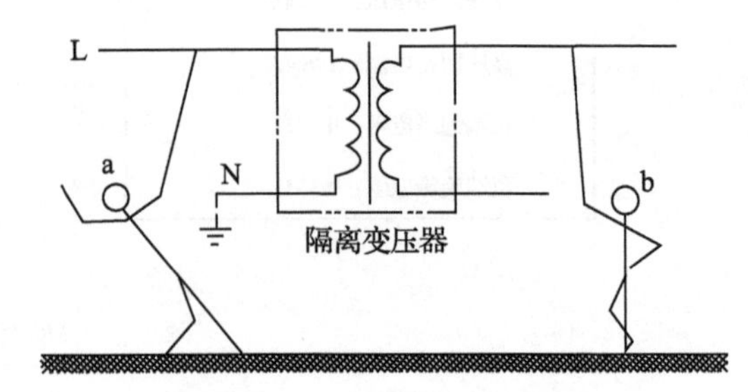

图5－30　电气隔离的基本原理

而因为隔离变压器的作用，人员b是相对安全的，无论触及哪一根电线。只要不是同时触及用电方一侧的两根电线，就不会有触电危险。这就是电气隔离的绝缘安全作用。

纯电动汽车DC/DC变换器中的变压器起到了电气隔离的绝缘效果，将高压与低压完全隔离开。如图5－31所示，以某纯电动汽车的DC/DC变换器为例，因为有了电气绝缘措施（有隔离效果的变压器），即使高压一侧（DC288V）一根母线绝缘故障（与车架连通），在低压一侧操作人员在接触车架的同时接触任意一根低压线都是绝对安全的。绝缘电阻检测与车载在线绝缘电阻监测如图 5－31 所示。

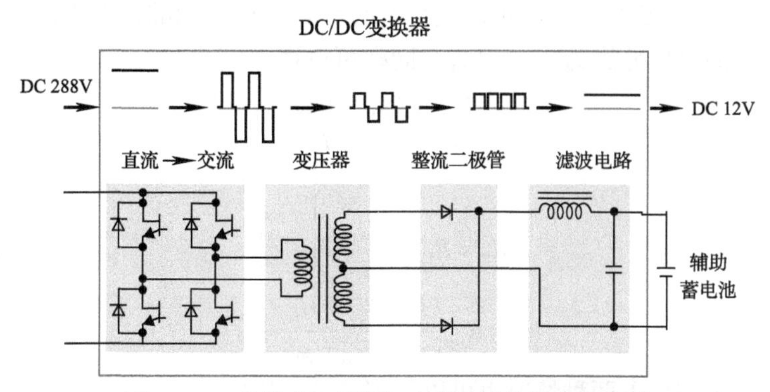

图 5－31 绝缘电阻检测与车载在线绝缘电阻监测

纯电动汽车是复杂的机电一体化产品，许多部件包括动力电池、电机、充电机、能量回收装置、辅助电池充电装置等都会涉及高压电器绝缘问题。这些部件的工作条件比较恶劣，振动、酸碱气体的腐蚀、温度及湿度的变化，都有可能造成动力电缆及其他绝缘材料迅速老化甚至绝缘破损，使设备绝缘强度大大降低，危及人身安全。

国家标准对人员的触电防护提出了明确的要求，其中包括对绝缘电阻值的最低要求。动力系统的测量阶段最小瞬间绝缘电阻为 0.5kΩ，各整车厂开发的纯电动汽车，则根据各自设定的电压等级来确定动力系统的绝缘电阻报警阈值。一旦纯电动汽车因为这些绝缘故障触及这些阈值，则绝缘在线监测模块会发送信号给控制器，控制器会降低车辆输出功率，或在合适的时候断开主电路继电器，使系统断电。

纯电动汽车直流高压系统的绝缘检测技术有很多种：

1）继电器检测：灵敏度低。

2）平衡电桥法检测：在正负极绝缘同时降低时不能准确及时报警。

3）注入交流信号法：会使直流系统纹波增大，影响供电质量，而且系统的分布电容会直接影响测量结果，分辨率低。

纯电动汽车直流系统电压等级涵盖 90～500V 的宽范围，而且运行过程中电压频繁变化。利用端电压监测系统绝缘状况的方法可以较好地解决上述问题，具有较高的精度，完全适合在纯电动汽车上应用。

纯电动汽车的绝缘状况以直流正负母线对地的绝缘电阻来衡量。纯电动汽车绝缘电阻测量原理如图 5－32所示。

纯电动汽车的绝缘状况以直流正负母线对地的绝缘电阻来衡量。

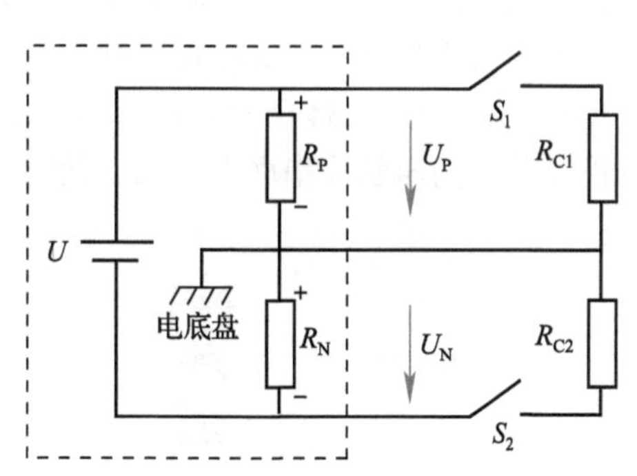

图 5－32 纯电动汽车绝缘电阻测量原理

通过测量纯电动汽车直流母线与电底盘之间的电压，计算得到系统的绝缘电阻值。假设纯电动汽车的直流系统电压（即电池总电压）为 U，待测的正、负母线与电底盘之间的绝缘电阻分别为 R_P、R_N，正、负母线与电底盘之间的电压分别为 U_P、U_N，则待测直流系统的等效模型如图 5－32 中的虚线框内所示。工作原理如下：当开关 S_1、S_2 全部断开时，测量正、负母线与电底盘之间的电压分别为 U_{P0}、U_{N0}，由电路定律可以得

$$U_{P0}/R_P = U_{N0}/R_N$$

当开关 S_1 闭合、S_2 断开时，在正母线与电底盘之间加入标准偏置电阻 R_{C1}，测量正、负母线与电底盘之间的电压分别为 U_{PP}、U_{NP}，同样可以得

$$\frac{U_{PP}}{R_P} + \frac{U_{PP}}{C_1} = \frac{U_{NP}}{R_N}$$

由上两式联合求解，得

$$R_P = R_{C_1}\left(\frac{U_{NP}}{U_{N0}U_{PP}} - 1\right)$$

$$R_N = R_{C_1}\left(\frac{U_{P0}U_{NP} - U_{N0}U_{PP}}{U_{P0}U_{PP}}\right)$$

同样，绝缘电阻在以下两种情况也可以得到：

1）S_1、S_2 全部断开和 S_1 断开、S_2 闭合；

2）S_1 闭合、S_2 断开和 S_1 断开、S_2 闭合。

由上述计算公式可知，绝缘电阻、的具体数值由 4 个测量电压值和已知标准电阻计算得到，最终结果的精度与电压测量和标准电阻的精度直接相关。另外，开关动作前后，电池电压随汽车加、减速的变化对结果的影响也应分析。

5.2.4 手动高压断开装置

在纯电动汽车的装配、保养和维修的操作中，需要有手动断开电气回路的功能，保证在操作过程中人员和能接触到的电气设备上面不带有危险电压。

纯电动汽车的动力来源是动力电池，动力电池的电压与其放电能力、放电效率有很大的关系。当动力电池电压处于低电压时仍大电流放电，将会损坏高压用电设备并会严重影响电池使用寿命。当检测到电压过高或过低时，应及时切断相关回路。为了保障纯电动汽车在动力蓄电池低压时用电器及动力蓄电池和驾乘人员的安全，电压检测电路会对高压电路系统工作电压进行实时准确的检测和安全合理的故障处理。纯电动汽车上应用最多的手动高压断开装置称为维护开关，又称保养开关、保养插头，位于动力电池组的电气中。其结构、原理如图 5－33、图 5－34 所示：动力电池中电池单体串联并联组合成两个部分，这两个部分通过维护开关的高压触头串联在一起，同时维护开关也是安全线完整回路中不可缺少的一个环节。

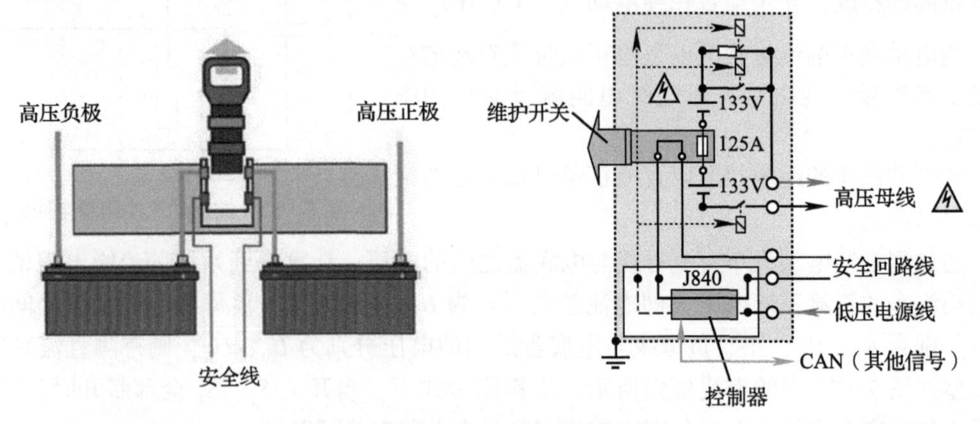

图 5－33　手动高压断开装置结构

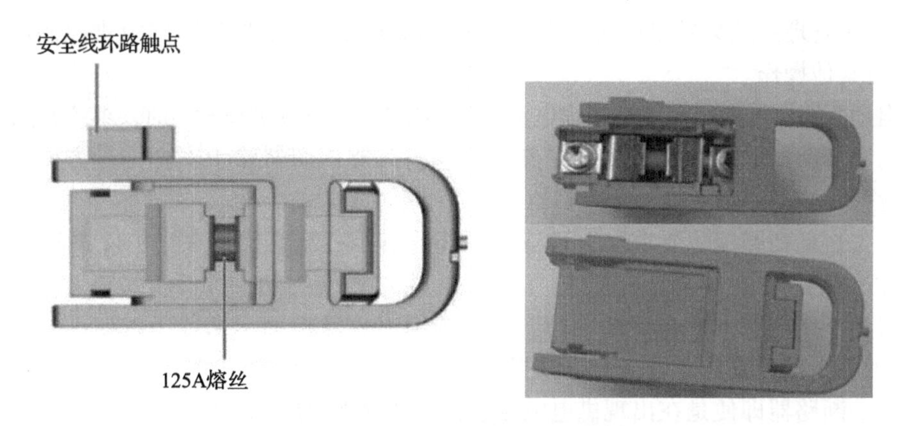

图 5－34　手动高压断开装置原理

在拔下维护开关之前，务必佩戴好绝缘护具，例如高压绝缘手套、防护眼镜等。将启动开关设置在 OFF 位，并且断开低压线路，防止在插拔开关时产生有害电弧引起对人的伤害。

拔下维护开关，会断开安全线，动力电池的两部分也就断开了，其最高电压一分为二，同时高压回路彻底断开。

手动高压断开装置的断开操作或拆卸无需任何辅助工具（防护用具除外）。

5.2.5　自动断路

汽车受到运行道路环境及驾驶人操控的影响，其运行状态会随时发生变化，动力电池的放电电流会随驾驶人的操控而发生明显变化。当电流超过预设定的允许范围，就会引起温度快速升高，此时不仅影响电池的寿命，而且在极端情况下还会引起异常的反应，造成汽车功率器件的损坏，危及汽车高压系统安全。因此，这就要求高压管理系统需对动力电池实时进行电流监控，当检测到电流异常时，高压管理系统将会及时切断所有高压回路并发出声光警告。

当汽车高压附件设备发生过载或线路短路时，相关高压回路应能自动切断供电，以确保高压附件设备不被损坏，保证汽车和驾乘人员的安全。如在相关回路中设置熔丝和接触器，当发生过载或短路而引起熔丝或接触器短路时，高压管理系统会通过对接触器触点和相关控制接触器闭合的有效指令进行综合判定，若检测出相关电路故障，高压管理系统会发出声光报警以提示驾驶人。

当发生碰撞、绝缘故障、高压电气回路断开、过流或者短路等时，自动断路功能可以在没有使用者干预的情况下，通过继电器、断路器等装置将高压回路电气回路断开，从而达到保护人员和电气系统的目的，自动断路装置要具备人工复位的功能。

为实现纯电动汽车的控制功能和高压电路的可自行切断保护功能，在电动汽车的高压系统中必须配置可控制的并且有自我保护切断高压回路功能的高压接触器。任何电动汽车在动力主回路中都会配置高压接触器，如果高压接触器触点发生闭合或断开失效时，没有相应的正确处理方式应对，将有可能引起不正常的控制而造成汽车不能正常起动或不能起动。情况严重的话，将会给汽车和人身安全造成危险。鉴于上述问题的严重性，应对高压接触器触点状态进行安全有效的实时监控，并对故障进行处理。当高压接触器触点发生闭合或断开失效故障时，高压管理系统会发出声光警告，以提示操作人员并根据故障的级别控制汽车，判断是否可进行其他操作。

1）自动断路器需要尽可能地接近电池包（高压源），以减少在断电时候继续蓄能的电路。

2）自动断路器的初始状态应该是常开状态，需要控制器给予安全信号方能闭合，以避免高压线路误接通。

3）复位自动断路器应要求操作者施加额外的信号，需其确认在已消除高压危险的情况下方能复位。

4）自动断路器应具有自诊断能力，将其内部的故障检测出来并予以显示，如果不能正常工作，则整车需要特殊处理（停车或报警）。

5）自动断路器即使是在出现供电电压过低的情况下也应能操作。

6）自动断路器需要提供一个输出信号，提前通知其他用电负载，使之能在断电之前有提前响应的时间。

7）行驶过程中等特殊情况不能强行断开。

5.2.6 环路互锁

安全回路线是个环形线路，通过低压元件（互锁信号源）收发信号来监控高压电网，检查整个高压产品、导线、连接器及护盖的电气完整性（连续性），如果安全回路线断路，高压系统会立即被切断。大众公司混合动力汽车互锁环路系统及其原理如图 5－35、图 5－36 所示。

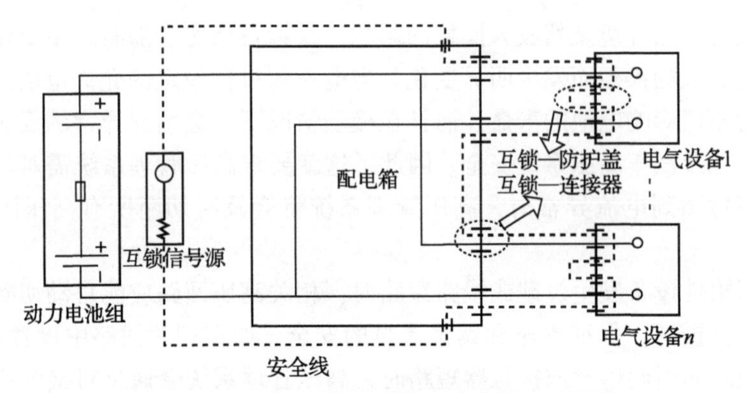

图 5－35　大众公司混合动力汽车互锁环路系统

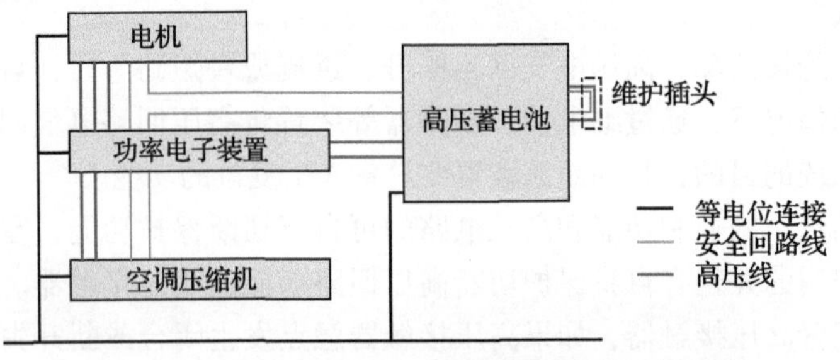

图 5－36　大众公司混合动力汽车互锁环路系统原理

电池控制单元与 CAN 总线相连，除了动力电池能量与温度管理的功能外，还提供高压互锁电路（安全回路）的信号发生与接收，对穿过所有高压部件的安全回路线路施加电流监控信号。

这些安全回路线也是安全线（图 5－37），从电池控制单元引出到电池控制单元终端。这些安全线可以通过高压连线与高压插接头将各个高压部件串联起来，并且与高压部件壳体盖触发器同样能够通过桥式连接与安全线相连。

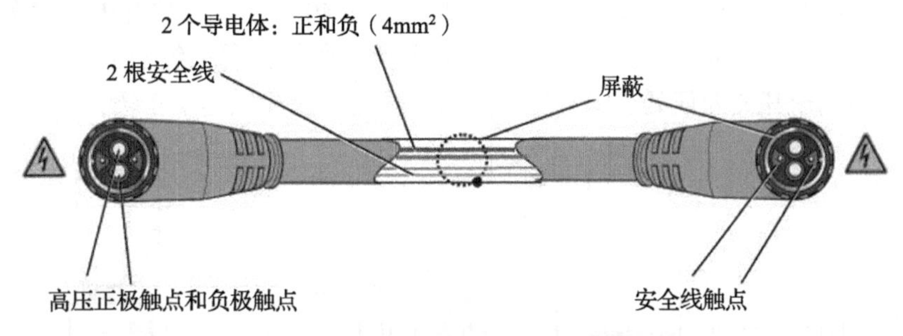

图 5－37　大众公司高压连接线总成

高压连接线的切断、壳体的打开或发动机舱盖的开启都会导致安全线回路断路，电池控制单元就接收不到电流信号，则马上命令相应的高压回路主继电器断开，令整车断电，并且开始主动放电。

图 5－38 所示为奔驰公司安装在车架上的 2 个发动机舱盖触发器开关，电池控制单元还通过 CAN 总线与其他传感器或控制器相连，当它接收到相关传感器发出的碰撞信号或安全带张紧信号或绝缘故障信号时也会出发断电条件命令断开高压回路，或强制限制动力电池输出降低车辆功率。

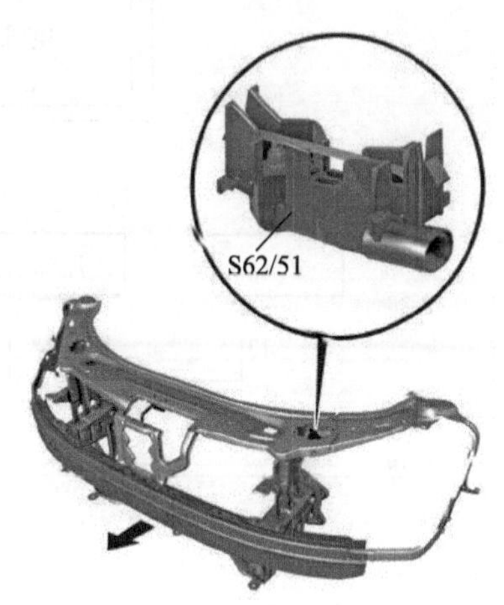

图 5－38　奔驰公司安装在车架上的 2 个发动机舱盖触发器开关

高压回路互锁主要是保证高压电路连接的可靠程度，危险电压闭锁回路也称为高压互锁回路，它是典型的互锁系统，通过使用电气的信号来检查整个模块、导线及连接器的电气完整性。当高压安全管理系统检测到某处连接断开或某处连接没有达到预期的可靠性时，安全管理系统将直接或通过整车控制器切断相关动力电源的输出并发出声光警告，直到该故障完全排除。

5.2.7　功能互锁

1. 主动放电

当高压电路与电池包断开后（例如，自动断开装置或手动断开装置起动时），由于有容性储能元件及线束上本身存在的容性，高压母线仍会残留对人体造成电击伤害的危险电压，因此有必要将高压母线的电压释放到安全范围内。

2. 充电互锁

出于安全考虑，纯电动汽车要带有充电功能互锁的功能。充电时，整个驱动系统都需要处于断电状态，即驱动系统高压接触器需处于断开状态，当高压安全管理系统接收到有效的充电信息指令后，高压管理系统首先检测驱动系统相关接触器是否处于断开状态。若处于断开状态则闭合充电回路相关接触器，否则充电接触器将不会闭合，高压管理系统将发出声光警告以提醒相关人员，直至故障排除。

在充电时，纯电动汽车动力系统要处于断开状态，以防止纯电动汽车连接在充电电源上时被意外起动，高低压互锁电路原理如图5－39、图5－40所示。一些纯电动汽车是通过车辆端的充电插口实现该功能的，当充电插口插入充电插头时，控制系统会辨认插头已经连接到位。这时车辆的起动开关即便处于ON位，操作人员也不能真正起动车辆，加速踏板失效。

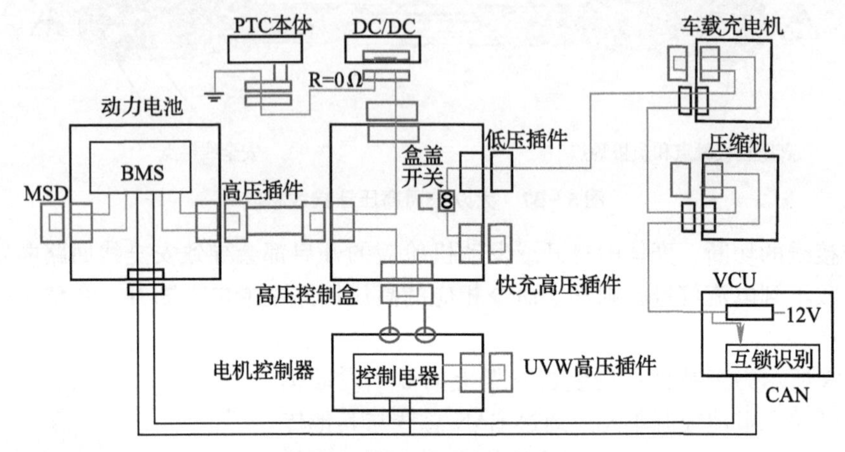

图5－39　高低压互锁电路原理一

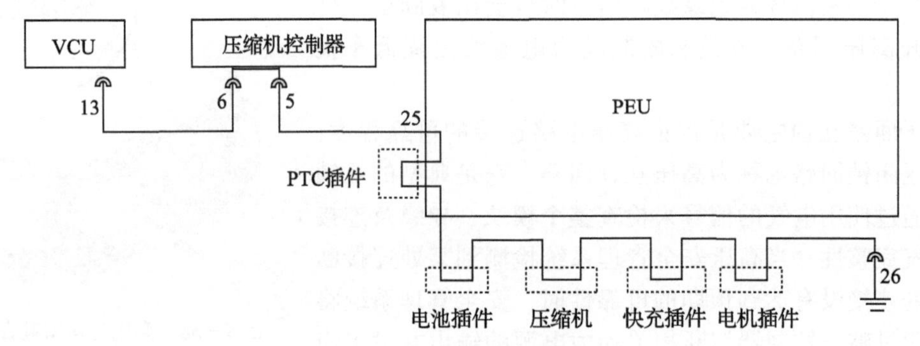

图5－40　高低压互锁电路原理二

5.2.8　主动放电

由于高压系统的电机控制器和电动空调等高压部件存在大量的电容。当高压主回路断开时，因高压部件电容的存在，高压系统中还存有很高的电压和电能。为避免对人员和汽车造成危害，在切断高压系统后应将电容的高压电通过并联在高压系统中的电阻释放掉。有些电动车辆会在电驱动单元中安装主动或被动放电装置，来缩短有害电压在车辆高压回路断开后在驱动元器件中存留的时间，增加高压安全保护的效果。

由于驱动三相永磁无刷电机的逆变器内会装有容量较大的中间电容器作为电机的“蓄能装置”，因此在车辆的低压控制电路或高压系统回路被切断时（如有撞车信号或认为拔掉高压插头等），中间电容器会通过一个电阻主动放电。图5－41所示为奥迪混合动力汽车电子驱动单元主动放电结构与原理。

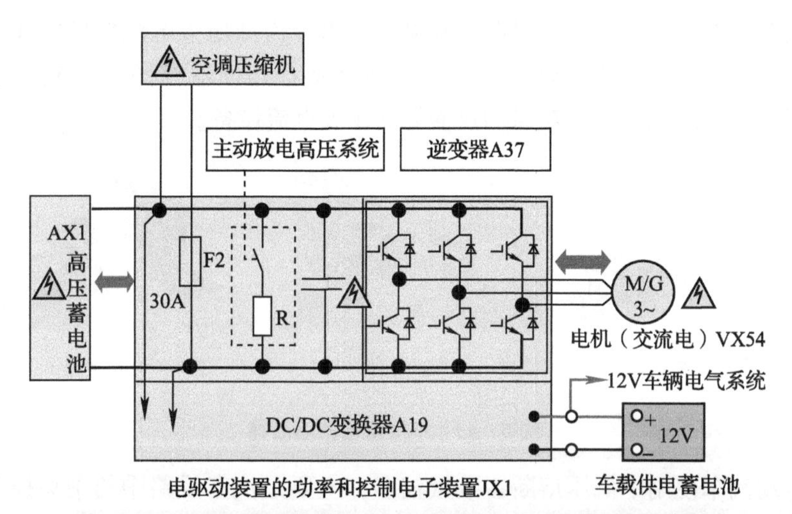

图 5-41 奥迪混合动力汽车电子驱动单元主动放电结构与原理

通过与中间电容器并联合适大小的电阻和开关时间可实现主动放电功能。

主动放电由动力电池管理系统来控制，当高压系统被切断或低压控制线路被切断时，控制器就会闭合放电电阻支路上的开关，使中间电容与电阻构成临时回路，电流流过电阻，将电能能量以热量的方式消耗掉。

5.2.9 高压熔断器

熔断器接在电路中，当电流超过规定值和规定的时间时使电路断开。熔断器是一个热能响应器件，熔断器中的熔片或熔丝是用电阻率较高的易熔合金制成的，或用截面积较小的导体制成的。为了保护线束及其他设备，它被有意设计和制造成线路中最弱的一部分，线路在正常工作情况下，熔断器中的熔片或熔丝不会熔断；当系统中一旦发生短路或严重过载时，熔片或熔丝会立即熔断，从而保护电路和电器设备。

纯电动汽车的驱动部分及高压附件系统的电源均为高压动力电池电源，为保护车辆及乘员安全，相关动力电池电源回路均选用相应高压熔断器作为短路保护措施。在遇到过流或短路情况时，理想熔断器的断开时间不超过 5ms。

图 5-42 所示为纯电动汽车熔断器布置方案。

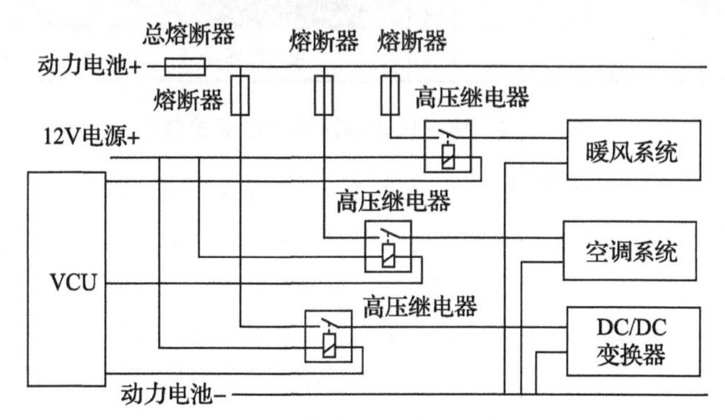

图 5-42 纯电动汽车熔断器布置方案

从应用线路上考虑，整车线路根据电流强弱可以分为高压大电流保护区和中低压小电流保护区。一般情况下，一辆纯电动汽车使用4~5个高压熔断器（图5-43），主要包括电机控制器、空调线路、DC/DC、电池组加热器等高压大电流设备。

a）美标　　b）法标　　c）英标

图5-43　不同规格的熔断器

一辆纯电动汽车使用中低压熔断器数量较多，主要是汽车线路中的中央控制盒，包括灯光线路、音响线路、刮水器线路等电器设备。其中的中低压、小电流保护区，熔断器可以按照传统燃油车的规范条件选择。

5.2.10　预充电保护

预充电管理保护是新能源汽车中必不可少的重要环节，其中，纯电动汽车预充电的主要作用是给逆变器的大电容进行充电，以减少接触器接触时火花拉弧，降低冲击，增加安全性。

预充电系统一般都与电池组布置在一起，有些纯电动汽车也将其与配电箱放在一起。

图5-44所示为第三代普锐斯的高压接线盒，3个系统主继电器（SMR）根据电源管理系统的信号，接通或断开高压线路。

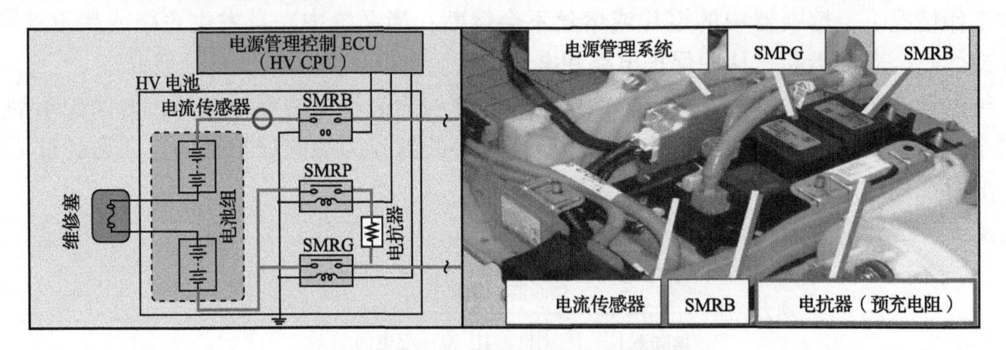

图5-44　第三代普锐斯预充电保护装置

例如，第三代普锐斯的电机控制器负载前端都有较大的电容C，在冷态起动时，C上无电荷或只有很低的残留电压。当无预充电时，主继电器SMPG、SMRB直接与C接通，此时蓄电池电压有201.6V（高压），而负载电容C上电压接近0V，相当于瞬间短路，负载电阻仅仅是导线和继电器触点的电阻，一般远小于20mΩ。根据欧姆定律，回路电阻按20mΩ计算，最大压差按201.6V计算，瞬间电流I=201.6V/0.02Ω=10080A。继电器SMRP以及SMRB会立即烧毁。

如果在主继电器接通预充电阻旁路，则会大大减少上电过程中的冲击电流，比如，旁路串联电阻值为25Ω，上电时的电流 $I=201.6\text{V}/25\Omega=8\text{A}$，主继电器不会有任何损坏危险。而随着电容两端的电压越来越高，电流越来越小，在合适的时候旁路继电器断开，接通主继电器，则不再有大电流冲击，实现安全上电。

5.2.11 漏电保护

电动汽车是以大容量动力电池驱动汽车，电力未切断的动力电池会对汽车和人员造成不容忽视的威胁和伤害。若汽车在行驶过程中发生碰撞、翻滚或在充电状态中被其他汽车撞击等意外事故，将会使动力电池组、高压用电设备及高压线束等与车身之间发生摩擦或接触，造成潜在的绝缘失效和短路等危险。当高压管理系统接收到相关传感器发出的信息后，应立即关闭高压电，并利用高压系统余电放电电路将汽车高压部件电容端的电压在1s内放掉，避免火灾或漏电事故引起的人员触电事故的发生。

漏电保护开关、漏电断路器，主要是用来在设备发生漏电故障时以及对有致命危险的人身触电保护，具有过载和短路保护功能，可用来保护线路或电动机的过载和短路。漏电保护开关在纯电动汽车上主要以绝缘电阻监测系统的形式出现，传统的漏电保护开关主要安装在非车载充电系统上。

漏电保护开关监控与保护工作过程如图5－45所示。

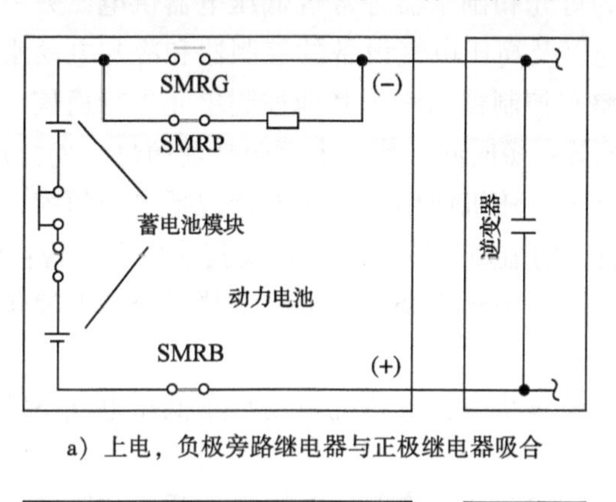

a）上电，负极旁路继电器与正极继电器吸合

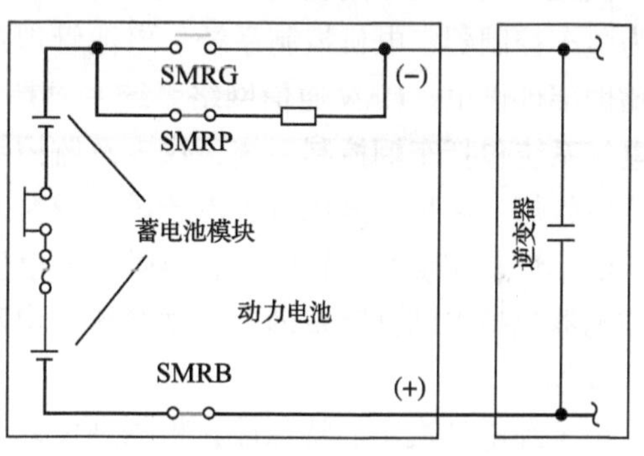

b）电流经过继电器B、P和预充电阻

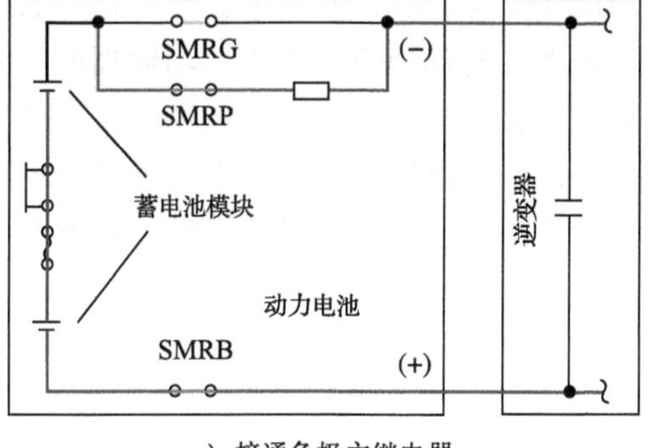

c）接通负极主继电器

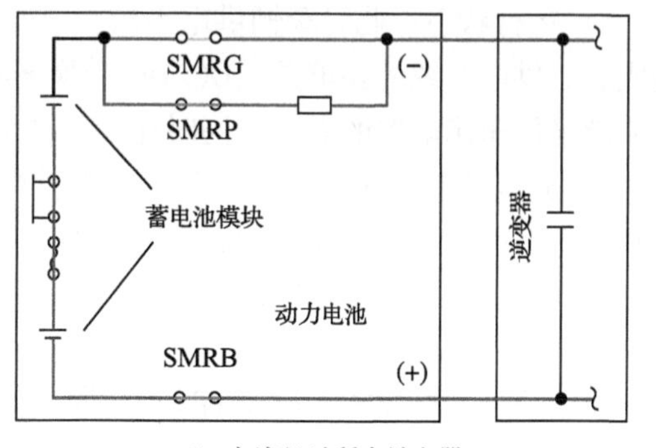

d）电流经过所有继电器

图5－45 漏电保护开关监控与保护工作过程

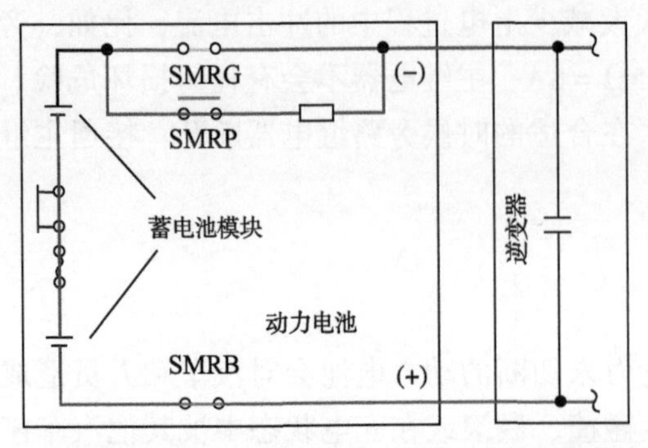

e）旁路继电器断开（车辆这时在仪表显示已经准备就绪）

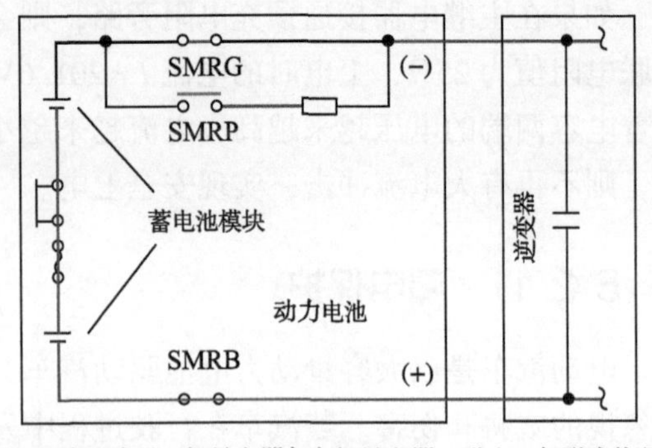

f）电流只流过正极继电器与负极继电器，进入一般形式状况

图 5－45　漏电保护开关监控与保护工作过程（续）

5.3　低压系统电气原理

5.3.1　低压系统的作用与组成

纯电动汽车电气系统需要为常规低压电器及辅助部件供电。

低压电气系统采用直流 12V 电源，一方面为灯光和刮水器等常规低压电器供电，另一方面为整车控制器、电机控制系统、电池管理系统以及高压电气设备的控制器和冷却电动水泵等辅助部件供电。CAN 通信网络系统主要是为整车控制器与汽车其他控制单元进行通信。低压电气系统包括车辆控制系统、仪表及监控系统等；短时间工作用电器包括前照灯、夜行灯、安全警告灯、雾灯、鼓风机、电子风扇及刮水器等；随机使用工作用电器包括电动门窗、洗涤、倒车灯、制动灯、转向灯、喇叭、安全气囊、防盗声光警告装置以及其他用电设备；EV 附加电器包括电动真空泵助力制动系统、电动水泵、电动空调、电池包散热系统、电池包加热系统等。

由于纯电动汽车的特殊性，根据纯电动汽车整车状态，可将纯电动汽车低压电气系统分为运行状态和充电状态两种模式。

1）运行状态。此时车辆供电系统由蓄电池、DC/DC 变换器、电线束、开关和继电器等组成。对供电系统的要求是：DC/DC 变换器必须在汽车运行的所有工况下，均能提供足够的电能满足低压用电器的需求，同时还要保证为蓄电池充电。

2）充电状态。此时车辆供电系统由蓄电池、DC/DC 变换器、车载充电机、电线束、开关和继电器等组成。在充电状态下，供电系统只需提供足够的电能满足充电相关电器部件工作并提供一定的电流为蓄电池充电。

5.3.2　低压电气系统常见故障

电流通过器件或其他介质后流回电源的通路，通常指闭合电路。

由于电动汽车车身是金属结构，其本身就有导电能力，加上汽车电器比较多，如果每个电器都用两根线构成回路，将会使电路结构复杂，成本高，故障率高，维修难度增加，于是根据汽车自身的结构特点，电路制成单线制，即蓄电池负极与车架相连，而每个电器的一根线都与车架相连，即所谓的搭铁。

在维修中经常接触到的电气元件主要有熔丝、继电器、其他控制元件与执行元件等。汽车继电器的特点切换负载功率大，抗冲击、抗振性好。汽车中的电源多用12V，线圈电压大都设计为12V。由于是蓄电池供电、电压不稳定，吸动电压≤60% U_H（定额工作电压）；线圈过电压允许达1.5U_H。线圈功耗较大，一般为1.6～2W，温升较高。熔丝分为高电流熔丝与低电流熔丝，常见的主要有5A（橘黄色）、7.5A（咖啡色）、10A（红色）、15A（蓝色）、20A（黄色）、25A（透明无色）、30A（绿色）、40A（深橘色）。

1．线束故障

线束作为整车用电器电源及信号的传输系统，极其重要，目前无法取消或替代。线束就相当于人的血管、神经。血管用于传输营养，神经用于传递信号。

线束故障主要包括：1）断路；2）短路；3）错路；4）虚接；5）未接。

插件故障主要包括：1）错针；2）倒针；3）虚接；4）短接；5）退针；6）失效；7）未插；8）破损。

要想快速解决生产过程中整车出现的用电器工作不正常现象，必须要有整车电气原理、整车二维线束图、整车电器控制策略等资料，并对以上资料熟练掌握。

所用必备工具：万用表、插件推出器、拨针、PVC绝缘胶带、尖嘴钳、剥线钳等。

2．线束插件问题

用电器线束插件出现问题可根据以下步骤进行检查：

1）检查用电器插件与线束插件是否对插，并检查是否对插到位。

2）检查线束与插针是否连接牢固、插件内插针是否出现退针、插针弯曲等异常现象。

3）根据线束图纸引脚定义检查插件线束位置是否正确。

3．供电电源问题

1）用万用表检测供电电源是否正常，特别注意电源数值是否在用电器正常工作范围内。

2）检查该用电器对应的熔丝是否熔断，如果熔断，应更换。

3）检查线路是否出现电线保护层破损漏电现象。

4．搭铁问题

1）检查用电器线束搭铁点是否与车身搭铁牢固。

2）检查线束搭铁点是否与车身接触、接通良好。

3）使用万用表检查搭铁线束是否与车身接通良好。

5．使能电源问题

1）有些用电器除有供电电源，还有使能电源（ACC电、IG电），确认使能电与档位对应。

2）检查用电器插件与线束插件是否对插，并检查是否对查到位。

3）检查线束与插针是否连接牢固、插件内插针是否出现退针、插针弯曲等异常现象。

4）根据线束图纸引脚定义检查插件线束位置是否正确。

5）使用万用表对相关线路进行导通测试。

6. 电动汽车常见故障及排查方法

（1）对于控制器及灯具的电源

使用诊断仪读取故障码，初步确定故障点，指明排查方向。

应先排查相应熔丝是否烧毁，继电器是否吸合，可将继电器直接短接后看是否有电源；如没有问题，再用万用表对照线束图判断脚位是否正确，是否退针等，对插件电源及地线进行测量是否有电源。

如没有问题，再分段排查线束通断是否正常，是否与地线短接，是否与车身短接。

（2）对于控制器信号线

了解控制策略及失效模式，初步判断故障点。

查看终端插件是否有错针、退针、倒针等现象。

用万用表对两端进行通断检查，看是否与车身短接，是否与插件内其他回路短接。

（3）CAN 总线排查方法

CAN 总线两个终端分别为 BMS 和 VBU，均内嵌一个 120Ω 终端电阻，在蓄电池负极不接的情况下，正常网络的电阻值应为 60Ω，若发现异常则查看终端插件 CAN－H 和 CAN－L 是否有错针、退针、倒针等现象。

蓄电池负极断开时，用万用表检查任意一个含 CAN 插件的 CAN 线电阻，如非 60Ω，则逐一拔掉含 CAN 插件，直至出现 60Ω 时，则刚拔的插件或用电器存在问题。

若仍没有查明原因，则查 CAN 对地、对电是否短接，如果出现短接，可判断 CAN 线与屏蔽层短接，再拨开 CAN 屏蔽排查。

若排查完毕后，线束系统一切正常，则可通过换用电器判定是否用电器本身故障。

总之，线束系统排查首先要掌握电气原理、线束图纸、控制策略及失效模式，在工作中不断积累经验，归类总结失效模式，最终才能在排查过程中得心应手，查明原因，排除故障。

实训任务 1　高压部分的断电与上电

实操所需材料与工具：警示标志，警示隔离带；安全绝缘用具；汽车专用万用表；放电工装；学习用车。

实操步骤：

1）检查实操场地，确认符合操作环境，举升车辆，在地面铺好绝缘垫，车辆举升后注意举升机落锁，且需要在车辆下放置安全支撑。

2）拆除高压电池连接器遮板。

3）如图 5－46 所示，找出高压线束和控制线束，特别需要说明的是需要先断开控制线束再断开高压线束（黑色线束为负极线，橙色线束为正极）：

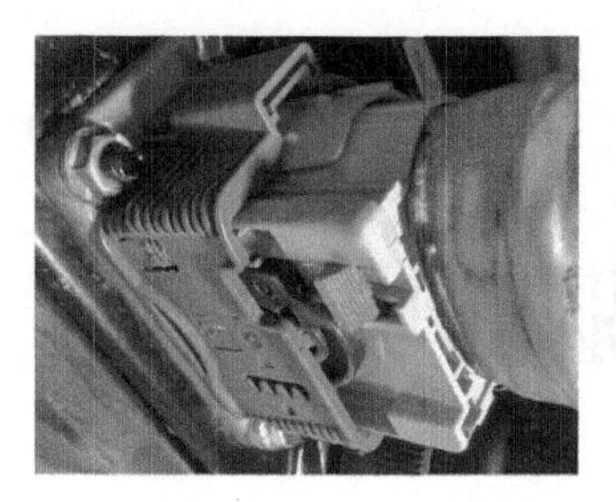

图 5-46　动力电池正、负极的拆装方法

①用万用表对动力电池正、负极测量输出电压，正常应为 0V。

②用万用表对电池箱电池端的高压正、负极连接器进行放电。

③对高压线束端的正、负极连接器进行同样的放电操作。

④用万用表测两端的电压，确认电压为 0V。

实训任务 2　充电线束、高压线路互锁功能故障诊断

实操所需材料与工具：VCI 电动车专用诊断仪；数字万用表（电动汽车专用）；安全绝缘用具；学习用车（EV160 或 EV200 纯电动车）。

实操步骤：

1）实操前，需安置两侧遮拦，增添 1～2 名学生作为安全监护人。

2）关闭点火开关，连接 VCI 电动车专用诊断仪，诊断 VCU 系统读取故障码，并进行记录。

3）关闭点火开关，拆掉 12V 蓄电池负极，等待 5min 以上，并按规范的操作方法完成高压断电操作。

4）检修测量前使用高压放电套装进行高压放电，确保高压电缆插头无电后方可进行测量。

互锁接线原理如图 5-47 所示。

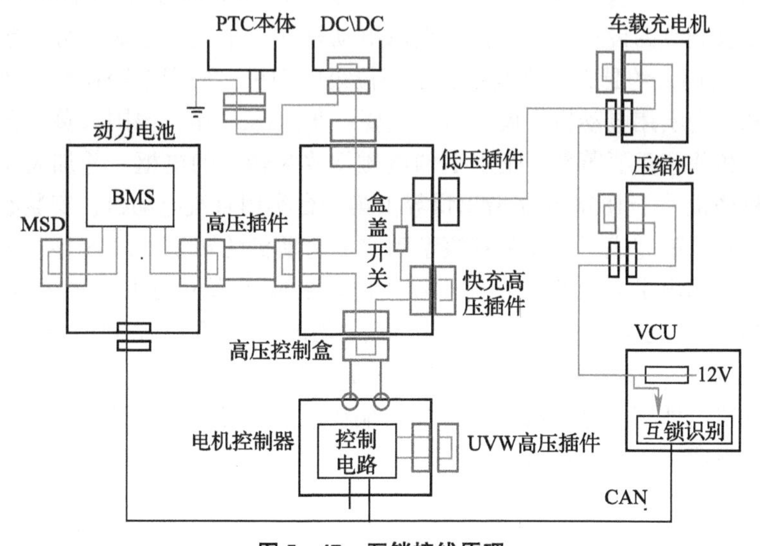

图 5-47　互锁接线原理

项目六

汽车驱动电机

学习目标

1. 掌握电机的基本概念与关键技术参数。
2. 掌握直流电动机工作原理与结构。
3. 掌握交流三相感应电动机工作原理与控制方法。
4. 掌握永磁无刷直流电动机工作原理与控制方法。
5. 掌握永磁同步电机结构与原理。
6. 掌握开关磁阻电动机工作原理。

6.1 电动汽车电机

在正式学习驱动电机结构与原理前，我们先来了解一下电动机的历史来源。1740 年，第一台电动机是由苏格兰僧侣安德鲁·戈登创建的简单的静电设备。1821 年，英国人迈克尔·法拉第发明电动机实验室模型，只要有电流通过线路，线路就会绕着一块永久磁铁不停地转动，成为电动机的雏形。1827 年，匈牙利物理学家安幼思·杰德利克开始尝试用电磁线圈进行试验。杰德利克解决一些技术问题后，称他的设备为“电磁自转机”。虽然只用于教学目的，但第一款杰德利克的设备已包含目前直流电动机的三个主要组成部分：定子、转子和换向器。1831 年，美国人约瑟夫·亨利改进了法拉第电动机，使用电磁铁代替永久磁铁，提高了输出功率，从而向实用电动机发展跨出了重要一步。1834 年，德国人莫里茨·赫尔曼·雅可比对亨利电动机作了重要革新，把水平的电磁铁改为转动的电枢，并加装了换向器，制成了第一台电动机样机，于 1838 年制造出世界上第一台实用直流电动机，安装在船上，并试航成功。从此，电动机就完成了从实验室模型到实用电动机的转化。1835 年，美国一位铁匠汤马斯·达文波特制作出世界上第一台能驱动小电车的应用型电动机，并在 1837 年申请了专利。19 世纪 70 年代初期，世界上最早可商品化的电动机由比利时电机工程师 Zenobe Theophile Gamme 发明。1888 年，美国著名发明家尼古拉·特斯拉应用法拉第电磁感应原理，发明了交流电动机，即感应电动机。1902 年，瑞典工程师丹尼尔森利用特斯拉感应电动机的旋转磁场原理，发明了同步电动机。

6.1.1　电机的基本概念

电机是指依据电磁感应定律实现电能转换或传递的电磁装置。它的主要作用是产生驱动转矩，作为车用电器或各种机械的动力源。通常指电动机（图6－1）、起动机（图6－2）与发电机（图6－3）。

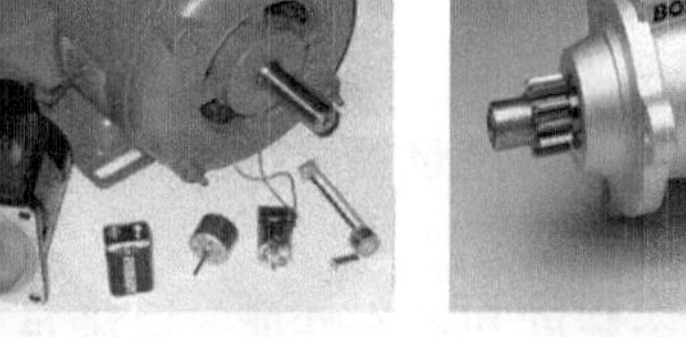

图6－1　电动机

图6－2　起动机

图6－3　发电机

纯电动汽车的驱动电机有有刷或无刷直流电机、永磁或电磁直流电机、交流异步电机、永磁同步电机、开关磁阻电机等，它们的选用也与整车配置、用途和档次有关。另外，驱动电机的调速控制可分为有级调速和无级调速，有采用电子调速控制器和不用调速控制器之分。

电动机有轮毂电机、内转子电机以及单电机驱动、多电机驱动和组合电机驱动等。电动汽车的电机驱动系统把电能转化为机械能，并通过传动装置或直接将动力传递到车轮，进而驱动车辆按照驾驶人意志行驶，是电动汽车的关键系统之一。它在电动汽车上的具体任务是：在驾驶人操纵控制下，将内燃机-发电机系统、动力电池组的电能转化为车轮的动能驱动车辆，并在车辆制动时把车辆的动能再生为电能反馈到动力电池中以实现车辆的再生制动。近90%的电动机由旋转场设备组成，其主要优势在于可通过旋转场从定子向转子进行非接触式能量传输。这样就不需要直流电机换向器等磨损件。因此，这类设备磨损低，所需维护少。图6－4所示为带电动机的变速器，通常应用在欧洲的混合动力车辆中。

图6－4　带电动机的变速器

电机的关键参数如下：

额定转速：在额定功率下电机的转速，单位为转/分（r/min）。

电机转矩：电动机的输出转矩，为电机的基本参数之一，常用单位为N·m。

额定功率：电机在额定电压、额定环境等条件下电机轴上的输出功率，常用单位是kW。

效率：指电机有效输出功率与输入功率之比，不同类型电机效率曲线也不同。对于电动汽车而言，电机效率η可以表示为

$$\eta = P_2/P_1 = (P_1 - \sum p)/P_1 = 1 - \sum p/P_1$$

式中，$\sum p$是电机总损耗，包括机械损耗与铁心损耗、定子恒定损耗和转子绕组发热损耗、杂散损耗；P_2是有效输出功率；P_1是实际输出功率。单位均为kW。

输出机械功率P（kW）、转矩（N·m）与转速（r/min）之间的关系为

$$P = Tn/9550$$

电动汽车对电机的要求主要有如下 10 点：

1）电压高。在允许的范围内，尽可能采用高电压，可以减小电机的尺寸和重量，特别是可以降低逆变器的成本。

2）转速高。电动汽车所采用的感应电动机的转速可以达到 8000 ~ 12000r/min，高转速电动机的体积较小、重量较轻，有利于降低整车的装备质量。

3）重量轻，体积小。可通过采用铝合金外壳等途径降低电动机的重量，各种控制装置和冷却系统的材料等也尽可能选用轻质材料。

4）电机应具有较大的起动转矩和较宽范围的调速性能，以满足起动、加速、行驶、减速、制动所需的功率与转矩。

5）电动汽车驱动电机需要有 4 ~ 5 倍的过载能力，以满足短时加速行驶与最大爬坡度的要求，而工业驱动电机只要求有 2 倍左右的过载即可。

6）电动汽车驱动电机应具有高的可控性、稳态精度和动态性能，以满足多部电机协调运行，而工业驱动电机只要求满足某一种特定的性能。

7）电机应具有高效率、低损耗，在车辆减速时可进行制动能量回收。

8）电气系统安全性和控制系统的安全性应达到有关标准和规定。

9）电机应具有高的可靠性、耐温和耐潮性，运行时噪声低，能够在较恶劣的条件下长期工作。

10）结构简单、适合大批量生产、使用维修方便、价格便宜等。

6.1.2 直流电机

1. 直流电机的基本结构

直流电机基本结构如图 6 - 5 所示。在两个磁极（N 极和 S 极）中间，装有一个可以转动的线圈（称为电枢绕组），线圈的首末两端分别连接两片圆弧形的换向片（铜片），两个换向片之间、换向片与转轴（与线圈一起旋转）之间均相互绝缘。线圈通过换向器和电刷和外电路接通。

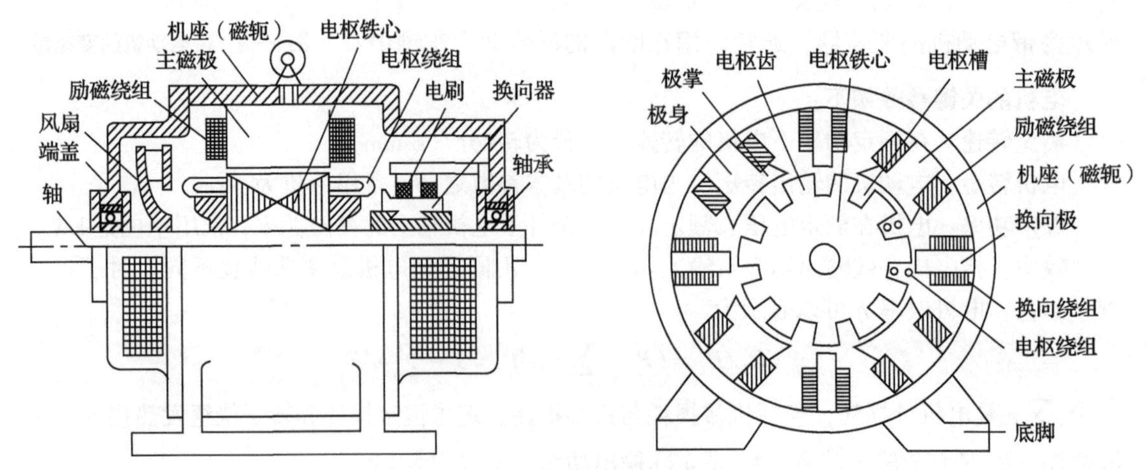

图 6 - 5 直流电动机的基本结构

定子（固定部分）：产生磁通和支撑电机。

转子（转动部分，如图 6－6 所示）：产生电磁转矩或感应电动势。

工作原理如图 6－7 所示，由电磁感应原理可知，通电线圈在磁场中受到逆时针方向的力矩作用。

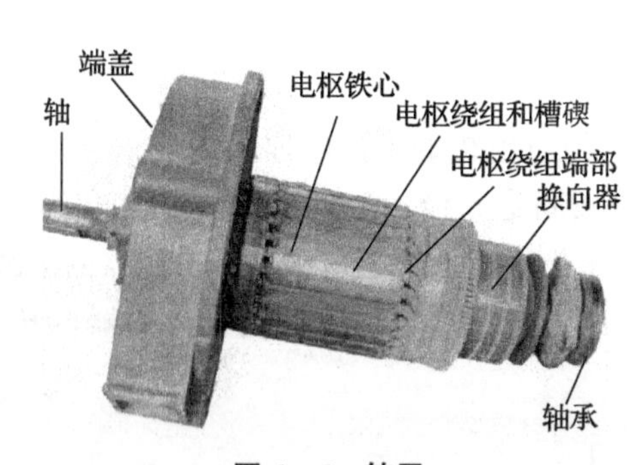

图 6－6　转子

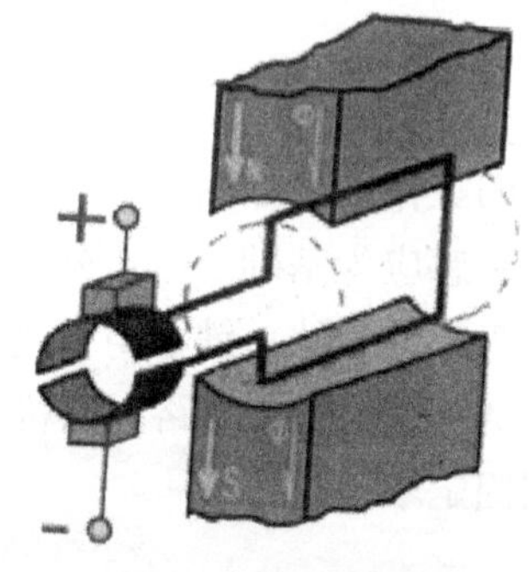

图 6－7　工作原理

（1）定子

如图 6－8 所示，定子的主要功用是产生磁通和进行机械固定。

主磁极：作用是产生主磁场。磁极可以是永磁式的，也可以是励磁式的。励磁式磁极通常由厚 0.5～1mm 的低碳钢片叠装而成，在磁极铁心上绕有励磁绕组。整个磁极利用螺杆固定在磁轭（机座）上。

换向极：作用是改善换向，减小电机运行时电刷与换向器之间产生的火花。如同主磁极一样，换向极也由铁心和绕组两部分组成并固定在磁轭（机座）上。

机座也称机壳，用以固定主磁极、换向极和端盖等，也为其磁通路。

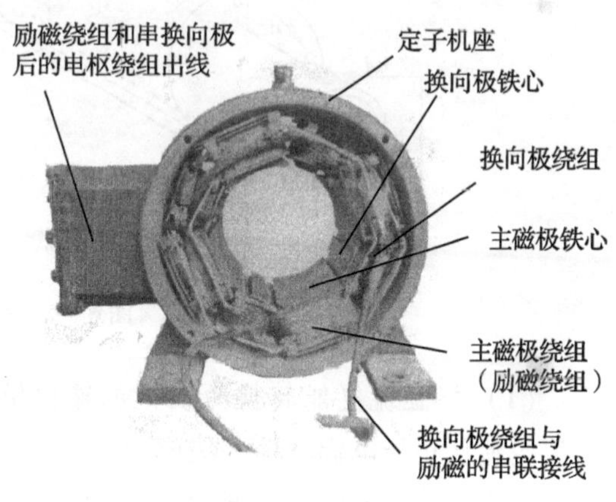

图 6－8　定子

（2）转子

直流电机的转子也称为电枢，它由电枢铁心、电枢绕组和换向器三部分组成。

电枢铁心：在旋转时被交变磁化，为了减少损耗，铁心一般由 0.35～0.5mm 的硅钢片叠装而成。

换向器：起换流作用（将直流电转换成交流电或将交流电转换成直流电），它由楔形铜片组成。铜片与铜片之间以及铜片与压圈之间均用云母绝缘。换向片与电枢绕组的各个线圈分别相接。

电枢绕组：由按一定规律连接的线圈组成，是直流电机中复杂而重要的电路部分，也可产生感应电动势，是实现能量转换的关键部件。

（3）端盖

端盖上装有轴承以支撑电机转子旋转，端盖固定在机座的两端。

(4) 电刷架

电刷架装在端盖上，电刷与换向器接触。

电机的定子和转子之间留有气隙，气隙大小以及定子、转子的结构形式对电机性能有重要作用。

2. 直流电机的基本原理

直流电机的工作原理如图 6－9 所示，直流发电机的工作原理如图 6－9b 所示，原理分别以电磁力或电磁感应为基础。电机外圈主磁极固定 S 极、N 极永磁铁，之间安装筒状电枢铁心；铁心与磁极间为气隙；铁心空筒内安放电枢绕组；绕组两端接在换向器的半圆形铜片上；再由两个电刷 A、B 连接外电路；电机运转时电枢铁心、电枢绕组及换向器旋转，而主磁极和电刷在空间固定不动。

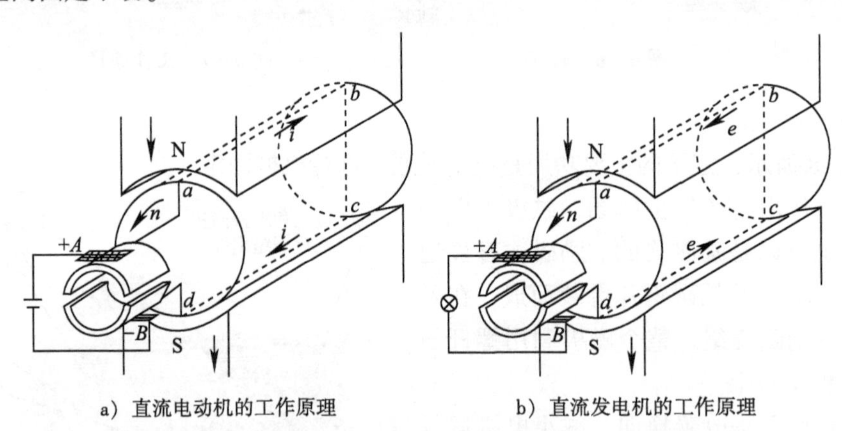

a）直流电动机的工作原理　　b）直流发电机的工作原理

图 6－9　直流电机的工作原理

(1) 把直流电能转换为机械能输出做功

电流从正极电刷 A 流入线圈，方向为 $a \to b$、$c \to d$，再经电刷 B 返回电源负极。

如果导体所处磁通密度为 B，导体有效长度为 l，电流为 i，此时导体所受电磁力 $F = Bli$。其方向由左手定则判定，导体 ab 和 cd 受力产生的转矩均使电机转子按逆时针转动。

转子转过 180°导体 ab 段与 cd 段对换，使 cd 段在 N 极下，ab 段在 S 极上。电流经电刷 A 由 d 端流入线圈内，方向为 $d \to c$、$b \to a$。根据左手定则判定，导体 ab 和 cd 受力产生的转矩仍为逆时针方向。

导体内电流方向改变，但受力转矩方向不变，使转子连续旋转。

(2) 将电机轴上机械能转换为直流电能

原动机拖动转子电枢按逆时针方向旋转，导体 ab 段在 N 极下，cd 段在 S 极上。

如果导体所处磁通密度为 B，有效长度为 l，其线速度为 v，导体感应电动势瞬时值 $e = Blv$。N 极下的 ab 段为 $b \to a$、S 极上的 cd 段为 $d \to c$。

线圈 $abcd$ 电动势为 ab（或 cd）的 2 倍，并使电刷极性方向 A 为正、B 为负。转子转过 180°导体 ab 段与 cd 段对换，使 cd 段在 N 极下，ab 段在 S 极上：cd 段为 $c \to d$、ab 段为 $a \to b$。因电刷不随换向片转动，使线圈 $abcd$ 电动势方向仍是：电刷极性方向 A 为正、B 为负。

转子旋转时，绕组感应的交变电动势经换向器与电刷变成直流电动势。

直流电机分为绕组励磁式直流电机和永磁式直流电机。在电动汽车所采用的直流电机中，小功率电机采用的是永磁式直流电机，大功率电机则采用绕组励磁式直流电机。

绕组励磁式直流电机根据励磁方式的不同，可分为他励式、并励式、串励式和复励式四种类型。

1）他励式直流电机。他励式直流电机的励磁绕组与电枢绕组无连接关系，而由其他直流电源对励磁绕组供电，因此励磁电流不受电枢端电压或电枢电流的影响。他励式直流电机在运行过程中励磁磁场稳定而且容易控制，容易实现电动汽车的再生制动要求。当采用永磁激励时，虽然电机效率高、重量轻、体积小，但由于励磁磁场固定，电机的机械特性并不理想，难以满足电动汽车起动和加速时的大转矩要求。

2）并励式直流电机。并励式直流电机的励磁绕组与电枢绕组并联，共用同一电源，性能与他励式直流电机基本相同。并励绕组两端电压就是电枢两端电压，但是励磁绕组用细导线绕成，其匝数很多，因此具有较大的电阻，使得通过它的励磁电流较小。

3）串励式直流电机。串励式直流电机的励磁绕组与电枢绕组串联后，再与直流电源相连，这种直流电机的励磁电流就是电枢电流。电机内磁场随着电枢电流的改变有显著的变化。为了使励磁绕组中不引起大的损耗和电压降，励磁绕组的电阻越小越好，所以串励式直流电机通常用较粗的导线绕成，匝数较少。

4）复励式直流电机。复励式直流电机有并励和串励两个励磁绕组，电机的磁通由两个绕组内的励磁电流产生。若串励绕组产生的磁通量与并励绕组产生的磁通量方向相同，称为积复励；若两个磁通量方向相反，则称为差复励。

6.1.3　交流三相感应电机

交流电机可分为同步电机和异步电机两大类，交流异步电机又称感应电机，是由气隙旋转磁场与转子绕组感应电流相互作用产生电磁转矩，从而实现电能转换为机械能的一种交流电机。异步电机是各类电动机中应用最广、需求量最大的一种。

三相异步交流电机有笼型异步电机和绕线转子式异步电机两种，前者应用较多。三相异步电机的定子和转子铁心由层叠、压紧的硅钢片组成。在转子和定子之间没有相互接触的部件，结构简单。

三相异步电机的功率容量覆盖面很宽广，从零点几瓦到几千千瓦，最高转速可以达到10000～12000r/min，采用空气冷却或液体冷却方式，冷却自由度高，对环境的适应性好，并且能够实现再生制动。与同样功率的直流电机相比较，效率较高，重量轻50%左右。

在电动汽车上，一般采用发电机或动力电池组作为电源。三相异步电机不能直接使用直流电源，另外，三相异步电机具有非线性输出特性。因此，在采用三相异步电机时，需要应用逆变器中的功率半导体交换器件，将直流电变换为频率和幅值都可以调节的交流电，来实现对电机的控制。

在混合动力汽车上，通常功率电路有以下3种基本形式：

1）交-直逆变器系统。

2）交-交变频器系统。

3）交-直-交逆变器系统。

在有些装有交流发电机的混合动力汽车上，根据动力系统结构模型的要求，可采用前两种变频器或逆变器系统。

1. 异步电机的种类

异步电机的种类很多，常按转子结构和定子绕组相数进行分类。按转子结构可分为笼型转子异步电机（图6-10）和绕线转子型异步电机；按照定子绕组相数则可分为单相异步电机、两相异步电机和三相异步电机。

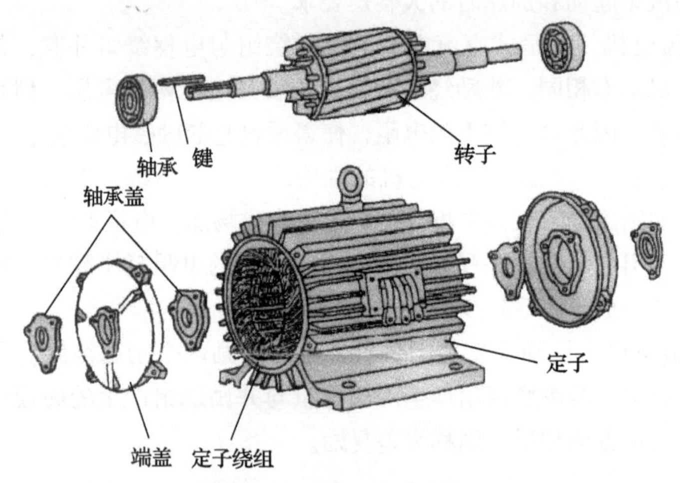

图6-10　笼型转子异步电机

2. 三相异步电机的结构

如图6-11所示，三相异步电机结构主要由定子、转子、底座、支架、外壳、后保护罩和冷却风扇等组成。在转子和定子之间有一个非常小的空气气隙。根据电机容量的不同，气隙一般在0.4～4mm的范围内。气隙过小，使电机装配困难、高次谐波磁场增强、附加损耗增加、起动性能变差以及运行不可靠。气隙过大，则电动机运行时的功率因数下降。

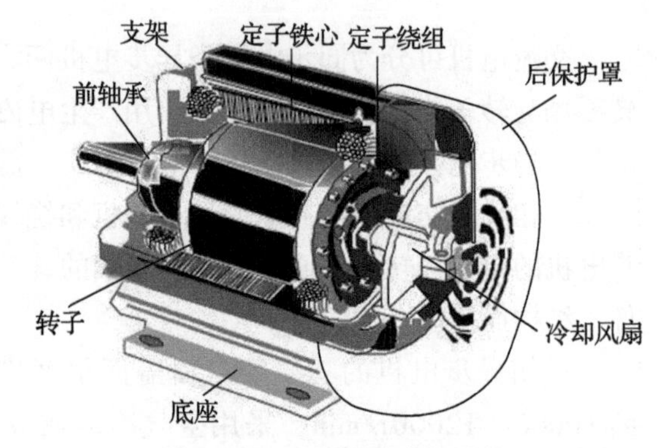

图6-11　三相异步电机结构

三相异步电机转子与定子之间没有任何电气上的联系，能量的传递全部依靠电磁感应，因此称为感应式电机。交流电机与直流电机的主要区别是相对导体作用的磁场不同：前者为旋转磁场，而后者为静止磁场。

交流异步电机的工作原理如图6-12所示。当异步电机的三相定子绕组通入三相交流电后，将产生一个旋转磁场，该旋转磁场切割转子绕组，从而在转子绕组中产生感应电动势，电动势的方向由右手定则来确定。由于转子绕组是闭合通路，转子绕组中便有电流产出，电流方向与电动势方向相同，而载流的转子导体在定子旋转磁场作用下将产生电磁力，电磁力的方向可用左手定则确定。由电磁力进而产生电磁转矩，驱动电机转子旋转，其旋转方向与定子旋转磁场方向相同。

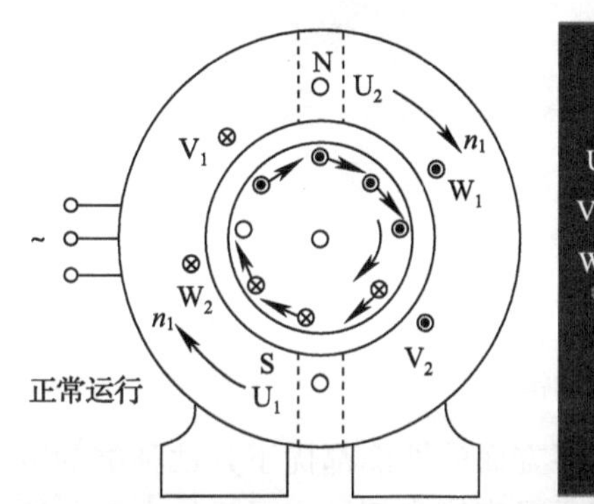

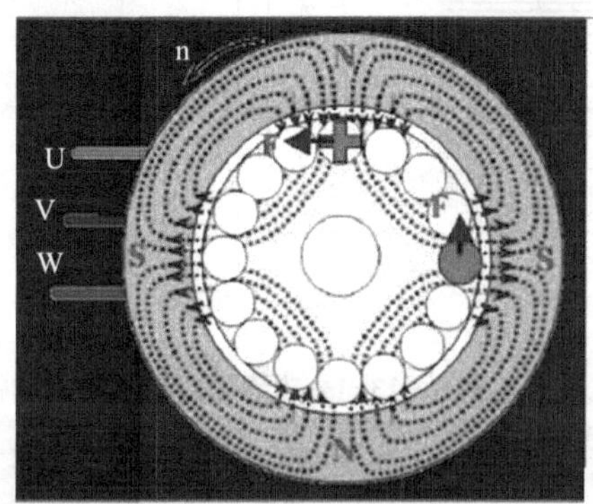

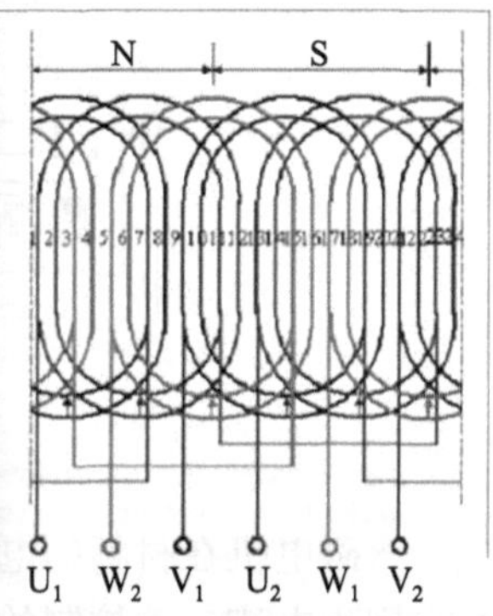

图 6-12　交流异步电机的工作原理

3. 交流异步电机的控制方法

交流异步电机是一个多变量（多输入、多输出）系统，其中变量电压（电流）、频率、磁通、转速之间又相互影响，所以其又是强耦合的多变量系统。目前对交流异步电机的调速控制主要有矢量控制、直接转矩控制、转速控制、变频恒压控制、自适应控制、效率优化控制等。

矢量控制方式实现了交流电动机磁通和转矩的解耦控制，使交流传动系统的动态特性有了显著的改善，在提高电动汽车电动机的动态性能方面，磁场定向控制得到了较多关注。矢量控制的基本原理是通过测量和控制异步电机定子电流矢量，根据磁场定向原理分别对异步电机的励磁电流和转矩电流进行控制，从而达到控制异步电机转矩的目的。

直接转矩控制以转矩为中心来进行磁链、转矩的综合控制。与矢量控制不同，直接转矩控制不采用解耦的方式，从而在算法上不存在旋转坐标变换，简单地通过检测电机定子电压和电流，借助瞬时空间矢量理论计算电机的磁链和转矩，并根据与给定值比较所得差值，实现磁链和转矩的直接控制。

6.1.4　永磁无刷直流电机

在直流电机的转子上装置永久磁铁，转子采用径向永久磁铁制成的磁极，将磁铁插入转子内部，或将磁铁固定在转子表面上，转子上不再用电刷和换向器为转子输入电流，因此称为永磁无刷直流电动机。

如图 6-13 所示，永磁无刷直流电动机在工作时，直接将方波电流输入其定子绕组中，控制电机运转。矩形脉冲波电流可以使电机获得较大的转矩。此类电机的优点是效率高、转矩大、高速操作性能好、无电刷、结构简单牢固、免维护或少维护、尺寸小、重量轻。输出转矩与转动惯量比值大于相类似的三相异步电机。

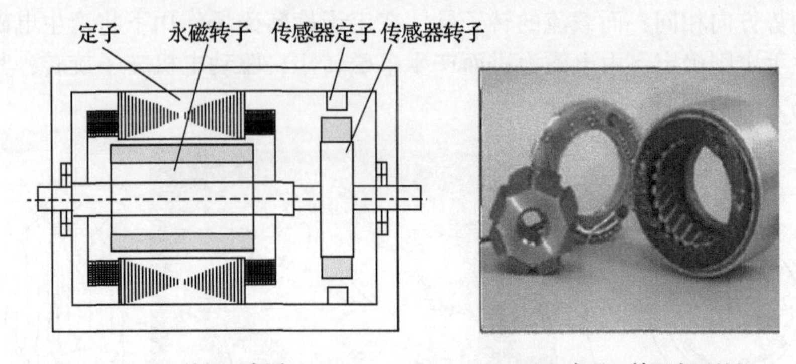

a）结构示意图　　b）定子、转子实际结构

图 6-13　永磁无刷直流电动机结构

永磁电机在材料的电磁性能、磁极数量、磁场衰退等多方面的性能都优于其他种类的电机。因为电流反馈控制的无刷直流电机具有近似正弦气隙磁通密度和正弦定子反馈电流，所以它要比同样尺寸的永磁同步电机的输出功率高出 15%。

永磁无刷直流电机采用永磁体转子，没有励磁损耗。发热的电枢绕组装在外面的定子上，散热性能较好，转速不受机械换向的限制，如果采用空气轴承或磁悬浮轴承，可以在每分钟高达几十万转运行。

无刷直流电机工作原理如图 6-14 所示，有 6 个定子空间磁势，根据转子位置传感器检测到的转子位置和要求转向来决定产生哪一个磁势产生的平均转矩最大。

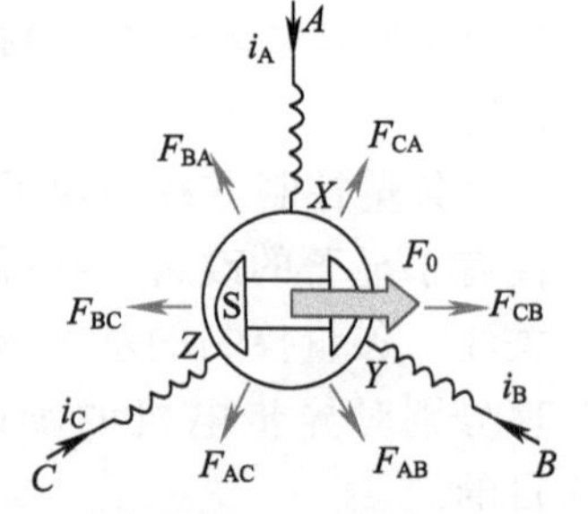

图 6-14　无刷直流电机工作原理

利用电机转子位置传感器输出信号控制电子换向线路去驱动逆变器的功率开关器件，使电枢绕组依次馈电，从而在定子上产生跳跃式的旋转磁场，拖动电机转子旋转。随着电机转子的转动，转子位置传感器又不断送出位置信号，不断改变电枢绕组的通电状态，使得在某一磁极下导体中的电流方向保持不变，这样电机就旋转起来了。

无刷直流电机的电动、回馈制动控制逻辑控制原理如图 6-15 所示。

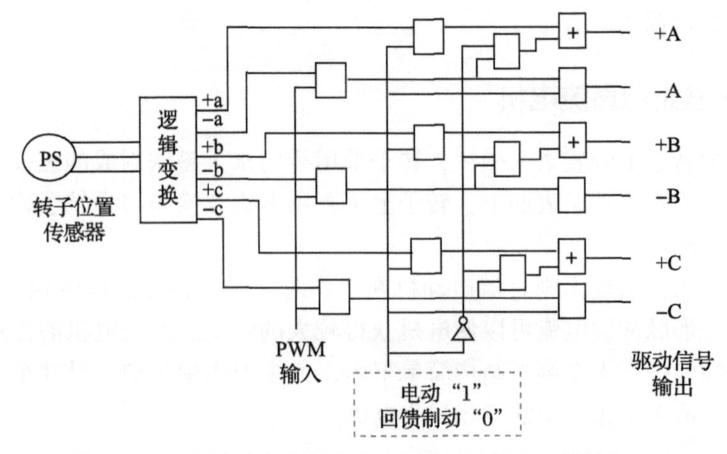

图 6-15　无刷直流电机的电动、回馈制动控制逻辑控制原理

6.1.5　永磁同步电机

永磁同步电机是将永久磁铁取代他励式同步电机的转子励磁绕组，电机的定子与普通同步电机一样。转子采用径向永久磁铁制成的磁极，做成多层永磁磁极。永磁同步电机具有高效率和高比功率的优点，输出转矩与转动惯量比都大于相类似的三相异步电机，在高速转动时有良好的可靠性，平稳工作时电流损耗小。

在电机的轴上装有转子位置传感器和速度传感器，它们产生的信号是驱动控制器的输入信号。永磁同步电机具有功率密度高、调速范围宽、效率高、性能更加可靠、结构更加简单、体积小的优点。与相同功率的其他类型的电机相比，更加适合作为纯电动汽车、燃料电池汽车和混合动力汽车的驱动电机。

由于永磁同步电机在牵引控制中采用矢量控制方法，在额定转速以下恒转矩运转时，就使定子电流相位领先一个β角，一方面可以增加电机的转矩，另一方面由于β角领先产生的弱磁作用，使电机额定转速点增高，增大了电机在恒转矩运转时的调速范围。如β角继续增加，电机将运行在恒功率状态。永磁同步电机能够实现反馈制动。

转子具有相互交替的N、S永磁体磁极，霍尔传感器嵌在电机的静止部分中。将霍尔传感器嵌入定子的过程很复杂，因为这些霍尔传感器相对转子磁体的位置稍有不对齐，都会在判断转子位置时造成错误。为了简化在定子上安装霍尔传感器的过程，有些电机可能除了主转子磁体外，还在转子上安装霍尔传感器磁体，它们的体积比转子磁体小。当转子转动时，霍尔传感器磁体就会产生和主磁体一样的效果。霍尔传感器通常装在印制电路板上，固定在非驱动端的外壳盖上。这使得用户可以整体调整所有的霍尔传感器，以便与转子磁体对齐，从而获得最佳性能。

根据霍尔传感器的位置，有两种输出。霍尔传感器输出信号之间的相移可以是60°或120°。

每次换相，都有一相绕组连到控制电源的正极（电流流入绕组），第二相绕组连到负极（电流从中流出），第三相处于失电状态。转矩是由定子线圈产生的磁场和永磁体之间的相互作用产生的。在理想状态下，转矩峰值出现在两个磁场正交时，而在两磁场平行时最弱。为了保持电机转动，由定子绕组产生的磁场应不断变换位置，因为转子会向着与定子磁场平行的方向旋转。图6-16所示为三相六状态BLDC工作原理。

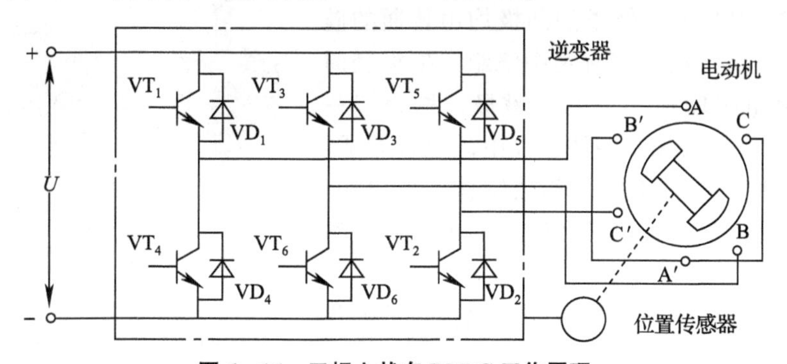

图6-16　三相六状态BLDC工作原理

6.1.6 开关磁阻电机

开关磁阻电机（SRM）是一种新型电机，它是所有类型电机中结构最简单的一种，在电机的转子上，没有集电环、绕组等转子导体和永久磁铁。开关磁阻电机的定子和转子都是凸极结构，只在电机的定子上安装有简单的集中励磁绕组，励磁绕组的端部较短，没有相间跨接线，磁通量集中于磁极区，通过定子电流来励磁。各组磁路的磁阻随转子位置的不同而变化。转子的运转是依靠磁力来运行的，转速可以达到1500r/min。在较宽的转速范围和较宽的转矩范围内效率可以达到85%~93%，比三相异步电机要高。它的转矩-转速特性好，在较宽的转速范围内，转矩、转速可灵活控制，调速控制较简单，并可实现四象限运行。开关磁阻电机有较高的起动转矩和较低的起动功率，功率密度高、结构简单坚固、可靠性好，但转矩脉动大、控制系统较复杂、工作噪声大，体积比同样功率的异步电机要大一些。

开关磁阻电机驱动系统主要由开关磁阻电机、功率变换器、传感器和控制器四部分组成，开关磁阻电机实现电能向机械能的转化。

功率变换器是连接电源和电动机的开关器件，用以提供电机所需的电能。

传感器主要用来反馈位置及电流信号，并传送给控制器。

控制器是系统的中枢，起决策和指挥作用（图6-17），主要是针对传感器提供的转子位置、速度和电流反馈信息以及外部输入的指令，实时加以分析处理，进而采取相应的控制决策，控制功率变换器中主开关器件的工作状态以控制开关磁阻电机。

开关磁阻电机工作原理如图6-18所示。

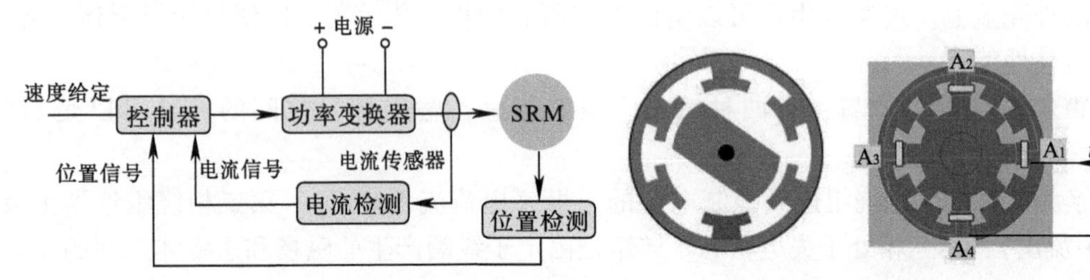

图6-17 开关磁阻电机系统框图

图6-18 开关磁阻电机工作原理

如图6-19所示，开关磁阻电机由双凸极的定子和转子组成，其定子、转子的凸极均由普通的硅钢片叠压而成。定子极上绕有集中绕组，把沿径向相对的两个绕组串联成一个两极磁极，称为“一相”；转子既无绕组又无永磁体，仅由硅钢片叠成。开关磁阻电动机有多种不同的相数结构，如单相、二相、四相及多相等，且定子和转子的极数有多种不同的搭配。

根据相数和定子、转子极数的配比，开关磁阻电机可以设计成不同的结构。

图6-19 开关磁阻电机的结构

开关磁阻电机控制系统的可控参数主要有开通角、关断角、相电流幅值以及相绕组的端电压，对这些参数进行单独或组合控制就会产生不同的控制方法，常用的控制方法有角度控制（APC）、电流斩波控制（CCC）、电压控制（VC）三种。

开关磁阻电机双向控制系统的主要目标是实现开关磁阻电机的双向运行，着重点在于发电机/电动机状态下的最优控制以及能量回馈问题，不但要让开关磁阻电机在电动状态下获得优越的调速性能，也要保证其发电状态下的能量回馈。开关磁阻电机具有高度的非线性特性，因此它的驱动系统较为复杂。开关磁阻电动机控制系统原理如图6－20所示。

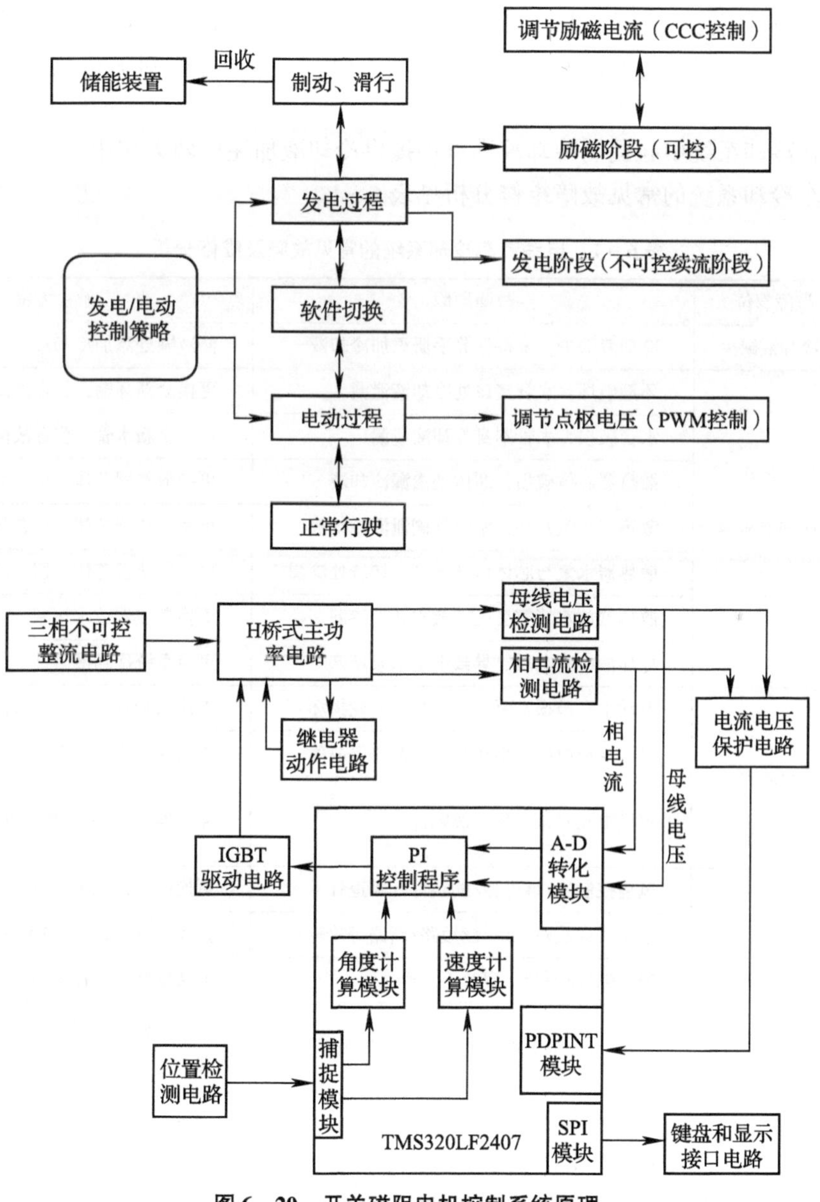

图6－20 开关磁阻电机控制系统原理

研究表明，采用合理的设计、制造和控制技术，开关磁阻电机的噪声完全可以得到很好的抑制。

6.1.7 电机冷却与电机过热处理

纯电动汽车关键零部件电机、电机控制器及充电机的效率不可能达到100%，在能量转化过程中产生大量的热量，所以需要及时将产生的热量散发出去，以保证正常运行。

电动汽车冷却系统的功用是将电机、电机控制器及充电机产生的热量及时散发出去，保证其在要求的温度范围内稳定高效地工作。

冷却系统由两个体系构成：冷却液回路和冷却风流道。冷却液在流经 MCU、充电机和电机等热源时，热源通过热传导将热量传递给冷却液，高温冷却液通过电动水泵提供的动力流经散热器时将热量通过热传导传递给散热器芯体，冷却空气通过热对流将热量带走，完成换热过程。

膨胀箱在冷却系统中起提高冷却液沸点和提供冷却液加注口两大作用。

电动汽车冷却系统的常见故障维修分析见表 6－1。

表 6－1 电动汽车冷却系统的常见故障及维修分析

故障现象	故障部位	故障原因	解决方案
电机或控制器过热	冷却液缺少	冷却液缺少，未按保养手册添加冷却液	储液罐处添加冷却液
	冷却液泄漏	环箍破坏，水管接口处冷却液泄漏	更换全新环箍，留存故障件
		水管破损，水管本身冷却液泄漏	更换全新水管，留存故障件
		散热器芯体破损，芯体处渗漏冷却液	更换散热器芯体，留存故障件
		散热器水室开裂，水室外侧泄漏冷却液	更换散热器芯体，留存故障件
		散热器水室与芯体压装不良，接缝处渗漏	更换散热器芯体，留存故障件
		散热器放水堵塞丢失，放水孔处渗漏	更换散热器放水堵塞
		冷却液中有杂质，导致电动水泵堵塞	更换系统冷却液
	电动水泵	电动水泵破损，泵盖/密封圈/泵轮损坏	更换电动水泵，留存故障件
		整车线束故障，虚接/短路/断路等故障	查找线束故障，依据维修手册处理
		更换电动水泵，留存故障件	控制器熔丝/继电器熔断/插接件退针
	散热器风扇	风扇控制器/继电器/插接件针脚退针	更换散热器风扇，留存故障件
		整车线束故障，虚接/短路/断路等故障	查找线束故障，依据维修手册处理
		扇叶破损/断裂，扇叶不工作	更换扇叶，留存故障件
		电机/控制器温度传感器故障，风扇不工作	查找电机/控制器故障，依据维修手册处理
	散热器	芯体老化，芯管堵塞	更换散热器
		散热带倒伏，影响进风量	更换散热器
		水室堵塞，影响冷却液循环	更换散热器
	前杠中网或下格栅	进风口堵塞	查找进风口故障，依据相应维修手册处理

其他常见故障及维修分析见表6－2。

表6－2　其他常见故障及维修分析

故障现象	故障部位	故障原因	解决方案
水泵异响	电动水泵	冷却液杂质，导致电动水泵堵塞	更换冷却液
		泵轮破坏，造成水泵异响	更换电动水泵，留存故障件
		冷却液缺失，水泵空转	补充冷却液
		冷却液排空不彻底，水泵气蚀	冷却液排空气处理
		水泵高速运行，控制器或线束故障	更换控制器或查找整车线束故障
散热器风扇异响	散热器风扇	扇叶破损/断裂，扇叶异响	更换扇叶，留存故障件
		护风圈与扇叶摩擦，扇叶异响	更换风扇总成，留存故障件
		护风圈进入杂质，扇叶异响	排除杂质，确认风扇无异常
		水温过高，风扇高速运行	根据电机过热，排除故障

项目七 纯电动汽车控制系统

学习目标

1. 掌握纯电动汽车控制系统组成。
2. 掌握再生制动及能量回收。
3. VCU 常见故障与处理方法。

项目描述

纯电动汽车是由电动机驱动的汽车，电动机的驱动电能来源于车载可充电蓄电池或其他能量储存装置。电机驱动控制系统是新能源汽车的主要执行结构，驱动电机及其控制系统是新能源汽车的核心部件之一，其驱动特性决定了汽车行驶的主要性能指标，它是电动汽车的重要部件。

电动汽车中的燃料电池汽车（FCEV）、混合动力汽车（HEV）和纯电动汽车（BEV）三大类都要用电动机来驱动车轮行驶，选择合适的电动机是提高各类电动汽车性价比的重要因素。

大部分车辆直接采用电机驱动，有一部分车辆把电动机装在发动机舱内，也有一部分直接以车轮作为四台电动机的转子，其难点在于电力储存技术。纯电动汽车以电动机代替内燃机，有了电机驱动就无需自动变速器。相对于自动变速器，电机结构简单、技术成熟、运行可靠。

7.1 纯电动汽车控制系统组成

7.1.1 纯电动汽车控制系统

电动汽车主要由电池、电机、制动等动力系统以及其他附件等多个子系统组成，各子系统几乎都通过自己的控制单元来完成各自功能和目标。为了满足整车动力性、经济性、安全性和舒适性等目标，一方面必须具有智能化的人车交互接口，另一方面各系统还必须彼此协作，优化匹配，这项任务需要由控制系统中的整车控制器来完成。基于总线的分布式控制网络是使众多子系统实现协同控制的理想途径，采用总线网络可大大减少各设备间的连接信号线束，并提高系统监控水平，可以很方便地增加新的控制单元，拓展网络系统功能。

整车控制系统的工作原理是，在车辆运行时通过传感器车载控制器将整车运行信息和状态实时反馈给整车控制器，同时整车控制器根据驾驶人操作意图以及整车控制策略进行运算，并将控制指令通过 CAN 总线以及各硬件接口传递至车载控制器和各种执行机构。依照完善的整车控制策略，整车控制器负责控制动力总成唤醒、电源（强电和弱电）上电、停机、驱动、能量回馈、能量管理、安全、故障诊断与失效控制等主要功能。

满足车辆行驶安全性、动力性和舒适性的前提下，使用制动能量回收技术可以增加电动车辆的续驶里程。当驱动电机在能量回收与驱动两种工况之间切换时，通过整车控制系统可以对电机转矩进行控制，保证车辆行驶时的平顺性。通过限制电机的功率，可以有效地保护电池并延长其使用寿命。

7.1.2 VCU

1. 整车控制器作用与组成

整车控制器（Vehicle Control Unit，VCU）是混合动力/纯电动汽车动力系统的总成控制器。

混合动力汽车的整车控制器主要负责协调发动机、驱动电机、变速器、动力电池等各部件的工作，提高汽车的经济性、动力性、安全性，降低排放污染。VCU 是车载总线网络中的核心节点，BMS、逆变器、DC/DC、OBC 之间的信息交互需要 VCU 从中监控，并实现网络故障的诊断和处理。

纯电动汽车的整车控制器用于纯电动车辆的整车控制、诊断及监控等功能的实现，如车辆运行模式管理、驾驶人需求转矩计算、整车能量管理、上下电控制、换档管理、巡航控制、车辆附件控制、CAN 通信实现、制动能量回收、故障诊断及处理、安全监控等。

混合动力车辆控制如图 7－1 所示。在纯电动汽车整车控制基础上，用于混合动力车辆中驱动电机和发动机转矩协调功能的实现。

纯电动汽车整车控制系统可分为组织层、中间层、执行层。最底层是执行层，由部件控制器和一些执行单元组成，其任务是正确执行中间层发送的指令，并且有一定的自适应和极限保护作用，中间层是协调层，其核心就是 VCU。VCU 一方面对驾驶人的各种操作以及车辆当前所处的状态解释出驾驶人的意图，另一方面根据执行层当前的状态实现最佳的协调控制，最高层是组织层，一般为驾驶人或自动驾驶仪。组织层、中间层、执行层三者形成闭环控制系统来实现车辆控制。车辆行驶过程中的驾驶意图主要通过 VCU 来识别，此前驾驶意图一般通过加速踏板和制动踏板来感知，但随着车辆不断地智能化，定速巡航、自适应巡航、自动制动等新形式的驾驶意图会输入 VCU。

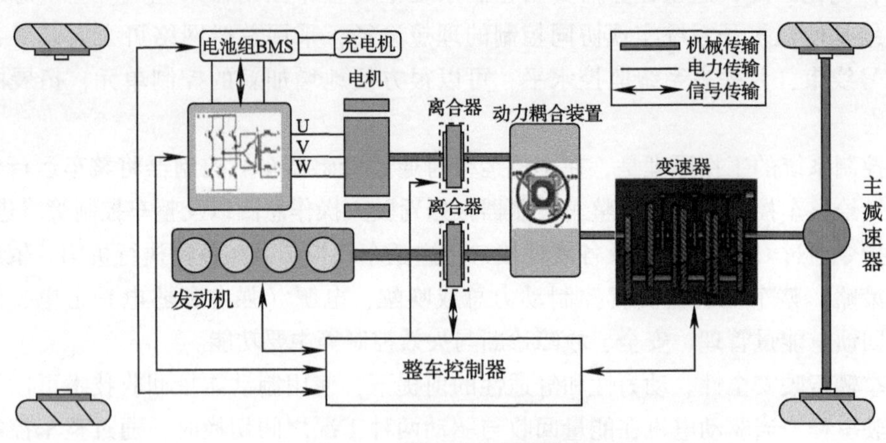

图 7-1　混合动力车辆控制

以北汽 ES210 为例，ES210 纯电动汽车是由多个子系统组成的复杂系统，主要包括电池、电机、制动等动力系统以及其他辅助附件。各子系统几乎都通过自己的电子控制单元（ECU）来完成各自功能和目标，整车控制器对汽车动力链的各个环节进行管理、协调和监控，以提高整车能量的利用效率，确保安全性和可靠性。ES210 机构布局如图 7-2所示。

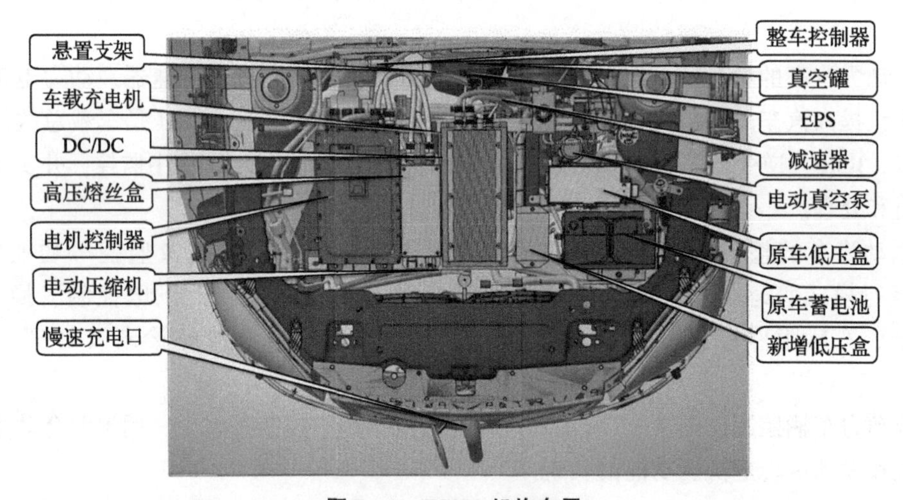

图 7-2　ES210 机构布局

2. 整车控制系统的工作原理

整车控制系统的工作原理是，在车辆运行时通过传感器以及其他子系统的车载控制器将整车运行的信息与实时状态反馈给整车控制器，同时整车控制器根据驾驶人操作意图与车辆控制策略进行运算，并将控制指令通过 CAN 总线以及各个硬件接口传递给子系统车载控制器与执行器。整车控制器主要负责控制动力总成唤醒、电源加载、停机、驱动、能量回收、安全控制、故障检索诊断与失效控制等主要功能。

汽车整车控制器功能主要有：

(1) 对汽车行驶控制的功能

新能源汽车的驱动电机必须按照驾驶人的意图输出驱动或制动转矩。当驾驶人踩下加速踏板或制动踏板，驱动电机要输出一定的驱动功率或再生制动功率。踏板开度越大，动力电机的输出功率越大。因此，整车控制器要合理解释驾驶人的操作；接收整车各子系统的反馈信息，为驾驶人提供决策反馈；对整车各子系统的发送控制指令，以实现车辆的正常行驶。

(2) 整车的网络化管理

在现代汽车中，有众多的电子控制单元和测量仪器，它们之间存在数据交换，如何让这种数据交换快捷、有效、无故障地传输成为一个问题，为了解决这个问题，德国博世公司于20世纪80年代研制出了控制器局域网（CAN），在电动汽车中，电子控制单元比传统汽车更多、更复杂。整车控制器是电动汽车众多控制器中的一个，是CAN总线中的一个节点。在整车网络管理中，整车控制器是信息控制的中心，负责信息的组织与传输、网络状态的监控、网络节点的管理以及网络故障的诊断与处理。

(3) 制动能量回馈控制

新能源汽车以电动机作为驱动转矩的输出机构。电动机还具有回馈制动的性能，此时电动机作为发电机，利用电动汽车的制动能量发电，同时将此能量存储在储能装置中，当满足充电条件时，将能量反充给动力电池组。在这个过程中，整车控制器根据加速踏板和制动踏板的开度以及动力电池的SOC值来判断某一时刻能否进行制动能量回馈，如果可以进行，整车控制器向电机控制器发出制动指令，回收部分能量。

(4) 整车能量管理和优化

在纯电动汽车中，电池除了给驱动电机供电以外，还要给电动附件供电，因此，为了获得最大的续驶里程，整车控制器将负责整车的能量管理，以提高能量的利用率。在电池的SOC值比较低的时候，整车控制器将对某些电动附件发出指令，限制电动附件的输出功率，以增加续驶里程。

(5) 车辆状态的监测和显示

整车控制器应该对车辆的状态进行实时检测，并且将各个子系统的信息发送给车载信息显示系统，其过程是通过传感器和CAN总线，检测车辆状态及其各子系统状态信息，驱动显示仪表，将状态信息和故障诊断信息通过显示仪表显示出来。显示内容包括：电机转速、车速、电池电量和故障信息等。

(6) 故障诊断与处理

可通过连续监视整车电控系统进行故障诊断。故障指示灯指示出故障类别和部分故障码。根据故障内容，及时进行相应的安全保护处理。对于不太严重的故障，能做到低速行驶到附近维修站进行检修。

(7) 外接充电管理

可实现充电连接，监控充电过程，报告充电状态，最终结束充电。

(8) 诊断设备的在线诊断和线下检测

负责与外部诊断设备的连接和诊断通信，实现 UDS 诊断服务，包括数据流读取，故障码的读取和清除，控制端口的调试。

整车控制器应能适应不同的要求，因此需要整车控制器软件平台来架构，并依靠软件实现模块数据共享，软件通常采用分层模块化结构。服务层是基础软件中的最高层，为应用和基础软件模块提供基本服务，服务层的实现部分与微控制器、ECU 硬件和具体应用无关，服务层在很大程度上独立于硬件系统，包括实时任务调度系统、函数库、存储服务和通信服务等。应用层是整个软件中的最高层，针对纯电动汽车的专门应用程序，完全独立于微处理器和 ECU，只需要配置不同的能量管理算法就能适用不同的车型。应用层主要包括能量管理、维护管理、故障诊断、车辆驱动、通信管理和驾驶解释等。

软件模块包括：系统初始化模块、A/D 采集模块、I/O 接口模块、CAN 通信模块、电机控制模块、电池控制模块、看门狗模块、加速踏板模块、组合仪表模块、I/O 处理模块。整车控制器软件架构如图 7－3 所示。

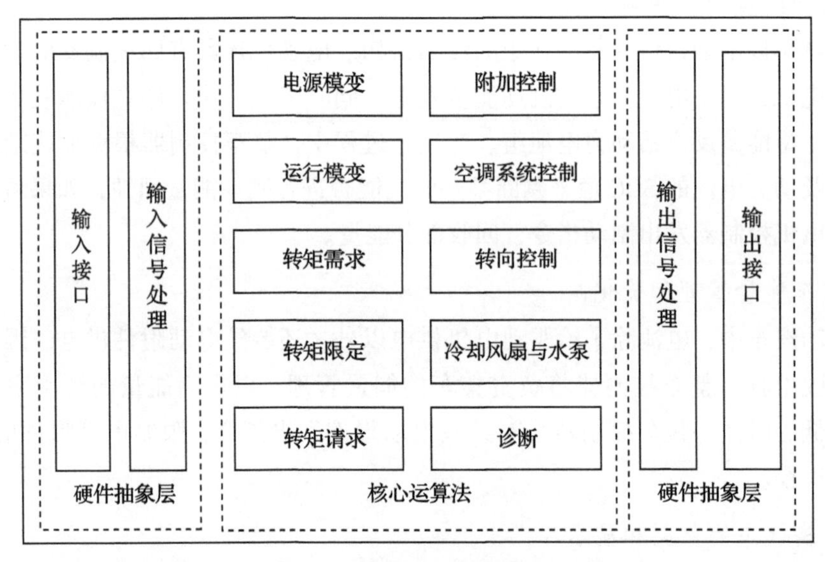

图 7－3　整车控制器软件架构

整车控制器的软件包括：微处理器抽象层（I/O 驱动、通信驱动、存储驱动和单片机驱动），ECU 抽象层（I/O 硬件抽象、通信硬件抽象、存储硬件抽象和 ECU 板上设备的驱动），服务层（实时任务调度系统、函数库、存储服务和通信服务），复杂驱动函数库和应用层。纯电动汽车的整车控制器软件流程如图 7－4 所示。

微处理器抽象层是基础软件中的最低层，它包含各种驱动，是一个软件模块，用于直接访问微控制器内的外设和外围接口。微控制器抽象层提供统一的接口，使上层软件独立于微控制器，包括 I/O 驱动、通信驱动、存储驱动和单片机驱动。

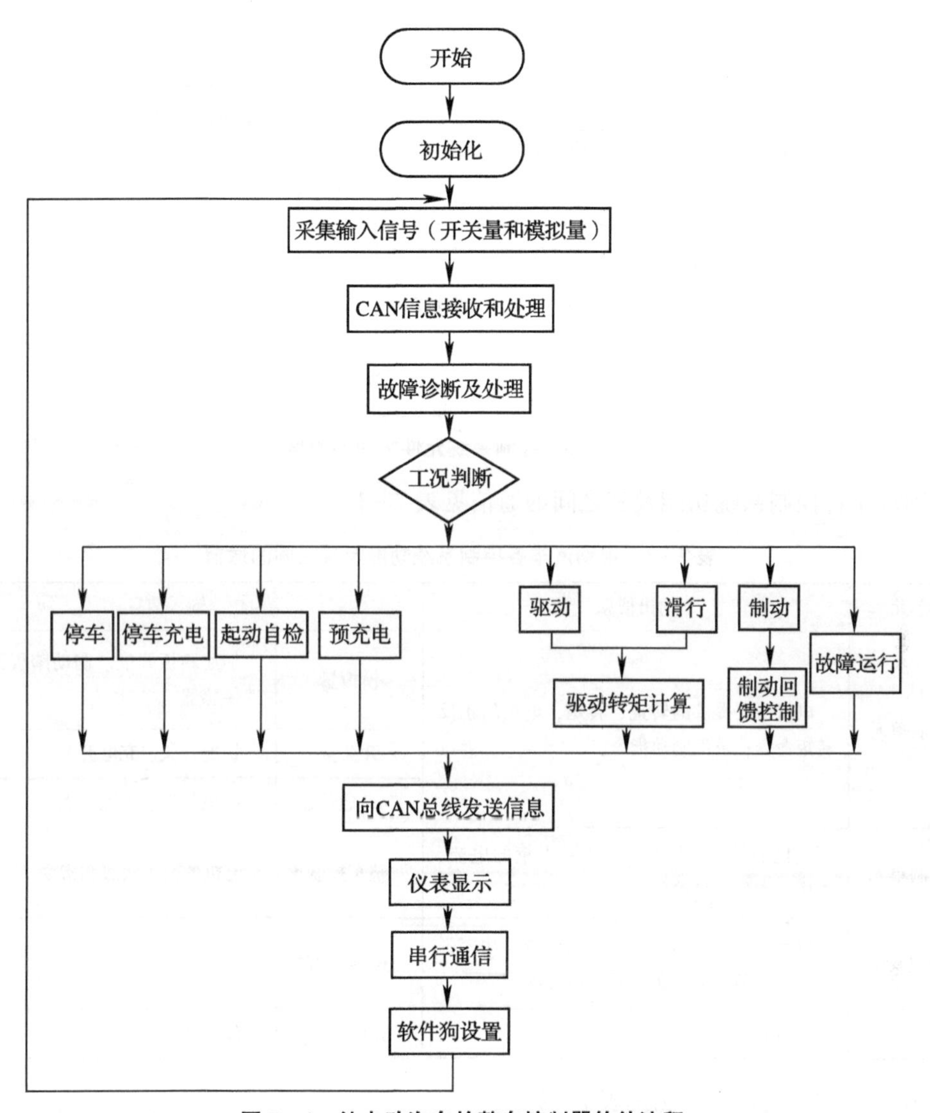

图 7－4　纯电动汽车的整车控制器软件流程

ECU 抽象层连接微处理器抽象层的软件，它包含外部设备的驱动，为 ECU 提供外围设备的驱动程序，ECU 抽象层的实现与 ECU 硬件相关，与微控制器无关。ECU 抽象层不对硬件直接操作，都是通过微控制器抽象层的接口实现，包括 I/O 硬件抽象、通信硬件抽象、存储硬件抽象和 ECU 板上设备的驱动。

复杂驱动系统是一个模块，不进行层次划分。它为处理复杂传感器和执行器实现特殊的功能和定时需求。它包含处理复杂的传感器和执行器的驱动模块，与微控制器、ECU 和具体应用密切相关。

辅助动力供给系统供给电动汽车辅助系统不同等级的电压并提供必要的动力。

3. 整车控制系统总线通信

控制系统元件之间的通信如图 7－5 所示。

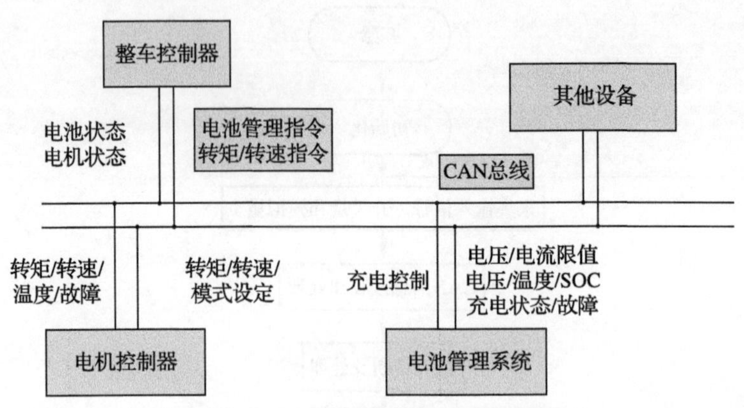

图 7－5　控制系统元件之间的通信

电动汽车各控制系统功能及其之间的通信见表 7－1。

表 7－1　电动汽车各控制系统功能及其之间的通信

控制单元	输出信息	输入信息	
整车控制单元	电机所要提供的转速、转矩，电机的正反转矩命令；再生制动指令	模拟量	加速踏板开度、制动踏板开度、车速传感器
		开关量	钥匙开关、充电开关
		CAN 通信量	电机状态、电池状态
电机控制单元	电机的转速、转矩、温度；电枢的电流、电压、警告信号等	整车控制单元给电机的输入状态和指令	
电池管理系统	电池的电压、温度、充放电电流、功率强度、SOC 值、SOH 值、警告信息等	电池状态信息	
车载显示系统	自身状态	接收总线上的部分信息	

VCU 常见故障与处理方法见表 7－2。

表 7－2　VCU 常见故障与处理方法

序号	故障描述	处理方式
1	上行车高压后踩加速踏板，车辆不动作	检查 VCM 的转矩指令报文 VCM_DriverRequestedTorque，若正常发送不为 0 的转矩，则问题不出自 VCM
2	出现故障警告灯	1）IGN ON 时 VCM 发送的报文 VCM_failure＝1 2）检查总线是否缺少报文，可能是由于零部件没接上或解除不良 3）检查总线上有无故障，有故障就会点亮此灯，VCM_failure＝1
3	起动钥匙置于 off 位后，低压蓄电池很快掉电	起动钥匙置于 off 位 10s 后检查总线上是否还有报文收发，若有，说明相关控制器没有停止工作，属于部件之间的通信问题，需要报技术处理

（续）

序号	故障描述	处理方式
4	不能正常充电	（1）若不能上充电高压 1）首先检查充电枪是否插好，充电盒故障灯没亮 2）查找 VCM_CCStatus 和 VCM_CC2Status 的值是否正常且其中一个置“1”，另一个置“0” 3）查看是否因为 OBC、VCM、BMS 自检故障 4）连接诊断仪，查看是否有预充故障，若有此故障，则可能是预充继电器出现故障，或者电机预充电容出现问题，也可能是主负继电器发生故障 （2）若开始能上充电高压，但很快又下高压 查找 VCM_ChargingStopRequest 是否为 1。若为 1，再检查 BMS_BatteryChargeStatus 是否 >1，若 >1，则可确定是 BMS 和电池的问题，则再确认 BMS_RelayOffReq 是否为 1，若为 1，则可进一步确认问题不在 VCM。连接诊断仪，查看是否有关于 VCM 的 PT + EV-CAN Bus-OFF、B-CAN Bus-OFF、VCM 供电电压过低（Under-Voltage）、VCM 供电电压过高（Over-Voltage）、高压互锁断开、NVM 故障（非易失性存储器 EEPROM 故障）、碰撞保护（碰撞故障记录）故障报出；查看是否有 5 级故障报出 没有故障时的时序处理： 起动钥匙置于 off 位时，慢充充电枪插入后，VCM 首先发送 VCM_CCStatus 状态为 Connected） 充电上电过程中，MCURelay 始终保持断开） 充电条件满足情况下，先闭合 PRAMainRelayMI，100ms 再闭合 OBCRelay，200ms 后闭合 PreChargeRelay，260ms 后闭合主正继电器，100ms 后断开 PreChargeRelay） 因 OBC 充电而触发的高压上电时序正常，可以执行正常充电
5	无法上行车高压	可能是 BMS、VCM、MCU 自检发送故障或者出现 5 级故障 连接诊断仪，查看是否有预充故障，若有此故障，则可能是预充继电器出现故障，或者电机预充电容出现问题，也可能是主负继电器发生故障 连接诊断仪，查看没有预充故障，则可能是主正继电器故障 没有故障时的时序处理： 1）制动信号有效、START 信号有效后，先闭合主负继电器，100ms 后 MCURelay 闭合，200ms 后预充继电器闭合，预充完成后，主正继电器闭合，100ms 后预充继电器断开，高压上电完成 2）预充时 BMS_PackVoltage 值为 426.3V，MCU_DCLinkVoltage 电压上升到 424.7V 时应在 260ms 之内，上升大于总电压 90% 的电压 391.4V 的时间约为 110ms。（受报文周期与控制器电压采样精度限制，存在误差） 3）主正继电器闭合 100ms 后，预充继电器断开
6	12V 蓄电池充电故障警告灯点亮	1）连接诊断仪，查看是否有 LIN 通信故障 2）若 LIN 通信无故障，则： ①可能是 BMS、VCM、DC/DC 自检发生故障或出现 5 级故障 ②连接诊断仪，查看是否有预充故障，若有此故障，则可能是预充继电器出现故障，或者电机预充电容出现问题，也可能是主负继电器发生故障

（续）

序号	故障描述	处理方式
7	不能下行车高压	1）先检查报文是否正常：电机转速 <10r/min，电池最高温度 <40℃，BMS 发送的直流母线电流 <5A 2）若都正常，则检查 VCM 是否发出断开电机继电器、主正继电器、主负继电器的指令 3）若发出上述指令，则可判断是电机继电器和主正继电器没有正常断开
8	不能下充电高压	1）先检查报文是否正常：电池最高温度 <40℃，BMS 发送的直流母线电流 <5A 2）若都正常，则检查 VCM 是否发出断开 OBC 继电器、主正继电器、主负继电器的指令 3）若发出上述指令，则可判断是 OBC 继电器和主正继电器没有正常断开
9	跛行灯点亮	连接诊断仪，观察有那些与 VCM 相关的 3 级故障 没有故障时的时序处理： 出现加速踏板错误时，整车报 3 级故障，此时不会断行车高压，整车进行了功率限制，跛行灯点亮
10	电机过热警告灯或动力电池过温警告灯一直亮	1）连接诊断仪，观察是否报驱动水泵和电池包水泵故障 2）若没有，接着通过听声音风扇是否工作在高转速 3）观察 MCU_MotorTemp、MCU_InverterTemp、DCDC_Temperature、OBC_Temperature、BMS_Batt_TempMax 等温度是否过高，空调压力是否过高且一直没降低，若确实如此，可能是相应的温度传感器或压力传感器检测温度、压力出现问题
11	动力电池切断指示灯高压断开警告灯点亮	1）VCM 接收 BMS 发送的高压互锁状态信号（BMS_StatusHVIL）为 1（open）时 2）VCM 检测的高压互锁为断开状态时

7.2 再生制动和能量回收

7.2.1 制动能量回收意义

电动汽车的再生制动是指把电动汽车电机无用的、不需要的或有害的惯性转动产生的动能转化为电能，并回收到储能装置中，如各种蓄电池、超级电容和超高速飞轮，最终增加电动汽车的续驶里程，同时产生制动力矩，使电动机快速停止惯性转动，这个总过程也称为再生制动。制动能量回收系统的类型因储能方法不同而不同，目前车辆使用的制动装置主要形式有机械式、电能式、动能式、气压式、液压式和气液混合式等。制动能量回收系统工作分为三种模式（常规制动模式、正常制动时回馈制动模式、紧急制动时防抱死制动模式）以及三种制动模式间的切换。

电能式：主要由发电机、电动机和蓄电池或超级电容组成，一般在电动汽车上使用。

动能式：主要由飞轮、无级变速器组成，一般在公交汽车上使用。

液压式：主要由液压泵/液压马达、蓄能器组成，一般在工程机械或大型车辆上使用。

再生制动时车辆减速产生的动能能够借助电机在发电机运转下转化为电能并且在电池里储存下来。制动能量回收是现代电动汽车与混合动力车重要技术之一，也是它们的重要特点。在传统汽车上，当车辆减速、制动时，车辆的动能通过制动系统转变为热能，并向大气中释放。而在电动汽车与混合动力汽车上，这种被浪费掉的运动能量可以通过制动能量回收技术转变为电能并储存于蓄电池中，并进一步转化为动能。

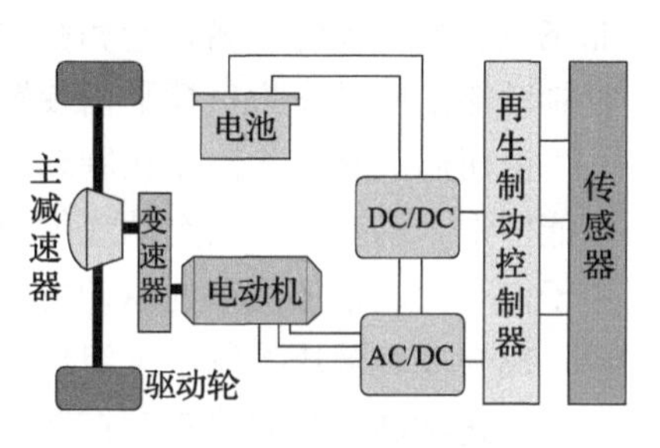

图 7-6　再生制动系统的结构

再生制动系统的结构如图 7-6 所示，由驱动轮、主减速器、变速器、电动机、AC/DC 变换器、DC/DC 变换器、传感器以及再生制动控制器组成。

制动能量再生制动控制策略与制动回馈子程序如图 7-7 所示。

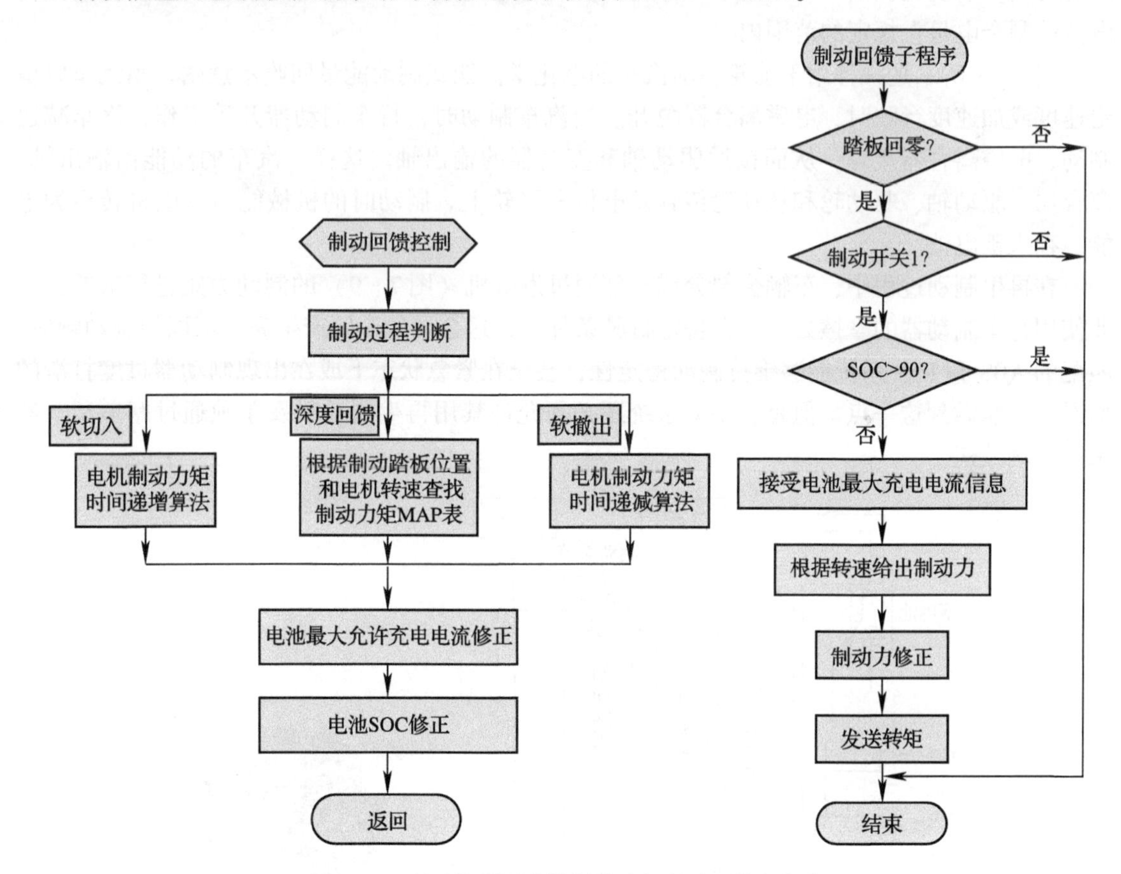

图 7-7　制动能量再生控制策略与制动回馈子程序

7.2.2　制动能量回收方法

根据储能机理不同，电动汽车制动能量回收的方法也不同，主要有三种，即飞轮储能、液压储能和电化学储能。

飞轮储能是利用高速旋转的飞轮来储存和释放能量，当汽车制动或减速时，先将汽车在制动或减速过程中的动能转换成飞轮高速旋转的动能；当汽车再次起动或加速时，高速旋转的飞轮又将储存的动能通过传动装置转化为汽车行驶的驱动力。系统主要由发动机、高速储能飞轮、增速齿轮、离合器和驱动桥组成。发动机是汽车的主要动力，高速储能飞轮用来回收制动能量以及作为负荷平衡装置，为发动机提供辅助的功率以满足峰值功率的要求。

液压储能是先将汽车在制动或减速过程中的动能转换成液压能，并将液压能储存在液压蓄能器中；当汽车再次起动或加速时，储能系统又将蓄能器中的液压能以机械能的形式反作用于汽车，以增加汽车的驱动力。系统由发动机、液压泵/马达、液压蓄能器、变速器、驱动桥、离合器和液压控制系统组成。

电化学储能是先将汽车在制动或减速过程中的动能，通过发电机转化为电能并以化学能的形式储存在蓄能器中；当汽车再次起动或加速时，再将蓄能器中的化学能通过电动机转化为汽车行驶的动能。蓄能器可采用蓄电池或超级电容，由发电机/电动机实现机械能和电能之间的转换。系统还包括一个控制单元，用来控制蓄电池或超级电容的充放电状态，并保证蓄电池的剩余电量在规定的范围内。

图7－8所示是一种用于前轮驱动汽车的电化学储能式制动能量回收示意图。当汽车以恒定速度或加速度行驶时，电磁离合器脱开。当汽车制动时，行车制动器开始工作，汽车减速制动，电磁离合器接合，从而接通驱动轴和变速器的输出轴。这样，汽车的动能由输出轴、离合器、驱动轴、驱动轮和从动轮传到发电机和飞轮上。制动时的机械能由发电机转换为电能，存入蓄电池。

在再生制动过程中，车辆会部分或全部通过发电机（图7－9）的制动力矩进行减速，而非使用行车制动器的摩擦力矩。在特定行驶条件下，这会导致车辆产生完全不同的制动响应。匹配的ABS和ESP系统能够维持制动稳定性，甚至在紧急状态下或在出现制动器过度打滑的情况下也能做到这一点。但是，制动系统还必须允许禁用再生制动以及单独通过摩擦制动器来使车辆减速。

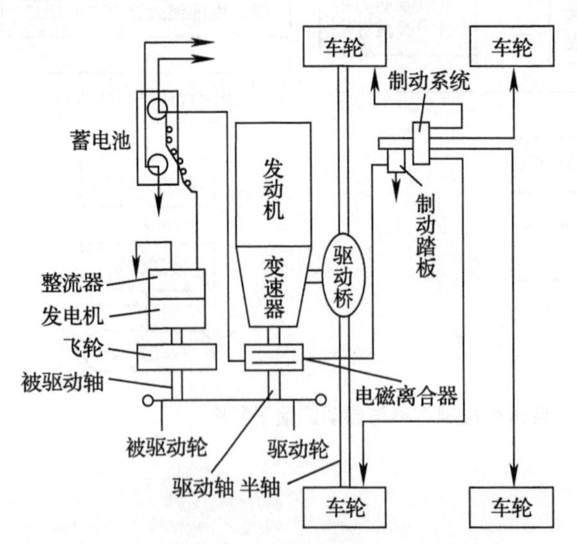

图7－8 电化学储能式制动能量回收示意图

图7－9 发电机的端面模型

许多行驶条件允许通过再生制动或滑行来回收能量，在这个过程中获取的能量改进了电动汽车（包括混合动力）的能量平衡表现。

7.2.3 并联式能量回收

电机外特性在高速时通常呈现恒功率特点，在较低转速为恒转矩区，当车速点电机转速很低时，因车辆可供回收的动能已经很有限，加上低速区电机效率不佳，电机转矩快速减小。在制动踏板深度很小时，机械制动力矩存在一段死区，作为踏板自由行程，之后随踏板深度增加而加速增大。这与传统汽车的制动方式是一致的。而电制动力矩一直随踏板深度增加而缓慢增大，而且可以看到，与机械制动不同的是，在踏板深度为零的情况下，也存在一定的电制动力，这时存在制动能量回收，即滑行能量回收。除此之外，机械制动力与电制动力同时变化，即并联式能量回收。滑行能量回收虽然有利于经济性，但从驾驶舒适性角度来说，力矩小了一点，避免由于滑行能量回收导致速度降低太快，而让驾驶人踩加速踏板，得不偿失。

在实际中，车速较高可增大电制动力矩；车速较低时可减小电制动力矩，但总趋势不变。

7.2.4 串联式能量回收

串联式制动能量回收系统的前、后液压制动器制动力可调在串联式制动力分配方式下，作用到驱动轮的制动力由电机制动力与液压制动力共同组成，制动强度低时电机制动力可占主要地位，部分由液压制动力来提供，与传统液压制动的汽车相比，驾驶人制动感觉基本相同，且提供了实现最大能量回收的条件，但电制动力、前后液压制动力要可调，增加了结构的复杂性，而且要与 ABS 协调，对控制系统实时性要求高。

7.2.5 能量回收方式与摩擦制动力

串联式制动能量回馈策略主要包括两个方面：回馈制动力与摩擦制动力的分配和前后轮制动力的分配。为了提高制动能量回收率，应该尽量增大回馈制动力占总制动力的比例，但对于前轮驱动或后轮驱动汽车来说，回馈制动力只能加在前轮或后轮上，因此回馈制动力与摩擦制动力的分配受前后轮制动力分配的限制。

通用汽车公司和丰田公司的 ADVICS 采用了在进入防抱死控制的初期立即切断回馈制动力矩的方式。福特公司在防抱死制动的初期不立即撤销回馈转矩，而是将回馈转矩保持一段时间，随后以一个固定的速率减小回馈转矩。另外一种是，在进入防抱死控制后实时地计算路面的附着状况，结合驾驶人此时的制动需求计算出能够施加在车轮上的最大回馈转矩值。随后将该值分配给电机，而防抱死控制部分则不去干预让其自由控制，即按照初始的防抱死控制策略加以调节。

实训任务 测试车辆上坡行驶、平地行驶、下坡行驶的波形状态

教师组织学生在实训台上认识电池管理系统的组成与结构原理，利用示波器以及检测设备测试车辆上坡行驶、平地行驶、下坡行驶的波形状态，分析电池管理系统针对不同充放电状态下如何分配电能与管控电能，并记录测试数值。

项目八

纯电动汽车的维修

学习目标

1. 掌握纯电动汽车结构与原理。
2. 掌握纯电动汽车故障类型与原因。
3. 掌握纯电动汽车故障诊断的方法与流程。
4. 掌握纯电动汽车常见故障的分析与排除。
5. 掌握纯电动汽车维护方法。
6. 掌握纯电动汽车维修人员安全防范相关规定。
7. 掌握纯电动汽车的拆装与测量等作业防范要点。
8. 掌握纯电动汽车维修五步故障处理方法。

项目描述

纯电动汽车采用电机驱动，将动力蓄电池作为主要储能装置。电气线束分布较广，电磁耦合路径复杂，CAN、传感器信号线等敏感装置极易受到干扰。随着车载智能化、娱乐化设备的不断增加，且这些设备具有高频、高速、高灵敏度、多功能、小型化等特点，这些设备产生电磁干扰和受到电磁干扰影响的概率大大增加，使得电动汽车电磁兼容环境更加复杂。

电动汽车的高电压容易引起触电，处理热的或锋利的零部件时可能会造成严重烧伤或割伤等事故。纯电动汽车涉及高压的部分有：整车橙色线束、动力电池包、高压配电箱、车载充电机、驱动电机控制器总成、DC与空调驱动器总成、电动力总成、电动压缩机总成、电加热芯体PTC等。为确保维修人员人身安全，避免违规操作引发安全事故，在维修高压部分时，应按操作要求和规范实施，防止出现意外和伤害。

电动车辆的维修应确保车辆处于无电的状态。

在维修时，应确认已经清晰地了解所有的维修店安全操作规程，并且穿戴相应的服装，使用安全的设备。检修高压系统时，点火开关必须置于OFF位（若为智能钥匙系统，则使车辆不在智能钥匙感应范围内，并且车辆处于非充电状态），并拔下紧急维修开关。紧急维修开关拔下后，由专职监护人员保管，并确保在维修过程中不会有人将其插到高压配电箱上。断开紧急维修开关只是切断了从高压配电箱到各个高压用电设备的电源，并不能切断动力电池包到高压配电箱的电源。当需要维修或更换高压配电箱时，应小心拔出连接动力电池包的电缆正、负极高压插接件，使用绝缘胶带包好裸露的接头，避免触电，在断开紧急维修开关5min后，拔下紧急维修开关手柄，在检修高压系统前应使用万用表测量整车高压回路，测量动力电池包正极和车身之间的电压来初步判断是否漏电，若检测到电压≥50V，应立即停止操作，确保安全。

8.1　电动汽车维修规范

8.1.1　电动汽车维修注意要点

电动汽车包含许多高压零部件，主要包括动力电池包、高压配电箱、车载充电机、驱动电机控制器总成、DC与空调驱动器总成、电动力总成、电动压缩机总成和电加热芯体PTC。在维修时如果不遵循厂家的明示规定、操作说明和操作前注意事项，将会带来危险。

高压系统将会持续监控整个高压系统中的绝缘电阻，从而确定是否发生故障，通过导体回路发送信号，并通过绝缘监控评估信号。如果在高压系统中检测到绝缘故障，例如导体回路连接到车辆接地，则系统将通过控制单元断开高压系统电源，并且高压系统的电容器将放电。如果发生故障，组合仪表的多功能显示屏上会显示相应的信息。

图8－1所示为高压互锁回路。导体回路连接整个高压系统。高压互锁评估电子设备检测导体回路是否中断，如插头连接断开，导体回路断开。高压互锁评估电子设备向控制单元发送信号。控制单元会中断对接触器的电流供应。因此，高压系统将断电，电容器将放电。

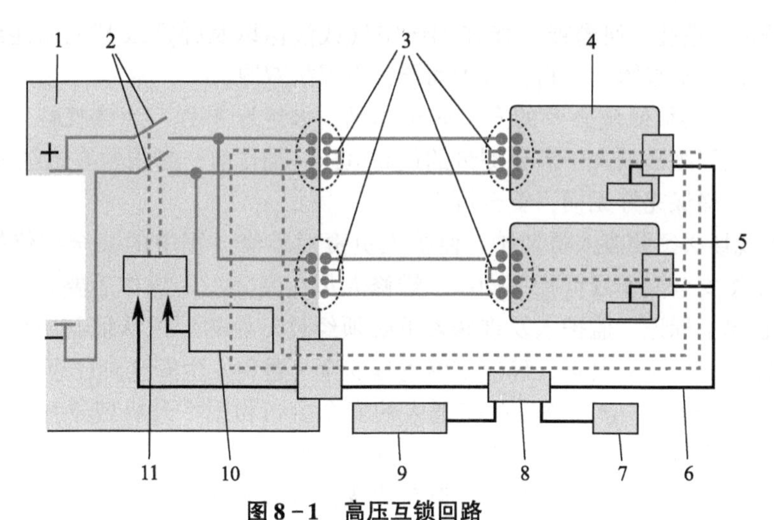

图8－1　高压互锁回路

1—动力蓄电池　2—接触器　3—导体回路　4—动力电子设备　5—DC/DC变换器
6—电源电压12V　7—RCM模块　8—烟火隔离器　9—电池　10—高压互锁评估电子设备
11—BECM（动力蓄电池电子控制单元）

为了检查连接器是否全部正确连接至高压电缆，通常会使用互锁电路。只有当所有高压电缆连接都正确时，该互锁电路才会闭合。借助相应的信号评估，即可识别所有连接器连接是否正确。

为了尽量减少处理电动汽车时的危险，在维护和维修期间，必须按照车间手册关闭高压系统，为此，动力蓄电池附近集成了一个维护/维修插头。

在开始工作之前，必须按照车间手册断开维护/维修插头。断开维护/维修插头后，高压系统的电压供应将会中断。技术人员必须妥善保管维护/维修插头，以防他人意外重新激活高压系统。此外，根据特定的车辆，可以使用锁来防止他人接触系统，也可插入一个警告标志。

如果安全气囊展开，高压系统会自动关闭，SRS 模块会向烟火隔离器发送信号。烟火隔离器将会激活，并中断对 BECM 的电压供应。如果 BECM 不再收到电压，接触器将打开。因此，高压系统将断电，高压电池系统中的电容器将放电。

为避免高压电击风险，一定要严格遵守所有警告和维修说明，包括切断系统电源的操作说明。高压系统将大约 300V 的直流电通过高压电缆输给各部件和模块。高压电缆和导线可以通过橙色线束胶带或橙色导线蒙皮进行识别。所有高压部件均贴有带高压符号的高压警告标签。如果不遵守这些说明，可能会导致严重的人身伤亡。

一些车身车间喷漆房的温度超过 60℃，可能影响或损坏车辆中的动力蓄电池。

因此，在涂漆作业中，喷漆房的温度必须设定为≤60℃，烘烤时如果温度超过 60℃或烘烤时间超过 45min，应在进入喷漆房前从车辆上拆下动力蓄电池。

以下是一些日常维修工作中最重要的安全注意事项，但是将维修过程中可能出现的一切危险全部列出是不可能的。

1）维修开始前，阅读所有操作说明，并确认工具、需更换或修理的零部件，以及安全、全面地执行该操作所要求的技能。

2）在锤击、钻孔、研磨或工作在加压空气或液体以及弹簧或其他储能组件周围时，一定要戴上适宜的防护眼镜、护目镜或护面罩，以保护双眼。

3）维修人员必须佩戴必要的安全防护用品，如绝缘手套、绝缘胶鞋、绝缘胶垫和防护眼镜等，其耐压等级必须大于需要测量的最高电压。操作前，必须检查绝缘手套是否有破损、破洞或裂纹等，确保完好无损，安全可靠。

4）维修现场必须要有人员监护，监护人负责对维修过程中的安全维修操作规程进行检查，监护人要按安全操作规程指挥操作，维修人员在做完一个操作后要告知监护人，监护人要在作业流程单上标记。监护人及维修人员必须经过专业的厂家认证与维修专业化培训，并通过考核。监护人要认真负责，确保维修过程安全，避免发生安全责任事故。

5）当举起车辆时，应注意自己与他人的安全。当利用举升机或千斤顶举升车辆时，一定要确认车辆被安全支撑住。一定要使用千斤顶支架。

蓄电池散发出的氢气极易爆炸，为减少火灾或爆炸的可能性，在蓄电池附近操作时一定多加小心。

1）在蓄电池附近不得吸烟，不可出现火花和明火。

2）给所有漆层表面和座椅表面罩上干净布或聚乙烯塑料套，以防止落灰和刮伤。

3）安全工作，不可分心。当前轮或后轮升起时，应固定其他车轮。当两人或多人共同维修时，应尽可能保持经常互相联系。

拆卸部件之前，应认真检查并找出引起故障的原因。认真阅读所有操作前安全注意事项和说明，并按手册中的步骤进行操作。拆装动力电池包时，首先把高压配电箱连接高压线束插接件用绝缘胶带缠好，拆装过程中不要损坏线束，以免发生触电危险。检修或更换高压线束、油管等经过车身装配工艺孔时，注意检查与车身钣金的防护是否正常，避免线束、油管磨损。

装配高压线束时，必须按照车身固定孔位要求将线束固定好，不能用手指触摸高压线束插接件的带电部分，以免触电，另外应防止有细小的金属工具或铁条等接触到插接件中的带电部分；若发生异常事故和火灾时，操作人员应立即切断高压回路，其他人员立即使用灭火器扑救，优先使用二氧化碳灭火器，其次使用干粉灭火器，严禁用水剂灭火器。

8.1.2 电气故障处理说明

1）使用万用表测量高压时，需注意选择正确量程，检测用万用表精度不低于0.5级，要求具有直流电压测量档位，量程范围应>500V，并遵守“单手操作”原则。

2）万用表的一根表笔线上配备绝缘鳄鱼夹（要求耐电压为3kV，过电流能力大于5A），测量时先把鳄鱼夹夹到电路的一个端子，然后用另一根表笔接到需测量的端子测量读数。每次测量时只能用一只手握住表笔；测量过程中，严禁触摸表笔的金属部分。

3）调试低压前，必须断开紧急维修开关。

4）调试高压时，必须由专职监护人指挥装配紧急维修开关。

5）调试高压必须在低压调试好的前提下调试，这便于判断动力电池包有无漏电情况，如有漏电情况，应及时检查，不能进行高压调试。

1. 故障处理前的准备

1）检查相应熔丝和继电器盒内的熔丝。

2）检查蓄电池是否损坏，检查充电情况，然后进行清洁并紧固连接处。

注意

1）断开蓄电池接地线后，才可以进行快速充电，否则会损坏交流发电机二极管。

2）蓄电池接地线连接不良时，不要起动发动机，否则导线将严重受损。

3）检查交流发电机传动带的张紧力。

2. 拆接插头

1）确保插头干净、端子连接牢固。

2）确保多孔插头涂满润滑脂（防水型插头除外）。

3）所有插头都有下压放松式锁定器。

4）有些插头侧面有卡夹，用于将插头安装，一般在车身或其他零组件的装配支架上。此卡夹是拉式锁定器。

5）对于部分装配式插头，除非首先松开锁定器，并且从装配支架上拆卸下，否则无法拆卸。

6）断开插头时不要拉扯导线，应直接握住插头。

7）一定要将塑料盖复位。

8）在连接插头之前，确认端子安装到位且没有弯折。

9）检查固定座和橡胶密封件是否松动。

10）部分插头的背部封涂有润滑脂。必要时，添加润滑脂。如果润滑脂脏污，则将其更换。

11）将插头完全插入，并确认是否牢固锁定。

12）固定导线，使外罩开口端向下。

3．拆接导线和线束

1）使用相应的导线线夹，将导线和线束牢固地安装在车框指定位置。

2）小心拆卸卡夹，不要损坏锁定器。

3）在卡夹基座下移动卡钳，以一定角度通过圆孔，然后用伸缩锁片松开卡夹。

4）安装线束卡夹之后，确认线束不干扰其他可运动部件。

5）使导线线束远离排气管和其他高温部件，并远离支架锐边、孔口锐边以及外露的螺钉和螺栓。

6）将橡胶护圈正确放入凹槽内。不要使橡胶护圈变形。

4．测试和修理

1）不得使用绝缘层破损的导线或线束。更换破损的导线或线束，或使用胶带包裹破损处。

2）安装部件之后，应确认导线没有夹在部件下面。

3）使用电气测试设备时，应遵循制造商的要求和维修手册说明。

4）如有可能，从导线的侧面插入测试仪探针（防水型插头除外）。

5）使用带有尖头探针的测试仪。

6）有关插头端子的识别和更换，请参阅端子配件。

7）刺破导线的绝缘外皮会导致电路接触不良或间歇性电气连接故障。

8）测试插头时，将探针从发动机舱内线束插头侧插入直至接触端子。测试内孔插头时，只将探针轻微接触端子即可，不要将探针插入。

9）检查任何控制模块或装置的插头端子时，将测试仪尖头探针小心地从导线侧滑入插头中，直至与导线尾部端子接触。

常见问题排查与解决方法见表8－1。

表8－1　常见问题排查与解决方法

常见问题	问题排查与解决方法
线束插件问题	1）检查用电器插件与线束插件是否对插，并检查是否对查到位 2）检查线束与插针是否连接牢固、插件内插针是否出现退针、插针弯曲等异常现象 3）根据线束图纸引脚定义检查插件线束位置是否正确
供电电源问题	1）使用万用表检测供电电源是否正常，特别注意电源数值是否在用电器正常工作范围内 2）检查该用电器对应的熔丝是否熔断，若已熔断，则应更换 3）检查线路是否出现电线保护层破损漏电现象

（续）

常见问题	问题排查与解决方法
搭铁问题	1）检查用电器线束搭铁点与车身搭铁是否牢固 2）检查线束搭铁点与车身接触是否良好 3）使用万用表检查搭铁线束与车身接触是否良好
使能电源问题	1）有些电器不仅有供电电源，且有使能电源（ACC 电、IG 电），确认使能电与档位对应 2）检查用电器插件与线束插件是否对插，并检查是否对插到位 3）检查线束与插针是否连接牢固、插件内插针是否出现退针、插针弯曲等异常现象 4）根据线束图纸引脚定义检查插件线束位置是否正确 5）使用万用表对相关线路进行导通测试

8.2　纯电动汽车的结构原理

8.2.1　纯电动汽车结构概要

传统汽车主要由发动机、底盘、车身和电气四大部分组成，纯电动汽车的结构与传统汽车相比，主要增加了电力驱动控制系统，取消了发动机，主要由电力驱动主模块、车载电源模块和辅助模块三大部分组成。纯电动汽车在储能装置设计上采用不同类型的储能装置，如不同的蓄电池、燃料电池、超大电容器和高速飞轮等，构成不同的电动汽车结构。增程式电动车是在纯电动汽车的基础上追加了增程器，通过增程器向车辆输入额外的能量。一般情况下，增程器是发动机与发电机的组合，发动机输出机械能并经由发电机转化成电能为车辆或动力电池提供能源。增程器在这里充当了一个驻车“补充能量”的角色，目的是延长纯电动汽车的续驶里程。主要作用是辅助主动力源（电池），为电动机提供能量。图 8 - 2 所示为两种不同的纯电动汽车结构设计案例。

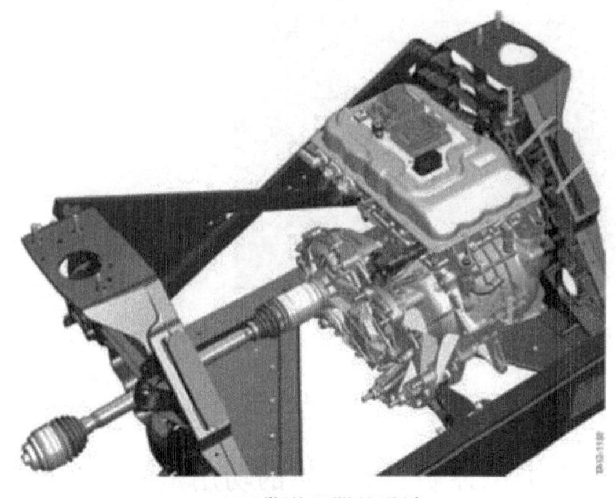

a）不带增程器的设计

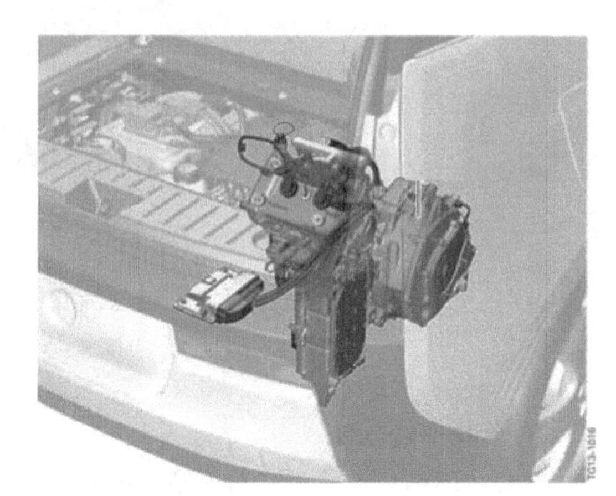

b）带增程器的设计

图 8 - 2　两种不同的纯电动汽车结构设计案例

1. 电力驱动主模块

电力驱动主模块主要包括中央控制单元、驱动控制器、电机、机械传动装置和车轮等。它的功用是将储存在蓄电池中的电能高效地转化为车轮动能，并能够在汽车减速制动时，将车轮动能转化为电能储存在蓄电池中。

中央控制单元根据加速踏板和制动踏板的输入信号，向驱动控制器发出相应的控制指令，对电动机进行起动、加速、减速、制动控制。

如图 8－3 所示，驱动控制器按中央控制单元的指令和电机的速度、电流反馈信号，对电机的速度、驱动转矩和旋转方向进行控制。驱动控制器必须和电机配套使用。电机在电动汽车中承担电动和发电的双重功能，即在正常行驶时发挥其主要的电动机功能，将电能转化为机械能；在减速和下坡滑行时发电，将车轮的惯性动能转化为电能。机械传动装置是将电动机的驱动转矩传输给汽车的驱动轴，从而带动车轮行驶。

图 8－3　驱动控制器

2. 车载电源模块

车载电源模块主要包括蓄电池、能量管理系统和充电控制器等。它的功用是向电动机提供驱动电能、监测电源使用情况以及控制充电机向蓄电池充电。

当汽车行驶时，由蓄电池输出电能（电流）通过控制器驱动电动机运转，电动机输出的转矩经传动系统带动车轮前进或后退。电动汽车续驶里程与蓄电池容量有关，蓄电池容量受诸多因素限制。

另外，不同的补充能源装置具有不同的硬件和机构，如蓄电池可通过感应式和接触式的充电机充电，或者采用替换蓄电池的方式将替换下来的蓄电池再进行集中充电。

纯电动汽车的能量管理主要是指电池管理系统，它的主要功用是对电动汽车用电池单体及整组进行实时监控、充放电、巡检、温度监测等。

充电控制器是把交流电转化为相应电压的直流电，并按要求控制其电流。

现代电动汽车很多采用三相交流感应电动机，相应的功率转换器采用脉宽调制逆变器，机械变速传动系统一般采用固定速比的减速器或变速器与差速器。

3. 辅助模块

辅助模块主要包括辅助动力源、动力转向系统、驾驶室显示操纵台和各种辅助装置等。辅助模块除辅助动力源外，依据不同车型而不同。

(1) 辅助动力源

辅助动力源主要由辅助电源和DC/DC变换器组成，一般为12V或24V的直流低压电源，它主要给动力转向、制动力调节控制、照明、空调和电动门窗等各种辅助装置提供所需的能源。

(2) 动力转向系统

为实现汽车的转弯而设置，它由转向盘、转向器、转向机构和转向轮等组成。作用在转向盘上的控制力，通过转向器和转向机构使转向轮偏转一定的角度，实现汽车转向。

(3) 驾驶室显示操纵台

类同于传统汽车驾驶室的仪表板，其功能根据电动汽车驱动控制的特点有所增减，更多地选用数字或液晶屏幕显示。

(4) 辅助装置

辅助装置主要包括照明、各种声光信号装置、车载音响设备、空调、刮水器、风窗玻璃除霜和清洗器、电动门窗、电控玻璃升降器、电控后视镜调节器、电动座椅调节器、车身安全防护装置控制器等。它们主要是为提高汽车的操控性、舒适性、安全性而设置的，可根据实际需要进行选用。

8.2.2 驱动系统布置形式

电动汽车的驱动系统是电动汽车的核心部分，其性能决定着电动汽车运行性能的好坏。

采用不同的电力驱动系统可组成不同结构形式的电动汽车。电动汽车驱动系统的布置取决于电机驱动系统的方式，根据电力驱动系统的不同，电动汽车分为6种。

常见的驱动系统布置形式如图8-4所示。

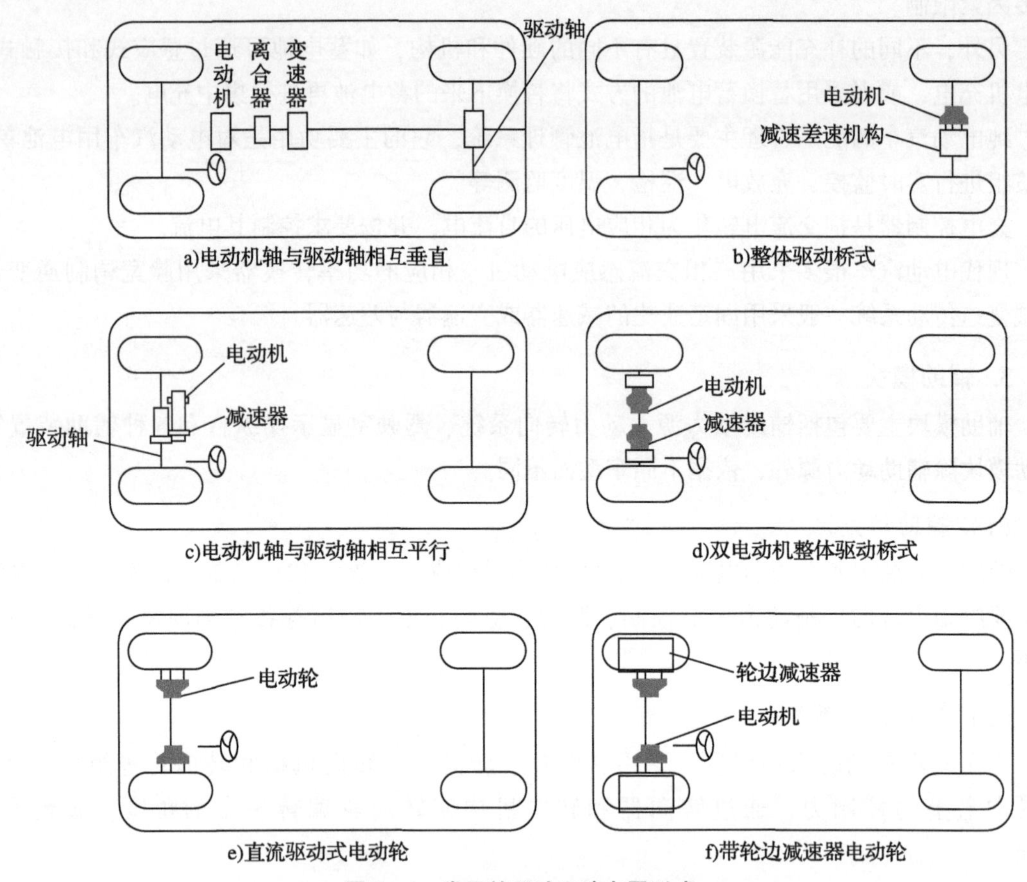

图 8-4　常见的驱动系统布置形式

a）电动机后置式　b）双电机式　c）前置固定速比减速器式
d）轮毂电动机式　e）前驱式　f）双电机双固定速比减速器式

8.3　纯电动汽车常见故障维修

8.3.1　电动汽车故障检测诊断

电动汽车故障检测方法主要分为两类：直观检测法与现代仪器设备检测法。

直观检测法又称人工经验检测法，是指检测人员借助丰富的实践经验和一定的理论知识，在汽车不解体或局部解体的情况下，依据直观的感觉，借助简单工具，采用“看、听、摸和闻”等方法对汽车进行检查、试验和分析，查明故障原因和故障部位。

现代仪器设备检测法是在人工经验检测法的基础上发展起来的一种检测方法，是指在汽车不解体的情况下，使用测试仪器、检测设备或工具，检测整车、总成或机构的参数、曲线和波形，为分析、判断汽车故障原因提供定量依据。

电动汽车故障诊断包含了“诊”和“断”两个环节。电动汽车的故障处理同传统汽车故障处理的含义相似，从汽车的故障现象出发，熟练应用各种检测与诊断设备对汽车进行综合检测，再对测试的结果进行综合分析后对故障部位和原因作出确切的判断。

下面以奇瑞 S15 EV 车型为例，电动汽车故障自诊断功能和传统汽车的原理相同，电控系统通过实时监测传感器、执行器的各种数据流，并将数据与存储器中的标准数据进行对比，从而判定车辆是否存在故障。当电控系统判定车辆存在故障时，系统将通过故障指示灯向驾驶人发出警示信息，并以故障码的形式将故障码存入寄存器。现代汽车的维修中能够读出故障码，根据故障码的指导去维修相当重要，以下罗列了奇瑞 S15 EV 车型车辆的故障码，以便于维修参考，各个厂家的故障码及其含义不同，具体在维修时需要查阅对应厂家和车型的维修手册，这里仅以奇瑞 S15 EV 车型为参考。

如图 8－5 所示，正常情况，点火钥匙旋转到 ON 位，EPS 指示灯亮起约 2s 后自动熄灭，说明 EPS 系统工作正常。当遇到 EPS 灯常亮时，说明 EPS 系统有故障。此时可以先检查一下，点火线圈熔丝和 EPS 电源熔丝是否正常，如熔丝烧坏，需要更换；如果两处熔丝正常，此时需要用车载诊断仪进行诊断。

图 8－5 仪表显示

ECU 故障灯故障码见表 8－2。

表 8－2 ECU 故障灯故障码

故障名称	ECU 故障码	诊断仪显示故障码	诊断内容
–	–	系统正常	无故障
转矩传感器故障	11	C1357	转矩传感器主信号断路或短路
	15	C1358	转矩传感器副信号断路或短路
	13	C1359	转矩传感器主副和超差
	14	C135A	转矩传感器电压超差
车速故障	24	C135B	当车速≥45km/h 时，车速突然降为 0
过热保护	30	C135C	控制器检测温度 >90℃
电机开路	41	C1352	电机开路
预充电故障	62	C135D	系统供电正常时，初始化检测到 VBUS 电压 <5V
门驱动故障	55	C135E	系统供电正常时，电荷泵压 < 继电器连接电压 8V
继电器不吸合	54	C1360	电源电压下降或继电器接触不良
继电器粘连	52	C135F	控制器继电器接点粘连
内存故障	55	C1361	内存校验错误，或内存读写错误
电源电压过高	51	C1311	电源电压大于 16V
电源电压过低	53	C1310	电源电压小于 8V
点火信号丢失	09	C1362	点火线束松动
熔丝故障	60	C1363	控制器电源熔丝烧毁或电源正极脱落

注意：

1）在诊断时，应先维修故障诊断仪中第一位故障码代表的故障，完成后起动整车，如果故障指示灯熄灭，重新读取故障码，继续维修第一位故障码代表的故障，直到故障指示灯熄灭。

2）如果第一位故障码是 C1359（传感器主副信号和超差）故障，第二位故障码为 C1357 传感器主信号故障或 C1358 传感器信号故障，则首先维修 C1357 或 C1358 故障。

3）如果故障码中同时出现了 C1363（熔丝故障）和 C1310（电源电压过低故障），则首先检测 C1363 故障。

8.3.2 电动汽车常见故障分析

首先找出故障产生的部位，然后用相应的仪器进行测试，分析研究故障产生的原因，推理验证故障的产生情况，然后进行维修，确认故障已修复，进行最后实际试车，以达到消除故障的效果。

1. 动力电池系统故障检修

动力电池系统故障按照故障发生的部位不同可以分为三类，即单体电池故障、电池管理系统故障、线路或连接件故障。

（1）单体电池故障

单体电池的故障包括 3 种。

1）电池性能正常，无须更换，对应故障有单体电池 SOC 偏低和单体电池 SOC 偏高。如果单体电池 SOC 偏低，则该电池在汽车行驶过程中，电压最先达到放电截止电压，使得电池组实际容量降低，应对该单体电池进行补充充电。如果单体电池 SOC 偏高，则该电池在充电末期最先达到充电截止电压，影响充电容量，需对该单体电池进行单独补充放电。

2）电池性能衰退严重，应立即更换，对应故障有单体电池容量不足和单体电池内阻偏大。在电池组中，最小的单体电池容量也限制了整个电池组的容量，因此发生单体电池容量不足故障会影响车辆续驶里程。锂离子电池内阻如果过大，会严重影响电池的电化学性能，如充放电过程中的极化严重、活性物质利用率低、循环性能差等。

3）电池影响行车安全，对应故障包括单体电池内部短路；单体电池外部短路；单体电池极性装反，在强振动下锂离子电池的极耳、极片上的活性物质、接线柱、外部连线和焊点可能会折断或脱落，造成单体电池内部短路或者外部短路故障。

通常情况下，造成单体电池前两种故障的原因可能包括两个：一是动力电池成组时单体电池一致性问题，单体电池的 SOC、容量、内阻就存在差异；二是单体电池在成组应用过程中因为应用环境差异造成的一致性差异增加，加剧单体电池的不一致性。

（2）电池管理系统故障

电池管理系统对于保障电池组的安全及使用寿命，最大限度发挥电池系统效能具有重要作用。电池管理系统通常对单体电压、总电压、总电流和温度等进行实时监控采样，并将实时参数反馈给整车控制器。电池管理系统除了对电池性能参数进行监控、实施电性能管理以外，还具有热管理为主的应用环境管理，实施对电池的加热和冷却，确保电池的良好应用环境温度以及温度场的一致性。若电池管理系统发生故障，就失去了对电池的监控，不能估计电池的 SOC，容易造成电池的过充、过放、过载、过热以及不一致性问题的增加，影响电池的性能、使用寿命和行车安全。

电池管理系统故障包括CAN通信故障、总电压测量故障、单体电压测量故障、温度测量故障、电流测量故障、继电器故障、加热器故障和冷却系统故障等。

(3) 线路或连接件故障

线路或连接件故障的诊断对于确保行车安全和整车的可靠性同样重要。例如，因为车辆的振动，电池间的连接螺栓可能会出现松动，电池间接触电阻增大，发生电池间虚接故障，以致电池组内部能量损耗增加，造成车辆动力不足和续驶里程短，在极端情况下还能引起高温，产生电弧，熔化电池电极和连接片，甚至造成电池着火等极端电池安全事故。

在电动汽车运行过程中，单体电池之间可能发生相对跳动，造成两电池间的连接片折断。电池箱和电动汽车的电气连接也是故障的高发点，电插接器在经历长时间振动后容易产生虚接，出现易烧蚀、接触不良等故障。

所有的故障由整车系统级别先行排查，当故障指向电池包时，必须排查电池包自身有无故障。

电动汽车动力电池达到一定的换电次数、运行期限，或出现破损、故障时，应进行例行维护或故障修理，包括开展电池箱体二次回路、电芯绝缘、插接件等外观及零部件维护修理。动力电池修理包括计划修理、计划外的故障修理和事故修理。

动力电池系统检测项目包括外观、电池箱连接器、绝缘、电压、通信等。开展交流内阻检查、充放电测试、开箱检测、电池箱连接器、AGPS以及内部检查等。检修过程中如实做好记录，进行检修总结并予以分析。电池产生故障原因错综复杂，在实际运行中，须根据环境温度、电池制造材料、充电等实际情况，用多手段进行分析处理。无论采取什么方式，都应参考电池使用记录，估算实时电池容量及运行时间。

动力电池系统故障检修一般操作流程如图8-6所示，故障分析和问题检查见表8-3~表8-6。

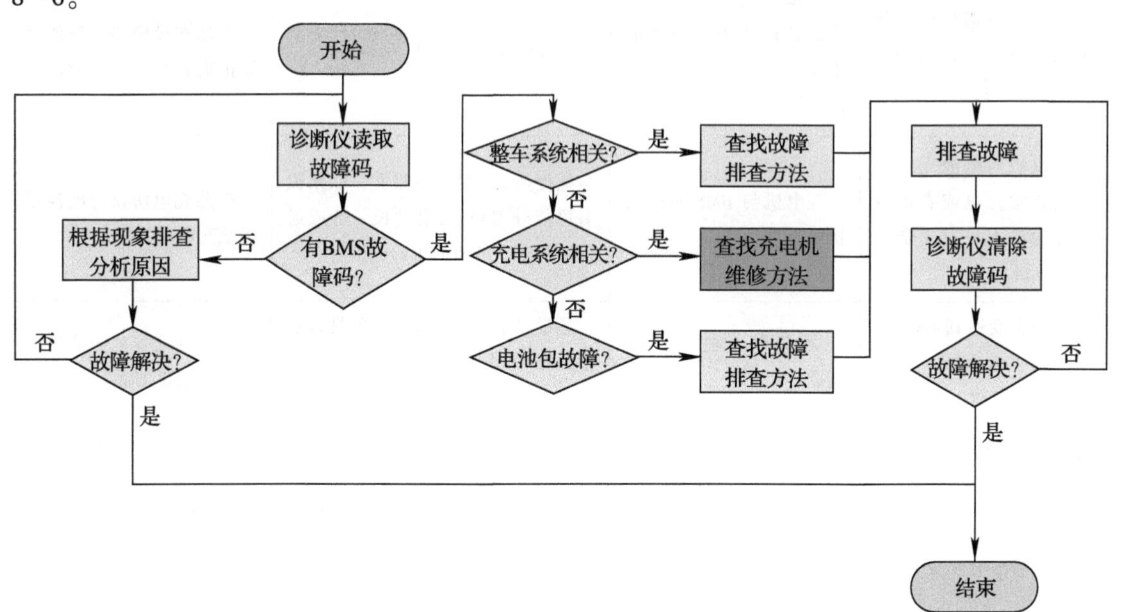

图8-6 动力电池系统故障检修一般操作流程

表 8-3　电动汽车动力电池常见故障分析

故障现象	原因分析	排除方法	标准
单体电压采集不准或者跳动	电压在跳动偏差较大的情况下，通常为整车干扰，或者采集模块损坏	测量电池实际电压，然后进行电压校准，检查 BMS 的滤波功能是否做好，如通信线是否接地，相应的增加磁环	电压与实际电压相符≤10mV
电流采集不准或者显示为 0	霍尔元件损坏、线没接好、软件问题	检查霍尔元件是否损坏，另可以在显示屏上查看设置是否错误，或者 BMS 主机在软件上有出入	电流与实际电流相符≤1%
动力主线继电器不吸合或者频繁地工作	有故障保护	通过显示屏查看电池电压是否正常，有没有警告显示，检查电池动力线是否接对，另外电池是否漏电	上电之后继电器能正常工作
SOC（静态）	未校准	将电池充满电后在显示屏上进行校准，也可通过软件在对 SOC 计算方式进行改正	SOC 与实际≤8%
电池的总电压与实际不相符	采集不准、采集个数设置不对	检查主机设置，电池串数是否正确或者是否有电压采集模块损坏	总压与实际电池总电压相符≤0.5V
温度采集为 0℃或者不准确	采集模块坏、温感坏、线束脱落	检查温度探头是不是坏掉。可拔掉温度采集线看是否显示为 2.2℃，如不是，可能为采集模块损坏	电池温度与实际测量相符≤1℃
BMS 未及时保护，造成电池的过充、过放、无法正常工作	继电器可能粘死，或者采集模块采集的数据不正常，另外在软件控制上可能有问题	可以更换主机尝试	电池在设定的电压值时需正确地对电池进行保护
充电机对电池充电时无法正常充电或者在电池充完电不可以安全关闭充电机	充电机与 BMS 对接的协议不对	捕捉报文，是否有报文，如果没有可能外 CAN 线束过长，造成通信不正常，可加 120Ω 电阻	按照充电协议对电池正确地充电及关闭充电
电池温度达到 BMS 设定值时，散热或者预热无法正常启动	风扇坏、控制策略问题	通过显示屏查看设置温度是否正常，在 BMS 的控制策略上是否正确	电池在需要散热或者预热的时候要正常工作
绝缘性能，漏电保护不正常	—	—	在一定阻值之内需切断保护
整车通信不正常	通信数据传输不正常	内 CAN 采集的信息不对，通过显示屏参看，在 BMS 于整车通信策略不相符	内部 CAN 通信，与整车策略通信正常

表 8-4　动力电池一般问题检查处理

序号	保养内容	操作方法	注意事项
1	对正、负极接线柱螺栓进行检查，确定是否有松动现象	戴上绝缘手套，手握动力线绝缘胶套轻轻摇动	检查电池正负极螺栓等高压部分时，请先戴上绝缘手套，防止触电，同时不能用力太大
2	检查有无故障报警	查看车上显示屏有无故障码	有故障码应及时处理
3	检查总电压是否正常	336V - 100A. H 总电压不低于340V，345V - 900A. h 总电压不低于360V，540V - 600A. h 总电压不低于538V	总电压过低，要使用充电机进行整车充电
4	电池组信息排查	在车上显示屏进入电池管理界面查看电池电压、温度、电流、SOC 信息是否正常并记录下来	发现有电压、温度、电流、SOC 等电池故障时必须及时处理

表 8-5　动力电池中等问题排查处理

1	对正、负极接线柱螺栓进行检查，确定是否有松动现象	戴上绝缘手套，手握动力线绝缘胶套轻轻摇动	检查电池正负极螺栓等高压部分时请先戴上绝缘手套，防止触电，同时不能用力太大
2	电池有无漏电情况	用万用表的表笔正极搭在电池正极上、负极和整车搭铁，查看电压的大小，一般应小于 5V	注意电压表量程的选择，尽量选大量程，和电池正负极接触时，注意身体勿与电池正负极直接接触
3	正、负极动力线是否有大电流致使变形	打开电池舱盖观察	请勿用手用力拉扯动力线
4	电池箱风扇是否能正常工作	当该箱体温度超过设定上限（45℃）时，用手放在风扇口感觉有无风吹出	切勿把手指伸进通风孔里面试探风扇是否转动
5	对电池箱固定支架螺栓松紧进行检查	戴上绝缘手套，摇动固定螺栓看是否松动	每个螺栓上都有一个垫片，如果缺少请安装上，防止孔大进水
6	检查管理系统是否正常	查看管理系统电压检测是否准确（查看显示屏上的电压值和实际测量电压值是否一致）、用钳流表测电流是否一致，查看有无故障，通信是否正常等	测量电压时可以直接测量采集线头部即可 不能在车辆动态情况时测量电流（危险）
7	检查线束是否完好	肉眼检查动力线通信线有无脱了、破损、老化现象	不可用力拉扯线束以免拉断，检查动力线时要戴上绝缘手套
8	检查继电器是否正常	按下继电器控制开关，正常会有开闭的“滴答”声	不可频繁地按继电器控制开关，以免烧坏继电器

（续）

9	电池组信息排查	在车上显示屏进入电池管理界面查看电池电压、温度、电流信息是否正常	发现有电压、温度、电流等电池故障时必须及时处理
10	检查高压、防水标志是否完好	打开电池舱盖，看电池箱体前面是有贴有高压、防水标志	如果没有，要记录，应及时补上
11	检查辅助发电是否正常	进入管理界面开启辅助发电，看是否有电流在给电池组充电	非专业人员不能进入操作，更不允许私自给电池组辅助充电
12	检查巡航、回馈是否正常	跟车在不同的速度是确认是否有巡航、回馈电流	没有或过小，应及时处理

表8－6　动力电池严重问题检查

序号	保养内容	操作方法	注意事项
1	清洁	打开电池箱盖，用气枪对电池箱里面进行除尘	勿将其他杂质吹入电池箱内，穿好防护衣和佩戴防护眼镜
2	检查接线柱	带上绝缘手套查看电池箱连接的接线柱是否有松脱现象	身体不要和车身接触，以免触电
3	电池箱风扇是否能正常工作	当该箱体温度超过设定上限（45℃）时，用手放在风扇口感觉有无风吹出	切勿把手指伸进通风孔里面试探风扇是否转动
4	电池组信息排查	在车上显示屏进入电池管理界面查看电池电压、温度、电流、SOC信息是否正常并记录下来	发现有电压、温度、电流、SOC等电池故障时必须及时处理
5	检查辅助发电是否正常	进入管理界面开启辅助发电，看是否有电流在给电池组充电	非专业人员不能进入操作，更不允许私自给电池组辅助充电
6	检查管理系统是否正常	查看管理系统电压检测是否准确（查看显示屏上的电压值和实际测量电压值是否一致）、用钳流表测电流是否一致，查看有无故障，通信是否正常等	测量电压时，可以直接测量采集线头部即可 不能在车辆动态情况时测量电流（危险！）

2. 电机驱动系统的故障

电机驱动系统的故障主要分为电机故障与电机控制器故障。

电机故障涉及因素较多，如电路系统、磁路系统、绝缘系统、机械系统以及通风散热系统等。任何一个系统工作不良或其相互之间配合不好均会导致电机出现故障，所以电机故障要比其他设备的故障更复杂，电机故障诊断涉及的技术范围更广。此外，电机运行还与其负载情况、环境因素有关。电机在不同的状态下运行，表现出的故障状态各不相同，这进一步增加了电机故障诊断难度。通常而言，电机故障可分为机械故障与电气故障。机械方面的主要故障有定子铁心损坏、转子铁心损坏、轴承损坏和转轴损坏，其故障原因为润滑不充分、转速过高、静载过大、过热而引起的磨损、压痕、腐蚀、电蚀和开裂等；电气方面的故障则主要是定子绕组故障与转子绕组故障，故障原因包括电动机绕组接地、短路、断路、接触不良和鼠笼断条等。

因为器件本身的结构和物理特性以及相互间的电磁兼容性问题，电机控制器故障也成为电机驱动系统发生故障的主要原因。电机控制器的故障主要包括：IGBT 故障、输入电源线和接地线故障、整流二极管短路、直流母线接地错误、直流侧电容短路、晶闸管短路、温度超限报警、相电流过流、过电压以及欠电压等高压电气系统故障。

8.3.3　电动汽车使用常识及保养

汽车在使用过程中各零部件会产生不同程度的磨损、变形、松动、老化、腐蚀及损伤，从而导致汽车出现相关问题，甚至有可能危及行车安全等情况。因此在汽车行驶一定里程和时间后，应对汽车进行全面的保养护理，降低机件磨损速度，减少运行故障，使汽车具有良好的使用性和可靠性，延长使用寿命，确保行车安全。电动汽车保养项目见表 8－7。

表 8－7　电动汽车保养项目

序号	检查项目	保养标准	A 类	B 类
1	门锁和铰链	1）开门无异响、无卡滞、无打锁扣现象	检查	检查
		2）车门铰链无松动现象	检查	检查
		3）遥控器在有效距离内开锁、闭锁功能正常	检查	检查
		4）中控锁功能正常	检查	检查
2	安全带	1）安全带拉出与收缩顺畅	检查	检查
		2）安全保护功能正常	检查	检查
		3）带面无断线和毛刺	检查	检查
		4）固定锁扣插拔顺畅、固定可靠	检查	检查
3	仪表	1）控制系统自检功能正常，无故障灯点亮	检查	检查
		2）起动车辆后 READY 指示灯点亮，仪表显示功能正常	检查	检查
4	外部照明或信号灯光	1）示廓灯、转向灯、倒车灯、制动灯、后雾灯工作正常	检查	检查
		2）（远光灯、近光灯）、前雾灯、喇叭正常	检查	检查
		3）仪表指示灯、仪表照明灯工作正常	检查	检查
5	刮水器	1）前刮水器各档工作正常	检查	检查
		2）刮片刮水性能良好	检查	检查
		3）喷淋装置工作正常	检查	检查
		4）后刮水器及喷淋装置工作正常	检查	检查
6	前照灯调节和仪表照明调节	1）前照灯光轴高度调整正常	检查	检查
		2）仪表照明亮度调节功能正常	检查	检查
7	电动车窗和电动后视镜	1）各门窗玻璃升降工作正常	检查	检查
		2）各门窗玻璃升降无异响、卡滞	检查	检查
		3）左右后视镜四向调节功能正常	检查	检查
		4）左右后视镜折叠功能正常	检查	检查
		5）左右后视镜除霜功能正常	检查	检查

（续）

序号	检查项目	保养标准	A类	B类
8	室内顶灯和天窗	1）室内灯三种模式工作正常	检查	检查
		2）天窗开启、关闭功能正常	检查	检查
		3）开窗滑动无异响、卡滞	检查	检查
9	座椅	1）座椅靠背调节功能正常	检查	检查
		2）座椅前后移动无卡滞	检查	检查
		3）座椅前后移动锁止可靠	检查	检查
10	转向盘和转向柱管	1）转向自由行程小于10°~15°	检查	检查
		2）转向柱管前后调节和锁止可靠有效	检查	检查
		3）喇叭按钮正常	检查	检查
		4）多媒体音量调节正常	检查	检查
11	驻车制动和点烟器	1）驻车制动拉索无卡滞现象	检查	检查
		2）驻车制动手柄行程正常（5~7齿）	检查	检查
		3）棘轮锁止功能正常	检查	检查
		4）点烟器加热后能正常弹出	检查	检查
12	档位开关	1）各档移动顺畅	检查	检查
		2）仪表显示档位与实际档位一致	检查	检查
		3）倒车雷达显示正常	检查	检查
13	收音机及导航	1）收音机各功能按键正常	检查	检查
		2）导航系统工作正常	检查	检查
14	空调系统	1）送风系统（各风速）工作正常	检查	检查
		2）出风口模式工作正常	检查	检查
		3）制冷功能正常	检查	检查
		4）制热功能正常	检查	检查
15	储物箱	开启无卡滞、关闭锁止正常	检查	检查
16	真空助力制动	1）连续踩制动踏板4次，真空泵应起动工作	检查	检查
		2）起动车辆后10s连续踩制动踏板5~7次，制动踏板阻力不发生变化	检查	检查
17	动力电池	1）动力电池单体电压差小于300mV	检查	检查
		2）动力电池单体温度差小于10℃	检查	检查
18	空调滤芯	清洁无堵塞	更换	检查
19	车辆尾部灯光	1）制动灯正常	检查	检查
		2）倒车灯正常	检查	检查
		3）示宽灯、牌照灯正常	检查	检查
		4）转向灯正常	检查	检查
		5）后雾灯正常	检查	检查

（续）

序号	检查项目	保养标准	A类	B类
20	后背门	1）间隙均匀	检查	检查
		2）铰链无松动	检查	检查
		3）门锁开启、关闭正常	检查	检查
21	随车工具和备胎	1）工具齐全有效	检查	检查
		2）备胎无破损、气压正常 230kPa	检查	检查
22	慢充电口	1）充电口盖密封正常	检查	检查
		2）充电口无异物	检查	检查
23	轮辋、轮胎	1）轮辋无裂纹和变形	检查	检查
		2）轮胎无异常磨损	检查	检查
		3）轮胎无损伤、胎纹高度不小于 2mm	检查	检查
		4）气压标准 230kPa	检查	检查
		5）轮胎螺栓力矩 110～130N·m	检查	检查
24	快充电口	1）充电口盖密封正常	检查	检查
		2）充电口无异物	检查	检查
25	其他车门	1）开门无异响、无卡滞、无打锁扣现象	检查	检查
		2）车门铰链无松动现象	检查	检查
		3）各门窗玻璃升降工作正常	检查	检查
26	前机盖	1）间隙均匀	检查	检查
		2）铰链无松动	检查	检查
		3）门锁开启、关闭正常、无卡滞现象	检查	检查
27	制动液	1）保证制动液位在 MAX 和 MIN 之间	检查	检查
		2）制动液清澈无浑浊现象	每4万km更换	检查
		3）制动液壶盖空气阀无堵塞、无脏污现象	检查	检查
28	冷却液	1）保证冷却液位在 MAX 和 MIN 之间	检查	检查
		2）冷却液清澈无浑浊现象	每2年更换	检查
		3）副水箱盖空气阀、压力阀正常、无脏污现象	检查	检查
29	风窗玻璃清洗液	1）保证有足够的清洗液	检查	检查
		2）冬季必须用防冻清洗液	检查	检查
30	前机盖螺母	保证力矩达到 70N·m	检查	检查
31	线束、搭铁点和插接件	1）线束固定点可靠	检查	检查
		2）不准出现线束破损与金属件干涉现象	检查	检查
		3）复紧各搭铁点螺栓	检查	检查
		4）插接件锁止卡扣无松动、损坏	检查	检查

（续）

序号	检查项目	保养标准	A类	B类
32	PEU插件和悬置固定	1）PEU插件无松动	检查	检查
		2）高低压线束无干涉	检查	检查
		3）PEU悬置无松动、变形、无异响	检查	检查
33	低压蓄电池	1）电极柱无氧化、无渗液	检查	检查
		2）电缆夹无松动	检查	检查
		3）起动车辆时电压应大于13.5V	检查	检查
		4）储电性能大于80%（显示窗口为绿色）	检查	检查
34	减速器润滑油	更换或检查	检查	检查
35	动力电池插接件	1）插接件密封性能正常	检查	检查
		2）插接件锁止机构正常	检查	检查
36	换电装置	1）换电限位装置无磨损松旷现象	检查	检查
		2）底盘无磕碰现象	检查	检查
		3）换电装置密封良好	检查	检查
		4）限位装置润滑	检查	检查
37	电池箱壳体固定螺栓	螺栓无松动现象	检查	检查
38	电机系统	1）电机悬置固定螺栓复紧，胶套无松旷	检查	检查
		2）电机旋变插件无松动、漏水现象	检查	检查
		3）减速器固定螺栓复紧	检查	检查
		4）减速器悬置螺栓复紧，胶套无松旷	检查	检查
39	前、后悬架	1）连接螺栓无松动	检查	检查
		2）减振器无渗漏现象	检查	检查

8.3.4 故障排查与处理

电动汽车的常见故障与排除方法见表8-8。

表8-8 电动汽车的常见故障与排除措施

序号	常见故障	故常原因分析	解决措施
1	整车Ready以后换档，仪表档位显示闪烁，整车不能行驶	换档操作不正确	按照规定操作，轻踩制动踏板换档
2	上电以后整车无故障，但是不能Ready	档位不在空档，操作不正确	先确认档位是否在空档，如不在空档请退回空档以后再Start
3	整车无故障，动力性能减弱	电量低	注意电量低提示灯是否点亮，如亮请及时充电

（续）

序号	常见故障	故常原因分析	解决措施
4	电池充满电以后，电池不能连接，电池切断指示灯亮	电池充满电后，外接充电线未拔出	查看外接充电线是否拔掉，外接充电线连接时整车不能行驶
5	钥匙打到 ON 档后，仪表所有灯不亮或闪烁或比较暗	仪表灯不亮：12V 电池的端子被拔掉或者蓄电池严重亏电 仪表灯闪烁或者比较暗：蓄电池亏电	检查前舱 12V 蓄电池的端子是否被拔掉，若被拔掉，请连接后再试 蓄电池连接仪表灯不亮，说明 12V 蓄电池严重亏电，需更换蓄电池 仪表灯闪烁或变暗，说明 12V 蓄电池亏电，需要及时对 12V 电池充电或者更换
6	不更换电池	–	在高压电池电量良好并且充电线断开的情况下，可以通过搭铁线将蓄电池与有电的 12V 蓄电池连接，钥匙拧至Ⅱ位置使高压继电器吸合，DC/DC 开始工作以后即可断开搭铁线连接，在操作过程中应注意安全，正负极不要反接或短接
7	判断 DC/DC 工作	–	仪表 LED 指示电池电流为负值；通过电压表测试蓄电池两端的电压大于 13V
8	蓄电池故障灯常亮	由于存放时间过长或者过量使用蓄电池导致 12V 蓄电池电压较低 高低压转换器 DC/DC 故障，不能给蓄电池充电 DC/DC 熔丝熔断，蓄电池上方的熔丝熔断。 连接 DC/DC 至蓄电池端的线束问题	尝试通过钥匙重复上电、断电操作能否清除故障灯 更换蓄电池或者给蓄电池补充电 若为 DC/DC 不能给蓄电池充电原因，需要维修人员对故障进行排查
9	高压电池故障灯常亮，整车不能 Ready	高压电池系统故障 高压动力电池本体单体存在故障	尝试钥匙重复上电、断电操作能否清除故障灯 通过诊断仪读取故障，根据具体故障参照整车维修手册进行维修
10	系统故障灯常亮或者闪烁，整车不能 Ready	整车控制器严重故障 整车 CAN 通信存在短路/断路故障 制动真空压力传感器异常 高压系统（电池/电机/压缩机/整车控制器）环路互锁系统故障 散热风扇驱动故障 逆变器驱动/继电器驱动故障 加速踏板故障 压缩机或 PTC 驱动故障 电机转矩监控故障 低压主继电器驱动故障	尝试钥匙重复上电、断电操作能否清除故障灯，如不能清除故障灯，请执行下述方法 通过诊断仪读取故障，根据具体故障参照整车维修手册进行维修

（续）

序号	常见故障	故常原因分析	解决措施
11	系统故障灯和高压电池故障灯不亮，电池断开指示灯亮	高压继电器盒内熔丝烧断 高压继电器（正极、负极、预充电）控制线束有问题 继电器本身损坏 预充电阻失效	涉及高压检查和维修，具体的检查步骤见整车维修手册
12	电驱动系统警告灯常亮	电机系统故障 电机控制器故障	尝试钥匙重复上电、断电操作能否清除故障灯 通过诊断仪读取故障，根据具体故障参照维修手册进行维修
13	高压绝缘警告灯常亮	电机系统绝缘故障 电机控制器绝缘故障 压缩机绝缘故障 PTC 绝缘故障 高压分线盒绝缘故障 充电机绝缘故障 电池包本体绝缘故障 高压线束绝缘	尝试钥匙重复上电、断电操作能否清除故障灯 通过诊断仪读取故障，根据具体故障见维修手册，注意不要触碰高压部分部件

8.4 空调使用维护与常见故障排除

8.4.1 空调系统结构与原理

汽车空调是利用多媒体对车厢内的空气进行调节，使之在温度、湿度、流速和洁净度上能满足人体舒适的需要，并预防或去除风窗玻璃上的雾、霜和冰雪，保障乘员身体健康和行车安全。衡量汽车空调的主要指标有温度、湿度、流速和洁净度。

汽车空调主要包括制冷系统、暖风系统、通风系统、空气净化系统和控制系统。

制冷系统对车厢内空气或由外部进入车厢内的新鲜空气进行冷却和除湿，使车厢内空气变得凉爽舒适。暖风系统主要用于取暖，对车厢内空气或由外部进入车厢内的新鲜空气进行加热，达到取暖、除湿的目的。通风系统将外部新鲜空气吸进车厢内，起通风和换气作用，同时对防止风窗玻璃起雾也具有一定的作用。空气净化系统除去车厢内空气中的尘埃、臭味、烟气及有毒气体，使车室厢空气变得清洁。空调对制冷和暖风系统的温度、压力进行控制，同时对车厢内空气的温度、风量、流向进行控制，完善了空调系统的正常工作。

汽车空调大多数是通过发动机带动压缩机来工作的，所以汽车空调是以消耗发动机的动力来调节控制车内环境的。纯电动汽车与传统汽车在系统构成上存在着差别，不同类型的纯电动汽车又有不同的特点。纯电动汽车没有发动机作为空调压缩机的动力源，也没有发动机余热可以利用以达到取暖、除霜的效果。燃料电池电动汽车也没有发动机作为空调压缩机的动力源，但是燃料电池发动机可以产生比较稳定的余热。根据纯电动汽车的特点，对于纯电动汽车来说，目前可以选择的制冷空气调节方式主要有热电式制冷、电动压缩机制冷、余热制冷。其中余热制冷可以考虑在燃料电池电动汽车上采用。

在空调的主要零部件选用上，目前国内的纯电动汽车除了压缩机和控制模式，其他主要零部件还是沿用传统汽车空调的零部件，冷凝设备主要用的是平行流冷凝器，蒸发设备主要用的是层叠式蒸发器，节流装置仍然是热力膨胀阀，制冷剂仍然是 R134a。

在制冷技术中，“过热”是相对气体而言的。让蒸发器中的干饱和蒸汽继续定压吸热的热力过程称为过热。其结果是干饱和蒸汽成为过热蒸汽。过热蒸汽的温度称为过热温度，其比干饱和蒸汽的饱和温度更高，两者之间的温度差称为过热度。在蒸汽压缩式制冷系统中，压缩机吸入和排出的蒸汽都是过热蒸汽，物理原理如图 8－7 所示。

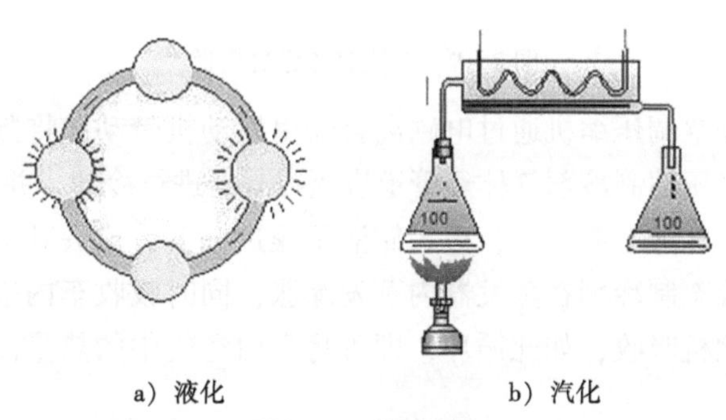

a）液化　　　b）汽化

图 8－7　物理原理

1）液化：由气态转变成液态的物理现象，液化过程是放热过程。

2）汽化：由液态转边成气态的物理现象，汽化过程是吸热过程。

3）凝结：是汽化的相反过程，既当蒸汽在一定的压力下冷却到一定温度时，它就会由气态转变为液态。凝结过程是冷却过程。

4）沸腾：是在一定温度下从液体内部和表面同时发生的剧烈的汽化现象。

两个相对运动的物体或一个物体在另外一个静止的物体表面作激烈运动时就会产生摩擦，有摩擦就会产生大量的热量，而热量是消耗汽车能源的主要因素之一。

在汽车空调系统中，制冷剂在压缩机的压缩下变成高温高压的液态制冷剂。这种液态制冷剂在管路中高速运动，导致发动机的工作温度升高，这将缩短发动机的使用寿命并造成燃油消耗增加。

图 8－8 所示为热量的传递方式。

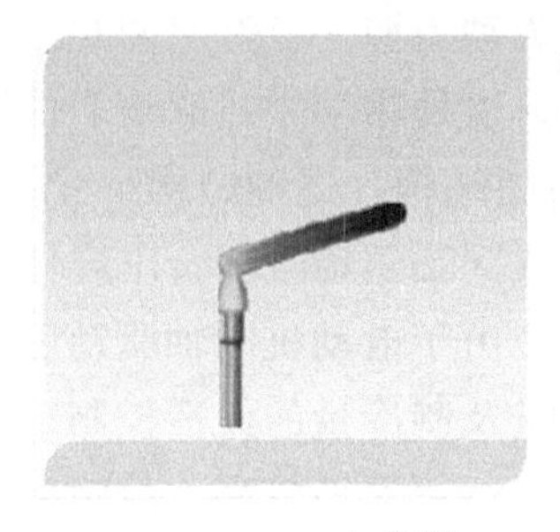

a）传导　　　b）对流　　　c）辐射

图 8－8　热量的传递方式

汽车空调制冷系统都是应用节流阀的绝热膨胀来实现降压降温的。汽车中使用的节流阀比家用冰箱和房间空调的节流阀复杂，形式也更多样，这些都是根据不同的空调系统进行设计的。但不管怎样变化，其节流的功能都相同，主要是用来将制冷剂降压降温，使其在蒸发器能吸入更多的低温物体的热量。节流流体经过通道如图 8 - 9 所示。

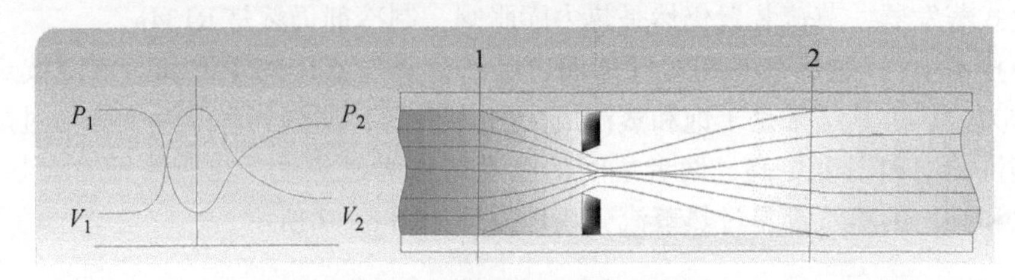

图 8 - 9　节流流体经过通道

汽车制冷过程就是空调压缩机通过电磁离合器由发动机带动，将制冷剂从蒸发器吸入压缩机进行压缩，高温高压的制冷剂气体经管道进入冷凝器进行冷却，并将热量散发到大气中，同时被凝结成中温中压的液态制冷剂，进入储液干燥过滤器，滤去其中的杂质及水分再经膨胀阀输送到蒸发器。液态制冷剂在蒸发器内蒸发膨胀，同时吸收车内空气的热量，又从液态变为气态，再次被压缩机吸收，如此循环，即可将车内空气中的热量散到大气，使车内温度下降，达到制冷的目的。

压缩机是制冷系统中低压和高压、低温和高温的转换装置，推动制冷剂在制冷系统中不断地循环。它对输送制冷剂、保障制冷系统正常工作具有十分重要的作用。

冷凝器：把来自压缩机的高温高压气体通过管壁和翅片将其中的热量传递给冷凝器周围的空气，从而使高温、高压的气态制冷剂冷凝成中温、高压的液体。

蒸发器：将经过节流降压后的液态/气态混合物制冷剂在蒸发器内进行沸腾汽化，由此吸收蒸发器表面周围的热量而降低温度，最后风机将冷空气送入车厢，从而达到车内降温的目的。

干燥瓶：在制冷系统中，临时性地存储制冷剂，根据制冷负荷的需要，随时供给蒸发器，并对系统中的水分和杂质进行干燥与过滤，具有存储制冷剂、过滤杂质、吸收湿气的作用。

1. 制冷单元

纯电动汽车已不再安装内燃机，或主要不以发动机作为动力源，显然空调制冷所使用的压缩机大多已不能以发动机来驱动，而改由电动机来驱动。这种驱动方式取消了传统的外驱式传动带轮，电动机一般与压缩机组装为一体，形成全封闭结构。这种结构形式灵活方便，可装置在发动机室的任何位置，而且电动机与压缩机可采取同轴驱动，不会出现传统驱动方式的传动带打滑、压缩机转速与发动机转速不同步的现象。由于电动机同轴驱动压缩机，可通过调节电动机转速改变压缩机转速，实现空调压缩机排量及制冷量的灵活控制。封闭式的驱动结构，只有电源线及进出气管与外部相连，泵气装置运行可靠性较高，故障率较低。纯电动汽车电动空调压缩机如图 8 - 10 所示。

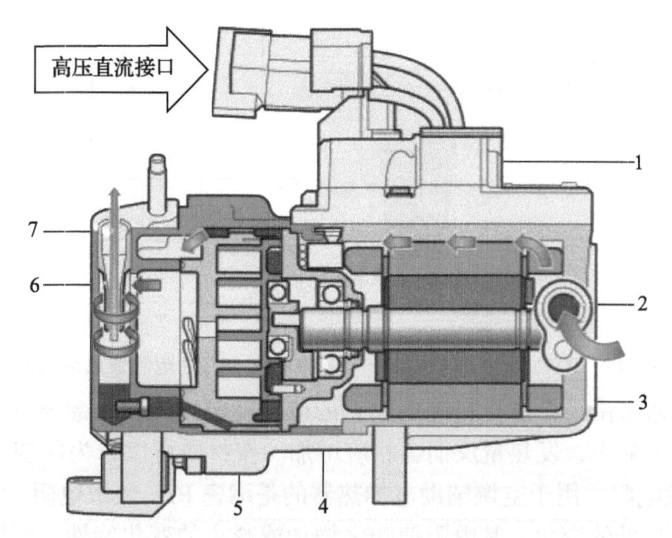

图 8-10　纯电动汽车电动空调压缩机

1—DC/AC 三相逆变器　2—制冷剂进气口　3—三相电机　4—永磁转子电机轴
5—涡旋式压缩机　6—油水分离器　7—高压制冷剂出口

纯电动汽车空调的制冷系统与传统汽车基本相同，主要由一体化压缩机、冷凝器、膨胀阀、蒸发器和储液干燥器等部件组成，另外还增加了电气系统的空调驱动器。

使用泵气效率较高的涡旋式压缩机是纯电动汽车空调的一个共同特点，与其他诸多类型的空调压缩机如斜盘式、曲柄连杆式、叶片式等相比，涡旋式压缩机具有振动小、噪声低、使用寿命长、质量轻、转速高、效率高、外形尺寸小等优点，更符合纯电动汽车的空调使用要求。

2. 供暖单元

纯电动汽车空调的供暖系统热源与传统汽车的形式有所不同。混合动力汽车虽然有发动机，但是车辆行驶时发动机可运行或不运行，如强混合动力电动车可单纯利用电力驱动行驶，不以发动机为动力，而且纯电动汽车没有发动机，所以有的纯电动汽车空调供暖系统采用循环水作热源，而由 PTC 元件加热（图 8-11），或由储热水罐供热。PTC 是一种直热式电阻材料，通电时将会产生热量，可供空调制热。如有的纯电动汽车空调内部有 8 个 PTC 发热元件，由空调驱动器将蓄电池高压电源向每个元件供电，功率可达 300 ~ 600W，用于加热冷却液。

为提高制热器的效率，现在的制热多采取水为介质，将水加热后送到空调风道的散热器，再经风机吹向车厢内或风窗玻璃，用以提高车厢内温度和除去风窗玻璃的霜雾。

PTC 是 Positive Temperature Coefficient 的缩写，正温度系数。电阻值会随着热敏电阻本体温度的变化呈现出阶跃性的变化（图 8-12）。PTC 电加热器是采用 PTC 热敏电阻元件为发热源的一种加热器。

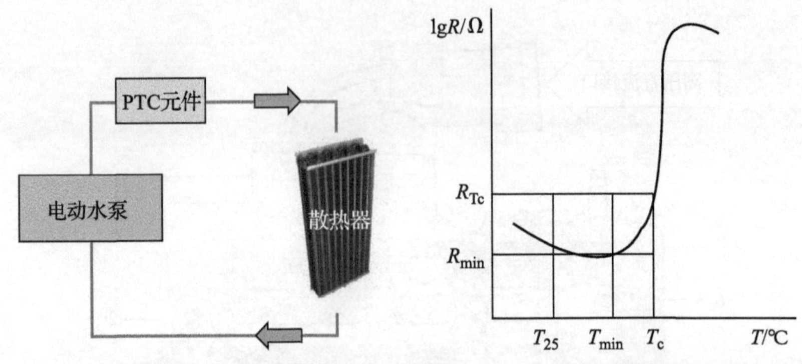

图 8-11　PTC 元件工作原理　　　图 8-12　PTC 电阻值温度阶跃性变化

PTC 热敏电阻通常由半导体材料制成，它的电阻随温度变化而急剧变化，当外界温度降低，PTC 电阻值随之减小，发热量反而会相应增加。按材质可以分为陶瓷 PTC 热敏电阻和有机高分子 PTC 热敏电阻。用于空调辅助电加热器的是陶瓷 PTC 热敏电阻。PTC 热敏电阻元件因具有随环境温度高低的变化，其电阻值随之增加或减小的变化特性，所以 PTC 加热器具有节能、恒温、安全和使用寿命长等特点。

PTC 加热器有两组电热阻丝并联组成，单独控制。

温度传感器：检测加热器本体的温度，进行控制加热器导通和切断。

熔断器：防止加热器失控发生火灾。

热电制冷技术的理论基础是珀耳帖效应、塞贝克效应。热泵是利用一部分高质能从低位热源中吸取一部分热量，并把这两部分能量一起输送到需要较高温度的环境或介质的设备。

正温度系数（PTC）电加热器使用具有正温度系数的热敏材料作为加热元件，其电阻和发热功率可以根据自身的温度变化自发调节，从而达到控制受控对象温度变化的目的。

如图 8-13 所示，纯电动汽车空调与暖风系统主要由暖风蒸发箱、冷凝器、电动压缩机、PTC 加热器、PTC 盖板、管路、压力开关、控制面板、出风口等部件组成。

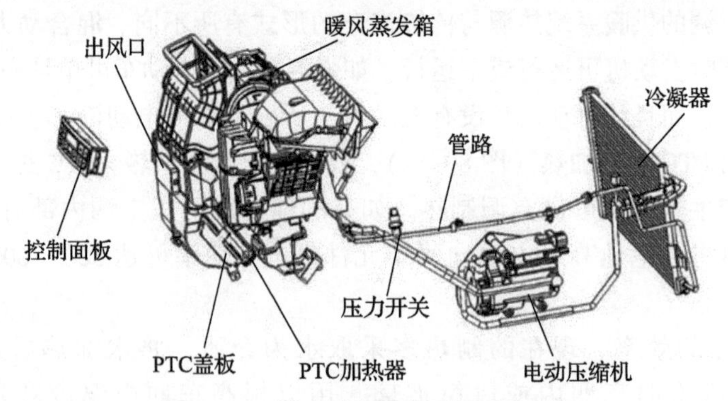

图 8-13　纯电动汽车空调与暖风系统

按热源形式的不同，暖气装置大致分为热水式暖气装置、燃烧式暖气装置、综合预热式暖气装置和 PTC 加热式暖气装置，目前北汽新能源和更多的新能源车型使用的是 PTC 加热式暖气装置。

HVAC（Heating Ventilation Air Condition），即采暖、通风与空调；指安装在仪表板下具有加热、通风、空气调节功能的单元，包含鼓风机总成、加热器芯体、蒸发器芯体、混合风门、模式风门等主要部件。

如图 8－14 所示，HVAC 按照结构可以分为单区空调和多区空调。单区空调指的是只能将车内环境作为一个整体来调节，如奔腾 B50 车型；而多区空调可以将驾驶舱分为主驾驶区间、副驾驶区间、后排左乘客区间、后排右乘客区间，并单独进行环境空气调节。多区中包含 2 区，指的是主、副驾驶区间，如马自达睿翼；3 区，指的是除主、副驾驶区间外，将整个后排乘客区间作为一个整体，如丰田霸道；4 区，指的是主、副驾驶区间，以及后排左、右乘客区间，如红旗检阅车。

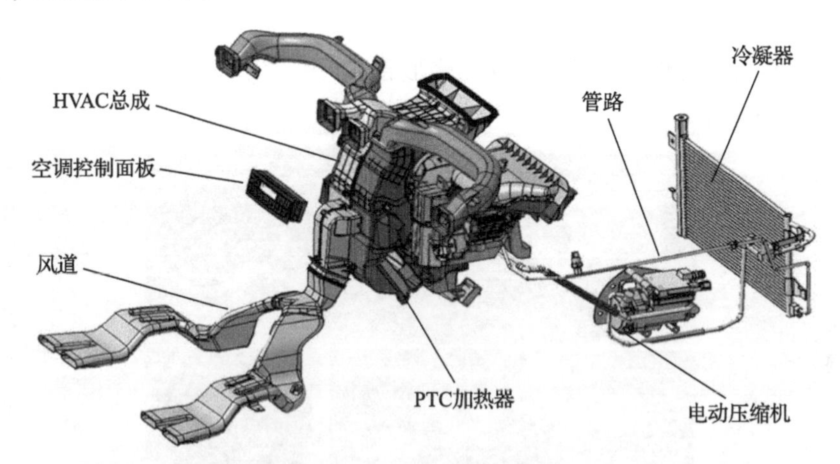

图 8－14　HVAC 总成结构

HVAC 要实现降温或制热，必须有流动的空气在换热器表面进行热交换，而要提供流动的空气就必须有鼓风机和进气装置。进气装置主要功能是将 HVAC 外部空气导入其内，这里的 HVAC 外部空气就分为来自车厢外的空气（Fresh air，外循环）和来自车厢内的空气（Recirculation，内循环）。鼓风机就是使空气流动的动力源，风量的大小很大程度上取决于鼓风机的能力。

电动压缩机是由高性能电机和涡旋压缩机部分变频控制系统、LIN 总线组成（图8－15）。简单理解就是电机带动涡旋压缩机工作也叫电动涡旋压缩机。现在国内都以 24V 功率 3000W 为新的技术标准。纯电动汽车采用涡旋式压缩机，现代纯电动汽车已不再安装内燃机，或主要不以发动机作为动力源，显然空调制冷的压缩机大多已不能以发动机来驱动，而改由电动机来驱动。

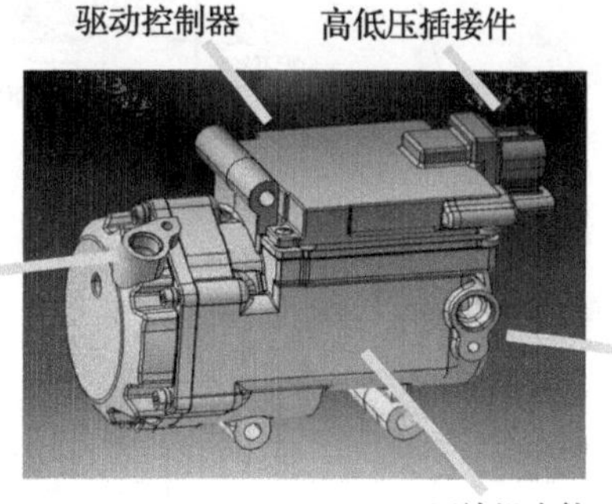

图 8－15　电动压缩机

这种驱动方式取消了传统的外驱式传动带轮，电动机一般与压缩机组装为一体，形成全封闭的结构，这种结构形式灵活方便，可装置在前舱任何位置，而且电动机与压缩机可采取同轴驱动，不会出现传统驱动方式的传动带打滑、压缩机转速与发动机转速不同步的现象。

压缩机是空调系统的心脏，类似于心脏作为泵的功能，是系统中的核心部件，其在系统中的作用有：

1）从蒸发器出口处吸取制冷剂蒸汽并将其推送到冷凝器。

2）提高制冷剂的压力。

3）在空调回路中循环润滑油。

涡旋压缩机包含一对螺旋线缠绕的固定蜗形管和可变蜗形管、无刷电动机、油挡板和电动机轴，如图 8－16 所示。

图 8－16　涡旋压缩机

图 8－17 所示为涡旋压缩机压缩工作过程。

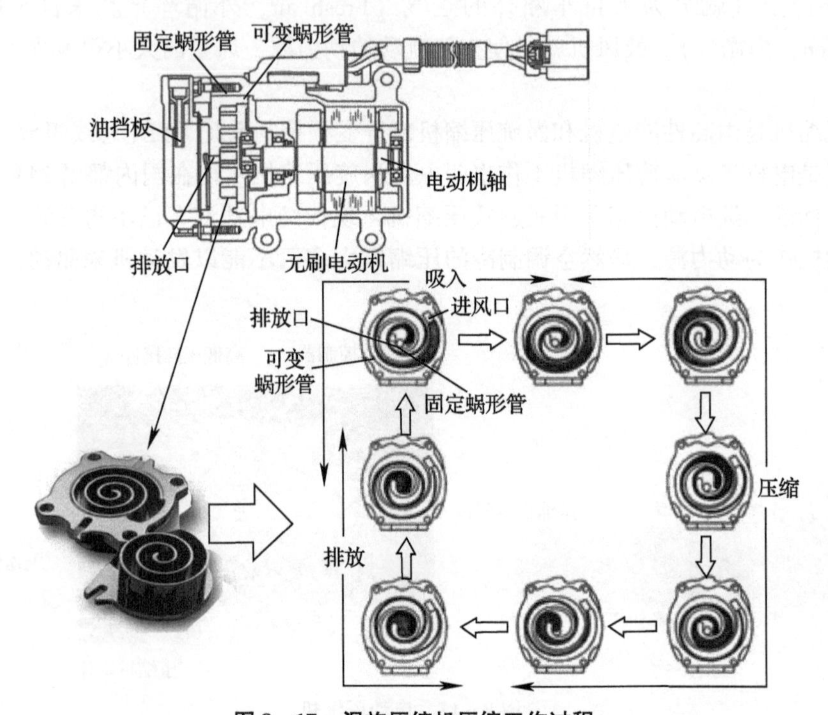

图 8－17　涡旋压缩机压缩工作过程

8.4.2　空调日常维护与维修注意事项

1. 空调系统日常维护

1）部件绝缘电阻阻值：用绝缘仪或万用表测量。

2）制冷能力：测量进出风口温度、湿度。

3）制热能力：测量进出风口温度、湿度。

4）定期更换空调滤芯。

2. 维修操作注意事项

1）压缩机绝缘电阻值为20MΩ。

2）高压部件安全操作。

3）拆解后及时密封各管路开口，防止水或湿空气进入系统。

4）冷冻油（压缩机润滑油）为POE68，与传统汽车PAG冷冻油不同，勿混用。

5）连接安装各管路接口时，注意清洁管口，在O形圈上涂抹冷冻油。

6）制冷剂加注量要按具体要求。

7）操作时注意佩戴个人安全防护用具，如护目镜、丁腈手套等。

8）制冷剂喷出时，注意个人防护，避免接触冻伤、吸入及喷入眼睛。

8.4.3　空调系统常见故障与排除

空调系统出现故障时，需先检查冷却系统、压缩机与发动机风扇传动带、风扇离合器、冷凝器散热片、冷凝器、空调真空管以及真空电动机等的工作情况。冷却系统的工作状况，可使用歧管压力表测量其高、低压侧的压力。

1. 制冷系统常见故障

空调系统问题分为制冷和制热两个方面。制冷可根据制冷系统来进行排查，常见问题点：压缩机不工作。分析可能原因：

1）压缩机本身的质量问题，缺少冷冻油。

2）压缩机电源来自高压盒，开关信号经蒸发器的压力开关、温度开关及A/C按键。

制热由暖风机内PTC电加热供给，问题点分析：

1）PTC电源来自高压盒。

2）PTC继电器控制信号来自采暖按键经暖风机至高压盒，控制PTC电源开关。

观察窗检查见表8－9。

表8－9　观察窗检查

检查项目 \ 制冷剂量	几乎无制冷剂	制冷剂不足	制冷剂适宜	制冷剂过多
高低压侧管路的温度	高低压两侧温度几乎相同	高压侧较热、低压侧较凉	高压侧较热、低压侧较凉	高压侧过热

（续）

检查项目 \ 制冷剂量	几乎无制冷剂	制冷剂不足	制冷剂适宜	制冷剂过多
观察窗内状态	连续不断地出现气泡或出现雾状泡沫流动	每隔 1 ~ 2s 可看到气泡	几乎透明，气泡偶尔出现。关闭冷气后即气泡消失	看不到气泡，关闭冷气后，制冷剂清澈无泡沫
制冷系统压力	高压侧压力很低	高低压两侧压力都稍低	高低压两侧压力正常	高低压两侧压力□偏高
处理方法	检测、修理、抽真空重新加注	检测补充制冷剂		可选择从低压加注阀处放出多余量

制冷系统压力不正常，导致不制冷或制冷效果不佳，常见故障与排除见表 8 - 10。

表 8 - 10　制冷系统常见故障与排除

高压	低压	问题可能原因	可能故障点
高	高	系统整体压力高	1）制冷剂加注量过多 2）系统内含空气（抽真空不良） 3）冷冻油过量 4）冷凝器散热不良
高	正常	高压侧故障	1）冷凝器散热不良 2）冷凝器内部连通（内漏） 3）冷冻油过量
高	低	高低压分隔点堵塞	1）膨胀阀堵塞 2）蒸发器内部堵塞 3）冰堵 4）膨胀阀开度过小 5）感温包泄漏
正常	高	低压侧故障	1）膨胀阀开度过大 2）制冷剂加注量偏多
正常	低	高低压分隔点问题	1）膨胀阀开度偏小 2）制冷剂加注量偏少 3）感温包泄漏
低	高	压缩机压缩能力不足	1）压缩机转速不足 2）压缩机内部连通（内漏）
低	正常	高压侧故障	1）制冷剂加注量偏少 2）压缩机工作效率低
低	低	系统整体压力低	1）制冷剂加注量过少 2）冷凝器堵塞 3）储液罐堵塞

2. 压缩机常见故障及排除（表 8－11）

表 8－11　压缩机常见故障及排除

故障名	故障原因	解决措施
空调内部电压故障	内部电路故障，AD 采集电压小于 1.58V 或大于 1.71V 时	更换压缩机
空调内部功率管故障	部分或全部功率管出现短路，功率管故障时，控制器输出电流很大，会使硬件触发过流保护，硬件自动封锁输出	更换压缩机
空调过压故障	当软件检测到电源输入端电压大于 420V 时，输出该故障信号	可恢复
空调欠压故障	当软件检测到电源输入端电压小于 220V 时，输出该故障信号	可恢复 更换高压熔丝 插好高压插接件 更换高压线束
空调过流保护	输出电流大于硬件设定值时，硬件封锁输出并拉低相应输出信号	产生过流后立即停机保护，30s 后再次起动，连续 5 次过流后，停机保护，重新上电后故障码清除，重新检测

3. PTC 常见故障及排除（表 8－12）

表 8－12　PTC 常见故障及排除

故障	现象	原因及判断	检测及排除措施
PTC 不工作	起动功能设置后，风仍为凉风	1）冷暖模式设置不正确 2）PTC 本体断路 3）PTC 控制回路断路 4）内部短路烧毁高压熔丝 5）PTC 控制器故障损坏	1）检查冷暖设置是否选择较暖方向 2）检查 PTC 本体阻值 3）打开高压熔丝盒观察指示灯情况及高压熔丝 4）更换 PTC 或高压熔丝盒
PTC 过热	出风温度异常升高或从空调出风口闻到塑料焦煳气味	PTC 控制模块内部 IGBT 损坏（短路，不能断开）	断电更换相关部件

实训任务　断电故障检修

请完成下列问题的分析。

1. 在蓄电池处检测断电。

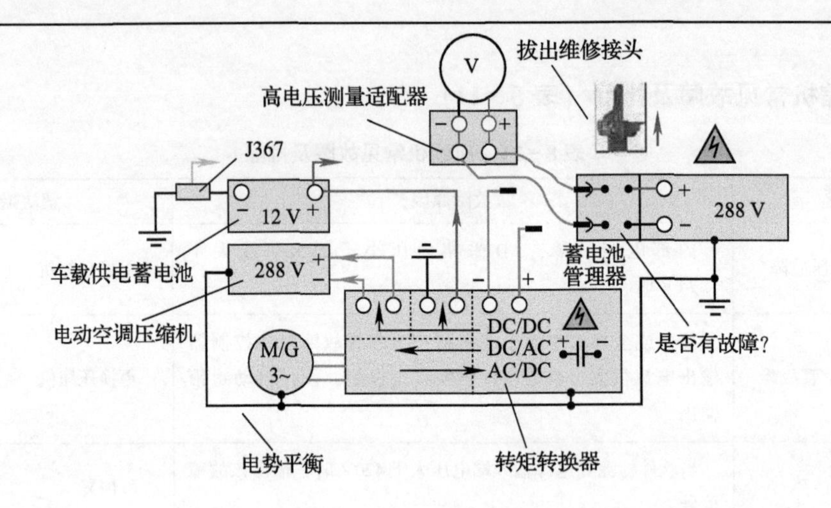

检查断电：在维修手册中有明确的现行检测规范！请使用带有相应测量适配器的指定检测设备！

关闭点火开关。

拔出维修接头。

插入维修接头的保护塞或者为维修接头的插接口提供绝缘保护罩。

等待大约 1min。(电容中储存的能量进行放电)

通过连接 12 V 电压进行参考测试来检查测量工具的功能。

断开高压蓄电池的高压电缆，并把测量适配器连接到动力蓄电池。

测量结果为 0V！

把测量值输入“断电被核实”的记录中。

如果在测量中电压出现更高的值，那么蓄电池管理器或者开关继电器中存在故障。

2. 在动力蓄电池负极和接地端之间检测断电。

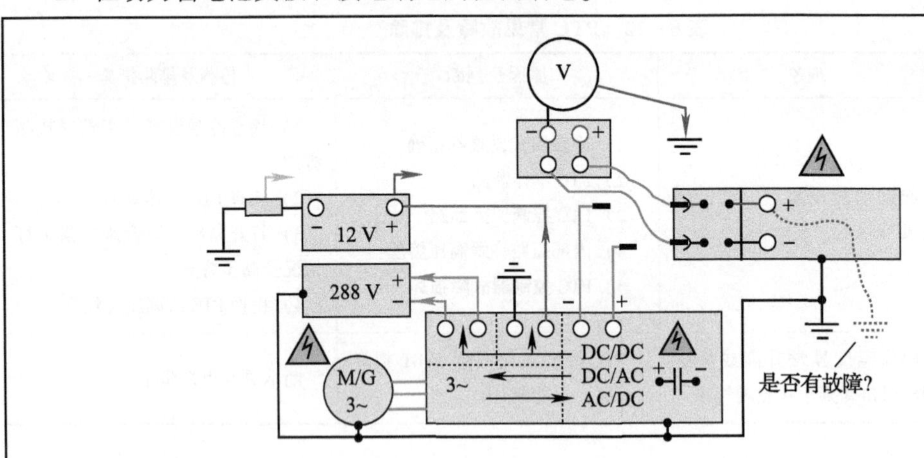

在高压蓄电池负极和车身接地之间检测断电：

测量值为 0V！

把测量值输入“断电被核实”的记录中。

如果在测量中电压出现更高的值，那么动力蓄电池正极和地之间存在接地故障或者短路。

3．在高压蓄电池正极和接地之间检测断电。

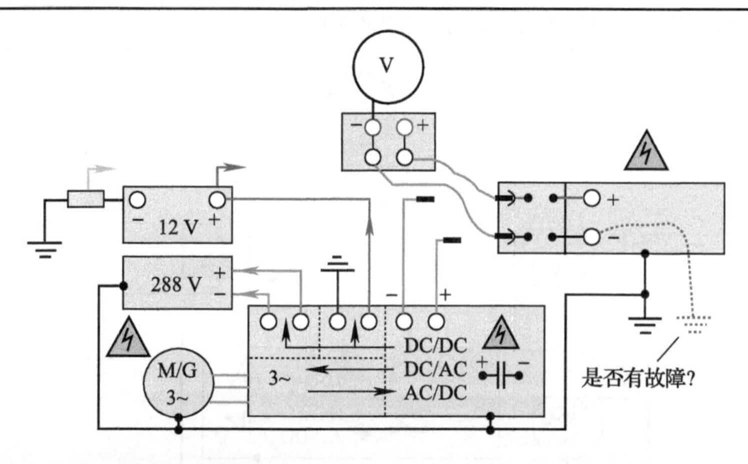

在高压蓄电池正极和车身接地之间检测断电：

测量值为0V！

把测量值输入“断电被核实”的记录中。

如果在测量中电压出现更高的值，那么高压蓄电池负极和地之间存在接地故障或者短路。

4．在电机控制器的蓄电池连接处检测断电。

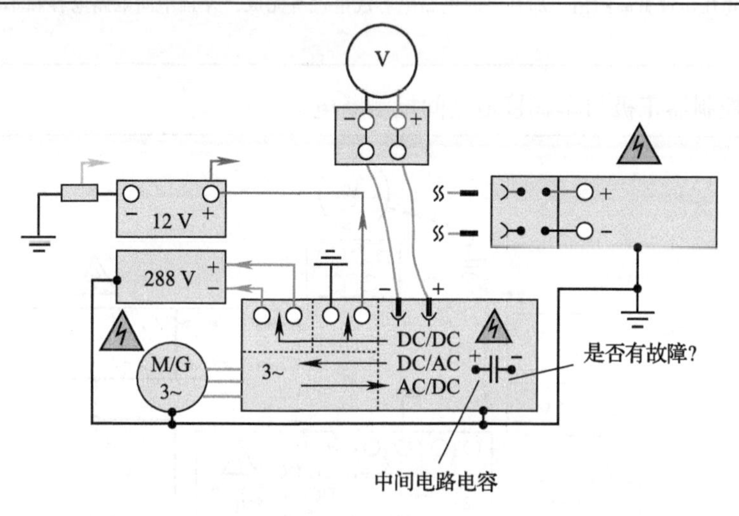

在转换器的高电压连接处检测断电：

断开转换器处来自高压蓄电池的连接。

把测量适配器连接到转换器。

进行测量，测量值为小于7V的电压值！

把测量值输入“断电被核实”的记录中。

如果在测量中电压出现更高的值，那么中间电路电容放电没有完成或者变换器有故障。

如果测量电压值过高，打开点火开关，关闭点火开关，重新测量。

测量值现在是否低于7V？

（点火开关转换会导致中间电路电容的放电）

中间电路电容具有很高的容量，并以288V的电压进行充电！电容能够起到平滑电压和缓冲能量波动的作用。

高电压系统的能量回路与车辆的接地之间电流绝缘。

5. 在电机控制器负极与车辆接地之间检测断电。

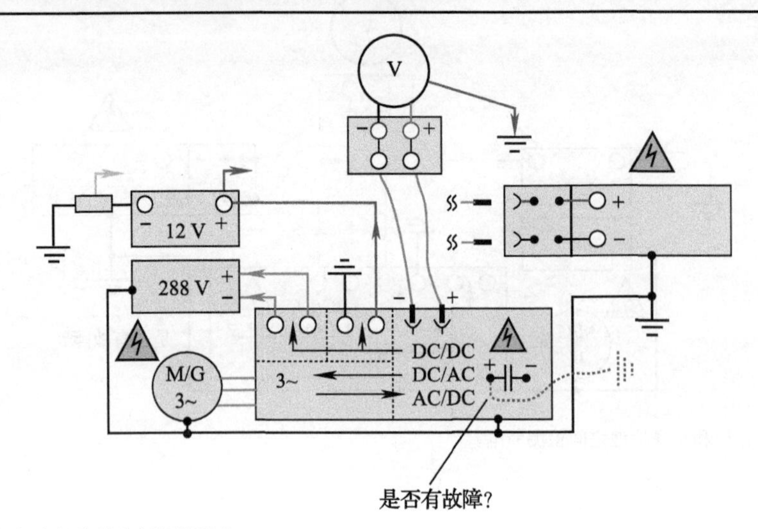

在变换器负极与车辆接地之间检测断电：

测量值小于7V!

把测量值输入“断电被核实”的记录中。

如果在测量中电压出现更高的值，那么中间电路电容放电没有完成，并且中间电路电容和车辆地之间存在接地故障。

6. 在电机控制器正极与车辆接地之间检测断电。

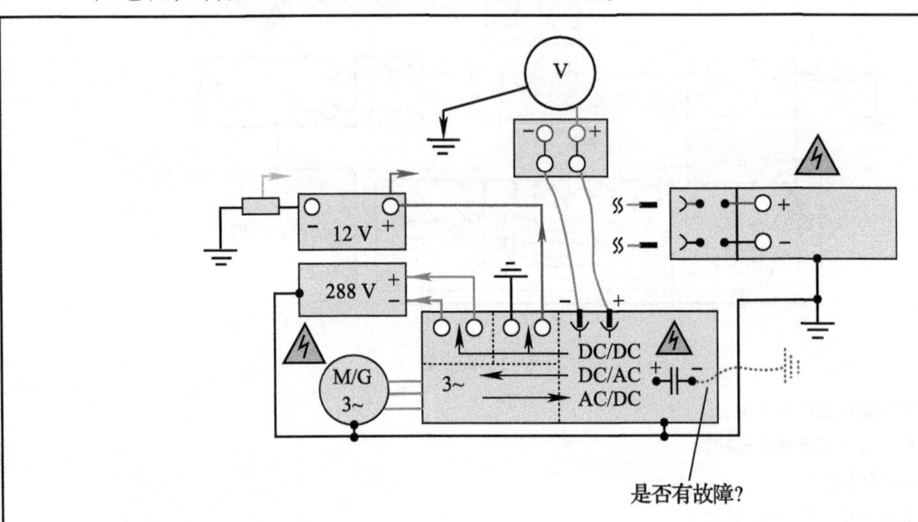

在转换器正极与车辆接地之间检测断电：

测量值小于7V!

把测量值输入“断电被核实”的记录中。

在车辆显眼的位置贴上“高电压系统已关闭”的警示标签。

如果在测量中电压出现更高的值，那么中间电路电容放电没有完成，并且中间电路电容和车辆接地之间存在接地故障。

项目九

混合动力汽车维修

学习目标

1. 掌握混合动力汽车分类。
2. 掌握串联式混合动力汽车系统的结构。
3. 掌握并联式混合动力汽车系统的结构。
4. 掌握串、并联式混合动力汽车系统的工作原理。
5. 掌握混合动力车辆维修的相关规定与要求。
6. 掌握混合动力控制系统故障检查与维修方法。
7. 掌握蓄电池能源转换器故障检测与维修方法。
8. 掌握发电机故障检测与维修方法。
9. 掌握动力蓄电池故障检测与维修方法。
10. 掌握混合动力汽车保养项目的内容。

项目描述

混合动力汽车（Hybrid Electric Vehicle，HEV）是指同时装备两种动力来源——热动力源（由传统的汽油机或柴油机产生）与电动力源（电池与电动机）的汽车，包括油电混合动力汽车、气电混合动力汽车。目前天然气汽车通常也是油气混合动力的一种。本书主要介绍油电混合动力汽车。

通过在混合动力汽车上使用电机，使得动力系统可以按照整车的实际运行工况要求灵活调控，发动机保持在综合性能最佳的区域内工作，从而降低油耗与排放。混合动力汽车是介于内燃机汽车和电动汽车之间的一种车型，是内燃机汽车向纯电动汽车过渡的车型。混合动力汽车尽管不能实现零排放，但其动力性、经济性以及排放等性能能够在一定程度上缓解汽车发展与环境污染、能源危机之间的矛盾。与传统汽车的最大区别在于其动力系统，混合动力汽车通常至少拥有两个动力源和两个能量储存系统。

由于混合动力汽车的发动机部分与传统汽车的结构原理相似，本项目将重点混合动力汽车电能驱动系统的结构、原理与维修。

9.1 混合动力汽车原理与结构

9.1.1 混合动力汽车分类

不同制造商和型号的混合动力汽车配备不同的驱动装置。为了让大家了解各种类型的混合动力驱动装置，下面简要介绍最常见的几种混合动力装置，如图 9－1 所示。

混合动力汽车有多种分类方式。

根据驱动系统能量流和功率流的配置结构关系，混合动力汽车可分为串联式、并联式、混联式。

图 9－1 混合动力结构

按照两种不同能量的搭配比例不同，混合动力汽车可分为微混合型、轻度混合型、中度混合型和重度混合型。

按照外接充电能力，混合动力汽车分为可外接充电型（插电式）、不可外接充电型。

1. 串联式混合动力系统

在串联式混合动力系统中，内燃机会驱动发电机，使其产生用于驱动车轮的电能。

该系统的内燃机在最高效的区间运行，还可在汽车依靠电能行驶时，通过发电机为能量储存元件（动力蓄电池）充电。内燃机不与驱动轴直接相连。

串联混合动力系统的主要缺点在于其双能量转换机制及其所带来的慢速响应。能量储存元件的储存量限制使得汽车必须配备更大、动力更强劲的内燃机，从而使其排放量和油耗均高于并联式混合动力系统。

2. 并联式混合动力系统

该系统包含一台内燃机和一台电动机，可交替或单独驱动车轮。

电动机还可作为补充动力装置或在能量反向流动时作为发电机。在发电机模式中，这种电机还可为能量储存元件充电（动力蓄电池）。根据车辆运行状态和行驶条件，控制装置会决定应使用电动机还是发电机模式。

内燃机和驱动轴通过一个或多个耦合器建立机械连接，从而尽可能地降低各部件的机械能和电能损失。

3. 串并联式混合动力系统

串并联式混合动力系统是串联式混合动力和并联式混合动力驱动装置的组合。根据动力要求，可选择由电动机或内燃机或两者共同驱动。通过电动机/发电机组合，发动机输出的一部分转矩可用于充电或驱动。

9.1.2　混合动力汽车结构方式

串联式混合动力汽车的动力单元系统主要由发动机、发电机和电动机以串联方式组成。图 9－2 所示为串联式混合动力汽车功能部件分布。

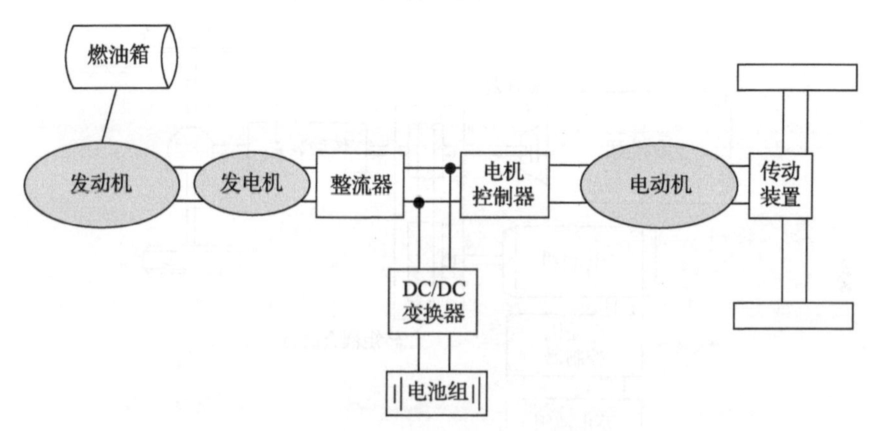

图 9－2　串联式混合动力汽车功能部件分布

串联式的工作模式通常有三种：纯电动模式、发动机模式、混合模式。

纯电动模式即发动机关闭，车辆行驶完全依靠电池组供电驱动。

发动机模式即仅在发动机运行情况下驱动车辆，蓄电池电力充足时作为储备，不足时，发动机同时为其充电。

混合模式即整车动力是通过发动机与电池组共同提供的。

图 9－3 所示为并联式混合动力汽车的功能结构。

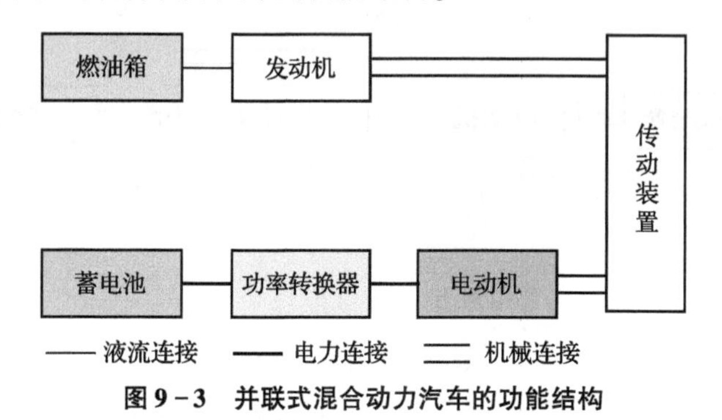

图 9－3　并联式混合动力汽车的功能结构

并联式混合动力系统有两套驱动系统：发动机和电机驱动系统。

这种系统适用于多种不同的行驶工况，尤其适用于复杂路况。该联结方式结构简单，成本低。本田雅阁和思域采用的是并联式联结方式。

并联型 HEV 的特点：汽车可由发动机和电动机共同驱动或各自单独驱动。

发动机和电机是两个相互独立的系统，既可实现纯电动行驶，又可实现发动机驱动行驶，在功率需求较大时还可以实现混合动力行驶，在停车状态下可进行外接充电。

并联式混合动力汽车以两种动力源的转矩、转速、功率为对象进行耦合。按耦合对象不同，可分为转矩耦合、转速耦合、转速与转矩耦合。按结构不同，可分为两轴式、单轴式结构。

1. 转矩耦合

如图 9－4 所示，传动装置通常设计在电动机后端，电动机通过离合器与发动机相连，要实现同步调节，电动机与发动机的转速范围必须一致，因此仅适用于小型电动机。

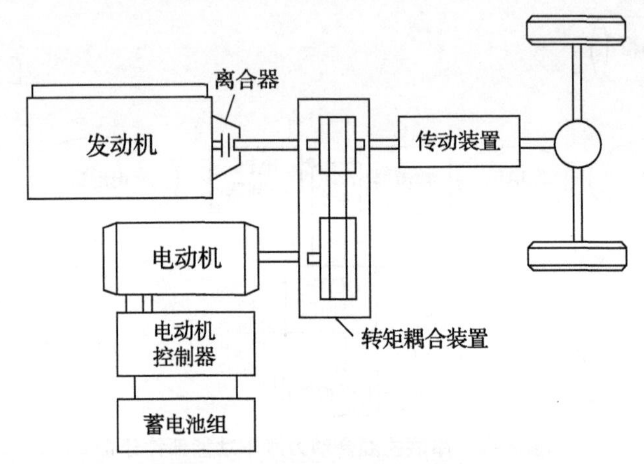

图 9－4　两轴式转矩耦合结构

如图 9－5 所示，另一种转矩耦合两轴结构形式为分离轴设计，电动机与发动机分别为车辆提供动力。发动机传动系统结构形式与传统汽车一样，仅是将电动机作为另一动力源对车辆输出转矩。此种结构会减少车辆的内部空间，且不能实现发动机对蓄电池充电。

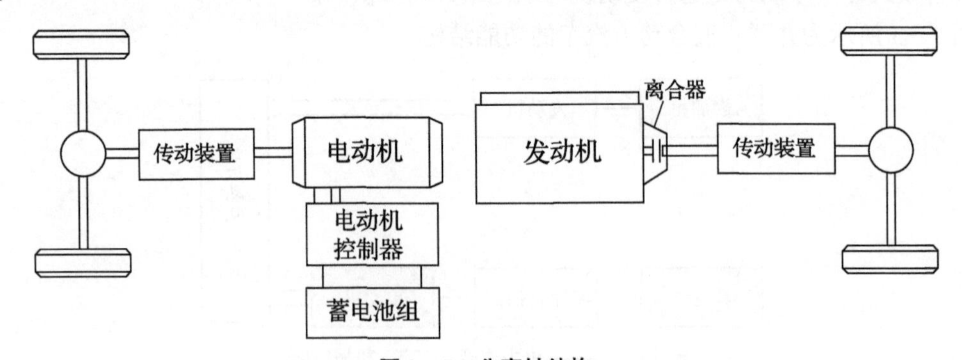

图 9－5　分离轴结构

转矩耦合的单轴式并联混合动力汽车，通常有两种结构形式，如图 9－6 所示。

两种结构形式最大的区别在于电动机与传动装置的位置关系，且此时采用的电动机兼具发电机功能，其转子起着转矩耦合的作用。

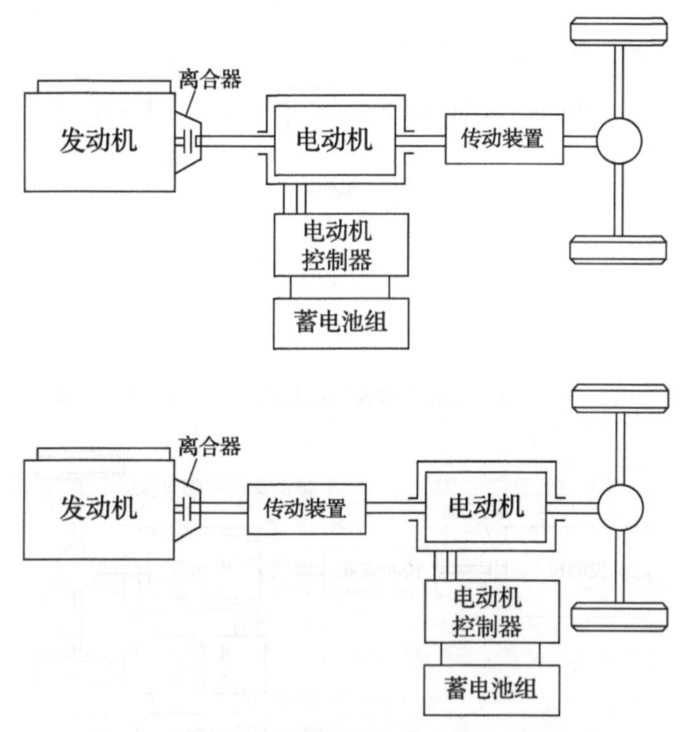

图 9－6　转矩耦合的单轴式并联混合动力汽车结构

2．转速耦合

对于转速耦合的并联式混合动力汽车而言，其关键的两种转速耦合部件：一是行星齿轮机构，二是具有浮动定子的电动机，如图 9－7 所示。

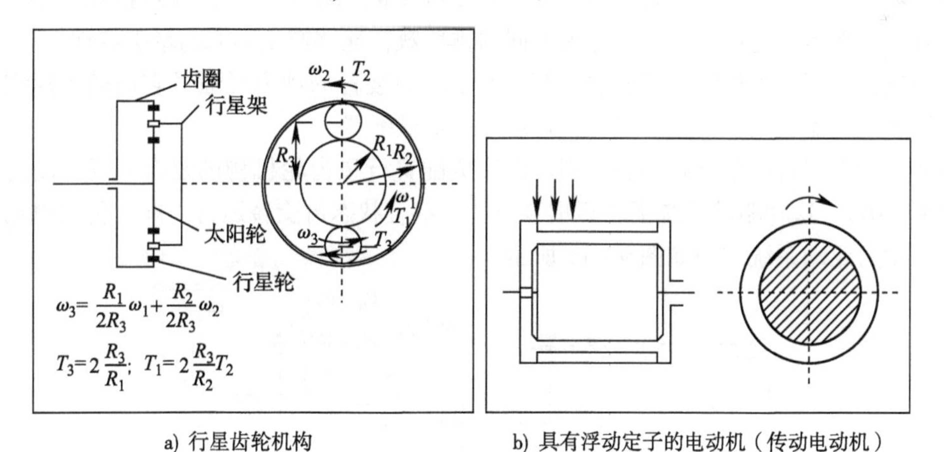

a) 行星齿轮机构　　b) 具有浮动定子的电动机（传动电动机）

图 9－7　两种转速耦合部件

转速耦合混合动力汽车的主要优点在于两种动力装置的转速是解耦的，因此二者的转速可以自由调节。行星齿轮机构转速耦合并联式混合动力汽车结构如图 9－8 所示，传动电动机转速耦合的混合动力汽车结构如图 9－9 所示。

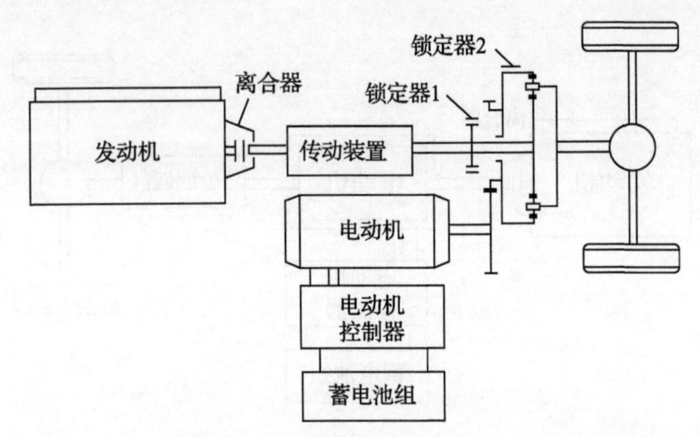

图 9-8　行星齿轮机构转速耦合并联式混合动力汽车结构

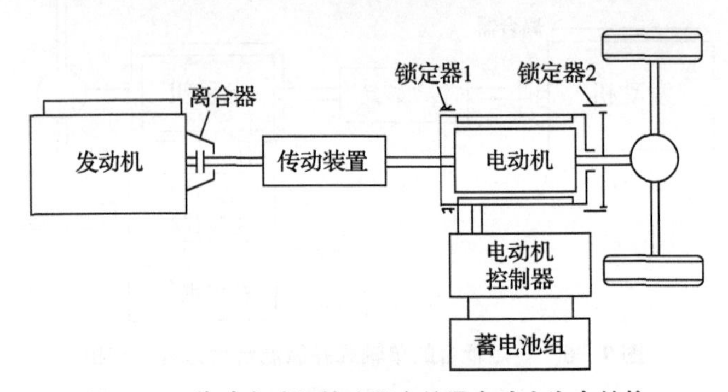

图 9-9　传动电动机转速耦合的混合动力汽车结构

3. 转矩耦合与转速耦合

转矩耦合的并联式混合动力电驱动系统有多种不同的结构，可分为两轴式或单轴式，传动装置可配置在不同的位置，并设计为不同的排档数，能够产生不同的牵引特性。

转速耦合类似于机械转矩耦合器，源于两个动力装置的动力可通过它们的转速耦合相互关联，转速耦合器也是一个三端口、两自由度的机械配置。

将转矩耦合与转速耦合相结合，则可以形成配置行星齿轮机构的复合型混合动力驱动系统（图 9-10）。这种驱动系统下转矩耦合与转速耦合状态可交替运行。配置传动电动机的复合型混合动力驱动系统结构如图 9-11 所示。

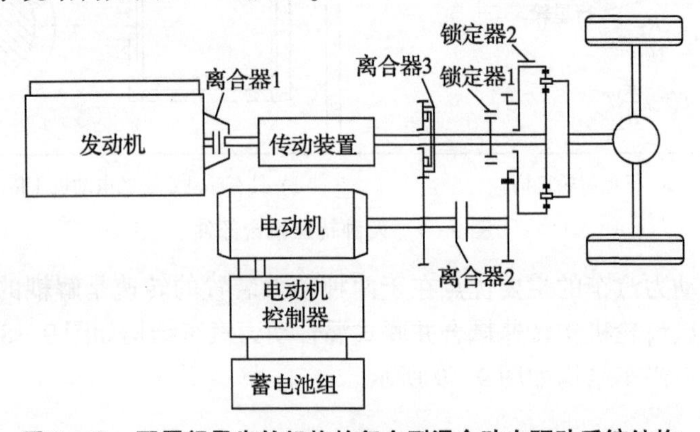

图 9-10　配置行星齿轮机构的复合型混合动力驱动系统结构

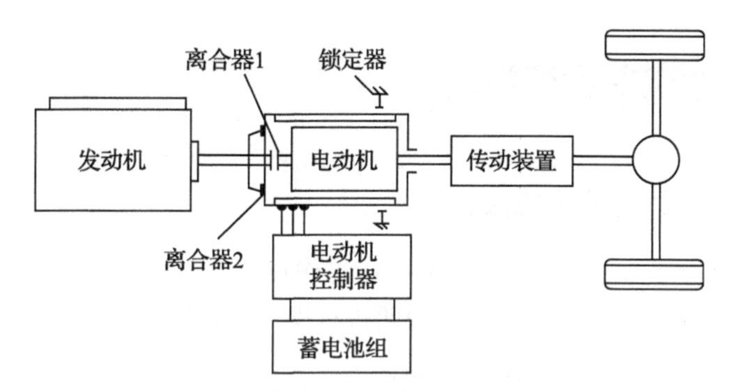

图 9-11　配置传动电动机的复合型混合动力驱动系统结构

本田 IMA（Integrated Motor Assist）系统是非常典型的并联式混合动力系统，IMA 系统主要由发动机、电机、CVT 以及 IPU（智能动力单元）组成。

4. 混联式混合动力汽车的功能结构

如图 9-12 所示，混联式混合动力汽车为转矩与转速耦合的复合型动力系统，它具有优于串联式和并联式（单一转矩或转速耦合）混合动力驱动系统的优点。

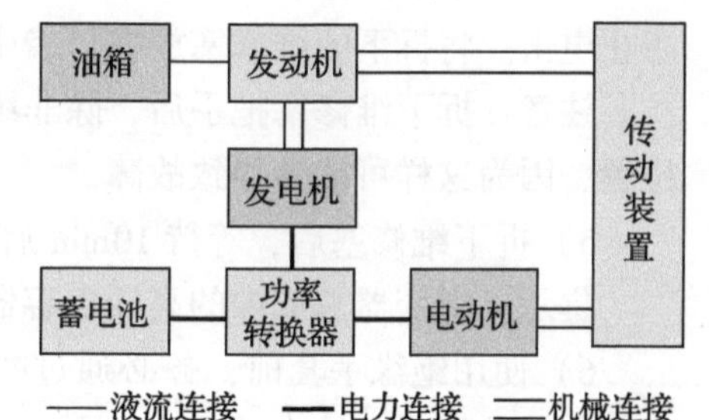

图 9-12　混联式混合动力汽车的功能结构

混联式混合动力系统的特点在于发动机系统和电机驱动系统各有一套机械变速机构，两套机构或通过齿轮系，或采用行星齿轮机构结合在一起，从而综合调节内燃机与电动机之间的转速关系。

与并联式混合动力系统相比，混联式混合动力系统可以更加灵活地根据工况来调节发动机的功率输出和电机的运转。唯一的缺点就是价格高，结构复杂。

混联式混合动力汽车综合了串联式和并联式结构特点，由发动机、电动机/发电机和驱动电机三大动力总成组成。混联式混合动力汽车的结构实例如图 9-13 所示。

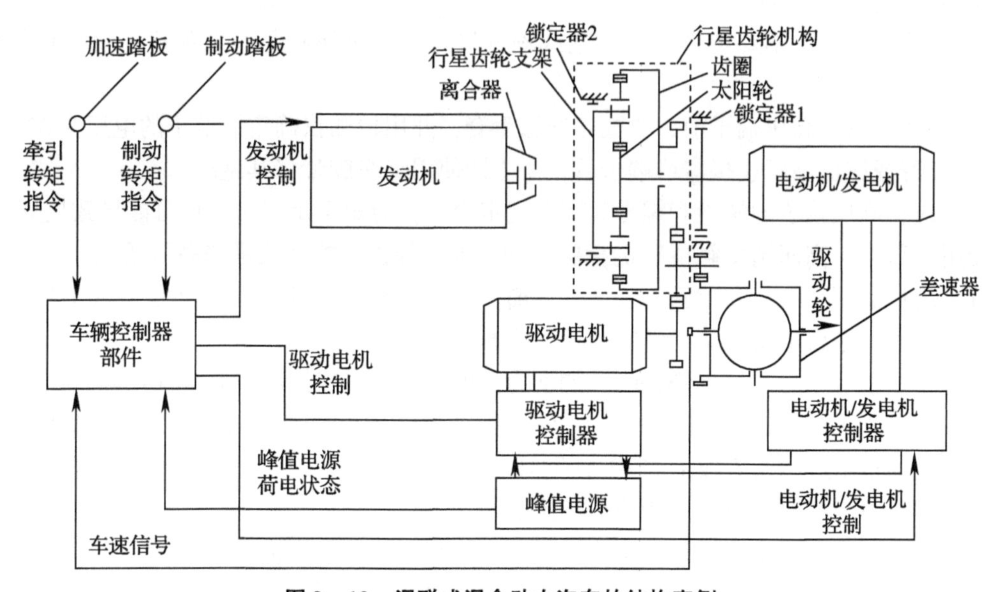

图 9-13　混联式混合动力汽车的结构实例

9.2 混合动力汽车维修规范

9.2.1 混合动力系统维修规范

混合动力系统车辆配备了高达650V的高压工作环境，蓄电池电解液为含KOH的强碱溶液，因此在维修时必须按照维修手册中的说明进行操作，否则可能会导致严重伤害或电击。

维修高压车辆时，请务必遵守如下规定：

1）技师必须经过专业训练才能维修和检查高压系统。

2）所有高压线束和连接器均为橙色。动力蓄电池和其他高压零部件上都带有“高压”的警告标签，不要随意触碰这些线束或零部件。

3）高压电路的线束或连接器有故障时，不要尝试维修线束或连接器。更换损坏或故障高压电缆或连接器。

4）检查或维修高压系统前，务必遵守所有安全措施，如戴好绝缘手套和拆下维修塞以防止电击。将拆下的维修塞放在口袋中，以防止其他技师在维修车辆时将其意外重新连接。

注意：拆下维修塞把手后，除非维修手册规定，否则不要将电源开关置于ON（READY）位置，因为这样可能会导致故障。

5）拆下维修塞后，等待10min后才能触碰任一高压连接器和端子。

提示：逆变器总成内的高压电容器放电至少需要10min。

6）使用绝缘手套前，务必通过执行以下程序以检查它们是否有破裂、磨损或其他形式的损坏。绝缘手套检查的方法如下：

①将手套侧放。

②向上卷开口2~3次。

③对折开口，将其封死。

④确保没有空气泄漏。

7）维修车辆时，不要携带自动铅笔或刻度尺之类的金属物品，以免这些物品意外掉落导致短路。

8）触碰裸露的高压端子前，要戴好绝缘手套，并用检测仪确定该端子的电压为0V。

9）断开或露出高压连接器或端子后，要立即使用绝缘胶带将其绝缘。

10）应将高压端子的螺栓和螺母紧固至规定力矩。力矩不足或过大均可能导致故障。

使用“警告：高压请勿触碰”的标牌告知其他技师正在检查或维修高压系统。

11）维修高压系统后和重新安装维修塞前，再次检查并确认没有任何零件或工具遗留在系统内、已紧固好高压端子并正确连接了连接器。

12）安装混合动力系统零部件时，如动力蓄电池，确保连接的所有极性正确。

13）仪表板上的READY灯点亮时，车辆会自动打开和关闭发动机。为避免受伤，确保电源开关上的指示灯和仪表板上的READY灯熄灭。

14）警告灯点亮时，应采取相应的措施。

15）两个或两个以上人员一起工作时，务必要相互检查安全情况。

16）在发动机运转的情况下进行工作时，要确保修理车间中具备通风装置以排出废气。

17）维修高温、高压、旋转、移动或振动的零件时，一定要佩戴适当的安全设备，并且要格外小心不要使自己或他人受到伤害。

18）顶起车辆时，务必使用安全底座支撑车辆的规定部位。

19）举升车辆时，使用适当的安全设备。图9－14所示为混合动力汽车维修要求，常规工作流程见表9－1。

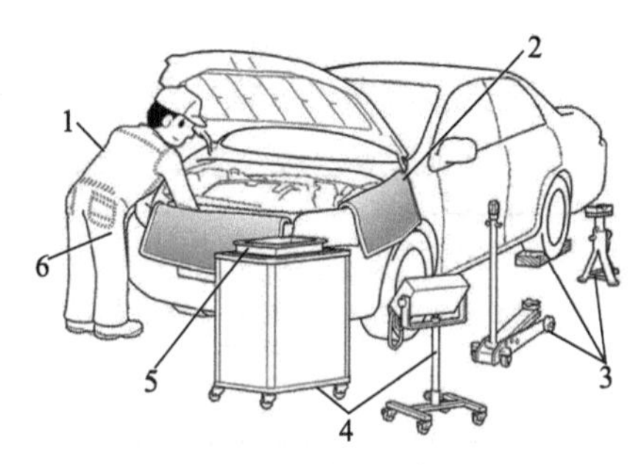

图9－14　混合动力汽车维修要求

表9－1　常规工作流程表

序号	名称	工作要求
1	着装	务必身着清洁的工作服 必须戴好帽子，穿好安全鞋
2	车辆保护	开始作业前，准备好散热器格栅罩、翼子板保护罩、座椅护面及地板垫
3	安全程序	与两个或两个以上人员一起作业时，务必要相互检查安全情况 在发动机运转的情况下作业时，要确保修理车间中具备通风装置，以排出废气 对高温、高压、旋转、移动或振动的零件进行作业时，一定要佩戴适当的安全装备，并且要格外小心不要使自己或他人受到伤害 顶起车辆时，务必使用安全底座支撑规定部位 举升车辆时，使用适当的安全设备
4	准备工具和测量设备	开始作业前，准备好所需工具台、SST、测量设备、油液和全部所需更换零件
5	拆卸和安装、拆解和装配操作	在充分了解正确的维修程序和报修故障之后，对故障进行诊断 拆卸任何零件前，都要检查总成的总体状况以确认是否变形或损坏 如果程序复杂，要做记录。例如，记录拆下的电气连接器、螺栓或软管的总数。加上装配标记，以确保将各零部件重新装配到其原来位置。如有必要，可对软管及其接头进行标记 如有必要，清洁拆下的零件，彻底检查后，再装配这些零件
6	拆下的零件	应将拆下的零件放在一个单独的盒子内，以免与新零件混淆或弄脏新零件 对于不可重复使用零件（如衬垫、O形圈和自锁螺母等），要按照本手册中的说明用新件进行更换 如客户要求，则保留拆下的零件以备客户检查

凯美瑞汽车仪表指示灯如图9－15所示。

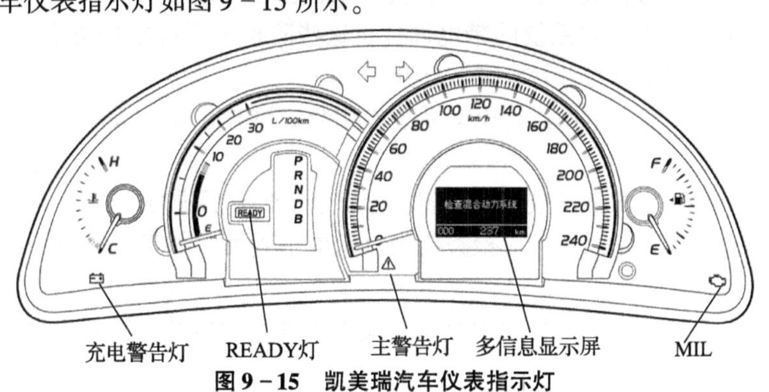

图9－15　凯美瑞汽车仪表指示灯

凯美瑞汽车仪表指示灯说明见表9－2。

表9－2 凯美瑞汽车仪表指示灯说明

指示灯	车辆状况
READY（准备驾驶）灯	将电源开关置于ON位置时点亮，表示车辆已为驾驶准备就绪
主警告灯	主警告灯点亮或闪烁，表示多信息显示屏当前正在显示警告。根据警告，蜂鸣器可能鸣响。混合动力系统或动力蓄电池系统发生任何故障时，主警告灯点亮或闪烁，蜂鸣器鸣响，多信息显示屏上显示警告“检查混合动力系统”
MIL	发动机控制系统出现故障时点亮（电源开关置于ON位置时也会点亮）
充电警告灯	充电系统出现故障时点亮（如果此灯连同主警告灯一同点亮，则务必检查故障码）

MIL用来报告与排放相关的故障码。与排放无关的故障码不会点亮MIL。

如果READY灯、主警告灯、MIL、充电警告灯中有一个点亮，应将专用检测仪连接到车上诊断接口，以检查诊断故障码，然后按照故障排除步骤来检查和维修受影响的部位。如果尝试将电源开关置于ON位置时，READY灯没有点亮，也需要执行上述操作。

9.2.2 混合动力汽车维护

1. 维护作业安全

混合动力汽车维护作业安全要求如下：

1）进行高压电路维护时，工作区域应用隔离栏隔离，并悬挂警示牌。

2）进行高压电路维护的人员应经专业培训合格。

3）进行高压电路维护时，应佩戴符合技术要求的绝缘手套、绝缘鞋，使用绝缘工具。

4）进行高压电路维护时，应断开高压电路，直到整车维护作业完成后才能接通。

5）进行动力蓄电池组（超级电容组）维护时，应先断开低压电源。

6）禁止同时接触动力蓄电池组（超级电容组）的正负极。

7）禁止用水直接清洗电气系统部件。

8）检测高压系统绝缘时，应断开高压电路和重要总成。

2. 技术要求

车辆不得含有暴露的导线、接线端和连接单元。应通过绝缘或使用盖、防护栏、金属网板等来防止直接接触动力电路系统的带电部件。这些防护装置应牢固可靠，并耐机械冲击，在不使用工具的情况下不可打开、分离或移开。

维护混合动力汽车时，依次进行电动系统专用装置维护作业、天然气专用装置维护作业和常规车辆维护作业。

电动系统专用装置日常维护应在出车前、行车中和收车后进行。

出车前、行车中和收车后，均应检查仪表显示屏主界面，如果发现故障报警信息应及时报修。

出车前和收车后，插电式混合动力汽车还应检查动力蓄电池组剩余电量，不足时应及时充电。

3. 维护技术要求（表9-3）

表9-3　维护技术要求

一级维护				
序号	作业项目		作业内容	作业要求
1	仪表		检查仪表工作状态	1）仪表工作正常，字迹清晰，指示准确 2）信号装置警示功能正常
2	驱动电机离合器		1）检查离合器工作状况 2）检查离合器电控系统	1）离合器应分离彻底，不发抖、不打滑 2）离合器电控系统表面清洁，线路插接件应连接良好
3	动力蓄电池组或超级电容组	壳体	1）检查外观 2）检查紧固情况	1）壳体应清洁、干燥、完好、无损坏 2）壳体固定支架应牢固、无松动
		散热系统	1）检查风扇工作状况 2）检查进风软管状况及固定情况 3）清洁防尘网	1）风扇应工作正常，无老化、损坏 2）壳体进风软管应无破裂、凹痕，卡箍应牢靠 3）防尘网应清洁，无杂物
		管理系统	1）检查模块插接件固定情况 2）检查管理系统工作状况	1）模块插接件应插接牢固、无腐蚀 2）管理系统数据显示应正常
4	低压电气控制系统	低压电气控制器	1）检查工作状况 2）检查固定情况 3）用风枪或毛刷进行清洁	1）控制器应工作正常 2）控制器应连接规范，安装牢固 3）散热器、电线插头等应清洁、干燥
		散热风扇	1）检查线路连接情况 2）检查固定情况 3）清洁外观	1）线路插接件应连接良好 2）风扇机体应牢固 3）风扇表面应保持清洁
5	高压电气控制系统	驱动电机	1）清洁外观 2）检查线路连接情况 3）检查固定情况 4）检查工作状况 5）检查冷却系统	1）电机表面应清洁、干燥 2）线路插接件应连接良好 3）电机安装支架及减振垫应完好、牢固 4）电机运行时，应无异常振动和噪声 5）电机冷却系统应工作正常，无泄漏，冷却液充足
		发电机	1）清洁外观 2）检查线路连接情况 3）检查固定情况 4）检查工作状况 5）检查冷却系统 6）检查传动带工作状况	1）电动机表面应清洁、干燥 2）线路插件应连接良好 3）电机安装支架及减振垫应完好、牢固 4）电机运行时，应无异常振动和噪声 5）电机冷却系统工作应正常，无异常温度变化 6）发电机传动带应无松弛、老化现象

（续）

<table>
<tr><th colspan="5">一级维护</th></tr>
<tr><th>序号</th><th colspan="2">作业项目</th><th>作业内容</th><th>作业要求</th></tr>
<tr><td rowspan="4">5</td><td rowspan="4">高压电气控制系统</td><td>高压电器控制器</td><td>1）检查工作状况
2）检查固定情况并紧固
3）用风枪或毛刷进行清洁</td><td>1）控制器应工作正常
2）控制器应连接规范，安装牢固，接地良好，插头紧固
3）散热器、电线插头应清洁、干燥，控制器舱进、出风道应保持通畅</td></tr>
<tr><td>主开关</td><td>检查工作状况</td><td>主开关功能正常，通、断状态良好</td></tr>
<tr><td>断路器</td><td>1）检查断路器规格
2）检查固定情况</td><td>1）断路器规格应符合要求
2）断路器应接线牢固，无松动</td></tr>
<tr><td>变频器</td><td>1）检查固定情况
2）清洁外观</td><td>1）变频器应接线牢固
2）变频器应保持清洁、干燥</td></tr>
<tr><td>6</td><td colspan="2">线束及充电插孔</td><td>1）检查工作状况
2）检查固定情况
3）清洁充电插孔</td><td>1）电线、电缆应无松散、破损、老化现象，且绝缘性能良好
2）线束捆扎合理，安装牢固
3）充电插孔应清洁，并插接牢固</td></tr>
<tr><td>7</td><td colspan="2">车辆标志</td><td>检查外观</td><td>车辆标志应符合 GB/T 19751</td></tr>
<tr><th colspan="5">二级维护</th></tr>
<tr><th>序号</th><th colspan="2">作业项目</th><th>作业内容</th><th>作业要求</th></tr>
<tr><td>1</td><td colspan="2">驱动电机离合器</td><td>调整离合器自由行程</td><td>离合器间隙应符合使用要求</td></tr>
<tr><td rowspan="2">2</td><td rowspan="2">动力蓄电池组或超级电容组</td><td>电压特性</td><td>1）检查电池模块或电容的电压
2）视情况更换电池组或电容</td><td>电压特性应符合产品说明书要求</td></tr>
<tr><td>绝缘特性</td><td>测量壳体绝缘电阻</td><td>壳体绝缘特性应符合 GB/T 18384</td></tr>
<tr><td rowspan="3">3</td><td rowspan="3">高压电气控制系统</td><td>驱动电机</td><td>1）清洗水垢
2）补充润滑脂
3）检查轴承径向间隙，视情况更换
4）测量绝缘电阻</td><td>1）电机冷却系统内部应无
2）电机润滑脂应充足
3）轴承径向间隙应符合产品说明书要求
4）电机绝缘特性应符合 GB/T 18384</td></tr>
<tr><td>发电机</td><td>1）测量绝缘电阻
2）修复绝缘电阻故障</td><td>发电机绝缘特性应符合 GB/T 18384</td></tr>
<tr><td>驱动电机控制器</td><td>1）测量绝缘电阻
2）修复绝缘故障</td><td>驱动电机控制器绝缘特性应符合 GB/T 18384</td></tr>
<tr><td>4</td><td colspan="2">整车绝缘特性</td><td>1）测量绝缘电阻
2）修复绝缘故障</td><td>整车绝缘特性应符合 GB/T 18384</td></tr>
</table>

4. 车辆维护技术内容

(1) 新车走合维护

新车走合维护是对车辆进行一次全面检查和必要的调整，更换行驶初期的润滑油，使车辆技术状况正常。行驶里程达2500～5000km内，应进行新车走合维护。

(2) 定期维护

定期维护分为日常维护、一级维护、二级维护和混合动力重点维护。

1) 日常维护：驾驶人在出车前、行车中和收车后要对车辆外观、发动机、驱动电机、动力电池外表进行清洁，保持车容整洁；对各部润滑油（脂）、燃油、冷却液、制动液、空调制冷剂等各种工作介质、轮胎气压进行检视补给；对制动、转向、传动、悬架、灯光、信号等安全部位以及发动机运转状态进行检视、校紧，确保行车安全。

2) 一级维护：车辆每行驶3000～5000km要进行一次一级维护，对日行驶里程短，不能够按里程数确定维护周期的，最多不能超过1个月。除日常维护作业外，以清洁、润滑、紧固为作业中心内容，并检查有关制动、操纵等安全部件。

3) 二级维护：车辆每行驶8000～12000km要进行一次二级维护，对日行驶里程短，不能够按里程数确定维护周期的，最多不能超过3个月。除一级维护作业外，以检查、调整转向节、转向节臂、制动衬片、悬架等经过一定时间的使用容易磨损或变形的安全部件为主，并拆检轮胎，进行轮胎换位，检查调整发动机工作状况和排气污染控制装置等。

关于整车维护，可参考传统燃油汽车的维护方法，如发动机、底盘、低压电器等。

5. 动力电池与电机的维护方法

(1) 动力电池维护方法

一般以低于额定容量的60%作为电池寿命终止的标志。当电池组/电池充足电后，以要求的电流进行放电，若放电容量低于额定容量的60%，表示电池寿命终止。电池在正常循环期间，对于镍氢电池来说，在开始阶段电池容量会逐渐上升，之后容量保持平稳，在寿命快终止时，电池容量迅速下降，首先表现为电池组放电电压（功率性能）的下降，再表现为容量下降。

单体电池的修复维护方法如下：

1) 记录单体电池电压。

2) 记录各单体电池重量。

3) 将电池电压大于0.4V的电池，按如下方法恢复容量。

①对于电池电压大于1.0V的，先以0.2C放电至电池电压1.0V。

②给各电池补充电解液量10～15g，补充完毕后搁置0.5h。

③在环境温度（20±5）℃条件下，以0.2C充电4h，转0.1C充电3h，搁置30min后，以0.5C放电至电池电压1.0V。充电过程中控制充电最高电压为1.55V，充电最高温度45℃。

④在第一个循环过程中电池容量达到28A·h，则继续做一个循环；若容量仍低于32A·h，按废品处理。

4) 电池电压小于0.4V（含0V）的电池，容量恢复方法如下：

①用0.1A充电10min，搁置30min，测量各电池电压。

②电池电压大于1V的，可按3）进行检测。

③电压低于1V的，按废品处理。

④单体电池的维护按使用功能不同分为电池贮存维护和电池修复维护。

（2）车用动力电源系统的维护

为保证电池始终具有最优良的性能，电池在使用一段时间之后需要对其进行一定的维护、保养，以确保电源系统的正常使用，延长使用寿命。电源系统维护包括常规维护、重点维护、贮存维护以及故障维护等。维护人员在进行操作时必须戴好绝缘手套等防护用品，使用前必须熟悉动力电源产品的结构、工作原理和使用说明书。

（3）日常检查

车辆检查是车辆每天行驶前，由驾驶人快速地检查车辆BMS是否正常，以提前发现问题，提早解决。

1）系统数据检查

①检查BMS状态是否正常，有无报警位；检测电压/SOC、电流、电池模组电压。

②检查SOC值是否正常。偏低时，运行过程中要注意充电；偏高时，行驶中注意放电。

③检查电压是否正常。偏低时，运行过程中要注意充电；偏高时，行驶中注意放电。

④检查电流值。在静止时，应该为零；行驶后，应注意电流充、放，对应为负和正。

⑤检查温度有无报警值，早晨出班时，应和环境温度相当。

2）散热系统检查

①检查进风防尘网是否有灰尘与杂物，如有应及时清理干净。

②检查进风软管是否完好，有无破裂，密封处的卡箍有无松动，如有应及时排除。

③接通辅助电源，当环境温度大于28°时，风扇应起动，判断电池包的风扇是否都起动，用手感觉进风口是否进风通畅。

（4）一级维护

一级维护是对影响电源使用过程中的安全隐患进行检查和排除，避免发生危险和事故。一级维护一般是3000～5000km一次。

1）外观检查

①检查电池包箱体是否完好，有无损坏或腐蚀。

②检查各紧固件螺栓、螺母是否松动。

③检查电池包之间的连接线是否松动。

④检查航插是否完好，各种线束有无损坏和擦伤，有无金属部分外露。

2）绝缘检查

①系统绝缘检查：断开电池组与整车的高压连接，用兆欧表测量车架与电池包正、负极之间绝缘电阻应大于20MΩ，如果小于20MΩ，需检查单包绝缘。

②单包绝缘检查：断开电池组与整车的高压连接，断开电池包箱正、负极接线，用兆欧表测量单包电池正、负极与车架之间绝缘电阻，应大于100MΩ。如有问题，转入开包维护。

3）散热系统检查

①检查电池包的进风软管是否完好，有无破裂，密封处的卡箍有无松动。

②清除防尘网上的灰尘与杂物；接通辅助电源，通过控制命令开启风扇，用手感觉进风

口是否进风通畅；如有异常，转入故障维护。

(5) 二级维护

二级维护是对电源系统进行较详细的测试及检查，目的是保证电源系统满足继续使用的要求，消除系统存在的安全隐患，延长电源系统的使用寿命。

(6) 重点维护

一般每3万公里进行一次。重点维护前，先按常规维护检查一遍。

1）拆卸

将电池包从车上拆卸下来。若电池包在车上安装位置合适，利于开包检查和维护，可不进行拆卸。

2）开包

①观察电池包外观，看是否有异常。

②拧下电池包上盖固定螺钉，将电池包上盖取下，打开电池包。

注意：打开电池包时，不要使电池包上盖与电池接触，也不要损伤电池包。

3）电池包内部状况检查及处理

①绝缘检测，用数字电压表测量各个电池包的总正、总负端子对车体的电压，是否小于10V。如发现电压偏高，查找漏电点，更换绝缘部件或采取补救措施，消除安全隐患。

②检查电池包底盘和支架是否有电解液、积水等异常情况，如果存在这些异常，将电池模块取下，清理电池包底盘和支架。同时清理电池模块的侧面和底部，确保电池与底盘之间的绝缘性。

③观察电池外观整洁程度，是否有爬碱、腐蚀等现象。同时使用毛刷、干抹布清洁电池表面，包括可见的电池外表面、电池间绝缘板、电池极柱、安全阀和跨接片等。

④检查电池跨接片、螺母是否锈蚀，如果锈蚀轻微则清理干净，如果锈蚀严重则更换相应的零部件。

⑤检查电池模块固定电池与电池包输出端子的连接、电池管理系统各插接件是否牢固，如发现有松动即刻紧固；用扳手将各电池之间跨接片上的螺母重新紧固一遍。

⑥检查电池安全阀帽是否松动，如发现松动即刻紧固。

⑦清理防尘网上的灰尘和杂物。

⑧检查各电池外观，是否有损坏、漏液、严重变形等现象。

⑨使用万用表测量每个单体电池的电压。对低压和零压电池应进行补充电或更换。

⑩检查动力蓄电池SOC、总电压以及蓄电池单体一致性。

注意：本部分工作与电池直接接触，操作过程中注意避免发生触电事故，不要使电池发生短路。

(7) 故障电池的更换

更换故障电池前，必须保证已经对低压、0V电池执行了补充电。

1）拆下与故障电池相连的跨接片，将该电池用电缆线跨接掉。

2）以1C电流将电源系统放电到终止电压 $n\times1.0$V（n 为电池包电池数量减去故障电池数）。

3）从电池底盘或支架上卸下故障电池所在的电池模块，并拆下此模块上的跨接片。

4）使用专用夹具，打开电池模块，取出故障电池，用备用电池替换，并组装成电池模块。重新装上跨接片，并安放至原来在电池包中的位置，接好各种结构、电子和电路部件。替换电池过程中注意电池正负极的排列，不要造成电池反接。

5）若各包均有电池更换，对整个电源系统以0.2～0.5C的电流重新充电，充电量为50%SOC，否则应对更换电池的电池包充到与其他包相同的荷电量。

6）在维护记录中详细说明更换信息，包括替换电池、被替换电池信息、日期，被替换原因等。

7）将电池包重新装配好。

（8）驱动电机重点维护方法

当车辆运行每3万～4万km（或每800～1000h），需对驱动电机进行重点维护。

1）将电机与变速器整体从发动机上拆下，检查电机的防尘情况，清除电机壳体表面油污，然后将电机与变速器分离。

2）检查电机轴承、拔叉轴、滚针轴承、分离轴承、分离轴承滑套是否有磨损，否则更换。

3）清洗分离轴承及分离机构零件，并重新加注2号锂基润滑脂。

4）检查电机进风接头垫片、润滑脂连接管所用的组合式密封垫片是否有磨损，否则更换。

5）更换花键轴轴承。

6）检查电机与变速器，排除各种隐患。

注意事项

1）每次暴雨后或通过有积水的路面后，必须检查电机及其控制器是否有水渍，如有则用干布擦干净，若被浸泡则需在专业人员处理后方可使用。

2）车辆运行中要尽量避免通过积水的道路，如无法避免，要观察积水深度，在深度不超过20cm时（不超过轮胎面），以20km/h以下的车速缓慢通过，避免积水飞溅导致高压短路、高压绝缘故障等不良后果，通过后在条件允许的情况下停车检查电机及其控制器和动力电池箱体是否被溅湿，如果有应请通知服务人员进行检修。在深度达到30厘米时（超过轮胎面），车辆应禁止通过。

3）汽车运行每运行50000～55000km，除一、二级维护项目外，应对电机总成进行检查评定或视实际情况需要予以调整以消除故障隐患。当发现电机动力明显不足，电机或控制器温度急剧攀升，且有冒烟与异味时，则必须解体和检测电机或控制器；并对相关零部件进行修复和更换，以恢复电机性能。对电机应进行的检查、维护或维修项目主要按上面的二级维护进行。

6. 维护注意事项

1）严禁用水冲洗发动机舱。只可用气枪冲或抹布擦，以防ECU等控制单元、电机高压线接线盒进水，在洗车与涉水行驶时务必注意。

2）在对车辆进行焊接或用外接电源对蓄电池充电时，一定要断开各控制单元插接件，否则会损坏控制单元。

3）一定要使用符合规定的润滑油和各种滤芯，并定期更换。

4）熔断器熔断后和继电器损坏后，一定要更换同等容量和规格的熔断器和继电器。

5）在检查高压电路时，一定要先断开高压开关，戴绝缘橡胶手套，使用绝缘工具。

在使用和维护过程中，应按照高压直流电源操作规定着装，并做好人身防护。如需直接处理电池，请双手戴绝缘橡胶手套操作。

6）搬运时不要刺穿或碰撞电源产品，也不可将其暴露在明火下或焚烧，发生火灾时禁止用水对其灭火，必须使用干粉灭火器进行灭火。

7）为避免伤害、烧伤或电击，应使儿童远离危险。

8）在接触电池或电池包之前，请取下身上的手表、戒指等裸露在外的金属物件。

9）为防止静电堆积，维修人员在对电池进行操作之前应当先接触地面。

10）维修过程中需要登高时应注意安全，防止人员摔倒或电池跌落。

11）在连接高压动力线时，应使用绝缘工具和适当的绝缘材料。

12）切勿将工具或金属部件放置在电池顶端。

13）装配过程中，应注意不得用手或其他金属物品同时接触电池组的正负端子，以免发生触电或短路。

14）禁止踩踏、坐卧在电池包上。

15）不得将电池组的正负极反接，否则会造成反向充电，造成电池漏液、发热、破裂。

16）不要以任何方式打开电池。电池里流出的电解液可能会损害皮肤和眼睛。如发生电解液伤害，请及时使用大量清水反复冲洗，严重时应及时到医院处理。

17）严禁擅自改装电池系统。为防止发生危险，电池组中装有保护系统，若保护系统遭到损坏，可能导致充电无法控制，或者充放电电流超过设定边界值，从而造成电池漏液、发热、破裂。

18）电源产品应贮存在干燥通风、温度不高于55℃，相对湿度小于85%的环境中，同时应远离易燃易爆物品。

19）充放电时，严禁有任何物品覆盖在电源产品的进风口和出风口上，否则会使产生的热量积累，电池发生性能下降、漏液等情况。

20）在0～30℃环境温度下进行充电。

21）避免对电源产品长时间过度充电，否则会造成电池漏液、发热、破裂。

22）电源产品寿命终止或被废弃时，应按国家或当地规定处理，不可随意丢弃。

23）电源产品使用中发生异常情况，应立即断开电源，并及时与供应商联系进行维修。

24）只有专业人员才能执行所有装配和安装任务。

25）应遵循所有警告与注意事项！忽视安全警告，可能会导致严重人身伤害或死亡。

26）电池组在充放电过程中，如果出现异味、异响，应立即停止充电，并与厂家联系。

项目十

燃料电池电动汽车

学习目标

1. 掌握燃料电池的类型与原理。
2. 掌握燃料电池汽车的结构类型。
3. 掌握燃料电池汽车的关键元器件的作用与原理。
4. 掌握燃料电池汽车的储氢方式。
5. 掌握燃料电池汽车整车控制系统。

项目描述

燃料电池电动汽车（Fuel Cell Electric Vehicle，简称FCEV），是指由燃料电池系统作为动力源或主动力源的汽车，利用氢气等燃料和空气中的氧气在催化剂的作用下在燃料电池中经电化学反应产生的电能，并作为主要动力源来驱动汽车。整个过程不涉及燃烧，无机械损耗，能量转化率高，产物仅为电、热和水蒸气。

燃料电池电动汽车包括纯燃料电池驱动，燃料电池与动力电池的电-电混合动力驱动等，由于后者可以实现制动能量回收，具有更好的经济性和耐久性，因此被业界普遍采用。2017年11月丰田公司成功推出Mirai第二代氢能燃料电池汽车，在原有的基础上作出重大改进，关键技术获得突破，将燃料电池电动汽车技术普及又推进了一步，同时本田公司与韩国的现代公司相继推出同类汽车，预示着新汽车技术的转变，也给能源汽车行业带来了新的热潮和希望。

中国在新能源汽车战略规划中制定了“中国制造2025”计划，为新能源汽车的发展指明了发展方向，并首次明确提出了到2020年实现燃料电池关键材料批量化生产的质量控制和保证能力，生产1000辆燃料电池电动汽车并进行示范运行；到2025年，制氢、加氢等配套基础设施基本完善，燃料电池电动汽车实现区域小规模运行。

由于催化剂用量减少和耐久性大幅提高，燃料电池系统的成本明显下降；耐久性已提高到原来的两倍多，车用燃料电池系统成本比十年前降低55%。在国家政策的支持下，我国的燃料电池电动汽车技术研发取得重大进展，掌握了燃料电池电堆和关键材料、动力系统与核心部件、整车集成和氢能基础设施的核心技术，初步形成了燃料电池发动机、动力电池、DC/DC变换器、驱动电机、供氢系统等关键零部件的配套研发体系。

10.1 燃料电池

燃料电池汽车因其具有安静、高效和零污染（或低污染）排放等特点，同时续驶里程完全可以和内燃机汽车相媲美。如图 10－1 所示，燃料电池汽车的关键是燃料电池。燃料电池汽车的工作原理是，作为燃料的氢气在汽车搭载的燃料电池中，与大气中的氧气发生氧化还原化学反应，产生电能进而带动电动机工作，由电动机带动汽车中的机械传动结构，带动汽车的前桥（或后桥）等工作，从而驱动电动汽车前进。燃料电池电动汽车的电池是氢氧混合燃料电池，和普通化学电池相比，燃料电池可以补充燃料，通常是补充氢气。比较装配了蓄电池的电动汽车，燃料电池电动汽车续行里程更长并且不需要长时间的充电，可以在 5min 内给电池灌满燃料，而不是等待几个小时才能充满电。再比较燃油型车辆，燃料电池汽车可以将燃料中的化学能直接转换为电能，不需要通过燃烧转化能量，并且能量效率更高，废气排放量很低。燃料电池的燃料有氢气、甲醇和汽油三种。根据燃料电池的发电原理，氢气是最理想的燃料。

1. 燃料电池电动汽车的优势

1）汽车开始行驶时，蓄电池组为驱动系统提供能量，并对燃料电池进行预热，燃料电池动力系统不需要工作。

2）当氢气供给足够时，燃料电池动力系统起动，由燃料电池动力系统为驱动系统提供能量。

3）当车辆能量需求较大时，燃料电池动力系统与蓄电池组同时为驱动系统提供能量。

4）当车辆能量需求较小时，燃料电池动力系统为驱动系统提供能量的同时，还给蓄电池组进行充电。

燃料电池如图 10－2 所示，燃料电池的工作原理与普通电池基本相同，也是通过电化学反应把物质的化学能转变为电能。不同的是，传统电池是事先填充好内部物质，化学反应结束后，不能再释放出电能；而燃料电池进行化学反应所需的物质是由外部不断填充的，中途供应燃料，就能源源不断地输出电能或热能。

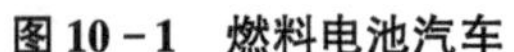

图 10－1 燃料电池汽车

图 10－2 燃料电池

从燃料电池一侧的正极输入氧或空气，另一侧的负极输入氢和二氧化氮，在正极与负极之间充满电解质。氢燃料输入进燃料电池的负极，氧或空气进入燃料电池的正极，在催化剂的作用下，氢原子分裂成一个电子和一个质子，它们通过不同的路径到达负极，从而产生可利用的电流，同时氢和氧重新结合形成水分子。其中氢由燃料电池系统中的燃料转换装置所提供，该装置将天然气、甲醇或汽油等烃类燃料自处理后转换为氢气。

如图 10－3 所示，燃料电池是一种原电池，由阳极、阴极和离子导电的电解液等构成，其工作原理与普通电化学电池类似，借助于电化学过程，燃料在阳极被氧化，氧化剂在阴极被还原，电子从阳极通过负载流向阴极构成电回路，产生电流，是电解水的逆反应。燃料和氧化剂持续且独立地供给电池的两个电极，并在电极处进行反应。电池的阳极（燃料极）输入氢气（燃料），氢分子（H_2）在阳极催化剂作用下被离解成为氢离子（H^+）和电子（e^-），H^+穿过燃料电池的电解质层向阴极（氧化极）方向运动，e^-因通不过电解质层而由一个外部电路流向阴极。在电池阴极输入氧气（O_2），氧气在阴极催化剂作用下离解成为氧原子（O），与通过外部电路流向阴极的 e^-和燃料穿过电解质的 H^+结合生成稳定结构的水（H_2O），完成电化学反应放出热量。

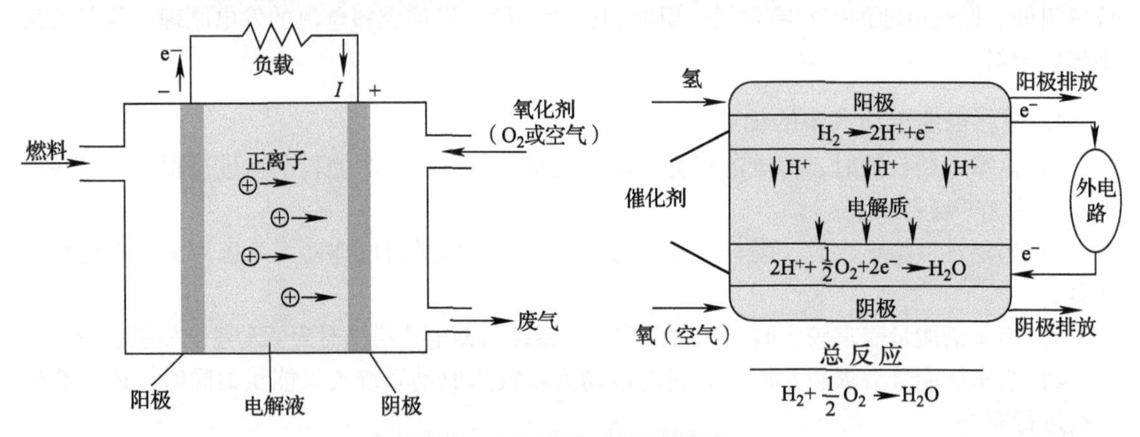

图 10－3　燃料电池的反应过程

燃料电池的基本组成有电极、电解质、燃料和催化剂。两个电极被一个位于它们之间的携带有充电电荷的固态或液态电解质分开。在电极上，催化剂常用来加速电化学反应。在两个电极间电位差作用下，电子经外电路流向阴极或负极，在阴极处正离子和氧结合，产生反应物或废气。这种电化学反应与氢气在氧气中发生的剧烈燃烧反应是完全不同的，只要阳极不断输入氢气，阴极不断输入氧气，电化学反应就会连续不断地进行下去，e^-就会不断通过外部电路流动形成电流，从而连续不断地向汽车提供电力。

与传统的导电体切割磁力线的回转机械发电原理也完全不同，这种电化学反应属于一种没有物体运动就获得电力的静态发电方式。因而，燃料电池具有效率高、噪声低、无污染物排出等优点，燃料电池汽车成为真正意义上的高效、清洁汽车。

在燃料电池中，由于需要附加能量去克服活性势垒，故部分能量损失于促成物质反应的过程之中，这种损耗称为活性损耗。当电流流通时，离子在邻近负极处放电，因此在该区域中，离子浓度趋于减小。若为维持电流，则必须向电极输运离子。这一过程的发生自然归结于整体电解液中离子的分解，并起因于离子浓度梯度所形成的场直接输运的作用。

由对流或扰动引起的整体电解液的运动，也有助于离子的增加。因离子缺少所导致的电压降称为浓度电压降，因为它与紧邻电极处的电解液浓度的降低相关联。对应于较低的电流密度，浓度电压降通常较小。然而，当电流密度增加时，浓度电压降将达到其极限值，此时接近于离子趋于电极的最大可能输运率，并且在电极表面处离子浓度降至零。

在氢氧燃料电池中，氧可以从空气中引入，当反应发生时，氧被迁移接近电极微孔中的电极表面，而在那里与在整体空气情况中相比，氧的局部压力必然下降。随着电流增加，效率下降而功率增加。因此，在低电流下运用燃料电池，即在低功率下可获得高运行效率。

2. 燃料电池的发电原理

燃料电池内部阳极和阴极的电化学反应，使正极电位和负极电位发生改变，正、负电极之间产生电位差（电动势 E），即

$$E=\varphi_6^+-\varphi_6^-$$

无论是哪种电解质，氢氧燃料电池的电动势都为 1.229V，如果反应产物水为气态，则电动势为 1.18V，如图 10－4 所示。

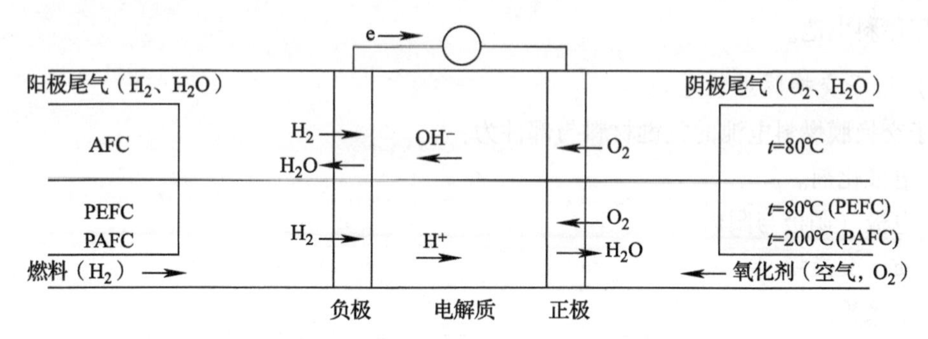

图 10－4 燃料电池的电动势及工作电压

如图 10－5 所示，燃料电池通过外电路形成放电电流，这时燃料电池正、负极之间的电位差（工作电压）为

$$U=E-\Delta\varphi^+-\Delta\varphi^--IR$$

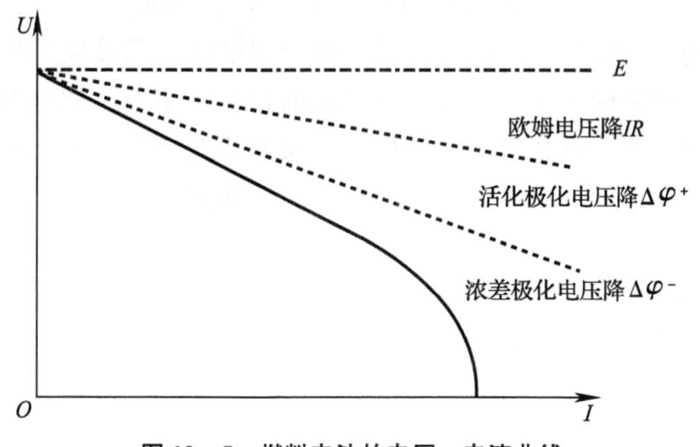

图 10－5 燃料电池的电压—电流曲线

燃料电池根据电解质不同主要分为质子交换膜燃料电池（PEMFC）、碱性燃料电池（AFC）、磷酸燃料电池（PAFC）、熔融碳酸盐燃料电池（MCFC）、固态氧化物燃料电池（SOFC）和直接甲醇燃料电池（DMFC）六种，见表10－1。

表10－1　燃料电池正常的运行温度及其电解质的状态

电池类型	运行温度/℃	电解质
质子交换膜燃料电池	60～100	质子交换膜
碱性燃料电池	100	液态
磷酸燃料电池	60～200	H_3PO_4
熔融碳酸盐燃料电池	500～800	Na_2CO_3
固态氧化物燃料电池	1000～1200	$ZrO_2-Y_2O_3$
直接甲醇燃料电池	100	固态

车用燃料电池还必须具有高比能量、低工作温度、起动快、无泄漏等特性。在众多类型的燃料电池中，质子交换膜燃料电池（图10－6）完全具备这些特性，被认为最适合作为电动汽车用燃料电池。

（1）质子交换膜燃料电池

质子交换膜燃料电池的关键材料与部件为：

1）电催化剂。

2）电极（阴极与阳极）。

3）质子交换膜。

4）双极板。

基本构成为：电池本体、辅助系统（包括燃料及氧化剂的循环回路，湿度、温度及压力的监控系统，产物水的输出及热交换装置等）和燃料及氧化剂的储存（或制造）系统。在实际应用中，还有电池的安全系统和功率调节系统。

如图10－7所示，质子交换膜燃料电池采用固态聚合物膜为电解质。该聚合物膜为全氟磺酸膜，是酸性的，因此迁移的离子为氢离子（H^+）或质子。质子交换膜燃料电池由纯氢和作为氧化剂的氧或空气一起供给燃料。聚合物电解质膜被碳基催化剂所覆盖，催化剂直接与扩散层和电解质两者接触以求达到最大的相互作用面。催化剂构成电极，在其之上直接为扩散层。电解质、催化剂层和气体扩散层的组合被称为膜片—电极组件。质子交换膜燃料电池中的催化剂是关键性的焦点所在。在早期实践中，为了实现燃料电池的特定运行，需要很可观的铂载量。在催化剂技术方面现已取得了巨大进展，使铂载量从$28mg/cm^2$减少到$0.2mg/cm^2$。由于燃料电池的运行温度低以及电解质酸性的本质，故应用的催化剂层需要贵金属。因氧的催化还原作用比氢的催化氧化作用更为困难，所以阴极是最关键的电极。

图 10-6　质子交换膜燃料电池

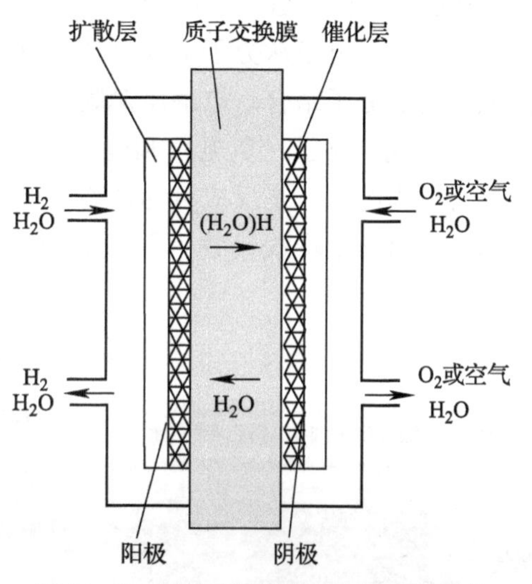

图 10-7　质子交换膜燃料电池工作原理

如图 10-8 所示，在质子交换膜燃料电池中，另一关键性问题是水的管理。为了实现燃料电池的特定运行，聚合物膜必须保持湿润。实际上，聚合物膜中离子的导电性需要一定的湿度。若聚合物膜过于干燥，就没有足够的酸离子去承载质子；若聚合物膜过于湿润（被浸渍），则扩散层的细孔将被阻断，反应气体不能扩展触及催化剂。水在质子交换膜燃料电池中的阴极生成。

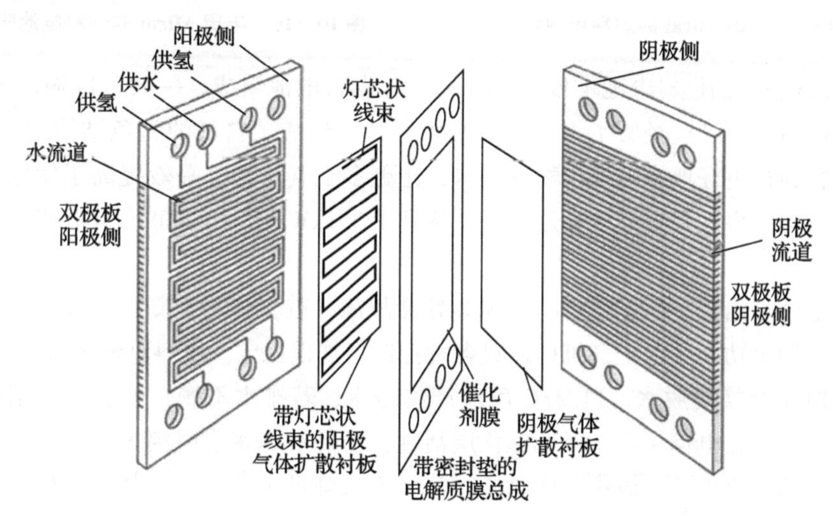

图 10-8　水在 PEMFC 电池中阴极生成

通过将燃料电池保持在某一温度下使水蒸发引起水蒸气态移出燃料电池。由于误差范围很窄，所以这种方法比较困难。某些燃料电池堆运行在空气远远过量的干燥状态，同时采用外部增温器由阳极供水。质子交换膜燃料电池中最后的关键是其毒化问题。铂催化剂极强的活性提供了优异的性能，对一氧化碳和硫的生成物与氧相比有较高的亲和力。在毒化作用下，催化剂被约束，扩散在其中的氢或氧被阻碍。电极反应不能在毒化部位发生，燃料电池性能下降。

如图 10－9 所示，因为氢分子体积小，可以透过薄膜的微小孔洞游离到对面去，但是在穿越孔洞的过程中，电子从分子上被剥离，只留下带正电的质子通过，质子被吸引到薄膜另一侧的电极与氧分子结合。电解质薄膜两侧的电极板将氢气拆分成氢离子（正电）和电子，将氧气拆分成氧离子（负电）和电子，电子在电极板之间形成电流，两个氢离子和一个氧离子结合成为纯水，是反应后的产物，整个运行过程就是发电过程，例如丰田 Mirai 燃料电池汽车，燃料电池堆栈代替了厚重且充电效率低下的锂离子电池组，如图 10－10 所示。

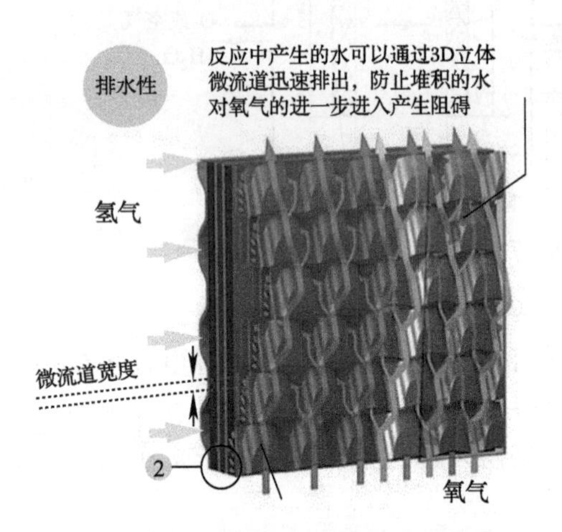

图 10－9　丰田 Mirai 的燃料电池阴极

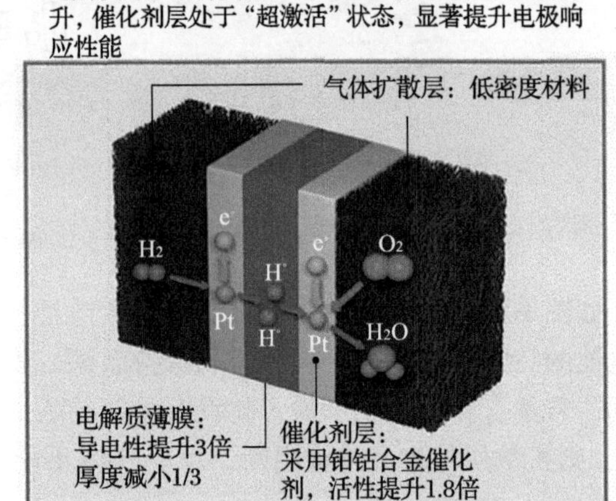

图 10－10　丰田 Mirai 的燃料电池阳极

丰田 Mirai 搭载的燃料电池堆栈由 370 片薄片燃料电池组成，一共可以输出 114kW 的电功率。丰田燃料电池堆栈经历了十几年的技术优化，形成了自己的特色结构，比如 3D 立体微流道技术，通过更好地排出副产物——水，让更多空气流入，有效提高了发电效率。所以整个堆栈的发电效率达到了世界先进水平，达到了 3.1kW/L，比 2008 年丰田的技术整整提升了 2.2 倍。

当燃料电池堆出现了质子交换膜破损等致命故障，就只能更换新的电池堆；如果由于外界扰动而造成输出功率不稳定，可以通过各种控制器加以稳定。燃料电池堆常见故障有两种：电极水淹与质子交换膜脱水。PEMFC 反应产物是水，若排水不畅，就会造成阳极、阴极积水，液态水就会覆盖电催化层，降低催化层活性；另外液态水会阻滞电极气体扩散层内反应气传质速度，从而增加浓差极化，使电压下降，大大降低电池性能。如果反应气没有得到很好的增湿或者反应温度过高，不能使质子交换膜充分湿润，就会使交换膜传导质子的能力下降，同时增加质子交换膜的电阻，增加欧姆极化，导致电压下降，使燃料电池的性能大幅降低。质子膜脱水也使膜传导质子的能力下降，增加膜的电阻，从而增加欧姆极化，电极水淹会阻滞电极气体扩散层内反应气传质速度，从而增加浓差极化。燃料电池出现故障后最直接的表现是电压下降，但在不同的工作状态下电压也不同。

（2）磷酸燃料电池

这种电池使用液体磷酸为电解质，通常位于碳化硅基质中。磷酸燃料电池的工作温度要比质子交换膜燃料电池和碱性燃料电池的工作温度略高（在60～200℃），但仍需电极上的催化剂铂来加速反应。其阳极和阴极上的反应与质子交换膜燃料电池相同，但由于其工作温度较高，所以其阴极上的反应速度要比质子交换膜燃料电池阴极的速度快。磷酸燃料电池的效率比其他燃料电池低，约为40%，其加热时间也比质子交换膜燃料电池长。虽然磷酸燃料电池具有上述缺点，它们也拥有许多优点，例如结构简单、性能稳定、电解质挥发少等。

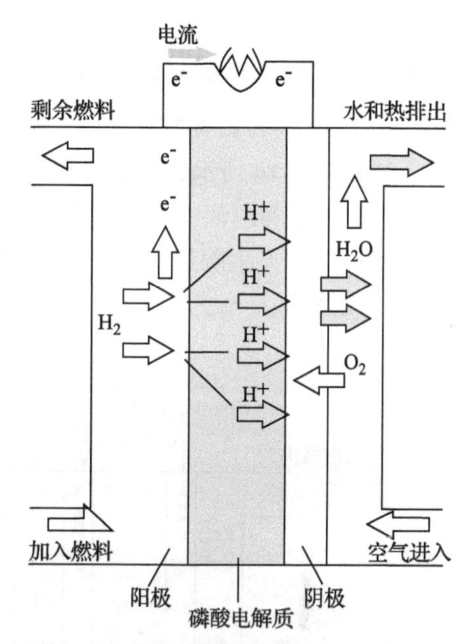

图10－11　磷酸燃料电池的工作原理

磷酸燃料电池的工作原理如图10－11所示，电池中采用的是100%磷酸电解质，其常温下是固体，相变温度是42℃。氢气燃料被加入到阳极，在催化剂作用下被氧化成为质子，质子和水结合成水合质子，同时释放出两个自由电子。质子和磷酸结合成磷酸合质子，向阴极移动。电子向阴极运动，而水合质子通过磷酸电解质向阳极移动。因此，在阴极上，电子、水合质子和氧气在催化剂的作用下生成水分子。

磷酸燃料电池可用作汽车的动力。

(3) 碱性燃料电池

如图10－12所示，使用的电解质为水溶液或稳定的氢氧化钾基质，且电化学反应也与羟基（—OH）从阴极移动到阳极与氢反应生成水和电子略有不同。这些电子是用来为外部电路提供能量，然后才回到阴极与氧和水反应生成更多的氢氧离子。

负极反应：$2H_2 + 4OH^- \rightarrow 4H_2O + 4e^-$

正极反应：$O_2 + 2H_2O + 4e^- \rightarrow 4OH^-$

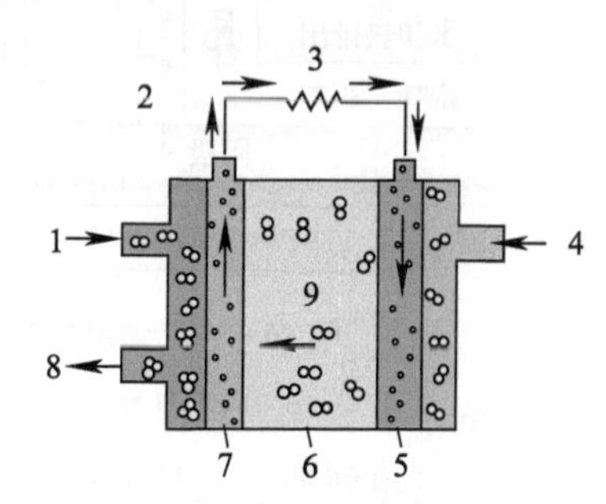

图10－12　碱性燃料电池反应过程

1—氢气流入　2—产生电子和水　3—电子经过外电路流回阴极　4—氧气流入与电子生成形成氢氧根离子　5—阴极　6—电解质　7—阳极　8—水蒸气从出水口排出　9—氢氧根离子流回阴极

碱性燃料电池结构与质子交换膜燃料电池基本相似，但其使用的电解质为水溶液或稳定的氢氧化钾基质。

碱性燃料电池的工作温度大约是80℃。因此起动也很快，但其电力密度是质子交换膜燃料电池的百分之几，在汽车中使用时显得非常笨拙。不过，它们是燃料电池中生产成本最低的，因此可用于小型固定发电装置。

(4) 熔融碳酸盐燃料电池

如图10－13所示，熔融碳酸盐燃料电池与上述3种燃料电池差异较大，这种电池使用“熔化的锂钾碳酸盐”或“熔化的锂钠碳酸盐”作为电解质。当温度加热到650℃时，这种盐就会熔化，产生碳酸根离子，从阴极流向阳极，与氢结合生成水、二氧化碳和电子。电子然后通过外部回路返回到阴极，形成电流。

这种电池工作的高温能在内部重整诸如天然气和石油的碳氢化合物，在燃料电池结构内生成氢，且铂可用廉价的一类镍金属代替，其产生的多余热量还可被联合热电厂利用。这种燃料电池的效率最高可达60%。

(5) 固态氧化物燃料电池

如图10－14所示，固态氧化物燃料电池工作温度比熔化的碳酸盐燃料电池的温度还要高。在这种燃料电池中，当氧离子从阴极移动到阳极氧化燃料气体（主要是氢和一氧化碳的混合物）时便产生能量。阳极生成的电子通过外部电路移动返回到阴极上，减少进入的氧，从而完成循环。

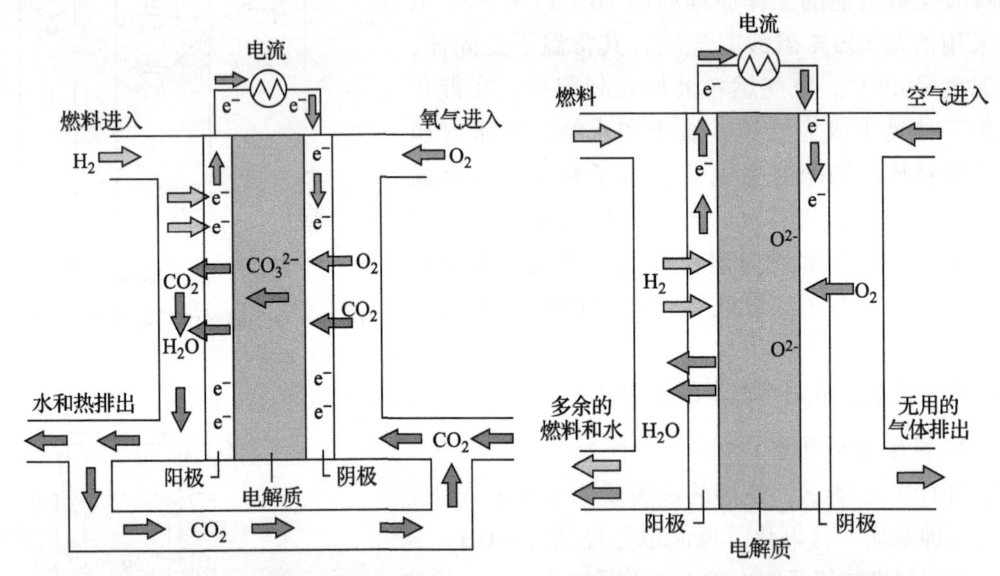

图10－13 熔融碳酸盐燃料电池　　图10－14 固态氧化物燃料电池

固态氧化物燃料电池对目前所有燃料电池都有的硫污染具有最大的耐受性。由于它们使用固态的电解质，这种电池比熔化的碳酸盐燃料电池更稳定。固态氧化物燃料电池的效率约为60%，具有为车辆提供备用动力的潜力。

(6) 直接甲醇燃料电池

如图10－15所示，甲醇燃料电池使用液体甲醇而不是氢气。甲醇（CH_3OH）与水混合，直接进入燃料电池阳极，并借助催化剂层被氧化进而生成二氧化碳、氢离子（H^+）和电子，电子通过外部电路运动作为燃料电池的电力输出，正离子（H^+）通过质子交换膜传送至阴极，在此它们与氧反应生成水，水再循环与甲醇一起输入。

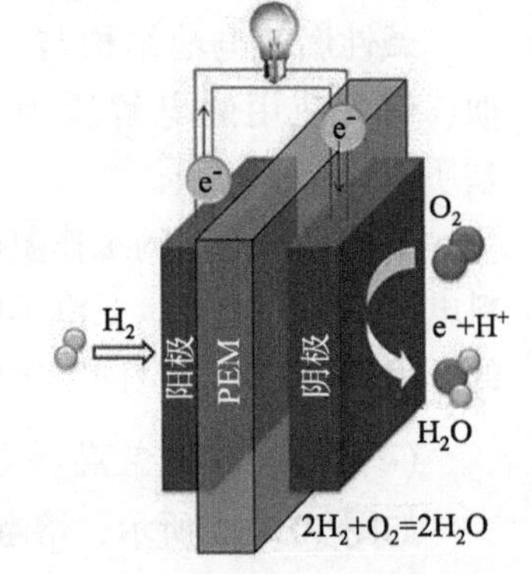

图10－15 直接甲醇燃料电池

甲醇作为替代氢的燃料，被应用于燃料电池中。原因在于：甲醇是一种液态燃料，易于存储、分配与运输；甲醇也是最单一的有机燃料，可以从丰富的矿物燃料中获取，可实现大规模生产。

10.2　燃料电池汽车构造

1. 燃料电池汽车总体结构

燃料电池汽车的结构多种多样，通常按动力源的组成进行分类。燃料电池汽车的动力源通常包括燃料电池系统、蓄电池和超级电容。

燃料电池汽车混合动力结构有串联结构和并联结构，如图 10－16、图 10－17 所示。

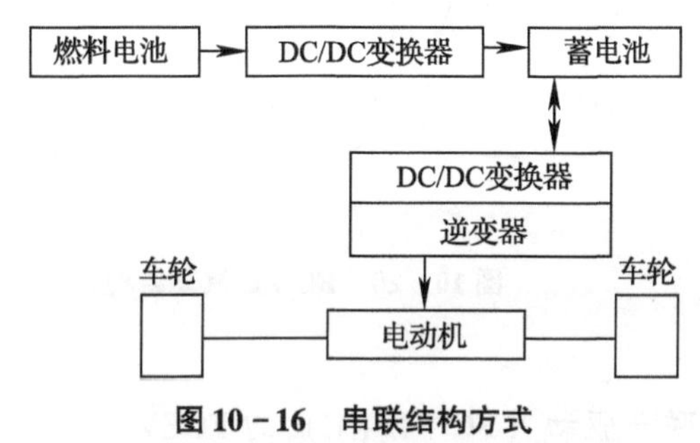

图 10－16　串联结构方式

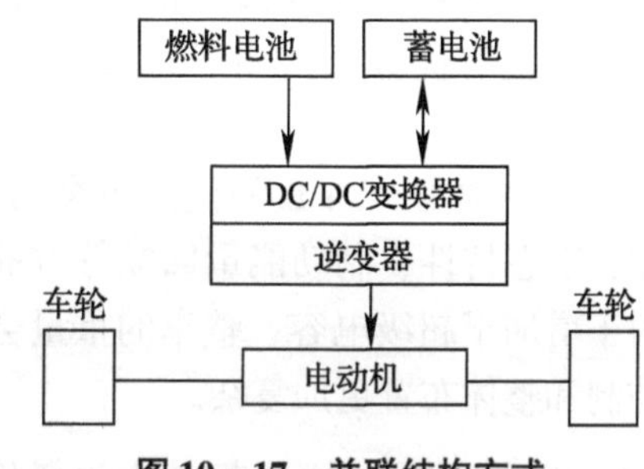

图 10－17　并联结构方式

（1）燃料电池驱动的燃料电池汽车

如图 10－18 所示，燃料电池汽车只有燃料电池一个动力源，汽车的所有功率负荷都由燃料电池承担。但由于燃料电池无法实现充电，因此无法实现电动汽车的制动能量回收。燃料电池系统将氢气与氧气反应产生的电能通过总线传给驱动电机，驱动电机将电能转化为机械能再传给传动系统，从而驱动汽车行驶。

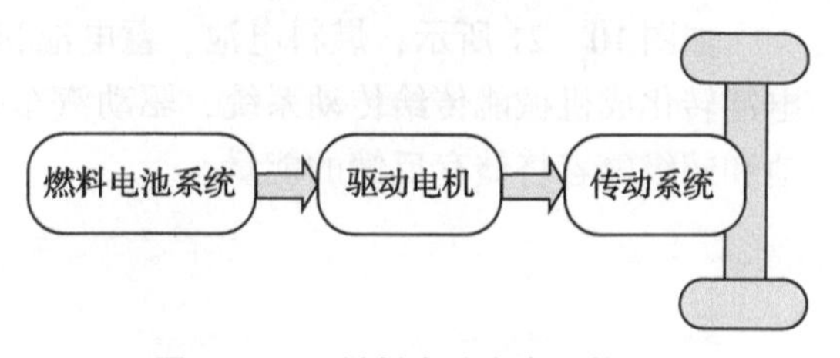

图 10－18　燃料电池汽车结构

（2）燃料电池与辅助蓄电池联合驱动（FC＋B）的 FCEV

如图 10－19 所示，在该动力系统结构中，燃料电池和蓄电池一起为驱动电机提供能量，驱动电机将电能转化成机械能传给传动系统，从而驱动汽车行驶；汽车制动时，驱动电机变成发电机，蓄电池将储存反馈的能量。因混合动力系统需与辅助蓄电池等工作电压相匹配，在电源与驱动电机之间，需要通过 DC/DC 变换器，即经过 DC/DC 变换器到升压和稳压调节作用。DC/DC 变换器也会对燃料电池的最大输出电流和功率进行控制，起到保护燃料电池系统的目的。

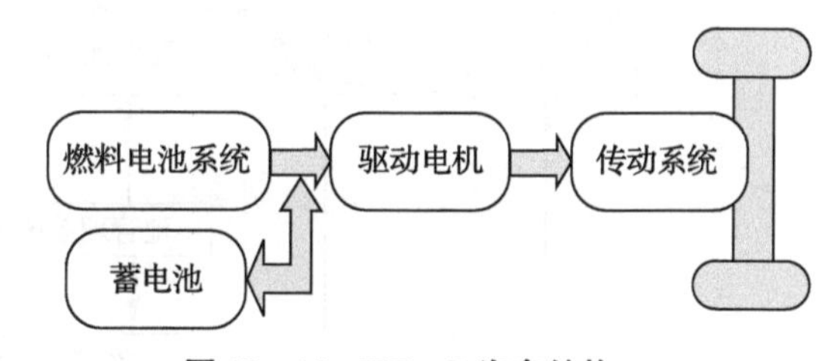

图 10－19　FC＋B 汽车结构

FC＋B 混合驱动系统主要有燃料电池直接混合系统和动力电池直接混合系统。燃料电池直接混合系统是将燃料电池直接接入直流母线，由 DC/DC 变换器和燃料电池管理系统共同实现燃料电池和动力蓄电池之间的功率平衡。DC/DC 变换器将燃料电池的输出电压和系统电压分开，为了充分满足动力电池的需要，高的系统电压可以降低驱动系统的电流值，有利于延长各电器元件的寿命。燃料电池和动力蓄电池之间的功率平衡由 DC/DC 变换器负责，但因燃料电池的能量输出需要通过 DC/DC 变换器才能进入直流母线，导致系统效率比较低。燃料电池直接混合系统和动力电池直接混合系统的主要差别在于DC/DC变换器的使用上。DC/DC变换器的位置主要取决于电机及其控制器特性、燃料电池的特性和混合度（燃料电池额定输出功率与驱动电机的额定功率比）。

(3) 燃料电池与超级电容联合驱动（FC+C）的FCEV

如图10-20所示，这种结构形式与FC+B结构相似，只是把蓄电池换成超级电容。相对于蓄电池，超级电容充放电效率高，能量损失小，比蓄电池功率密度大，在回收制动能量方面比蓄电池有优势，循环寿命长，但是超级电容的能量密度较小。

FC+C结构比FC+B的优点更突出，零部件效率、动态特性、制动能量回馈等方面更好。但是由于增加了超级电容，整车的重量会加大，系统控制和整体布置更加复杂。

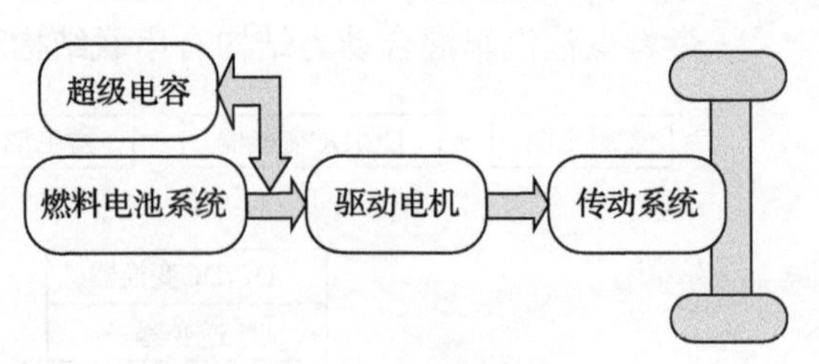

图10-20　FC+C汽车结构

(4) 燃料电池与辅助蓄电池和超级电容联合驱动（FC+B+C）的FCEV

如图10-21所示，燃料电池、蓄电池和超级电容一起为驱动电机提供能量，驱动电机将电能转化成机械能传给传动系统，驱动汽车行驶；汽车制动时，驱动电机变成发电机，蓄电池和超级电容将储存反馈的能量。

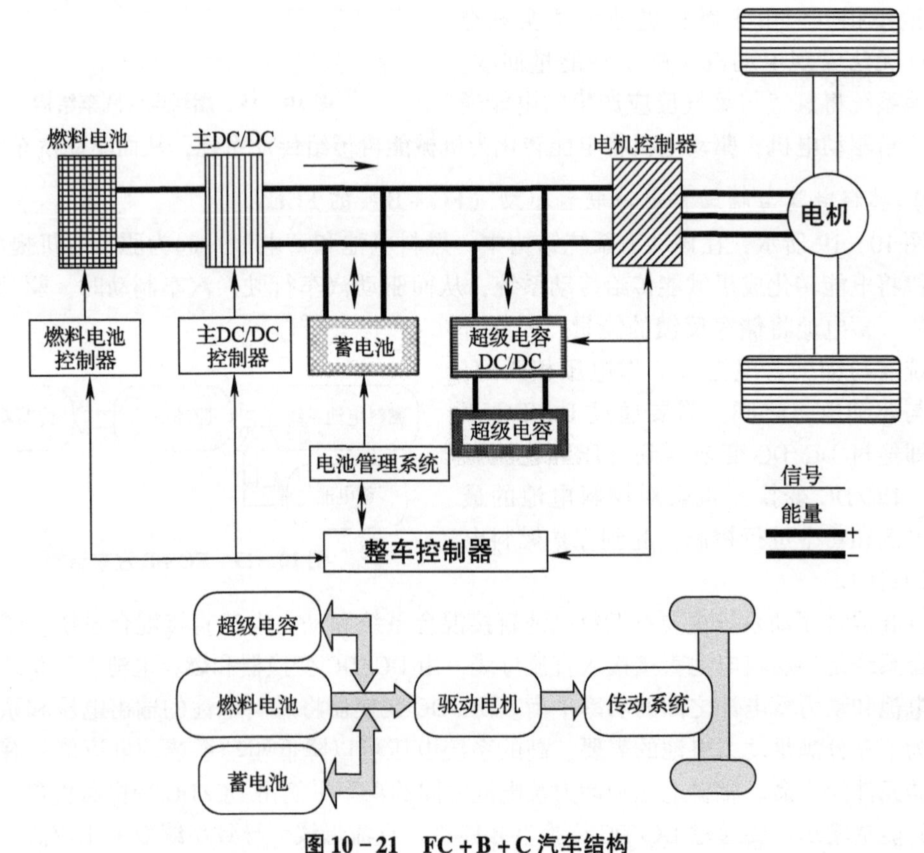

图10-21　FC+B+C汽车结构

重整燃料电池汽车与直接燃料电池汽车的主要区别在于使用汽油、天然气、甲醇、甲烷、液化石油气等燃料，在汽车上通过重整器产生氢，再将氢提供给燃料电池电堆。直接燃料电池汽车如图 10 - 22 所示，重整燃料电池汽车如图 10 - 23 所示。

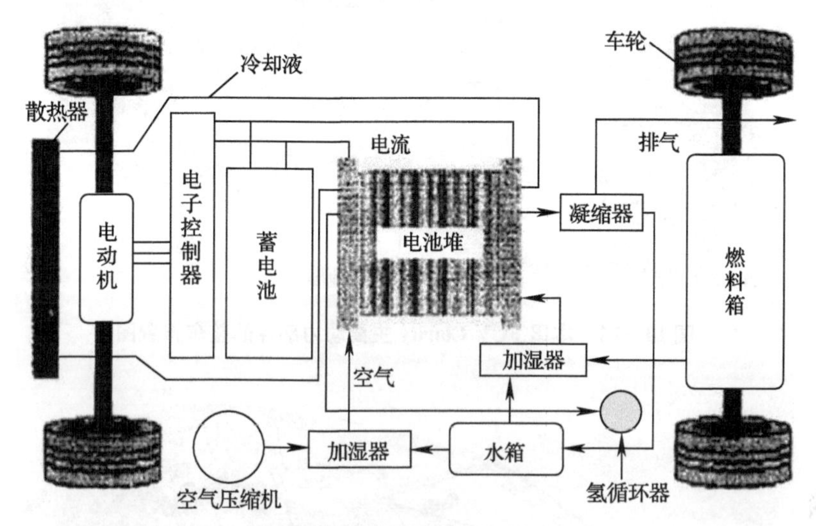

图 10 - 22　直接燃料电池汽车

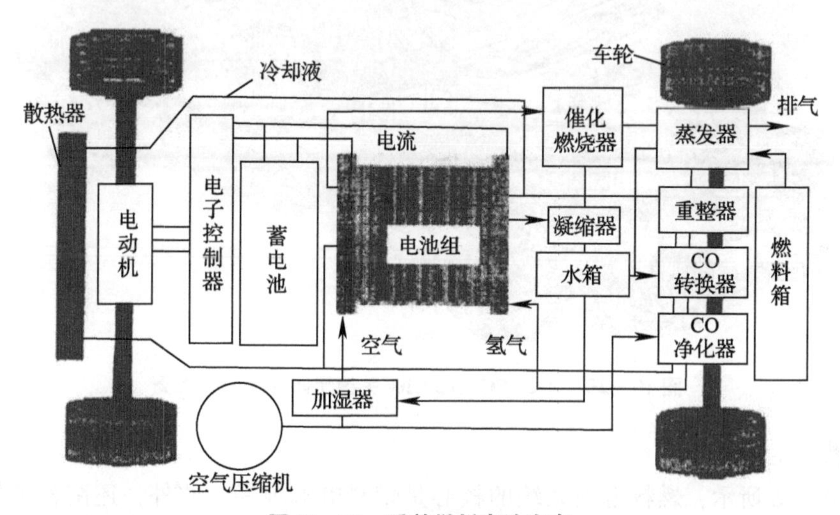

图 10 - 23　重整燃料电池汽车

燃料电池汽车与普通电动汽车基本相同，主要区别在于动力电池的工作原理不同：加速行驶时，燃料电池系统与峰值电源两者都向电机驱动装置提供动能。在制动时，电机运行于发电机状态，将部分制动能量变换为电能，并储存在蓄电池中。当负载功率小于燃料电池系统的额定功率时，蓄电池也能从燃料电池系统补充、恢复能量。

以本田 FCV Clarity 为例，如图 10 - 24 所示，燃料电池汽车通常包括燃料电池系统、电机、蓄电池（超级电容）等功能部件。燃料电池汽车实质上是一种电动汽车，在车身、传动系统、控制系统等方面相同。本田 FCV Clarity 关键元器件的分布位置如图10 - 25所示。

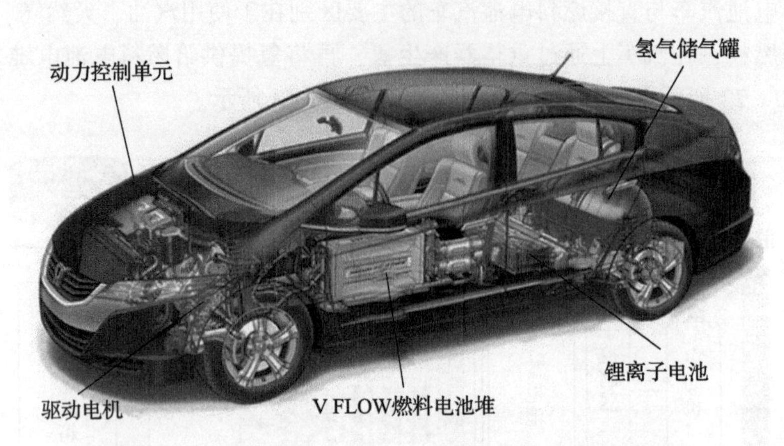

图 10-24　本田 FCV Clarity 主要动力部件的整车布置图

图 10-25　本田 FCV Clarity 关键元器件的分布位置

（1）燃料电池系统

如图 10-26 所示，燃料电池系统的核心是燃料电池堆栈，此外，还配备了氢气供给系统、氧气供给系统、气体加湿系统、水循环及反应物生成处理系统等，用以确保燃料电池堆栈正常工作。

（2）辅助蓄能装置

燃料电池发动机是 FCEV 的主要电源，另外还配备了辅助蓄能装置，如图 10-27 所示。车辆制动时，将驱动电机转换为发电机工作状态，将车辆的动能转换为电能，并向辅助蓄能装置充电，以实现车辆制动时的能量回收。FCEV 的设计方案不同，其所采用的辅助动力源也有所不同，可以用蓄电池组、飞轮储能器或超级电容等共同组成双电源系统。具有双电源系统的 FCEV 有以下 4 种工作模式。

图 10－26　燃料电池系统

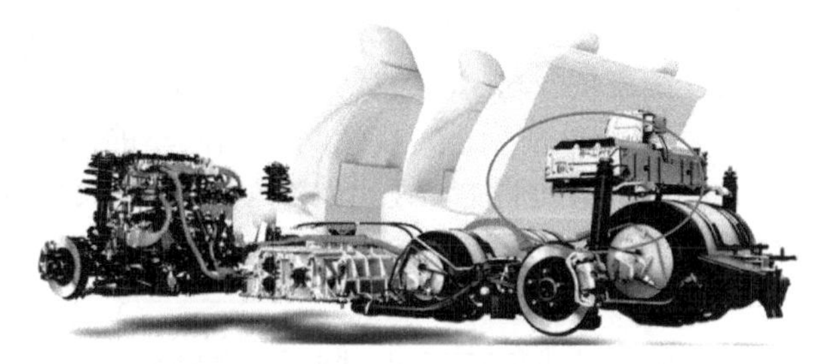

图 10－27　丰田 FCEV 的辅助蓄能装置

1）FCEV 起动时，由辅助动力源提供电能带动燃料电池发动机起动，或带动车辆起步。

2）车辆行驶时，由燃料电池发动机提供驱动所需的全部电能，剩余的电能储存到辅助动力源装置中。

3）在加速和爬坡时，若燃料电池发动机提供的电能还不足以满足 FCEV 驱动功率要求，则由辅助动力源提供额外的电能，使驱动电机的功率或转矩达到最大，形成燃料电池发动机与辅助动力源同时供电的双电源供电模式。

4）储存制动时反馈的电能，以及向车辆的各种电子、电器设备提供所需的电能。

10.3　驱动电机

驱动电机是燃料电池电动汽车的重要组成部分，用于将电源所提供的电能转换为电磁转矩，并通过传动装置驱动车辆行驶。如图 10－28 所示，燃料电池汽车用驱动电机有直流有刷电动机、交流异步电动机、交流同步电动机、永磁无刷直流电动机和开关磁阻电动机等。由于感应电动机驱动的电动汽车几乎都采用矢量控制和直接转矩控制，矢量控制又有最大效率控制和无速度传感器矢量控制，感应电动机使励磁电流随着电动机参数和负载条件的变化而变化，从而使电动机损耗最小，效率最高。

图 10－28　驱动电机

永磁无刷电动机利用电动机电压、电流和电动机参数来估算出速度，不用速度传感器，从而达到简化系统、降低成本、提高可靠性的目的。直接转矩控制克服了矢量控制中解耦的思想，把转子磁通定向变换为定子磁通定向，通过控制定子磁链的幅值以及该矢量相对于转子磁链的夹角，从而实现控制转矩。

直流电机驱动系统采用换向器和电刷，保证了励磁磁动势与电枢磁动势的严格正交，易于控制。但直流电机结构复杂，其高速性能和可靠性受换向器和电刷的影响较大。交流电机坚固耐用、结构简单、技术成熟、免维护、成本低，尤其适合恶劣的工作环境。其缺点在于损耗大、效率低、功率因数低，进而导致控制器容量增加，成本上升。

如图 10-29 所示，直接燃料电池汽车的电子控制系统包括燃料电池系统控制、DC/DC 变换器控制、辅助储能装置能量管理、电动机驱动控制及整车协调控制等控制功能，各控制功能模块通过总线连接。

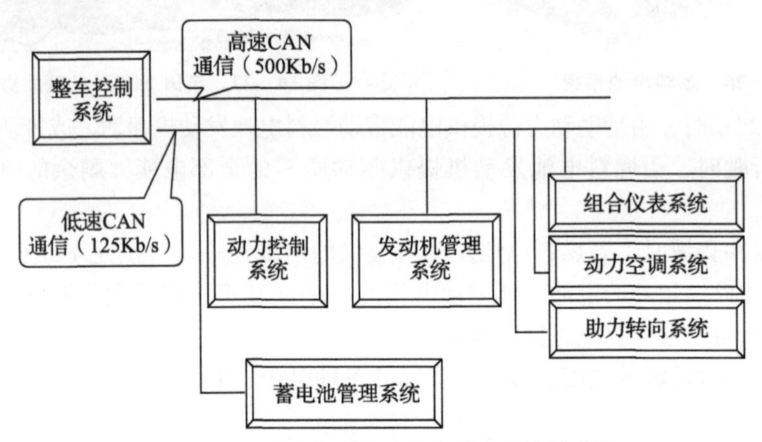

图 10-29　直接燃料电池汽车的电子控制系统

10.4　DC/DC 变换器

燃料电池提供的是直流电，电压和电流随输出电流的变化而变化。燃料电池输出电压一般比电动汽车动力电源所要求的电压要低，且特性较软，也就是随输出电流的增加，电压下降幅度较大，燃料电池不能够接受外电源的充电，其电流的方向是单向流动的。FCEV 的辅助电源（蓄电池和超级电容）也是以直流电的形式充放电，但电流方向是双向可逆的。燃料电池电动汽车属于一种混合动力汽车，配有燃料电池和动力蓄电池两种能源，控制燃料电池的输出能量就可以控制整车能量的分配。若燃料电池的输出能量不足以驱动电机，就由动力蓄电池来补充能量；当燃料电池输出的能量超出电机的需求时，多余的能量能够进入蓄电池中，实现对蓄电池能量的补充。因此 DC/DC 变换器能够用于控制燃料电池的能量输出。丰田 Mirai 汽车 DC/DC 变换器的位置如图 10-30 所示。

图 10-30　丰田 Mirai 汽车 DC/DC 变换器的位置

DC/DC 变换器的基本功能和要求如下：

1）燃料电池汽车上电源的电压和电流因受到工况变化的影响处于不稳定状态，所以需要输入的直流电压在一定范围内出现变化时，DC/DC 变换器通过功率晶体管调制输出负载要求的变化范围的直流电压。燃料电池的输出电压经过 DC/DC 变换器后能稳定整车直流母线电压。

2）按照功率的要求输出足够的直流负载电流，并且能够允许在足够宽的负载变化范围情况下，电压稳定、不损坏器件，设备能正常运行。

3）变换器是能量传递部件，因此需要变换效率高，以便提高能源的利用率。

4）为了降低对燃料电池的输出电压要求，变换器应具有升压功能。

5）由于燃料电池输出不稳定，需要变换器闭环运行进行稳压，为了给驱动器稳定的输入，需要变换器有较好的动态调节能力。

6）DC/DC 变换器要求体积小、重量轻。

10.5　燃料电池汽车的储氢方式

就燃料电池车的应用而言，将燃料供应给车载燃料电池是其主要的难题。通常，有两种途径向燃料电池供应氢：一种是在地面供应站生产氢气，然后在车上储存纯氢，如图 10－31 所示；另一种是在车上，从易于含氢的承载装置中生产氢，并直接供给燃料电池。目前燃料电池汽车大多以纯氢为燃料，为使燃料电池汽车能达到所需的续驶里程，在车上就需要有一定储量的氢。车载储氢主要有压缩氢气、低温液氢和金属储氢三种方法。

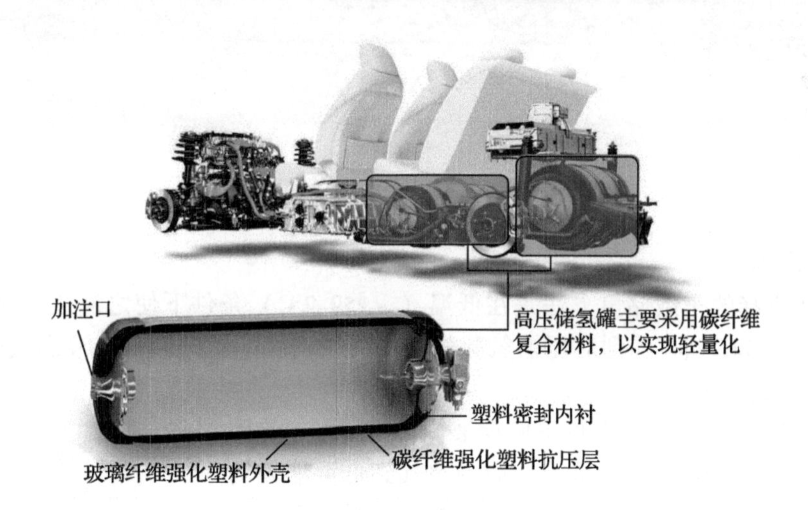

图 10－31　丰田 Mirai 燃料电池汽车储氢方式

丰田碳纤维复合材料制成的储气罐规格：最大储氢 5kg，储气压力 70MPa。

在车上有三种储存氢的方法：在环境温度下，在储存器内储存压缩氢；在低温下，以低温液氢的形式储存；金属氢化物储存法。这些方法各有优、缺点。

1. 压缩氢气

纯氢可用车载方式在加压状态下储存在罐内。在几百标准大气压力下储存气体要求有很高强度的储气罐。为了使罐的重量尽可能轻，而其容积合理，目前应用于汽车的储氢罐采用了复合材料，如碳纤维材料。因而，压缩储氢罐的成本比较高。

氢气的密度小，需要通过压缩来增加其储存量。压缩氢气的压力一般在 20～30MPa 或更高，因而要求储氢罐能承受高压，且重量轻、使用寿命长。

如图 10－32 所示，必须考虑车载压缩氢的易燃性。除了因为在罐壁、密封处等开裂导致氢泄漏的危险外，还存在氢穿过罐壁材料的渗透问题。这是由于氢分子非常小，致使其能通过某些材料扩散。此外，储氢罐的危险性很大。在空气中，氢具有从 4%～77% 的爆炸范围，且可以非常迅速地与空气混合。与汽油相比，汽油爆炸范围仅为 1%～6%，且为液体。应该注意，氢有很高的自燃温度（571℃），尽管汽油的自燃温度大约在 220℃，但其首先必须被汽化。至今，车载压缩氢的储存技术仍然是应用于车辆的非常复杂的问题。

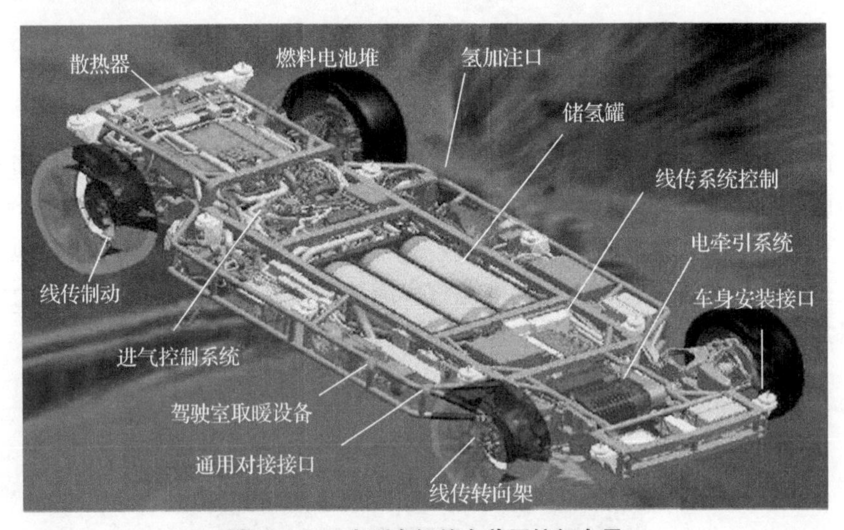

图 10－32　大型车辆的车载压缩氢布局

2. 低温液氢

另一可供选择的车载储氢方法是在低温（－259.2℃）条件下使之液化。如此储存的氢被称为“LH_2”。LH_2 储存受到对压缩氢起作用的同一密度问题的影响。液态氢的密度很低，1L 液氢仅重 71g。

在－259.2℃这样的低温条件下储存液体，其技术上是困难的。它要求深度绝热，以力求将从周围空气到低温液体的热传递减至最小，从而防止其沸腾。通常的方法是构造一个高度绝热的储罐，且使之坚固地足以承受因液氢汽化所产生的相当的压力，而过量的压力则通过安全阀释放至大气中。这一储罐的绝热、高强度和安全设置也显著地增加了 LH_2 储存的重量和成本。低温液氢如图 10－33 所示。

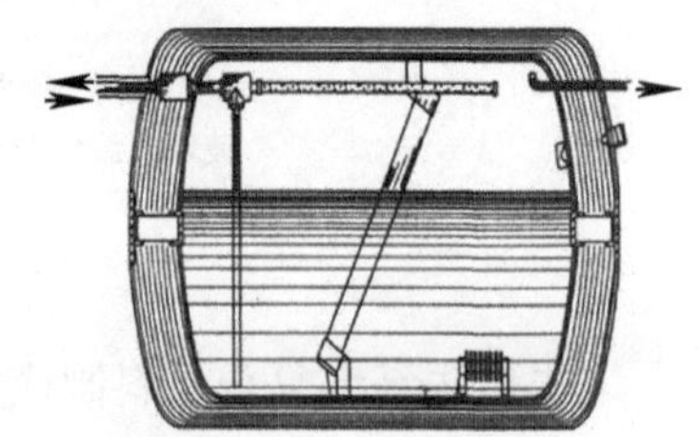

图 10－33　低温液氢

汽化是一种疑难的现象：假如车辆在一个封闭区域（车库、地下停车场）内停车，则存在氢在有限的大气范围内聚集的危险。这样所形成的易爆混合气体在初次产生火花（灯开关、打火机打火等）条件下将起爆。液氢储罐的加注需要特殊的防护措施：空气必须排除在系统之外。为此，采用的方法一般是在加注前先用氮注满储罐，以便排空罐中的剩余气体。同样，必须应用专门用来控制爆炸和低温事故的设备。低温液体对生物是一种危险，例如它会冻伤皮肤和器官。然而，很可能是环境温度使低温液氢迅速汽化，将得以减少或消除这一危险。

3. 金属储氢

利用金属氢化物储氢是将氢气加压至 3～6MPa，使进入容器的氢在高压下附在金属小颗粒上，完成氢与金属的结合，同时放出热量。由于从金属小颗粒中释放出氢时，需要吸收外部的热量。因此，金属储氢容器不仅需要有一定的耐压强度，还要有足够的换热面积，以满足充氢和放氢时的热量传递。金属储氢相比于其他储氢方法，特点如下：

1）单位体积的储氢容量有所提高，但单位质量的储氢量并不高。

2）储氢压力较低（1～2MPa），远低于压缩储氢罐的压力，因而其安全性较高，降低了充氢设备的要求，充氢的能耗也较小。

3）金属氢化物对氢气中少量杂质（如 O_2、H_2O、CO 等）的敏感度高于燃料电池电极催化剂的敏感度，因此对氢的纯度要求更高。

4）金属氢化物的机械强度较低，反复充放氢后会出现粉碎现象，丰田公司在燃料电池汽车上使用碳纤维材料制造储氢管，明显提高了储氢的安全性。

储氢罐压力高达 25～35MPa。当汽车发生碰撞时，如果高压储氢罐受损破裂，后果将不堪设想。为此，除了选用高强度的储氢罐外，在汽车结构上还要考虑尽可能减小汽车碰撞时对储氢罐的冲击。

10.6 燃料电池汽车整车电控系统

丰田 Mirai 燃料电池电动汽车工作原理如图 10－34 所示。燃料电池电动汽车结构包括燃料电池、蓄电池组、燃料电池控制器、整车控制器、DC/DC 变换器、数字电机控制器和电动机等。燃料电池汽车关键技术主要有燃料电池、电动机及其控制、控制策略和算法、多能源管理、分布式控制系统和网络通信、集成化动力系统平台、整车电气安全和氢安全监控、整车的匹配以及车身和底盘等。

图 10－34 丰田 Mirai 燃料电池电动汽车工作原理

整车控制系统是燃料电池汽车的控制核心，主要作用是接收来自驾驶人的需求信息（如点火开关、加速踏板、制动踏板、档位信号等）实现整车工况控制和基于反馈的实际工况（车速、制动情况、电机转速等）以及动力系统的状况（燃料电池及动力蓄电池的电压、电流等），根据预先设定的能源控制策略进行能量分配调节控制。

整车控制系统负责对燃料电池系统、电机驱动系统、动力转向系统、再生制动系统和其他辅助系统进行监测和管理。整车控制技术主要包括电耦合技术、多能源管理技术、控制策略和算法技术、失效模式、故障诊断和容错技术、分布式控制系统和网络通信技术等。目前控制系统向智能化和数字化方向发展，模糊控制、神经网络、自适应控制、专家系统及遗传算法等非线性智能控制技术都可以应用于燃料电池电动汽车的控制系统中。

丰田 FCHV－4 型燃料电池汽车动力系统如图 10－35 所示，按功能可分为两部分：燃料电池系统和混合动力系统。燃料电池系统是使汽车行驶的动力源，混合动力系统高效地运用燃料电池系统的输出动力。

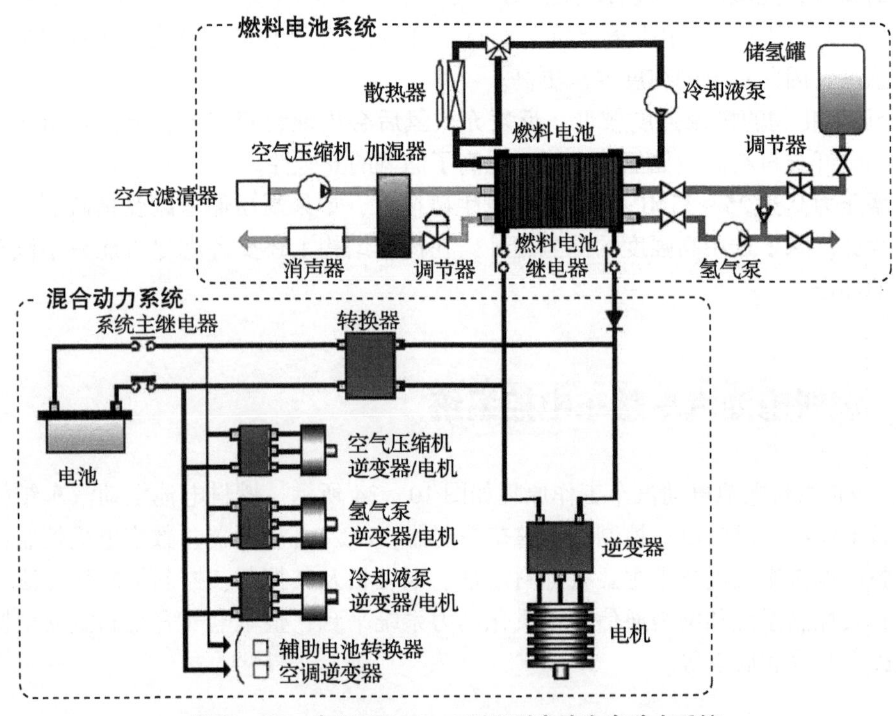

图 10－35　丰田 FCHV－4 型燃料电池汽车动力系统

燃料电池系统：燃料电池系统包括燃料电池组、燃料供给系统部件和冷却系统部件。

混合动力系统：混合动力系统包括燃料电池系统、辅助电池、DC/DC 变换器和牵引逆变器/电机。

如图 10－36 所示，燃料电池汽车的氢气管理系统由氢气管理单元、储氢系统、氢安全检测系统、置换控制系统、信号调理系统及通信系统等构成。其在燃料电池汽车运行中担负着给燃料电池堆提供氢气，同时监测储氢瓶中氢气的消耗情况以及车内是否有氢气泄漏。

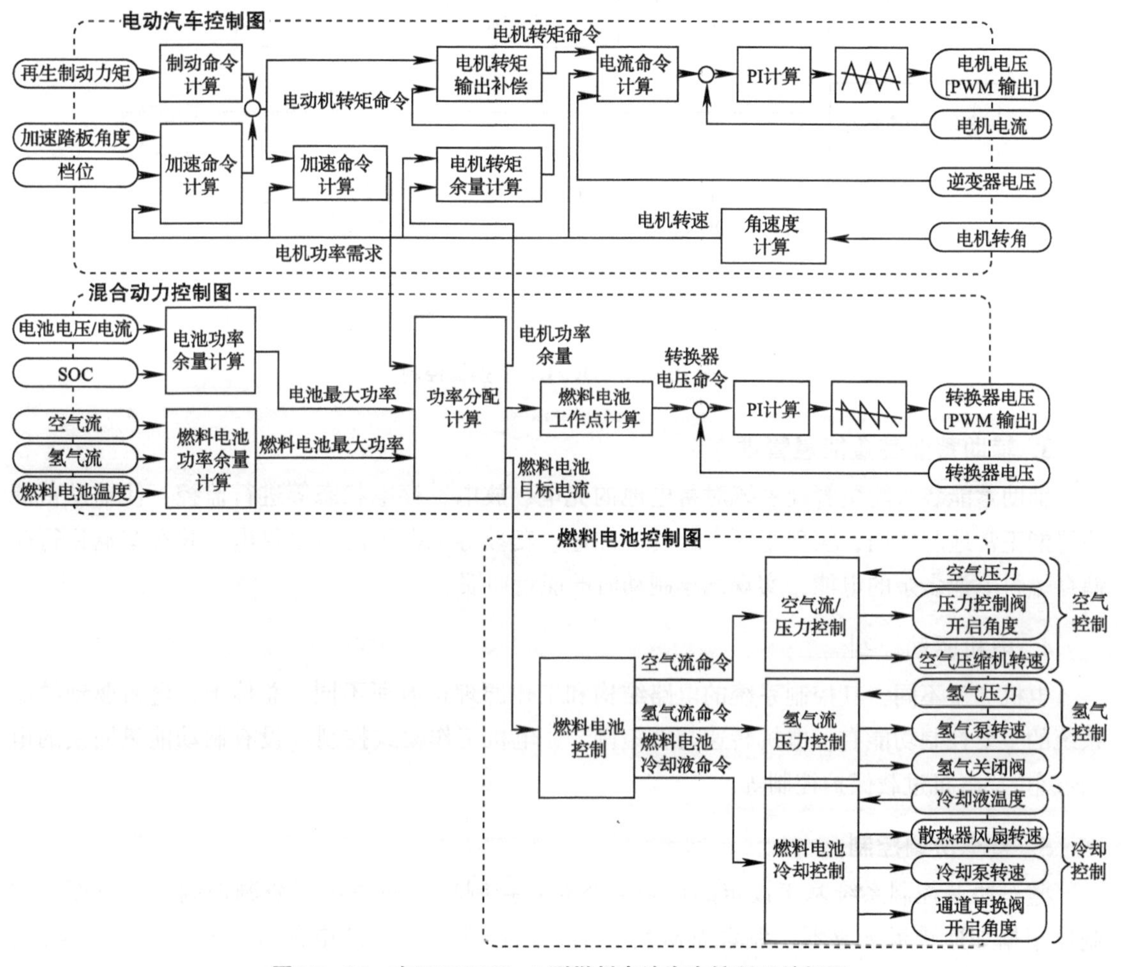

图 10-36 丰田 FCHV-4 型燃料电池汽车控制系统框图

控制系统框图分为三部分：电动汽车控制单元、混合动力控制单元和燃料电池控制单元。

储氢罐加氢时会监控储氢罐中氢气的加注过程，同时检测车内是否有氢气泄漏，并将相关的信息发送给整车管理系统、组合仪表和加氢机；对系统进行诊断和保护，并通过 CAN 网络向整车管理系统反馈氢气管理系统的状态信息和故障码，防止出现意外情况而造成损失等重要功能。

1. 燃料电池系统控制

燃料电池系统控制器用来控制燃料电池的燃料供给与循环系统、氧化剂供给系统、水/热管理系统，并协调各系统工作，以使燃料电池系统能持续向外供电。

2. DC/DC 变换器控制

如图 10-37 所示，DC/DC 变换器用于改变燃料电池的直流电压，由电子控制器控制。电子控制器的作用是通过调节 DC/DC 变换器的输出电压，将燃料电池电堆较低的电压上升至电动机所需的电压。

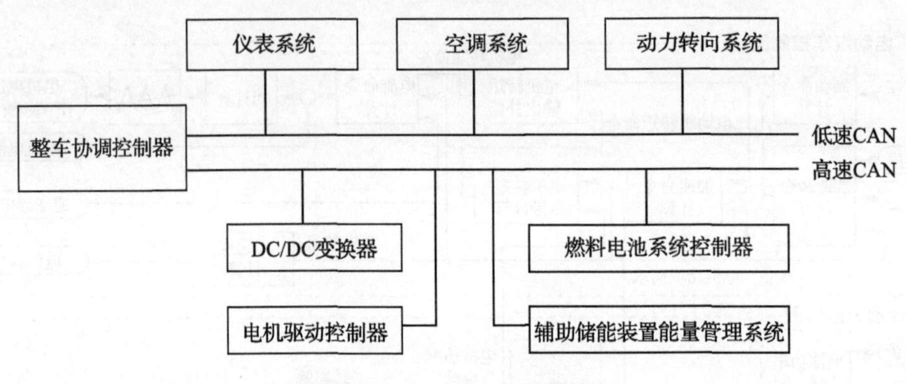

图 10-37 DC/DC 变换器控制

3. 辅助蓄能装置能量管理

辅助蓄能装置能量管理系统对蓄电池的充电、放电、存电状态等进行监控，使辅助蓄能装置能正常地起作用，实现车辆在起动、加速、爬坡等工况下的协助供电，并在车辆运行时储存燃料电池多余的电能，实现汽车制动时的能量回馈。

4. 电机驱动控制

电机类型不同，其控制系统的电路结构和工作原理也有所不同。总体上，电机驱动控制系统的主要控制功能有：电机转速与转矩调节、电机工作模式控制（设有制动能量回馈的电动汽车）、电机过载保护控制等。

5. 整车协调控制

整车协调控制系统基于设定的控制策略对各控制功能模块进行协调控制。一方面，控制器根据加速踏板传感器、制动踏板传感器、档位开关送入的电信号判断驾驶人的意图，并输出控制信号，通过相关的控制功能模块实现车辆的行驶工况控制；另一方面，控制器根据相关传感器和开关输入的电信号，获取信息，判断车辆的实际行驶工况和动力系统的状况。

6. 燃料电池汽车氢气监测系统

如图 10-38 所示，燃料电池汽车氢气监测系统通常由氢传感器、控制器、报警及安全处理装置等组成。氢传感器将周围氢气含量参数转换为电信号，并输送给控制器，然后控制器根据氢传感器的信号判断是否有氢气泄漏及泄漏的严重程度，并输出相应的控制信号，使危险报警装置发出危险警告，或使熔断器工作，及时排除安全隐患。

一些燃料电池汽车的氢安全控制系统配备有多个氢传感器。当任何一个传感器检测到氢气含量达到爆炸下限（体积分数为4%）的10%、30%、50%时，控制器就会发出Ⅰ级、Ⅱ级、Ⅲ级报警控制信号，使危险警告装置工作，发出相应的声光警告信号。

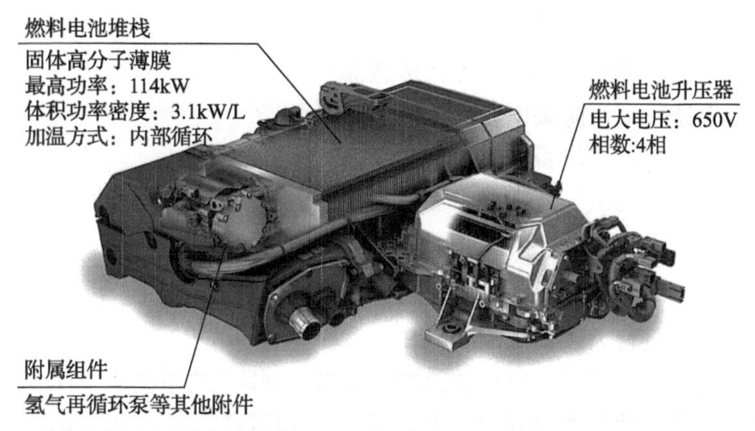

图 10－38　丰田 Mirai 燃料电池系统

7. 车库氢安全控制系统

如图 10－39 所示，车库氢安全控制系统通常由氢传感器、控制器、警告装置及排/送风装置等组成。氢传感器安装在车库顶部。当任何一个氢传感器监测到周围空气中氢的体积分数超过了爆炸下限的 10%、30%、50%时，氢监测系统就会发出Ⅰ级、Ⅱ级、Ⅲ级警告信号。

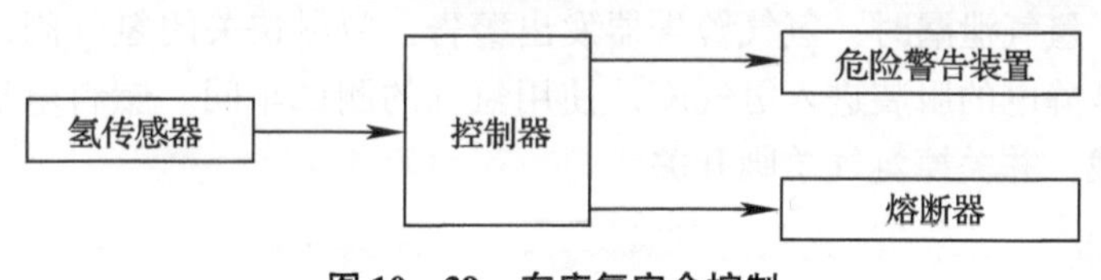

图 10－39　车库氢安全控制

8. 燃料电池汽车其他安全措施

(1) 燃料电池汽车的防静电措施

如图 10－40 所示，在燃料电池汽车加氢时或在行驶过程中，不可避免地会产生静电，这极易引发氢气燃烧或爆炸。为此，一些燃料电池汽车的车体底部通常设有接地导线，可及时将静电释放回大地，以确保燃料电池汽车的安全。

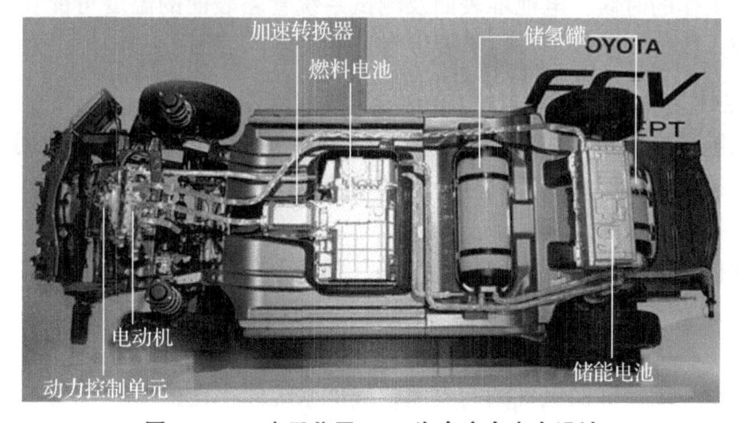

图 10－40　丰田公司 FCV 汽车底盘安全设计

(2) 燃料电池汽车的防爆措施

1）采用防爆型氢传感器，不用触点式传感器。

2）在氢安全系统中采用防爆固态继电器。

3）当氢安全控制系统发出警告时，禁止操作开关电气设备。

4）当燃料电池汽车储氢气瓶内存有氢气时，严禁在车上进行电焊等会产生电弧的相关操作。

(3) 燃料电池汽车氢安全操作规程

1）严禁在车库内进行大规模的加氢操作。

2）在燃料电池汽车起动前，应检查燃料电池系统管路的气密性，确保无泄漏。

3）在调试及燃料电池汽车起动前，应用氮气吹扫管路，并且在调试时必须由专人配备便携式氢含量探测仪来检查氢泄漏情况。

4）雷雨天气禁止做系统调试及其他相关操作。

5）当发现安全问题时，必须立即停止调试。

(4) 燃料电池汽车日常检查

每天工作前先对氢气管路、阀门进行检查，确认无问题后按规定开启阀门，工作结束后按规定关闭阀门。氢气泄漏时，氢气警告器发出警告，应尽快关闭氢气阀，再及时关闭系统主电源。严禁穿戴静电的服装进入氢气库及使用氢气的测试车间。燃料电池泄漏氢气时，应立即停机切断负载，并关掉氢气总阀开关。

(5) 防止触电

燃料电池堆的电压与单体电池个数有关，当电池堆的工作电压超过36V，就存在触电致死的危险，所以在使用燃料电池动力系统时一定要防止触电，尽量避免佩戴可能导致短路或触电事故的导电饰品，切勿用手触摸电堆、控制器件等带电器件。每天工作前先对电路进行检查，然后再起动电源开关。工作结束后，关闭设备电源。燃料电池严禁短路，电池输出电路严禁处于裸露状态。

(6) 避免高温烫伤

当燃料电池工作的时候，电池堆表面及测试系统管路表面的温度可能在70～80℃，这个范围的温度可使人烫伤，所以工作时不要接触这些高温的表面。

(7) 燃料电池的日常维护

燃料电池系统的维护非常重要，直接关系到燃料电池系统的性能及使用寿命。无论电池系统应用于哪个领域，维护事项都可分为日常维护和定期维护。

日常维护包括使用前和使用后维护。

使用前的维护事项检查氢气管路是否泄漏，检查氢气警告器是否正常工作，检查去离子水是否足够（水冷方式），检查各电气线路连接是否正确。

使用后的维护事项：

确保设备电源关闭，确保氢气阀门关闭，确保系统储存在干净的环境中。

定期维护，定期更换去离子水，如果长期不使用，应在使用前检查去离子水的纯度，更换周期一般为7天，定期更换空气过滤器，视使用环境而定，一般情况500h左右更换一次，定期清洁燃料电池系统，视使用环境而定，如长期不使用，应定期运行燃料电池，检查燃料电池各部件工作情况。

(8) 高压系统与电气系统的维修

燃料电池汽车的电气系统维修要求与纯电动汽车、混合动力汽车维修的方法相同，在进行维修时请务必遵守下列操作：

1）关闭点火开关，将钥匙移开智能系统探测范围。

2）断开辅助电池负极端子。

3）确认绝缘手套是否符合高压绝缘的标准。

4）拆除维修开关，并将维修开关使用防护罩罩上用锁锁上，保存好钥匙。

5）等待10min或更长以使变频器总成高压电容放电。

6）测量变频器端子电压（应为0V）。

7）用绝缘乙烯胶带包裹断开的高压线路连接器。

附录

电动汽车相关名词术语解读

字母	缩略语	中文名称	解释说明
A	AC	交流电	交流电机输出/输入的电能
	A/C	空调	—
B	BEV	纯电动汽车	EV 为电动汽车的简称
	BAS	微混用电动/发电机	BSG 含义同 BAS
	BRS	倒车雷达系统	（1）准确地测出车尾与最近障碍物之间的距离 （2）倒车至极限距离时，能发出急促的警告声提醒驾驶人注意制动 （3）能重复发出语音警告声，提醒行人注意
	BMS	电池管理系统	为了智能化管理及维护各个电池单元，防止电池出现过充电和过放电，延长电池的使用寿命，监控电池的状态
	BMU	电池管理单元	BMS 的主控单元
	BCM	车身管理系统	管理并控制灯光、天窗、车门锁、车窗等车身电气，有独立的诊断地址，通过 CAN 总线与其他控制单元通信
C	CNG	压缩天然气	CNGV 为压缩天然气汽车
	CSU	电流监控模块	检测母线电流，并将信息传递给 BMU
	CSC	电芯监控模块	CSC 负责本串电池信息采集和传递。典型的应用如德系的 I3、I8、E-Golf，日系的 IMIEV、Outlander，特斯拉 Model S。优点是可以将模组装配过程简化，采样线束固定起来相对容易，线束距离均匀
D	DME	二甲醚	一种替代燃料
	DC	直流电	—
	DSP	数字信号处理器	—
	DUAL	双重调节	空调左右出风口温度分区/同步调节
	DC/DC	直流变换器	将动力电池的高压直流电转换为低压直流电，为 12V 蓄电池充电并辅助蓄电池为车身电气设备等 12V 用电设备供电
E	EREV	增程式混合动力汽车	—
	ECO	E 档	经济、节能档位
	EPS	电动助力转向	利用电动机产生的动力来帮助驾驶人进行转向操作
	ESS	能量储能系统	—

（续）

字母	缩略语	中文名称	解释说明
F	FCV	燃料电池汽车	AFC—碱性燃料电池；PAFC—磷酸燃料电池；MCFC—熔融碳酸盐型燃料电池；SOFC—固体氧化物燃料电池；DMFC—直接甲醇燃料电池；RFC—再生型燃料电池
G	GNSS	全球卫星导航系统/全球导航卫星系统	指所有的卫星导航系统，包括全球的、区域的和增强的，如美国的GPS、俄罗斯的Glonass、欧洲的Galileo、中国的北斗卫星导航系统，以及相关的增强系统，如美国的WAAS（广域增强系统）、欧洲的EGNOS（欧洲静地导航重叠系统）和日本的MSAS（多功能运输卫星增强系统）等，还涵盖在建和以后要建设的其他卫星导航系统。国际GNSS系统是个多系统、多层面、多模式的复杂组合系统
	GND	电线接地端	电路图上和电路板上的GND代表地线或0线。GND就是公共端的意思，也可以说是地，但这个地并不是真正意义上的地，是出于应用而假设的一个地，对于电源来说，它就是一个电源的负极。它与大地是不同的。有时候需要将它与大地连接，有时候也不需要，视具体情况而定
H	HEV	混合动力汽车	—
	HVAC	空调压缩机控制器	将高压直流电逆变并驱动压缩机电机，并通过CAN总线与其他电器通信
	HCU/PDB	高压控制盒/高压配电盒	动力电池高压直流回路首先高压配电盒有直接的电气连接，再由配电盒分支，与各个高压用电设备进行电气连接（北汽E150EV、EV160、EV200将PTC控制电路板和快充接触器放置在高压配电盒内，又叫“高压控制盒”）
I	ISG	轻/中混用电动/发电机	与微混在集成及连接方式上有区别
	IPM	集成智能功率模块	—
	IPU	集成智能功率单元	—
	I/O	输入/输出接口	I/O接口的功能是负责实现CPU通过系统总线把I/O电路和外围设备联系在一起
	IGBT	绝缘栅双极晶体管	逆变器上的功率半导体器件
	ICM	组合仪表	显示电池电压、电流、车速、转速等车辆状态信息
J	J/B	接线盒、分线盒	多指12V车身电气系统电路分线器、分线盒等
	J/C	插接器	指插头、对接头、扣线帽等
K	KVA	千伏安	—
	KVAr	千乏	—
L	LPG	液化石油气	LPGV为液化石油气汽车
	LNG	液化天然气	LNGV为液化天然气汽车
	L	火线	220V交流家庭用电系统中的火线

（续）

字母	缩略语	中文名称	解释说明
M	MSD	维修开关	为提高安全性，在电池箱内将电池总串模组1/2处经维修开关连接。在高压系统上进行维修时，拔掉维修开关
	MCU	电机控制器	该控制器主要用于新能源车辆牵引电机控制。控制器通过检测PMSM电机的旋转变压器反馈信号获取电机转子位置信息，通过电流传感器获取电机三相电流，通过PWM输出控制电机运行。控制器通过CAN接口接收外部控制信号，并反馈当前运行状态信息，此外控制器还配有独立的CAN接口用于诊断、标定等功能。控制器可根据外部控制指令实现电机的四象限运行控制，并可根据控制需要切换转速、转矩两种闭环控制模式；具备内置过压、过流等故障检测与处理功能
N	N	空档	空档，电机控制器待命状态
	N	零线	零线是变压器二次侧中性点引出的线路，与相线构成回路对用电设备进行供电，通常零线在变压器二次侧中性点处与地线重复接地，起到双重保护作用
O	OBC/CHG	车载充电机	将家庭用电220V转化为300V以上的直流电，为动力电池充电。此充电机固定于车上，故称为“车载充电机”
P	PHEV	并联式混合动力汽车	插电式混合动力汽车
	PSHEV	混联式混合动力汽车	—
	PWM	脉宽调制	—
	PMSM	永磁同步电机	车辆行驶的动能来源，将动力电池输出的电能转化为动能，驱动车轮行驶，车辆减速时，也可作为发电机将电能回馈给直流母线侧
	PTC	电加热器	代替传统汽车的暖风系统，新能源汽车工作时所产生的热量达不到到暖风加热的作用，所以设置电加热装置，PTC安装在鼓风机出风处
R	R	倒档	倒档是实现整车后退功能的档位，其行驶方向与前进档相反
	RMS	数据采集终端	将车辆的运行数据通过GPRS传到厂家互动中心，并具有GPS功能、与手机进行车机互连等
	RCM	音响娱乐系统	—
S	SHEV	串联式混合动力汽车	—
	STT	微混怠速起停功能	混合动力汽车可根据混合度不同分为微混、轻混、中混和全混（重度混合）等
	SOH	电池健康状态	蓄电池容量、健康度、性能状态，即蓄电池满充容量相对额定容量的百分比，新出厂电池为100%，完全报废为0

（续）

字母	缩略语	中文名称	解释说明
S	SOC	荷电状态	指电池内的可用电量占标称容量的比例，是电池管理系统的一个重要监控数据，电池管理系统根据 SOC 值控制电池工作状态。电池的荷电状态反映的是电池的剩余电量
	SPWM	正弦脉宽调制	用脉冲宽度按正弦规律变化而和正弦波等效的 PWM 波形即 SPWM 波形控制逆变电路中开关器件的通断，使其输出的脉冲电压的面积与所希望输出的正弦波在相应区间内的面积相等，通过改变调制波的频率和幅值则可调节逆变电路输出电压的频率和幅值
U	UDS	统一的诊断服务	UDS 是面向整车所有 ECU（电控单元）的，它只是一个应用层协议（ISO 14229－1），所以它既可以在 CAN 总线上实现，也能在 Ethernet 上实现
	U/V/W	电机三相电缆	颜色分别是黄、绿、红，传输交流电
V	VCU/VBU	整车控制器	该控制器对新能源汽车动力链的各个环节进行管理、协调和监控，以提高整车能量利用效率，确保安全性和可靠性。该整车控制器采集驾驶人驾驶时的信号，通过 CAN 总线获得电机和电池系统的相关信息，进行分析和运算，通过 CAN 总线给出电机控制和电池管理指令，实现整车驱动控制、能量优化控制和制动回馈控制。具备完善的故障诊断和处理功能

参考文献

[1] 敖东光，宫英伟，李卓，等. 电动汽车结构原理与检修 [M] 北京：机械工业出版社，2017.
[2] 缑庆伟，李卓. 新能源汽车原理与检修 [M]. 北京：机械工业出版社，2017.
[3] 郭栋. 电动汽车的电池管理系统（上）[J]. 汽车维修与保养，2015（10）：94-95.
[4] 郭栋. 电动汽车的电池管理系统（下）[J]. 汽车维修与保养，2015（10）：96-98.
[5] 吴兴敏. 新能源汽车 [M]. 北京：北京理工大学出版社，2015.
[6] 王刚. 新能源汽车 [M]. 北京：清华大学出版社，2015.
[7] 蔡兴旺. 新能源汽车结构与维修 [M]. 北京：机械工业出版社，2014.
[8] 陶银鹏. 纯电动汽车分布式电池管理系统的设计与实现 [J]. 汽车技术，2013（11）：59-62.
[9] 朱军. 新能源汽车动力系统控制原理及应用 [M]. 上海：上海科技出版社，2013.
[10] 张金柱. 混合动力汽车结构、原理与维修 [M]. 2 版. 北京：化学工业出版社，2013.
[11] 陈社会. 混合动力汽车构造与维修 [M]. 北京：中国劳动社会保障出版社，2013.
[12] 赵振宁，王慧怡. 新能源汽车技术 [M] 北京：人民交通出版社，2013.
[13] 曹宝健，谢先宇. 电动汽车锂电池管理系统故障诊断研究 [J]. 上海汽车，2012（12）：8-12.
[14] 符晓玲. 电动汽车电池管理系统研究现状及发展趋势 [J]. 电力电子技术，2011（12）：27-31.